诚信为本
坚持准则

操守为重
不做假账

——与学习会计的同学共勉

"十四五"职业教育国家规划教材

职业教育国家在线精品课程配套教材

高等职业教育财会类专业 **经典传承 务本维新** 系列教材

企业内部控制（第三版）

主　编　高翠莲

副主编　高慧云　郑红梅　马琳英　王　艳

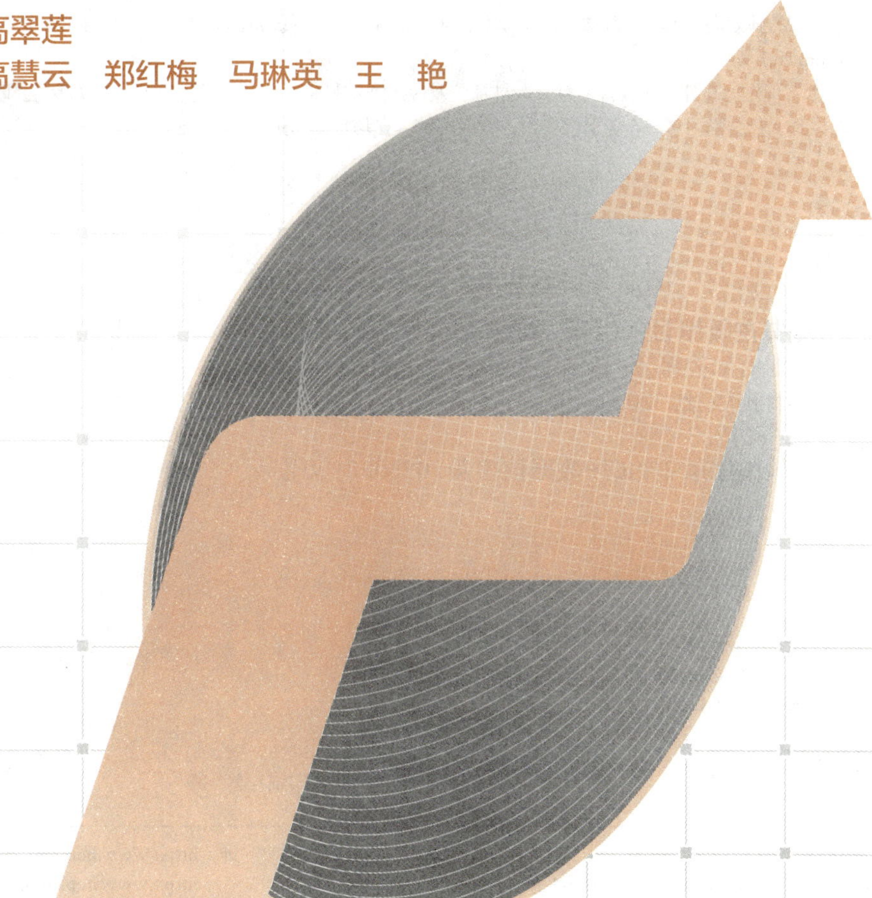

中国教育出版传媒集团

高等教育出版社 · 北京

内容提要

本书是“十四五”职业教育国家规划教材、职业教育国家在线精品课程配套教材，也是高等职业教育财会类专业“经典传承　务本维新”系列教材之一。

本书依托财政部等五部委联合发布的《企业内部控制基本规范》《企业内部控制应用指引》《企业内部控制评价指引》设置内容框架。全书共十八章，第一章为企业内部控制概述；第二章到第六章为企业内部控制环境建设的内容；第七章到第十三章为企业内部控制活动方面的内容；第十四章到第十七章为企业内部控制手段方面的内容；第十八章为企业内部控制自我评价。本书每章后有“岗课赛训融通训练”，将理论知识与技能训练融合。通过本书的学习，学生可了解企业内部控制的整体架构和内在逻辑关系，掌握企业内部控制的基本概念、基本原则、基本方法和基本工具及基本内容，增强内部控制意识，以便在就业后的工作中能更好地将内部控制融入业务、财务的实际流程中，为企业精细化管理打下坚实的基础。

本书配置二维码关联相关微课、视频、案例、实训流程等数字化资源。本书建有在线开放课程，学员可通过“爱课程”平台（www.icourses.cn）搜索“企业内部控制”加入课程进行学习。本书配有教学课件，授课教师如需获取本书教学课件及参考答案，请登录“高等教育出版社产品信息检索系统”（xuanshu.hep.com.cn）免费下载。

本书可作为高等职业教育专科、本科院校及应用型本科院校财务会计类专业和相关专业的教学用书，还可以作为社会学习者、企业财会人员、企业高管人员培训学习用书。

图书在版编目（CIP）数据

企业内部控制 / 高翠莲主编. -- 3版. -- 北京 :
高等教育出版社, 2025. 6. -- ISBN 978-7-04-064670-2
Ⅰ. F272.3
中国国家版本馆CIP数据核字第2025CF3100号

企业内部控制（第三版）
QIYE NEIBU KONGZHI

策划编辑	贾玉婷	责任编辑	贾玉婷	封面设计	赵　阳	版式设计	杨　树
责任绘图	李沛蓉	责任校对	窦丽娜	责任印制	高　峰		

出版发行	高等教育出版社	网　　址	http://www.hep.edu.cn
社　　址	北京市西城区德外大街4号		http://www.hep.com.cn
邮政编码	100120	网上订购	http://www.hepmall.com.cn
印　　刷	北京市艺辉印刷有限公司		http://www.hepmall.com
开　　本	787mm×1092mm　1/16		http://www.hepmall.cn
印　　张	24.25	版　　次	2019 年 9 月第 1 版
字　　数	460 千字		2025 年 6 月第 3 版
购书热线	010-58581118	印　　次	2025 年 6 月第 1 次印刷
咨询电话	400-810-0598	定　　价	49.80 元

物 料 号　64670-00

前言

2008年财政部等五部委联合发布了我国第一部《企业内部控制基本规范》，2010年财政部等五部委发布了《企业内部控制应用指引第1号——组织架构》等18项应用指引、《企业内部控制评价指引》和《企业内部控制审计指引》，2017年财政部发布了《小企业内部控制规范（试行）》。这些内部控制规范的发布促进和指导了企业完善内部控制制度，强化内部风险控制。习近平总书记在党的二十大报告中指出："我国发展进入战略机遇和风险挑战并存、不确定难预料因素增多的时期，各种'黑天鹅''灰犀牛'事件随时可能发生。我们必须增强忧患意识，坚持底线思维，做到居安思危、未雨绸缪，准备经受风高浪急甚至惊涛骇浪的重大考验。"因此，为维护社会主义市场经济秩序，保护企业利益，企业必须强化风险意识、加强内部控制。

根据用人单位调研结果，财务风险防范与控制是当前会计职业岗位工作的核心技能，为此，高职财务会计类4个专业均将"企业内部控制"作为专业核心课程。2018年高等职业学校会计专业教学标准修订之际，山西省财政税务专科学校高翠莲教授组织国家级教学团队教师，依托《企业内部控制基本规范》《企业内部控制应用指引》和《企业内部控制评价指引》，编写了《企业内部控制》教材，并建设了在线开放课程"企业内部控制"。该课程2022年被评为职业教育国家在线精品课程。

本书第一版自2019年9月出版后，受到了全国众多高职院校财会教师的青睐，助推了"企业内部控制"课程在高职院校的建设，推动了线上线下混合式教学的开展。2020年本书第一版被评为"十三五"职业教育国家规划教材，2023年本书第二版被评为"十四五"职业教育国家规划教材。为切实贯彻党的二十大精神，深入实施科教兴国战略和人才强国战略，更好地助力财会职业教育改革，提升财会职业教育质量，培养实践型、应用型职业人才，教材编写团队启动了本书的第二次修订。本次修订主要突出以下几个特点：

（1）落实立德树人根本任务，深度融入课程思政。针对教材每一章的学习目标，结合党的二十大精神，相应更新了技能目标和素养目标，实现教学目标的与时俱进。教材每一章设置"学思践悟"引导案例，补充完善对应案例的"议一议"栏目和启智悟思的深度和广度，引导学生更好地学习、思考、贯彻、落实党的二十大精神，实现内化于心外化于行。

（2）案例典型，贴近内部控制实际。针对教材中的案例进行检查修改，更新内容。

（3）“岗课赛证”综合育人。根据世界职业技能大赛的专业知识相关要求，按照每一章前的“学思践悟”引导案例，编写了案例分析不定项选择题，以强化学生对内部控制知识的理解，也是“岗课赛证”综合育人的具体体现。

（4）内容精简，重点突出。针对上版教材篇幅较大的问题，进行了大范围的删减，使教材内容更适合职业院校教学需要。

除了对纸质教材的精心修订，本书作者还对配套在线课程资源做了相应的完善，并通过与行业头部企业厦门科云信息科技有限公司合作开发了配套实训平台，并将实训平台的重点流程通过二维码链接的视频呈现，更加直观反映内部控制流程。

本书由国家“万人计划”教学名师、享受国务院政府特殊津贴专家、山西省财政税务专科学校会计学院院长高翠莲教授担任主编，对教材进行整体设计和总撰。山西省财政税务专科学校高慧云、郑红梅、马琳英、王艳担任副主编。具体分工如下：高翠莲负责第一章到第六章的内容修订和配套资源完善；高慧云教授负责第七章到第十章的内容修订和配套资源完善；郑红梅副教授负责第十一章、第十二章的内容修订和配套资源完善；马琳英副教授负责第十四章、第十六章的内容修订和配套资源完善；王艳副教授负责第十三章、第十五章的内容修订和配套资源完善；胡莉娜副教授负责第十七章、第十八章的内容修订和配套资源完善。

感谢各位同仁选用本教材，并希望对本教材提出真诚的指导意见。

编者

2025 年 5 月于山西太原

目录

第一章
企业内部控制概述

素养目标

- 具有战略思维和大局意识，深刻理解企业内部控制的重要意义；
- 具有爱岗敬业的精神，为保护企业财产安全完整而努力工作；
- 具有诚实守信的品质，努力为会计信息的真实可靠性护航；
- 具有清正廉明的品格，筑牢贪污腐败的防火墙；
- 具有规则意识和法治意识，能正确认识法治中国建设的意义。

知识目标

- 了解我国企业内部控制标准体系的构成；
- 了解我国《企业内部控制基本规范》中内部控制的目标与原则；
- 了解《企业内部控制基本规范》中内部控制的内容和方法。

技能目标

- 能够结合实际准确理解企业内部控制的概念、目标、原则；
- 能够准确应用企业内部控制的方法；
- 能够深入剖析企业内部控制各要素之间的关系。

学思践悟

美国安然公司破产案的启示

安然公司曾是美国最大的天然气采购商及销售商，在2000年《财富》世界500强排名第16位。然而，2001年12月2日公司却宣布破产保护，以其破产前498亿美元的资产规模成为美国历史上最大的破产案，并广泛受到人们关注。其股价在2001年11月28日单日跌幅达75%，创下了美国股市单日跌幅历史之最，而该公司的股价在2000年的高峰时期曾达90多美元，最后公司股价下跌至不到1美元。

安然公司在1985年成立时只是一家天然气分销商，而且债务累累，公司债券曾一度被评为垃圾债券。公司管理层从那时起开始采取扩大公司规模、利用金融市场融资的策略。公司采取控股50%的方式控股了3 000多家子公司，涉及煤、纸浆、纸业、塑料、金属以及光纤宽频等非主业行业，并不断利用重组、资产置换、财务制度做出较好的业绩，以维持其过高的股价，然后再用公司股票作为信用来抵押套现。其破产的导火索是公司一家网络子公司安然在线的担保出了问题，由此牵出了安然公司的巨额债务、财务造假等一系列内部控制方面的问题，在此连锁反应下，安然公司这个庞然大物轰然倒塌。

安然公司破产之后，不仅给投资者造成了巨额的损失，还引发了美国的养老金巨额缩水等一系列社会问题。安然公司破产对我国的管理层、上市公司、中介机构和投资者都有一定的启示作用：① 对管理层而言，监管无止境。在美国这样成熟的证券市场上，也会出现这么大的财务造假案，的确令人震惊。不禁让人想起港交所主席史美伦女士的话，“监管永远走在市场的后面”。管理层的监管必须“与时俱进”，在人才和监管能力上不断提高，才可能跟上证券市场日益发展和创新的需要。② 对上市公司而言，盲目扩大规模和多元化未必是好事。安然公司为了融资的需要不断盲目扩大规模，涉足对自己而言陌生的领域，包括高科技，具有讽刺意味的是，正是高科技直接将安然公司推向了深渊。在目前各行业竞争局面不断加剧的情况下，企业规模的盲目扩大不仅带来管理成本的提高，也将加大企业的经营风险，即多元化可能意味着风险的增加。③ 对中介机构而言，谨慎、诚信、严守执业准则仍然是发展和生存之本。安然公司破产案直接导致美国著名会计师事务所安达信被牵连破产。安达信因长期为安然公司提供审计服务，在安然公司财务造假丑闻暴露后，安达信销毁大量直接证据，涉嫌阻碍调查。任何上市公司的造假，必然要与某类中介机构有业务合作。这些上市公司造假和存在的问题可以暂时瞒过监管和一般投资者，但中介机构对其中的内情应该是非常清楚的。如果心存侥幸，将可能给自己带来巨大的信誉风险，最终的结果是得不偿失。④ 对投资者而言，时刻关注上市公司的基本面变化永远是必要的。安然公司虚报盈余、掩盖巨额债务等造假行为，让人不由得联想起我国的一些上市公司的造假手法，说明在利用财务制度造假方面中外有很大的共性。

分析安然公司破产的原因，可以看出，安然公司的破产不仅仅是因为假账，也不全是因为高层的腐败，更深层次的原因是企业文化的偏离。安然公司的核心文化就是盈利，经营者追求的目标就是“高获利、高股价、高成长”。正是由于安然公司的高层建立了以盈利增长为核心的文化，经理们才有了很大的动力去涉险，安然公司追求的目标最后只剩下一个，那就是盈利。安然公司鼓励的是不惜一切代价追求利润的冒险精神，用高盈利换取高报酬、高奖金、高回扣、高期权。安然公司甚至把坚持传统做法的人视为保守，很快将其“清理”出去。同时安然公司内部不断地进行着“大换血”，新人一进门就会立即获得500万元的炒作能源期货大权。

2001年12月美国安然公司的破产以及2002年6月美国世界通信公司的会计丑闻事件，彻底击垮了全球投资者对美国资本市场的信心。为了改变这一局面，2002年7月30日，美国国会和政府加速通过了《萨班斯—奥克斯利法案》(简称SOX法案)，该法案的另一个名称是“公众公司会计改革与投资者保护法案”。法案的第一句话就是“遵守证券法律以提高公司披露的准确性和可靠性，从而保护投资者及其他目的”。《萨班斯—奥克斯利法案》对在美国上市的公司提出了合规性要求，所有在美国上市的公司，首先必须强化内部控制，公司财务报表必须经CEO和CFO签字并承诺对其真实性负责，使上市公司不得不考虑控制包括IT风险在内的各种风险。

2008年5月22日，我国发布的《企业内部控制基本规范》以及2010年4月15日发布的《企业内部控制应用指引》，其目的也是指导企业强化内部控制，提高会计信息的可靠性，助力企业安全、健康、持续发展。2023年1月财政部为推进会计诚信体系建设，提高会计人员职业道德水平，印发了《会计人员职业道德规范》。

议一议

“三坚三守”的会计职业道德对企业有何重要作用？

第一节　内部控制的产生与发展

一、内部控制的产生

内部控制思想早已出现，可以说只要有人类群，就会有控制系统的存在，只是形态的繁简和技术水平的高低不同而已。内部控制的最早标志，可以从早期苏美尔文化（大约在公元前3600年到公元前3200年）的记载中找到踪迹。当时，审核人员会在会计账簿数字的旁边标上微小标记，核查账目的记号，表明检查账目工作已经完成。

古埃及人通过让两个官吏同时对税收加以记录，来进行简单的控制。如果没有签发的支出令单，任何东西都不能出库。当粮食运到仓库时，谷物必须在监工的监督下装入粮袋，并当场记录下入袋粮谷的数目，然后将粮袋运到库内的顶部，再将袋中的粮谷倒出。同时，在库中还另设一个记录官，专门记录倒出粮谷的数量。在古代埃及，法老的中央财政部门运用了内部控制。数名记录官负责编制会计记录，其中一位记录仓库的进项，一位记录仓库的出项，审核工作由第三位记录官通过比较两名记录官的会计记录进行。在古代罗马官厅，建立了一套内部牵制制度。只有出具书面证明才能从国库提取货币，掌握现金的财务官没有擅自批准支出的权限。财政记录官负责记录所有的经济业务，财务官负责对全部的政府财务事项进行监督和审查。在中世纪查理曼帝国时代，查理皇帝继承了古罗马和波斯运用审计人员对国家财政事项进行控制的系统。当时规定，同一笔经济业务应由两位记录官独立地进行记录以预防舞弊行为发生，同时确保报告工作的正确性。盘存工作也定期进行，以监督和明确有关官员的经济责任，并保证会计记录的正确性。

在我国西周时代，周王朝为了加强财政收支的核算控制，实施了分权控制方法、九府出纳制度和交互考核制度。这三种制度构成较为科学的原始内部牵制制度的基本内容。我国内部会计控制的思想，最早见于《周礼》一书。《周礼》中，考虑到掌管和使用财物的官吏可能进行贪污盗窃，弄虚作假，因而规定每笔财赋的出入要经几个人的耳目，达到互相牵制的目的。在西汉时期，上计制度有了进一步的完善，通常由丞相主持，皇帝亲自受计，规定各级地方政府将辖区内的户口、垦田、钱财谷物变化情况变成簿册，层层上报，并要经常呈报给皇帝审查。这样不仅可以监督官吏经手的财物收支情况，而且可以考核他们的工作成绩。宋太祖时期，施行了奇特而繁杂的官职制，围绕着中央集权制，实行“官职分离”“职差分离”。“官”是虚名，“职”才是实际的官；“职”不一定是职务，只有差遣，即通过授权才有职务。该制度起到相互牵制、防止舞弊、遏止分庭抗礼的作用。宋朝还规定“主库吏三年一易”，近似于现代的职务轮换，以防止舞弊的发生。由此可见，我国统治者在很早以前就已懂得了钱、物、账必须实行三分管的道理。鸦片战争以后，随着资本主义经济的侵入，国外先进的管理方法也传播进来。西方的内部牵制体系，为我国建立健全内部控制制度、加强内部控制起到了借鉴作用。由此看出，内部控制是伴随着组织的形成而产生的。宽泛而言，自从组织产生以后，伴随着组织追求其目标的努力，就催生了内部控制，企业组织的内部控制是伴随着企业组织的形成而产生的，早期的分工、牵制、授权、汇报、稽查等都是内部控制活动。因而可以肯定地说，内部控制最初是在组织中内生，而非外力催生的。

二、内部控制理论的演进

内部控制经历了一个不断发展、完善的历史进程。推动其发展的因素主要来自组织的演进和政治、经济、社会、技术等环境的变化，内部控制的演进主要表现为内部控制目标、内部控制对象和内容控制手段的变化。按照通行的概括，内部控制的演进遵循着“内部牵制—内部控制制度—内部控制结构—内部控制整体框架”的轨迹。应该说，这一概括大致上勾勒出了内部控制的发展进程。我们可以从图 1–1 去探求内部控制的演进轨迹。

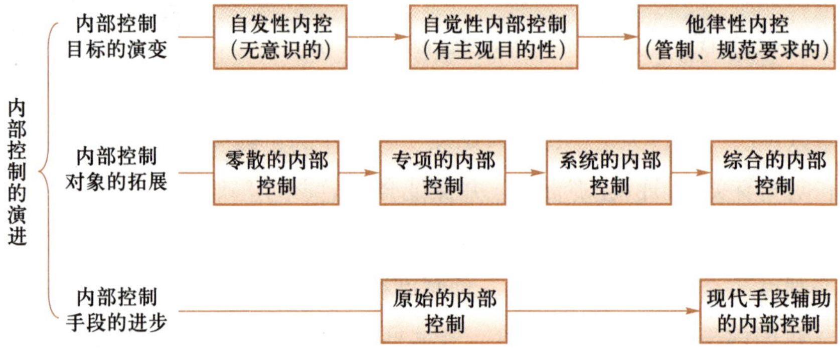

图 1–1　内部控制的演进

（一）20 世纪 40 年代前——内部牵制阶段

这一时期，内部控制的发展基本上停留在内部牵制阶段。其主要特点是以任何一个人或部门无权单独控制任何一项或一部分业务的方式进行组织的责任分工，每项业务通过正常发挥其他个人或部门的功能进行交叉检查或交叉控制。一般说来，内部牵制机能的执行大致可分为以下四类：① 实物牵制。例如，把保险柜的钥匙交给两个以上的工作人员持有，除非同时使用这两把以上的钥匙，保险柜就打不开。② 机械牵制。例如，保险柜的大门若不是按正确的程序操作就打不开。③ 体制牵制。采用双重控制预防错误和舞弊的发生。如仓库保管员和会计双重记账，定期核对。④ 簿记牵制。定期将明细账和总账进行核对。内部牵制是基于以下两个基本假设：第一，两个或两个以上的人或部门无意识地犯同样错误的机会是很小的；第二，两个或两个以上的人或部门有意识地合伙舞弊的可能性大大低于单独一个人或部门舞弊的可能性。实践证明这些假设是合理的，内部牵制机制确实有效地减少了错误和舞弊的行为，因此在现代内部控制理论中，内部牵制仍占有重要的地位，此为有关组织机构控制、职务分离控制的基础。

（二）20 世纪 40 年代末至 70 年代——内部控制制度阶段

这一时期内部控制开始有了内部会计控制和内部管理控制的划分，主要通过形成和推行一整套内部控制制度（方法和程序）来实施控制。内部控制的目标除了保护组织财产的安全，还包括增进会计信息的可靠性。1949 年，美国注册会计师协会所属的审计程序委员会发表了一份题为《内部控制——调整组织的各种要素及其对管理当局和独立职业会计师的重要性》的报告，对内部控制首次作出了权威性的定义，即“内部控制包括组织机构的设计和企业内部采取的所有相互协调的方法和措施。这些方法和措施都用于保护企业的财产，检查会计信息的准确性，提高经营效率，推动企业坚持执行既定的管理政策”。许多人认为，该定义为人们了解内部控制这一重要课题做出了独特的贡献，因为在此之前，内部控制概念从未受到如此重视。1950 年美国国会在其制定的预算及会计程序法案中规定：“各机关应负责对各种款项、财产及其他资产的有效控制，会计记载等应经过恰当的内部稽核。”这是世界上第一次将内部控制列入政府法令。1950 年，日本经济安定本部发表了企业会计标准审议委员会中间报告《审计标准》。它提出企业内部控制组织包括内部牵制组织和内部审计组织两部分。1951 年，日本通产省产业管理化审议会发表了日本审计史上著名的《企业内部控制大纲》，其中指出：所谓内部控制，是管理者根据企业政策方针，从企业整体观念出发，对执行活动进行计划，对其实施状况进行调整，并对实际绩效进行评价，这些活动是通过计算性控制的方法进行的。内部控制是经营管理的一种形态，与直接进行经营活动的工程管理和质量管理不同，是根据计算性数据进行的间接控制。1961 年，英国的英格兰 · 威尔士特许会计师协会编写了《一般审计原则》，其中指出：内部控制不仅是指内部牵制和内部审计，而且是指管理者按有条不紊的方法为进行公司经营、保护财产、尽可能确保会计记录的正确性和可靠性而设立的财务和其他管理制度。1972 年，加拿大特许会计师协会在会员手册中指出，内部控制是指企业管理当局所制定的一系列组织、计划和调节控制的制度，以便尽可能确保经营活动有秩序和有效地运行，实现保护企业财产、提高会计信息可靠性和及时性的目标。

（三）20 世纪 80 年代至 90 年代——内部控制结构阶段

这一阶段，内部控制的理论又有了新的发展，人们对内部控制的研究重点逐步从一般含义向具体内容深化。这一阶段开始把控制环境作为一项重要内容与会计制度、控制程序一起纳入内部控制结构之中，并且不再区分会计控制和管理控制。其标志是美国注册会计师协会于 1988 年 5 月发布的《审计准则公告第 55 号》，从 1990 年 1 月起取代 1972 年发布的《审计准则公告第 1 号》，在公告中，以“内部控制结构”代替“内部控制”，并指出：“企业内部控制结构包括为提供取得企业特定目标的合理保证而建立的各种政策和程序。”公告认为，内部控制结构由三个要素组成：即控制环境、会计制度、控制程序。在这三个构成要素中，会计制度是内部控制结构的关键要素，控制程序是保证内部控制结构有效运行的机制。这一概念跳出了内部控制分为会计控制和管理控制的“制度二分法”的圈子，特别强调了管理者对内部控制的态度、认识和行为等控制环境的重要作用，指出这些环境因素是实现内部控制目标的环境保证，要求审计师在评估控制风险时不仅要关注会计控制制度与控制程序，还应对企业所面临的内外环境进行评估。内部控制结构概念的提出，适应了经济形势发展和企业经营管理的需要，因而得到了会计审计界的认可。20 世纪 80 年代末兴起的风险基础审计法便是在这一概念基础上产生和发展起来的。

（四）20 世纪 90 年代以后——内部控制整体框架阶段

1992 年 9 月美国反舞弊性财务报告委员会的主办组织委员会（COSO）发布了一份报告《内部控制——整体框架》，提出了内部控制的三项目标和五大要素，标志着内部控制进入了一个新的发展阶段，堪称内部控制发展史上的又一里程碑。三项目标为：经营的效率和有效性、财务报告的可靠性、对适用法规的遵循。五大要素包括：① 控制环境，包括员工的正直、道德价值和权利，管理当局的理念和经营目标，管理当局确立权威性和责任，组织和开发员工的方法等；② 风险评估，即为了达成组织目标而对相关的风险所进行的辨别与分析；③ 控制活动，即为了确保实现管理当局的目标而采取的政策和程序，包括审批、授权、验证、确认、经营业绩的复核、资产的安全性等；④ 信息与沟通，即为了保证员工履行职责而必须获取的信息及其沟通，信息系统中包括会计信息系统；⑤ 监控，即对内部控制实施质量的评价，主要包括经营过程中的持续监控、个别评价或者两者的结合。

1996 年美国注册会计师协会发布《审计准则公告第 78 号》，全面接受 COSO 报告的内容，并从 1997 年 1 月起取代 1988 年发布的《审计准则公告第 55 号》，将内部控制定义为："内部控制是一个由企业的董事长、管理层和其他人员实现的过程，旨在为下列目标提供合理的保证：① 财务报告的可靠性；② 经营的效果和效率；③ 符合适用的法律和法规。"这是内部控制目前普遍流行的定义。同以往的内部控制理论及研究成果相比，COSO 报告提出了许多新的、有价值的观点，其特点表现在以下方面。一是明确了内部控制的"责任"。该报告认为，不仅是管理人员、内部审计人员或董事长，组织中的每一个人都对内部控制负有责任。二是强调内部控制应该与企业的经营管理过程相结合。COSO 报告认为，内部控制是企业经营过程的一部分，应与经营过程结合在一起，而不是凌驾于企业的基本活动之上。它使经营达到预期的效果，并监督企业经营过程的持续进行。三是强调内部控制是一个"动态过程"。企业内部控制不是一项制度或一项机械的规定，企业经营环境的变化必然要求企业内部控制越来越趋于完善，内部控制是一个发现问题、解决问题，发现新问题、解决新问题的循环往复的过程。四是强调人的重要性。COSO 报告特别强调，内部控制受企业的董事长、管理阶层及其他员工的影响，通过企业内部的人的行为及语言来完成。只有人才可能制定企业的目标，并设置控制的机制。反过来，内部控制影响着人的行动。五是强调"软控制"的作用。相对于以前的内部控制研究成果而言，COSO 报告更加强调"软控制"的作用。软控制主要是指那些属于精神层面的事物，如高级管理阶层的管理风格、管理哲学、企业文化、内部控制意识等。六是强调风险意识。风险影响着每个企业生存和发展的能力，也影响其在产业中的竞争力及在市场上的声誉和形象。COSO 报告指出，所有的企业，不论其规模、结构、性质或产业是什么，其组织的不同层级都会遭遇风险，管理阶层须密切注意各层次的风险，并采取必要的管理措施。七是糅合了管理与控制的界限。在 COSO 报告中，控制已不再是管理的一部分，管理和控制的职能与界限已经模糊。八是强调内部控制的分类及目标。目标的设定是管理过程的一个重要部分，制定目标的过程不是控制活动，但其直接影响到内部控制是否有存在的必要。COSO 报告将内部控制目标分为三类：与营运有关的目标、与财务报告有关的目标以及与法令的遵循有关的目标等。这样的分类高度概括了企业控制目标，有利于不同的人从不同的视角关注企业内部控制的不同方面。九是明确指出内部控制只能做到"合理"保证。COSO 报告认为：不论设计及执行有多么完善，内部控制都只能为管理阶层及董事

企业内部控制基本规范

会提供达成企业目标的合理保证，而目标达成的可能性，还要受到内部控制先天条件的限制。十是强调成本与效益原则。COSO 报告明确指出，内部控制要建立在成本与效益原则的基础上。内部控制并不是要消除任何风险的可能性，而且要创造一种为防止滥用职权而投入的成本与滥用职权的累计数额之比呈合理状态的机制。因此，没有不花钱的内部控制，也不存在完美无缺的内部控制。COSO 报告对我国内部控制体系的建设具有一定的启发和借鉴意义。

我国 2008 年 5 月 22 日发布的《企业内部控制基本规范》将企业内部控制定义为，由企业董事会、监事会、经理层和全体员工实施的，旨在实现控制目标的过程。

三、内部控制实务的推进

（一）企业加强内部管理要求促进了现代内部控制的发展

从 20 世纪 40 年代开始，特别是第二次世界大战后，生产的迅速增长和科学技术的飞速发展，使西方资本出现高度集中和积聚。一方面，跨国公司大量涌现，成为跨越国界的经济垄断集团。由于控制跨度的加大、经营地点的分散、控制权力层次的增多，使得跨国公司面临的管理任务更加艰巨。另一方面，由于企业规模的扩大和内部职能部门的增多，更需要企业内部协调一致，节约资源，防止工作差错和舞弊，提高经营效率，以便在竞争中立于不败之地。因此，企业客观上要求建立完善的包括组织机构、业务程序在内的具有自我控制和自我调节功能的管理机制。于是，现代内部控制作为强化管理的一种手段，各种控制方法、措施和程序应运而生，并在实务中得到进一步的发展。

（二）股份制企业的发展促进了企业内部控制制度的建立

随着股份制企业的发展，财产所有权与经营权的分离，作为企业的投资者、债权人以及政府有关部门必然关心企业的会计工作是否贯彻公认会计原则，提供的财务报告是否真实可靠地反映其财务状况和经营成果，投资人的权益是否得到保障，财产是否安全。为保护投资者的利益和创建公平、公正、公开的政府监管，企业经营的透明度不断提高，企业一旦发生欺诈行为、管理不善或违反法规，就会引起社会广泛的关注，造成不良的社会影响，使企业价值大大下降，再筹资成本上升。为防止此类问题的发生，人们十分关注企业内部控制制度，因而促进了内部控制制度的建立和完善。

（三）审计方法的演变，进一步推动了现代内部控制的发展

在审计发展初期，审计方法主要采用详细审查。随着社会生产力的发展，企业规模日益扩大，业务活动日趋复杂，传统的审计方法受到挑战，于是出现了抽样审计的方法，通过抽样结果来推断财务报表的可靠程度。而抽样审计是凭借审计人员的主观判断进行的，若抽样结果发生偏差，会影响审计结论的可靠性。随着审计理论和实践的发展，人们发现抽样的重点和规模与内部控制健全与否有着密切的联系。如果审计工作从评价内部控制制度入手，进而确定抽样的重点和规模，往往可以事半而功倍。于是出现了“制度基础审计”的审计方法，即以评价内部控制制度为审查基础，以此确定抽样的重点和规模。随着对内部控制认识的深化，注册会计师们认识到，企业能否及时发现风险并控制风险与内部控制的健全与否存在密切关系。对注册会计师而言，研究企业内部控制结构是控制审计风险的重要措施。通过对内部控制结构的评估，注册会计师能够将因财务报表存在重大错报或漏报，而导致注册会计师审计后发表不恰当审计意见的可能性降到最低限度。制度基础审计的发展推动了内部控制的发展。

（四）政府对内部控制的推动是现代内部控制发展的关键因素

内部控制之所以能快速发展，除企业内部管理因素外，外部尤其是政府的推动亦是关键因素。在 20 世纪 70 年代到 80 年代，美国政府通过一系列措施推动内部控制的实施。1977 年，美国国会制定了《反国外行贿法案》，规定每个企业应建立内部控制制度。20 世纪 80 年代美国一些舞弊性财务报告和企业突发破产事件，导致美国国会一些议员对财务报告制度的恰当性提出了疑问，其中所关注的问题之一是上市公司内部控制的恰当性。这些关注的结果是成立了反对虚假财务报告委员会，其目的之一是增加内部控制标准和指南。该委员会的工作成果之一是著名的 COSO 报告，该报告为设计更广泛的控制系统提供了指南。在我国，20 世纪从 90 年代起政府开始加大对企业内部控制的推动作用，1996 年 12 月财政部发布《独立审计具体准则第 9 号——内部控制和审计风险》，要求注册会计师审查企业内部控制，并提出内部控制的内容即控制环境、会计系统和控制程序。1997 年 5 月中国人民银行颁布《加强金融机构内部控制的指导原则》，这是我国第一个关于内部控制的行政规定。证监会在 1999 年 12 月发布《关于上市公司做好各项资产减值准备等有关事项的通知》，要求上市公司本着审慎经营、有效防范和化解资产损失风险的原则拟订内部控制制度，监事会对内部控制制度的制定和执行情况进行监督。2000 年证监会发布的《公开发行证券公司信息披露编报规则》第 1 号、3 号、5 号，要求商业银行、保险公司、证券公司建立健全内部控制制度，并对内部控制制度的完整性、合理性和有效性作

出说明。2000 年 7 月实施的《会计法》明确要求各单位应当建立健全本单位内部会计监督制度，并提出了不相容职务分离和授权批准、财产清查等内部控制的具体规定，这是我国第一部体现内部控制要求的法律。2001 年 1 月证监会发布了《证券公司内部控制指引》，要求所有证券公司从内部控制机制和内部控制制度两个方面建立和完善公司的内部控制。2001 年 6 月财政部颁布了《内部会计控制规范——基本规范（试行）》和《内部会计控制规范——货币资金（试行）》，2002 年 12 月财政部颁布了《内部会计控制规范——采购与付款（试行）》和《内部会计控制规范——销售与收款（试行）》，2003 年 10 月财政部颁布了《内部会计控制规范——工程项目（试行）》等，开始尝试建立我国内部控制的标准体系。2008 年 5 月 22 日，财政部会同证监会、审计署、原银监会、原保监会联合发布了《企业内部控制基本规范》，拉开了我国企业内部控制标准体系建立的序幕。2010 年 4 月 15 日，财政部又会同证监会、审计署、原银监会、原保监会联合发布了《企业内部控制配套指引》，包括 18 项应用指引、1 项审计指引和 1 项评价指引，与《企业内部控制基本规范》构成了中国企业内部控制规范体系。已发布的《企业内部控制应用指引》共 18 项，分为三类，即内部环境类指引、控制活动类指引、控制手段类指引，基本涵盖了企业资金流、实物流、人力流和信息流等各项业务和事项。2012 年 11 月 29 日，财政部以财会〔2012〕21 号印发《行政事业单位内部控制规范（试行）》，包括总则、风险评估和控制方法、单位层面内部控制、业务层面内部控制、评价与监督、附则 6 章 65 条，自 2014 年 1 月 1 日起施行。针对小企业的特殊性，2017 年 6 月 29 日，财政部以财会〔2017〕21 号印发《小企业内部控制规范（试行）》，包括：总则、内部控制建立与实施、内部控制监督和附则 4 章 40 条，从 2018 年 1 月 1 日起施行。至此，我国企业、行政事业单位内部控制标准体系和评价体系已建立健全，开启了我国全方位的内部控制实践进程。

视频：企业内部控制基本规范概述

第二节　企业内部控制的目标与原则

一、企业内部控制的目标

企业内部控制是企业为保证经营管理合法合规、财产物资安全完整、财务报告及相关信息真实可靠，经营效率和效果不断提高，企业发展战略顺利实现而由企业董事会、监事会、经理层和全体员工实施的、旨在实现控制目标的过程。企业内部控制的目标包括五个方面，即保证企业经营管理合法合规、保护企业资产安全、保证企业财务报告及相关信息真实完整、提高企业经营效率和效果、促进企业发展战略的实现。企业内部控制包括内部会计控制和内部管理控制，内部会计控制是内部控制的重要组成部分，是内部控制的基础。内部会计控制是指企业为了提高会计信息质量，保护资产的安全、完整，确保有关法律法规和规章制度的贯彻执行等而制定和实施的一系列控制方法、措施和程序。内部管理控制包括质量控制、安全控制、人力资源控制等。

二、企业内部控制的原则

（一）全面性原则

全面性原则就是要求企业内部控制达到全过程、全方位控制。内部控制应当贯穿决策、执行和监督全过程，覆盖企业及其所属单位的各种业务和事项。内部控制应当约束企业内部涉及的所有部门和人员，任何个人都不得拥有超越内部控制的权利。这条规定表明了内部控制具有广泛约束性，即全面性。上至单位负责人，下至普通职工，企业内部每一位成员，都既是内部控制的主体又是客体，既要负责这项制度的具体实施，又要受到其他人员的监督和制约。否则，内部控制制度定得再合法、再完美，也只是一纸空文，无法实现内部控制的目标。

（二）重要性原则

内部控制的重要性原则就是要求企业在全面控制的基础上，重点控制重要业务事项和高风险领域，强调企业建立与实施内部控制应突出重点、兼顾一般，着力防范可能对企业产生“伤筋动骨”的重大风险。因此，企业在构建内部控制制度时，针对重要业务事项和高风险领域应当加大控制力度，强化控制措施，如企业开展并购重组尤其是跨国并购重组过程中，就应当重点防范并购中的评估论证、定价机制、文化融合等重大风险，使风险降低到企业可以忍受的合理水平。

（三）内部牵制原则

内部牵制是建立与实施内部控制的核心理念，具体体现在不相容机构、岗位、人员的相互分离和制约。无论是在企业决策、执行环节，还是在监督环节，如果做不到不相容岗位相互分离和制约，将会造成滥用职权或串通舞弊，导致内部控制失败，给企业经营发展带来重大隐患。因此，在制度设计上，部门与部门、员工与员工之间以及各岗位之间均形成互相验证、互相制约的关系，单独的一个人或一个部门对任何一项或多项经济业务活动都没有完全的处理权，必须经过其他部门或人员的查证核对。从纵向来说，至少要经过上下两级，使下级受上级的监督，上级受下级的牵制，各有顾忌，不敢随意妄为；从横向来说，至少要经过两个不相隶属的部门或岗位，使一个部门的工作或记录受另一部门工作或记录的牵制，借以相互制约。

（四）成本效益原则

内部控制应当遵循成本效益原则，以合理的控制成本达到最佳的控制效果，这是企业建立内部控制制度所必须考虑的。从内部控制的角度，其环节、措施等越复杂、严密，其控制的效果可能越好。一般而言，各种控制程序和方法的成本不应超过错误或潜在风险可能造成的损失和浪费。一些理想的内部控制，往往因成本太高而不为单位负责人采用。因此，企业在建立、运行内部控制制度时必须考虑成本与效益的原则。

（五）适应性原则

内部控制应当与企业的经营规模、业务范围、竞争状况和风险水平等相适应，并随着情况的变化及时加以调整。构建内部控制体系时关注企业内外部环境非常重要。企业在设计内部控制制度时，对涉及的环境因素要进行深入的分析和了解，只有控制过程、机制及氛围与所处环境相适应，做到与时俱进，适时对内部控制加以调整和完善，才能实现较为理想的控制效果。

议一议

企业内部控制为什么要遵循适应性原则？

第三节　企业内部控制的内容

2008 年 5 月 22 日，财政部等五部委联合发布的《企业内部控制基本规范》将内部控制的内容归纳为内部环境、风险评估、控制活动、信息与沟通、内部监督五大方面，称为内部控制五要素。

一、内部环境

内部环境是企业建立与实施内部控制的基础，包括治理结构、机构设置与权责分配、内部审计、人力资源政策、企业文化等。如果没有良好的内部环境，内部控制就会形同虚设。

（一）治理结构

企业应建立规范的公司治理结构和议事规则，明确决策、执行、监督等方面的职责权限，包括股东大会对重大事项的表决权，董事会的经营决策权，监事会的监督权，经理层的组织实施等，以形成科学有效的职责分工和制衡机制。股东（大）会享有法律法规和企业章程规定的合法权利，依法行使企业经营方针、筹资、投资、利润分配等重大事项的表决权。董事会对股东（大）会负责，依法行使企业的经营决策权。监事会对股东（大）会负责，监督企业董事、经理和其他高级管理人员依法履行职责。经理层负责组织实施股东（大）会、董事会决议事项，主持企业的生产经营管理工作。

（二）机构设置与权责分配

企业应当结合业务特点和内部控制要求设置内部机构，明确职责权限，将权利与责任落实到各责任单位。董事会应负责内部控制的建立健全和有效实施。监事会对董事会建立与实施内部控制进行监督。经理层负责组织领导企业内部控制的日常运行。企业应当成立专门机构或者指定适当的机构具体负责组织协调内部控制的建立实施及日常工作。企业应当在董事会下设立审计委员会。审计委员会负责审查企业内部控制，监督内部控制的有效实施和内部控制自我评价情况，协调内部控制审计及其他相关事宜等。审计委员会负责人应当具备相应的独立性、良好的职业操守和专业胜任能力。企业应当结合业务特点和内部控制要求设置内部机构，明确职责权限，将权利与责任落实到各责任单位。因此，企业应编制内部管理手册，使全体员工掌握内部机构设置、岗位职责、业务流程等情况，明确权责分配，正确行使职权。

（三）内部审计

企业应当加强内部审计工作，保证内部审计机构设置、人员配备和工作的独立性。内部审计机构应当结合内部审计监督，对内部控制的有效性进行监督检查。内部审计机构对监督检查中发现的内部控制缺陷，应当按照企业内部审计工作程序进行报告；对监督检查中发现的内部控制重大缺陷，有权直接向董事会及其审计委员会、监事会报告。

（四）人力资源政策

人力资源是内部环境的重要组成部分，是企业中最重要、最活跃的因素，是企业发展的源泉和动力，也是某些风险的制造者和内部控制的实施者，企业应当制定和实施有利于企业可持续发展的人力资源政策，将职业道德修养和专业胜任能力作为选拔和聘用员工的重要标准，切实加强员工的培训和继续教育，不断提升员工的素质。单位的人力资源政策，包括人员的聘用、考核、奖惩制度，关键岗位员工的强制休假制度和定期岗位轮换制度，对掌握国家秘密和其他重要秘密的员工离岗的限制性的规定等。企业应当将职业道德修养和专业胜任能力作为选拔和聘用员工的重要标准，切实加强员工培训和继续教育，不断提升员工素质。

企业内部控制的局限性

（五）企业文化

企业文化是企业的软实力，在企业经营发展中具有深层次的影响和决定作用，企业应当加强文化建设，培育积极向上的价值观和社会责任感，倡导团队协作精神。树立现代管理理念，强化风险意识，强调董事、监事、经理及高管人员在企业文化建设中的主导作用。强化高管人员的法律观念和风险意识，强调依法决策、依法办事和依法监督，培育企业整体的风险意识和风险管理理念。

议一议

企业应如何培育积极向上的企业文化？

二、风险评估

风险是指一个潜在事项的发生对目标实现产生的影响。风险评估是指企业及时识别、科学分析管理经营活动中与实现控制目标相关的风险，合理确定风险应对策略，是实施内部控制的重要环节。风险评估主要包括目标设定、风险识别、风险分析和风险应对。风险通常表现为各种潜在事项和因素，包括经济因素、自然环境因素、法律因素、社会因素、科学技术因素等外部因素以及人力资源、内部管理、自主创新、财务状况、安全环保等内部因素。

企业开展风险评估，应当准确识别与实现控制目标相关的内部风险和外部风险，确定相应的风险承受度。企业识别内部风险，应当关注下列因素：

（1）董事、监事、经理及其他高级管理人员的职业操守、员工专业胜任能力等人力资源因素；

（2）组织机构、经营方式、资产管理、业务流程等管理因素；

（3）研究开发、技术投入、信息技术运用等自主创新因素；

（4）财务状况、经营成果、现金流量等财务因素；

（5）营运安全、员工健康、环境保护等安全环保因素；

（6）其他有关内部风险因素。

企业识别外部风险，应当关注下列因素：

（1）经济形势、产业政策、融资环境、市场竞争、资源供给等经济因素；

（2）法律法规、监管要求等法律因素；

（3）安全稳定、文化传统、社会信用、教育水平、消费者行为等社会因素；

（4）技术进步、工艺改进等科学技术因素；

（5）自然灾害、环境状况等自然环境因素；

（6）其他有关外部风险因素。

企业应当采用定性与定量相结合的方法，按照风险发生的可能性及其影响程度等，对识别的风险进行分析和排序，确定关注重点和优先控制的风险。企业进行风险分析，应当充分吸收专业人员，组成风险分析团队，按照严格规范的程序开展工作，确保风险分析结果的准确性。

在充分识别各种潜在风险因素后，要对固有风险（即不采取任何防范措施）可能造成的损失程度进行评估。企业管理层在评估了相关风险的可能性和后果以及成本效益之后要选择一系列策略使剩余风险处于期望的风险容限以内。企业应当合理分析、准确掌握董事、经理及其他高级管理人员、关键岗位员工的风险偏好，采取适当的控制措施，避免因个人风险偏好给企业经营带来重大损失。企业应当根据风险分析的结果，结合风险承受度，权衡风险与收益，确定风险应对策略。常用的风险应对策略有：风险规避，即企业对超出风险承受度的风险，通过放弃或者停止与该风险相关的业务活动以避免和减轻损失的策略；风险降低，即企业在权衡成本效益之后，准备采取适当的控制措施降低风险或者减轻损失，将风险控制在风险承受度之内的策略；风险分担，即企业准备借助他人力量，采取业务分包、购买保险等方式和适当的控制措施，将风险控制在风险承受度之内的策略；风险承受，即企业对风险承受度之内的风险，在权衡成本效益之后，不准备采取控制措施降低风险或者减轻损失的策略。风险评估贯穿于企业生产经营过程的始终，也贯穿于内部控制的始终。

三、控制活动

控制活动是指企业管理层根据风险评估结果，采用相应的控制措施，将风险控制在可承受度之内的政策和程序。企业内部控制的具体方法包括不相容职务分离控制、授权审批控制、会计系统控制、财产保护控制、预算控制、运营分析控制和绩效考评控制。同时企业应当建立重大风险预警机制和突发事件应急处理机制，明确风险预警标准，对可能发生的重大风险或突发事件，制订应急预案、明确责任人员、规范处置程序，确保突发事件得到及时妥善处理。

四、信息与沟通

信息与沟通是指企业及时准确地收集、传递与内部控制相关的信息，确保信息在企业内部各部门之间、企业与外部之间进行有效沟通。信息与沟通是实施内部控制的重要条件，畅通的信息沟通机制有助于提高企业内部控制的效率与效果。企业可以通过财务会计资料、经营管理资料、调研报告、专项信息、内部刊物、办公网络等渠道，获取内部信息。通过行业协会组织、社会中介机构、业务往来单位、市场调查、来信来访、网络媒体以及有关监管部门等渠道，获取外部信息。企业应当对收集的各种内部信息和外部信息进行合理筛选、核对、整合，提高信息的有用性。重要信息应当及时传递给董事会、监事会和经理层。信息沟通过程中发现的问题，应当及时报告并加以解决。企业应当利用信息技术促进信息的集成与共享，充分发挥信息技术在信息与沟通中的作用，并切实加强对信息系统的开发与维护、访问与变更、数据输入与输出、文件储存与保管、网络安全等方面的控制，保证信息系统安全稳定运行。

五、内部监督

内部监督，即企业对内部控制建立与实施情况进行监督检查，评价内部控制的有效性，对于发现的内部控制缺陷，及时加以改进。内部监督是实施内部控制的重要保证。为保证内部监督的客观性，内部监督应由独立于执行机构的机构履行监督职责。一般情况下，企业可授权内部审计机构具体承担内部控制监督检查的职能，也可成立专门的内部监督机构或授权内部监察部门履行相应职责。企业内部任何一个机构甚至个人在控制执行中，都应当在内部控制建立与实施过程中承担起相应的监督职责。

内部监督包括日常监督和专项监督。日常监督是指企业对建立与实施内部控制的情况进行常规、持续的监督检查；专项监督是指在企业发展战略、组织结构、经营活动、业务流程、关键岗位员工等发生较大调整或变化的情况下，对内部控制的某一或者某些方面进行有针对性的监督检查。专项监督的范围和频率应当根据风险评估结果以及日常监督的有效性等予以确定。企业应当制定内部控制缺陷认定标准，对监督过程中发现的内部控制设计缺陷和运行缺陷，分析其性质和产生的原因，提出整改方案，并采取适当的形式及时向董事会、监事会或者经理层报告。企业应有畅通的报告渠道，确保发现的重要问题能送达管理层。同时，企业应当跟踪内部控制缺陷整改情况，并就内部监督中发现的重大缺陷，追究相关责任单位或者责任人的责任。

内部监督与内部控制其他要素相互联系、互为补充，共同促进企业实现控制目标。内部监督以内部环境为基础，反过来，加大内部监督力度，有利于进一步优化企业内部环境；内部监督与风险评估和控制活动形成三位一体的闭环控制系统；同时，内部监督离不开信息与沟通的支持，通过适当的信息收集、传递、反馈渠道，获取足够的相关信息来验证内部控制的有效性，促进企业不断完善内部控制。

议一议

如何理解内部监督是内部控制的保障？

第四节　企业内部控制的方法

企业内部控制的方法通常有以下 7 种：不相容职务分离控制、授权审批控制、会计系统控制、财产保护控制、预算控制、运营分析控制和绩效考评控制。

一、不相容职务分离控制

不相容职务分离控制要求企业全面系统地分析、梳理业务流程中所涉及的不相容职务，实施相应的分离措施；形成各司其职、各负其责、相互制约的工作机制。

企业通常有六大类主要的不相容职务需要分离：① 授权进行某项经济业务和执行该项业务的职务要分离；② 执行某些经济业务和审核这些经济业务的职务要分离；③ 执行某项经济业务和记录该项业务的职务要分离；④ 保管某些财产物资和对其进行记录的职务要分离；⑤ 保管某些财产物资和使用这些财产物资的职务要分离；⑥ 执行某项经济业务与监督这些经济业务的职务要分离。

当然，不相容职务分离需要员工各守其职，如果担任不相容职务的职工之间相互串通勾结，则不相容职务分离就失去作用。如果企业没有适当的职务分离，则发生错误和舞弊的可能性加大。

二、授权审批控制

授权审批控制要求企业根据常规授权和特别授权的规定，明确各岗位办理业务和事项的权限范围、审批程序和相应责任。单位应当编制常规授权的权限指引，规范特别授权的范围、权限、程序和责任，严格控制特别授权。企业各级管理人员应当在授权范围内行使职权和承担责任。企业对于重大的业务和事项，应当实行集体决策审批或者联签制度，任何个人不得单独进行决策或者擅自改变集体决策。根据上述规定，授权审批控制的范围通常包括：① 企业所有人员不经合法授权，不能行使相应权利；不经合法授权，任何人不能审批。② 有权授权的人应在规定的权限范围内行事，不得越权授权。③ 企业的所有业务不经授权不能执行。

三、会计系统控制

会计系统控制要求企业严格执行国家统一的会计制度，加强会计基础工作，明确会计凭证、会计账簿和财务会计报告的处理程序，保证会计资料真实完整。会计系统是为确认、汇总、分析、分类、记录和报告企业发生的经济业务，并保持相关资产和负债的受托责任而建立的各种会计记录手段、会计政策、会计核算程序、财务会计报告制度和会计档案管理制度等的总称。

企业制定的会计岗位责任制、会计档案管理制度和会计信息控制制度是会计系统控制的具体体现。会计系统控制的内容包括会计机构设置控制、会计人员配备控制、复式记账控制、会计凭证控制、会计账户和会计账簿控制、会计处理程序控制和财务会计报告控制等。我国《总会计师条例》规定：大中型企业设置总会计师，设置总会计师的企业不得设置与其职权重叠的副职。总会计师组织领导企业的财务管理、成本管理、预算管理、会计核算和会计监督等方面的工作，参与企业重要经济问题的分析和决策，组织设计企业会计系统控制的具体措施和制度，督促会计系统控制的检查监督，不断完善企业会计系统控制体系。

四、财产保护控制

企业应建立财产日常管理制度和定期清查制度，采取财产记录、实物保管、定期盘点、账实核对等措施，确保财产安全完整。严格限制未经授权的人员接触和处置财产。这里所述的财产主要包括企业的货币资金、存货以及固定资产等。它们在企业资产总额中的比重较大，是企业进行经营活动的基础，因此企业应加强实物资产的保管控制，保证实物资产的安全、完整，建立安全、科学的保管制度。

五、预算控制

预算控制要求企业实施全面预算管理制度，明确各责任单位在预算管理中的职责权限，规范预算的编制、审定、下达和执行程序，强化预算约束。预算控制使得经营目标转化为各部门、各岗位以至个人的具体行为目标，作为各责任单位的约束条件，预算控制能够从根本上保证企业经营目标的实现。一般来说，企业全面预算体系包括经营预算、资本预算和财务预算。

预算编制是企业实施预算管理的起点，也是预算管理的关键环节。企业采用什么方法、什么编制程序编制预算，对预算目标的实现有着至关重要的影响，从而直接影响到预算管理的效果。预算编制完成后，便开始进入执行阶段，企业各部门在生产经营及相关的各项活动中，应严格按预算办事。同时，还应明确各项业务的授权审批权限及审批流程，对于无预算或者超预算的项目进行严格控制。预算制度制定后要进行后续管理，要定期检查预算制度执行情况，必要时可进行制度修订。通过对相关数据的对比分析，找出差异的原因及应采取的措施。最后还应该制定相关的考核指标，定期对预算执行情况进行严格的考核。

六、运营分析控制

开展运营活动分析的目的在于把握企业管理和服务活动是否向着预算规定的目标值发展，一旦发生偏差和问题就能找出问题所在，并根据新的情况解决问题或修正预算。运营分析控制要求企业建立运营情况分析制度，管理层综合运用企业各个方面的信息，通过因素分析、对比分析、趋势分析等方法，定期开展运营情况分析，及时发现存在的问题，并加以改进。

运营活动分析内容包括财务分析、经营分析、预算分析、专项分析和综合分析，并应做到事前、事中和事后相结合，既要有企业内部分析，又要兼顾外部分析，为经营决策提供及时有用的信息。通常企业会结合具体的情况，采用定性或定量分析方法来反映企业的偿债能力、盈利能力、资产周转状况等。具体的步骤可以是先确定分析目标，然后制定分析方案、收集与整理资料、分析现状，最后作出分析结论，撰写分析报告。

七、绩效考评控制

企业应建立一个有效的绩效评估体系，科学设置考核指标，该绩效评估体系应当体现：一是与企业战略目标的一致性，保证企业总体目标的实现；二是目标的明确性，告诉员工要达到什么目标，如何才能达到这些目标；三是可接受性，绩效评估系统要能够被员工所接受，同时能公平对待每一位员工，考核政策、办法和程序公开透明；四是定期发布考评通报，考评结果要与员工的薪酬、职务晋升、评优、降级、调岗、辞退等奖惩相挂钩，树立正确的用人导向。

绩效考评应当与全面预算控制相结合，特别是作为预算考评环节的重要补充，绩效考评也是人力资源控制的重要内容，企业应当有效地运用绩效考评控制。

岗课赛训融通训练

不定项选择题

仔细阅读本章章首案例——美国安然公司破产案的启示，回答下列问题：

1. 根据上述案例，安然公司破产的原因是（　　）。

A. 虚报盈余、掩盖巨额债务等财务造假行为

B. 安然公司采用的盲目扩张的多元化战略

C. 安然公司以盈利为核心的企业文化

D. 安然公司以高报酬换取高回报的人力资源政策

2. 从案例中可以看出，安然公司破产的导火索是（　　）。

A. 企业文化　　B. 公司战略

C. 社会责任　　D. 财务造假

3.《萨班斯—奥克斯利法案》要求上市公司财务报表必须由 CEO 和 CFO 签字承诺，这是实

现企业内部控制目标中的是（　　　　）。

A. 保证会计信息的真实可靠　　　　B. 保证企业财产安全完整

C. 保证企业经营合法合规　　　　D. 防止相关人员舞弊和腐败

4. 结合安然公司的战略与经营以及企业文化，分析诱发公司财务造假的原因是（　　　　）。

A. 做高盈利提高股价，满足盲目扩张的资金需求

B. 用高盈利换取高报酬、高回报的需求

C. 公司组织架构和管理制度不健全

D. 公司人力资源政策中的股权激励

5. 分析安然公司的案例，你认为其内部控制环境存在明显缺陷的是（　　　　）。

A. 组织架构　　　　B. 发展战略

C. 企业文化　　　　D. 社会责任

教学讨论组织

辛酉政变中有关的内部控制

一、案例资料

清朝末期，咸丰皇帝临终前托孤载淳，八大顾命大臣加慈安太后、慈禧太后两枚御印相互控制，管理朝政，预防慈禧太后专权，但慈禧太后仍然能专权清朝近半个世纪。

二、要求

请同学们上网搜索辛酉政变相关内容，说出咸丰皇帝用了哪些内部控制的方法？分析咸丰皇帝的内部控制失效导致慈禧太后专权的原因有哪些？

三、讨论形式

分组讨论，每组6~8人进行讨论。讨论后每组选出1人在课堂汇报讨论结果，最后教师进行点评。

第二章
企业组织架构

素养目标

- 具有战略思维，准确认识企业治理结构的重要作用；
- 具有公正公平的价值观，正确认识任用合格的董事、监事和经理人员的重要性；
- 具有诚信友善的合作精神，正确理解部门和人员之间相互牵制的合理合法性；
- 具有清正廉明的品格，能正确认识不相容职务分离是预防贪污腐败的防火墙；
- 具有风险意识和规则意识，能正确认识内部机构间相互制约的重要性。

知识目标

- 了解企业组织架构的概念；
- 了解企业组织架构的基本模式；
- 了解企业建立和完善组织架构的重要意义；
- 了解企业组织架构设计的基本思路；
- 了解企业组织架构运行中存在的风险。

技能目标

- 能够准确理解企业组织架构的本质；
- 能够准确理解企业治理结构的内涵；
- 能够准确理解企业内部机构与企业治理结构之间的关系；
- 能够准确理解治理结构设计与运行中的风险；
- 能够准确理解内部机构设计与运行中的风险。

学思践悟

鞍山钢铁集团公司组织架构的设计与运行

鞍山钢铁集团公司（以下简称鞍钢）是新中国第一个恢复建设的大型钢铁联合企业和最早建成的钢铁生产基地，被誉为“中国钢铁工业的摇篮”。鞍钢基于对各条管理职能线条上集团和子公司的职能界定，自上而下地梳理和优化了集团组织架构，完善了集团管控运行平台，保证了集团管控的顺畅实施。

一、优化集团组织架构

依据集团管控职能定位和母子公司管控界面划分，以提高集团管控能力、解决诊断问题为目标，确定了集团组织架构优化重点。一是加强集中采购部门建设，发挥采购协同效应；二是将原燃料采购作为战略重点单独成立部门管理；三是营销部门实现产销一体化和内外贸一体化管理；四是加强技术管理与技术研发部门建设；五是加强支撑职能管理平台的组织建设；六是实施专业资本运营和安全环保管理；七是发挥党群管理在现代企业管理中的重要作用。优化后，集团按照战略落实、业务管理、服务监督、党群事务四个板块，设置了21个职能部室，承担集团相应管控职能的专业化管理，为集团与子公司搭建了较为顺畅的管控渠道。

二、规范子公司及下属单位组织架构

子公司按照精干高效、扁平化、集中一贯原则进行组织优化，统一组织架构模式为物资采购部、市场营销部、产品制造部、设备保障部、科技质量部、安全环保部、计划财务部、管理创新部、人力资源部、企业文化部、监察部、办公室、工会、团委等。子公司下属生产厂矿组织及机构统一模式为“四室一会”，即生产技术室、设备管理室、综合管理室、党委工作室和工会；基层设置作业区，包括生产作业区和辅助作业区。同时，对子公司内部不符合集团产业发展方针、业务重叠、长期亏损扭亏无望、投资经营不规范的四级企业和经营实体，采取合并、注销等方式予以清理，将集团组织层级控制在三级以内，对辅业改制企业和参股企业，集团以出资人身份推动和监督其按照现代企业制度要求，建立健全规范的法人治理结构和科学有效的组织体系。

三、提升了企业整体竞争力，为鞍钢全面腾飞提供了有力支撑

通过创新集团管控模式，规范母子公司功能定位、优化组织结构、再造核心业务流程，加强支撑体系建设，鞍钢建立起以集团统一战略为导向、以战略型和操作型管控为主要管控模式，以优化的集团组织架构为平台，以战略管控体系、财务管控体系和人力资源管控体系为主体，以流程制度体系、信息化体系、绩效评价体系、审计监督体系和企业文化体系等为保障的，母子公司之间权责清晰、职责规范、协调运转的集团管控体系，使集团的管控能力和管理效率极大地提升，实现了集团上下目标一致、资源共享、优势互补、行动协调和快速响应，发挥了特大型钢铁企业集团的规模效应和协同效应，为鞍钢的集团化和国际化发展提供了有力的支撑，提高了企业抗风险的能力，实现了企业快速稳定发展。

议一议

企业设置“企业文化部”和“监察部”的作用是什么？

企业内部控制应用指引第1号——组织架构

第一节 企业组织架构概述

一、建立和完善组织架构的意义

组织架构，是指企业按照国家有关法律法规、股东（大）会决议和企业章程，结合本企业实际，明确股东（大）会、董事会、监事会、经理层和企业内部各层级机构设置、职责权限、人员编制、工作程序和相关要求的制度安排。建立和完善组织架构具有重要意义。

（一）促进现代企业制度的建立

一个企业要成功，主要靠制度，这个制度就是现代企业制度。而现代企业制度是以完善的企业法人制度为基础，以有限责任制度为保证，以公司制企业为主要形式，以产权清晰、权责明确、政企分开、管理科学为条件的最为科学完善的企业制度。现代企业制度的核心是组织架构问题，建立现代企业制度必须从组织架构开始。

（二）有效防范和化解各种舞弊风险

串通舞弊是企业经营发展过程中的毒瘤，也是内部控制的难点之一，法人治理结构不完善，经理层权力不受监督，岗位责任未适当分离的企业，发生串通舞弊的风险就高。因此，建立和完善组织架构可有效防范和化解各种舞弊风险。

（三）为强化企业内部控制建设提供支撑

视频：组织架构概述

组织架构是企业内部环境的有机组成部分，也是企业开展风险评估、实施控制活动、促进信息沟通、强化内部监督的基础设施和平台载体。一个科学高效、分工制衡的组织架构，可以使企业自上而下地对风险进行识别和分析，进而采取控制措施予以应对；可以促进信息在企业内部各层级之间、企业与外部利益相关者之间及时、准确、顺畅地传递，可以提升日常监督和专项监督的力度和效能。

二、组织架构的本质

关于组织架构的本质，可从治理结构和内部机构两个层面理解。治理结构即企业治理层面的组织架构，它是企业成为可以与外部主体发生各项经济关系的法人所必备的组织基础，具体是指企业根据相关法律法规，设置不同层次、不同功能的法律实体及其相关的法人治理结构，从而使得企业能够在法律许可的框架下拥有特定权利、履行相应义务，以保障各利益相关方的基本权益。比如，企业必须具备股东会、董事会和经理层，并且规范其权利和义务，才能在法律意义上成为独立责任主体，从而为内部控制系统的正常运行提供治理结构的基础。

内部机构则是企业内部机构层面的组织架构。它是指企业根据业务发展需要，分别设置不同层次的管理人员及其各专业人员组成的管理团队，针对各项业务功能行使决策、计划、执行、监督、评价的权力并承担相应的义务，从而为业务顺利开展进而实现企业发展战略提供组织机构的支撑平台。企业应当根据发展战略、业务需要和控制要求，选择适合本企业的内部组织机构类型。

企业治理结构与内部机构之间既有联系又有区别。二者的联系表现在：健全的法人治理结构为内部机构的有效运行提供了基础保障，如果企业董事、监事、高级管理人员失职或者舞弊，再完善的内部控制系统、再科学的内部机构设置都将形同虚设，失去预期的效能。而科学的内部机构则为公司治理层的各项决策和计划的执行提供了操作平台，一旦内部机构设置脱离企业实际，运行低效，很可能导致员工有章不循、有令不行、有禁不止。企业治理结构与内部机构之间的区别表现在：企业治理结构主要服务于促进企业实现发展战略，保证企业经营合法合规的内部控制目标的实现。而内部机构则主要服务于保证企业资产安全，保证财务报告及相关信息真实完整，提高企业经营效率和效果的内部控制目标的实现。由此可见，企业治理结构和内部机构对内部控制目标的实现的保障上各有侧重，当然，最终的目标都是为保障企业发展战略的实现。

三、组织架构设计和运行中的主要风险

（一）治理结构设计和运行中的风险

从治理结构层面看，主要风险表现在：治理结构形同虚设，缺乏科学决策、良性运行机制和执行力，可能导致企业经营失败，难以实现发展战略。具体表现为：一是股东大会未按规范有效召开，股东未能通过股东大会行使自己的权力，股东大会只是走过场，未能真正发挥应有的权力；二是与控股股东在资产、财务、人事方面不能相互独立，企业与控股股东之间的关联交易未能贯彻平等、公开、自愿的原则，企业被控股股东所操纵；三是企业未能按照规定向控股股东披露相关信息；四是企业未能保护中小股东的利益，中小股东未能实现同股同权，中小股东在信息获

企业组织架构控制

得、股东大会权力行使等方面没有保障；五是董事会未能独立于大股东和经理层，董事会被大股东或经理层操纵，失去了真正的决策权，董事会和审计委员会中独立董事数量不足或未能真正发挥应有的作用；六是董事会成员的知识、能力、经验、时间未能保障其尽责地履行职责；七是董事会未能领导企业建立有效的内部控制，审批企业的发展战略和重大决策，并监督经理层对内部控制的有效性进行监督和评价；八是监事会的人员数量、能力与其相应的职责不匹配，监事会未能有效履行其对董事会、经理层的监督职责；九是经理层人员数量、能力与其相应职责不匹配；十是企业未能建立起对经理层的权力进行有效的监督和约束的机制，形成内部人控制的局面。

（二）内部机构设计和运行中的风险

从内部机构层面看，主要风险表现在：内部机构设计不科学，权责分配不合理，可能导致机构重叠、职能交叉或缺失、推诿扯皮，运行效率低下。具体表现在：一是企业内部机构设置与企业的规模、发展阶段不匹配；二是企业未能对内部各职能部门进行明确的职责权限划分，未能明确规范业务流程，存在关键职能缺位或职能交叉的现象；三是企业内部组织机构未能根据环境变化及时作出调整，企业内部组织机构不能支持发展战略的实施；四是企业内部机构的设计与运行不能满足内部信息与沟通的要求；五是关键岗位的人员能力不能胜任其职责，企业未建立关键岗位员工轮换制度和强制休假制度；六是企业对董事会、监事会、经理层及全体员工的岗位职责没有明确的描述和说明，存在不相容职务未能有效分离的情况；七是企业未能建立起对权限的设置和履行进行审核和监督，并及时予以纠正和处理。

议一议

某公司为上市公司，其董事长由集团公司法人兼任，是典型的控股股东当家。公司董事会11人中，有9名来自大股东和公司内部，经理层人员普遍兼任董事会成员。请分析该公司在公司治理方面存在哪些问题？企业股东会、董事会、监事会、经理层在企业运行中应各自发挥哪些作用？它们之间是如何相互制约的？

第二节　企业组织架构的设计

一、治理结构的设计

（一）组织架构设计的一般要求

企业组织架构的设计重点应放在如何健全管理体制和运行机制上，确保组织架构的有效运行。企业应当根据国家有关法律法规的规定，明确董事会、监事会和经理层的职责权限、任职条件、议事规则和工作程序，确保决策、执行和监督相互分离，形成制衡。股东大会是股东按照法定的方法和程序，决定投资计划、经营方针、选举和更换董事与监事并决定其报酬等重大事项的权力机构。董事会是企业的最高决策机构，董事会对股东（大）会负责，接受股东大会委托，依法行使企业的经营决策权。负责企业发展战略和资产经营，并按照股东（大）会的有关决议，设立战略、审计、提名、薪酬与考核等专门委员会，明确各专门委员会的职责权限、任职资格、议事规则和工作程序，在必要时撤换不称职的经理人员。监事会对股东（大）会负责，监督企业董事、经理和其他高级管理人员依法履行职责。经理层由董事会委任，对董事会负责，主持企业的生产经营管理工作。经理和其他高级管理人员的职责分工应当明确。董事会、监事会和经理层的产生程序应当合法合规，其人员构成、知识结构、能力素质应当满足履行职责的要求。企业的重大决策、重大事项、重要人事任免及大额资金支付业务等，应当按照规定的权限和程序实行集体决策审批或者联签制度。任何个人不得单独进行决策或者擅自改变集体决策意见。

（二）上市公司组织架构设计的特殊要求

上市公司具有重大公众利益，因此，上市公司治理结构的设计应充分反映公众性的特点。一是要实行独立董事制度。上市公司应设立独立董事，独立董事不得在上市公司担任其他任何职务，独立董事对上市公司和全体股东负有诚信与勤勉义务，独立履行职责，切实维护公众整体利益，尤其关注中小股东的合法权益不受侵害。二是要建立董事会专业委员会制度。上市公司董事会下设审计委员会、薪酬与考核委员会，审计委员会侧重加强对经理层提供的财务报告和内部控制评价报告的监督，同时通过指导和监督内部审计和外部审计工作，提高内部审计和外部审计的独立性，在信息披露、内部审计和外部审计之间建立起一个独立的监督和控制机制。薪酬与考核委员会主要负责制定董事、监事与高级管理人员考核标准并进行考核，负责制定董事、监事、高级管理人员的薪酬政策与方案。三是设立董事会秘书。上市公司应当设立董事会秘书，董事会秘书为上市公司的高级管理人员，直接对董事会负责，并由董事长提名，董事会负责任免。在上市公司实务中，董事会秘书是一个重要的角色，其负责公司股东大会和董事会会议的筹备，文件保管以及公司股东资料的管理，办理信息披露事务等事宜。专业委员会中，独立董事应当占多数并担任负责人，审计委员会中至少还应有一名独立董事是会计专业人士。

（三）国有独资企业治理结构设计的特殊要求

国有独资企业是我国比较独特的企业群体，其治理结构设计应充分反映其特色。主要表现在以下四个方面：

第一，国有资产监督管理机构代行股东（大）会职权。国有独资企业不设股东（大）会，由国有资产监督管理机构行使股东（大）会职权。国有独资企业董事会可以根据授权部分行使股东（大）会的职权，决定公司的重大事项，但公司的合并、分立、解散、增加或者减少注册资本和发行公司债券，必须由国有资产监督管理机构决定。

第二，国有独资企业董事会成员中应当包括公司职工代表。董事会成员由国有资产监督管理机构委派，但是，董事会成员中的职工代表由公司职工代表大会选举产生。国有独资企业董事长、副董事长由国有资产监督管理机构从董事会成员中指定产生。

第三，国有独资企业监事会成员由国有资产监督管理机构委派，但是监事会成员中的职工代表由公司职工代表大会选举产生。监事会主席由国有资产监督管理机构从监事会成员中指定产生。

第四，外部董事由国有资产监督管理机构提名推荐，由任职公司以外的人员担任。外部董事在任期内，不得在任职企业担任其他职务。外部董事制度对于规范国有独资公司治理结构、提高决策科学性、防范重大风险具有重要意义。

二、内部机构的设计

（一）职能机构的设置

企业应当按照科学、精简、高效、透明、制衡的原则，综合考虑企业性质、发展战略、文化理念和管理要求等因素，合理设置内部职能机构，明确各机构的职责权限，避免职能交叉、缺失或权责过于集中，形成各司其职、各负其责、相互制约、相互协调的工作机制。常见的职能机构包括：规划、设计、采购、生产、销售、会计、审计、人事、法律、后勤等。

（二）岗位职责的划分

企业应对内部各职能机构的职责进行科学合理的分解，确定具体岗位的名称、职责和工作要求，明确各岗位的工作要求和相互关系，在确定职权和岗位分工过程中，体现不相容职务相分离的控制要求。不相容职务通常包括：可行性研究与决策审批；决策审批与执行；执行与监督检查等。

（三）权限体系的分配

企业应当制定组织结构图、业务流程图、岗（职）位说明书和权限指引等内部管理制度或相关文件，使员工了解和掌握组织架构设计及权责分配情况，正确履行职责。企业内部各级员工必须获得相应的授权，才能实施决策或执行业务，严禁越权办理。按照授权对象和形式的不同，授权分为常规授权和特别授权。常规授权一般针对企业日常经营管理过程中发生的程序性和重复性工作，可以在由企业正式颁布的岗（职）位说明书中予以明确，或通过制定专门的权限指引予以明确。特别授权一般是由董事会给经理层或经理层给内部机构及其员工授予处理某一突发事件（如法律纠纷）、作出某项重大决策、代替上级处理日常工作的临时性权力。

（四）对“三重一大”的特殊考虑

“三重一大”即“重大决策、重大事项、重要人事任免及大额资金使用”。企业应当按照规定的权限和程序实行集体决策审批或者联签制度。任何个人不得单独进行决策或者擅自改变集体决策意见。这样可以有效避免“一言堂”“一支笔”现象，特别有利于促进国有企业完善治理结构和健全现代企业制度。

议一议

对“三重一大”实行集体决策或联签制度对建设公正、法治的社会有何重要意义？

第三节 企业组织架构的运行

企业组织架构的运行是指企业治理结构和内部机构按照既定的设计方案，行使各自权力和履行相应职责的动态过程。对组织架构运行的控制包括：组织架构的全面梳理和组织架构的评估调整。

一、组织架构的全面梳理

（一）治理结构的梳理

企业梳理治理结构，应当重点关注董事、监事、经理及其他高级管理人员的任职资格和履职情况，以及董事会、监事会和经理层的运行效果。一是任职资格的梳理。应重点关注行为能力、道德诚信、经营管理素质、任职程序等方面。是否存在无民事行为能力者或限制民事行为能力者、有无犯罪前科或不诚信记录者、有无曾在破产企业任职者、任职是否经过规范程序、职责划分是否合理并符合内部控制的要求。二是履职与运行效果的梳理。关于董事会的运行效果，应关注董事会是否定期或不定期向股东大会报告；是否严格执行股东大会的决议；是否科学有效地制订公司的经营计划、投资方案、财务预算决算方案；是否合理聘任高级管理人员；是否科学制定公司章程及内部相关管理制度。关于监事会的运行效果，应关注监事会是否提议召开临时股东会议并提出议案、能否在董事会未履行职责时召集和主持股东会议、能否按照规定对董事和高管人员的行为进行监督、能否对违法董事和高管人员提起诉讼、监事会的工作程序是否规范、监事会是否能够定期或不定期地检查公司财务；关于经理层的运行效果，应关注经理层是否有效执行董事会、股东会的决议；能否有效组织实施企业年度经营计划和投资方案；是否能够完成董事会确定的绩效目标；能否科学设置公司内部管理机构和制定公司内部管理制度等。

（二）内部机构的梳理

企业梳理内部机构设置，应当重点关注内部机构设置的合理性和运行的高效性等。内部机构设置的合理性应当关注内部机构设置对内外部环境的适应性、对实现发展目标的一致性、对内部分工的协调性以及对权责分配的对等性等方面。

内部机构运行的高效性，应当重点关注职责分工的效率、权力制衡的效率和信息沟通的效率等。

二、组织架构的评估调整

企业在对治理结构和内部机构进行全面梳理的基础上，还应当定期对组织架构设计和运行的效率和效果进行综合评价，发现组织架构设计与运行中存在缺陷的，应当进行优化调整，并及时将调整结果通告全体员工。组织架构的调整包括以下形式：一是通过股权结构的调整，实现引进其他法人和自然人投资者，达到优化公司股权结构的目的，解决大股东控制问题，如国有企业、家族企业等；二是通过治理结构的调整，建立三权分立制衡的现代公司治理结构模式，明确董事会的决策权、经理层的执行权、监事会的监督权，实现权力的相互制衡、相互监督和相互协调；三是通过内部机构的调整，进行流程再造，满足企业内外部客户的需求，提高企业业务效率，提升客户满意度。

内部机构设置和运行中存在职能交叉、缺失或运行效率低下的，应当及时解决。企业拥有子公司的，应当建立科学的投资管控制度，通过合法有效的形式履行出资人职责、维护出资人权益，重点关注子公司，特别是异地、境外子公司的发展战略、年度财务预决算、重大投融资、重大担保、大额资金使用、主要资产处置、重要人事任免、内部控制体系建设等重要事项。企业组织架构调整应当充分听取董事、监事、高级管理人员和其他员工的意见，按照规定的权限和程序进行决策审批。

议一议

我国国有企业未设股东大会，实际工作中应如何规避治理结构不健全带来的风险？

岗课赛训融通训练

不定项选择题

仔细阅读本章引导案例——鞍山钢铁集团公司组织架构的设计与运行，回答下列问题：

1. 下列组织架构调整和建设可降低集团代理成本的是（　　　）。

A. 增强集团控制力　　B. 优化组织架构

C. 调整部门和关键岗位的设置　　D. 明晰各职能部门的职责权限

2. 下列组织架构调整与建设中，可降低内部交易成本的是（　　）。

A. 加强集团集中采购部门建设，发挥采购协同效应

B. 营销部门实现产销一体化和内外贸一体化管理

C. 实施专业资本运营和安全环保管理

D. 发挥党群管理在现代企业管理中的重要作用

3. 强化党群管理机构建设，在促进内部控制环境建设中的作用是（　　）。

A. 提高企业文化建设的效果　　B. 促进企业社会责任的履行

C. 强化企业人力资源的建设　　D. 科学制定企业的发展战略

4. 关于各子公司设置部、四室一会及作业区等举措，下列说法中正确的是（　　）。

A. 是公司治理结构的调整　　B. 属于公司职能部门设置的优化

C. 是公司对业务部门设置的优化　　D. 是公司内部机构设置方面的优化调整

5. 鞍山钢铁集团公司经过新一轮的组织架构调整，形成的是（　　）的组织架构。

A. 直线型　　B. 职能型

C. 矩阵型　　D. 事业部型

教学讨论组织

本校组织架构图讨论

一、案例资料

组织学生学习组织架构图（见图 2-1）。

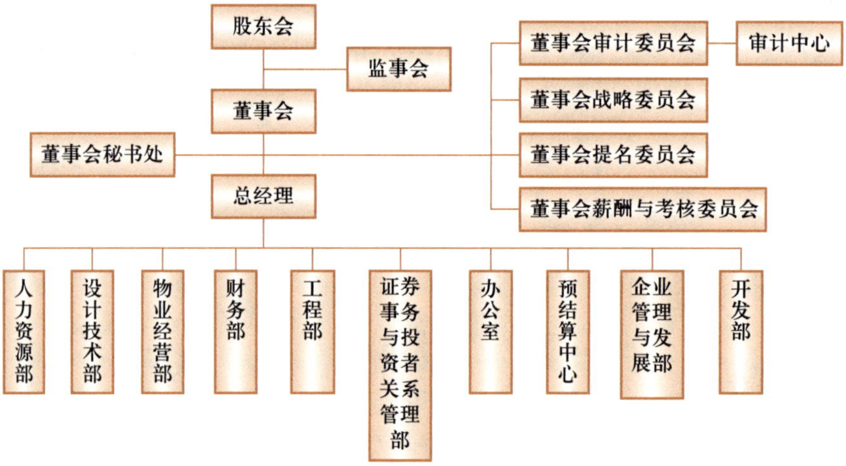

图 2-1　组织架构图

二、要求

上本校校园网，了解本学校的机构设置，或由教师介绍本校的机构设置。

三、讨论形式

分组由学生绘制本学校的组织架构图，每组6~8人，各组派一名学生展示本组绘制的本校组织架构图（最好用电子版）。教师对各组的组织架构图进行点评，展示教师自己绘制的本校组织架构图，并加以点评。

第三章
企业发展战略

素养目标

- 具有强烈的使命感和责任心，能从企业的发展战略联想到企业初心和使命的内涵；
- 通过发展战略制定的 SWOT 分析，养成踏实做事、诚实做人的品格；
- 通过分析企业战略和国家战略的关系，形成战略导向思维；
- 通过认识企业战略太激进和战略频繁变动的危害，培养脚踏实地的工作作风；
- 通过学习企业发展战略制定的程序，培养谨慎、科学的人生观和价值观。

知识目标

- 了解企业发展战略的概念；
- 了解制定和实施企业发展战略的重要意义；
- 了解企业发展战略制定的基本思路；
- 了解企业发展战略制定的流程。

技能目标

- 能准确理解企业发展战略的本质；
- 能准确理解企业发展战略制定应关注的风险；
- 能准确理解企业发展战略制定中的 SWOT 分析方法；
- 能准确掌握企业发展战略制定的方法；
- 能准确理解企业发展战略实施的方法和程序。

学思践悟

青岛海尔发展战略的启示

青岛海尔 1984 年创业到现在，经历了六个发展战略阶段，即名牌战略、多元化发展战略、国际化战略、全球化品牌战略、网络化发展战略和生态品牌战略。创业 40 多年来，海尔致力于成为“时代的企业”，每个阶段的战略主题都是随着时代变化而不断变化的，但贯穿海尔发展历程的，都离不开管理创新。

（1）1984—1991 年，海尔只生产一种产品——冰箱，主要的目的就是保质量，做名牌。1985 年 12 月的一天，张瑞敏厂长宣布砸碎 76 台不合格电冰箱，并亲手砸下第一锤。从此，海尔进入了名牌战略的实施阶段。1986 年海尔新建了电冰箱总厂，1987 年海尔被全国 48 家大型商场联合推举为最受消费者欢迎产品，1988 年，海尔获得了中国电冰箱史上第一枚“国家优质产品奖”金牌。1990年，海尔获得国家质量管理奖，同年通过美国UL认证，1992年通过ISO9001认证，实现了名牌战略目标。

（2）1992—1998年，海尔进入了多元化发展战略阶段，海尔冰箱在取得中国名牌的基础上，以跨行业资产重组的方式进入黑色家电领域，开始了多元化发展战略实施阶段。1991年海尔集团成立，1995—1998年，海尔集团通过资产重组、资本重组、资本盘活的方式，兼并了青岛红星电器股份有限公司、武汉希岛实业股份有限公司、莱阳家电总厂、合肥黄山电视机厂等亏损总额达5.5亿元的18家大企业，盘活了15.5亿元资产，以“吃休克鱼”的方式进行资本运营，以无形资产盘活有形资产，在最短的时间里以最低的成本把规模做大，把企业做强，到1998年，海尔的产品已经由1984年的一种产品发展到几十种产品，实现了多元化发展战略目标。

（3）1998—2005年，海尔进入了国际化战略发展阶段，海尔认为，只在国内市场做好了，不进入国际市场，优势也只是暂时的。他们按照先难后易的原则，首先进入发达国家，创出名牌后再进入发展中国家。1999年4月30日，海尔美国工厂动工，2000年3月投产，从冰箱扩展到空调、洗衣机等领域，接下来，海尔和印度、巴基斯坦、法国、德国、日本等国合作，建立市场营销基地，产品批量销往全球主要经济区域市场，在海外很多国家有了海尔的经销商网络和售后服务网络，海尔品牌已经有了一定的知名度、信誉度和美誉度。2004年1月31日，全球最具影响力的100个品牌揭晓，中国海尔成为首次、唯一入选的中国品牌，海尔全球化战略目标实现。

（4）2005—2012年，海尔进入全球化品牌战略实施阶段。经过了前三个阶段的发展，海尔国际市场规模日益扩大，库存和应收两个问题日渐突出，张瑞敏提出了“人单合一”的信息化管理思路。具体来说，就是人与市场结合为一体，每个人都要为订单负责，每一张订单都要有人对它负责，每个人在自己的岗位上必须做到最好。如果你是产品经理，你就得创造出最有竞争力的产品；如果你是客户经理，你就要获得最具附加值的客户订单；如果你是上螺钉的操作工，你就要创造出全世界最高超的上螺钉技术。2005年8月30日，海尔被英国《金融时报》评为中国十大世界级品牌之首。海尔的人单合一管理模式为解决全球商业的库存和逾期应收提供了创新思维，被国际管理界誉为号准全球商业脉搏的管理模式。面对全球化竞争，海尔的全球化品牌战略提出创造资源、美誉全球的企业精神，人单合一、速决速胜的工作作风；挑战自我，挑战明天，为创造出中国人自己的世界名牌而持续创新。在创新实践中，海尔的OEC管理、市场链管理、人单合一的模式引起国际管理界高度关注，美国哈佛大学、南加州大学、瑞士IMD国际管理学院、法国的欧洲管理学院、日本神户大学等进行案例研究，海尔的管理案例被纳入欧盟案例库，不论是产品创新还是管理模式创新，海尔都成为全球品牌，实现了全球化品牌战略的目标。

（5）2012—2019 年，海尔进入网络化发展战略阶段。海尔从传统制造家电产品的企业转型为面向全社会孵化创客的平台，致力于成为互联网企业，颠覆传统企业自成体系的封闭系统，同时变成网络互联中的节点，互联互通各种资源，打造共创共赢新平台，实现各攸关方的共赢增值。为此，海尔在战略、组织、员工、用户、薪酬和管理六个方面进行了颠覆性探索，打造出一个动态循环体系，加速推进互联网转型。2016 年海尔的战略方向是以诚信为核心竞争力，以社群为基本单元，建立后电商时代的共创共赢新平台。海尔将重点聚焦在把“一薪一表一架构”融入转型的六个要素中。“一薪”即用户付薪，是互联网转型的驱动力；“一表”为共赢增值表，目的是促进边际效应递增；“一架构”是小微对赌契约，它可以引领目标的自演进。三者相互关联，形成闭合链条，共同推进企业互联网转型。

（6）2019 年，海尔发布了新战略——生态品牌战略。海尔通过改变两点来实现生态品牌战略：第一，改变企业，把企业从原来有围墙的花园变成热带雨林式的、可以自进化的商业生态体系；第二，改变生活方式，变成物联网时代的生活方式，从原来以产品为主变成以场景和生态为主。

从海尔的发展战略轨迹，我们可以看到，海尔在不同的时期实施不同的发展战略，从小到大，从单一到多元，从国内到国际，从合格到名牌，从线下到线上，从实体到网络，以点带面，与时俱进，脚踏实地，实事求是，从小厂做成了国际化大集团，它的成功，是在企业科学发展战略的指引下实现的，是科学发展战略的典范。

议一议

从海尔公司 1985 年 12 月张瑞敏厂长宣布砸碎 76 台不合格冰箱并亲手砸下第一锤到 2019 年海尔宣布进入生态品牌战略阶段，看海尔公司的价值观和企业精神是什么？

第一节　企业发展战略概述

一、制定和实施企业发展战略的意义

企业内部控制应用指引第2号——发展战略

发展战略，是指企业在对现实状况和未来趋势进行综合分析和科学预测的基础上，制定并实施的长远发展目标与战略规划。企业制定和实施发展战略，具有十分重要的意义。

（一）发展战略可以为企业找准市场定位

定位准了，才能赢得市场，才能获得竞争优势，才能不断发展壮大。定位所要解决的问题很广泛，包括为社会提供什么样的产品或服务、以什么样的方式满足客户和市场需求、如何充分利用内外部资源以保持持续竞争力、如何才能更好更快地迈进行业前列等。发展战略要着力解决的正是企业发展过程中所面临的这些全局性、长期性的问题。从这个角度讲，制定发展战略，就是为企业进行市场定位。

（二）发展战略是企业执行层行动的指南

发展战略指明了企业的发展方向、目标与实施路径，描绘了企业未来经营方向和目标纲领，是企业发展的蓝图，关系着企业的长远生存与发展。只有制定科学合理的发展战略，企业执行层才有行动的指南，其在日常经营管理和决策时才不会迷失方向，才能知晓哪些是应着力做的“正确的事”，否则，要么盲目决策，要么无所作为，既浪费企业宝贵的资源，难以形成竞争优势，又可能失去发展机会，导致企业走向衰落甚至消亡。

（三）发展战略为内部控制设定了最高目标

《企业内部控制基本规范》明确指出，“内部控制的目标是在保证企业经营管理合法合规、资产安全、财务报告及相关信息真实完整，提高经营效率和效果的基础上，着力促进企业实现发展战略”。从中可以看出，企业内部控制的系列目标中，促进发展战略的实现是内部控制最高层次的目标。它一方面表明，企业内部控制最终所追求的是如何通过强化风险管控促进企业实现发展战略；另一方面也说明，建立和健全内部控制体系可为实现企业发展战略提供保证。发展战略为企业内部控制指明了方向，内部控制为企业实现发展战略提供了坚实保障。

二、企业发展战略的本质

企业发展战略是企业战略的一种。企业战略是对企业各种战略的统称，其中包括竞争战略、营销战略、品牌战略、融资战略、技术开发战略、人才开发战略、资源开发战略等。企业发展战略和具体的经营战略不同，它是关于企业发展的谋略，是对企业发展中整体性、长期性、基本性问题的谋划。

实训：企业发展战略控制

企业发展战略的本质特征是发展性，是着眼于促进企业发展的战略。虽然竞争战略、营销战略也是为企业发展服务的，但着眼点与企业发展战略是不同的，竞争战略着眼于如何提升企业产品或服务的竞争力，营销战略着眼于如何促进企业市场营销业绩的改善，而企业发展战略最根本的着眼点是促进企业发展。企业发展战略具有整体性、长期性、基本性、系统性、风险性，其谋划的是企业整体的、长远的、基本的问题，而不是局部的、短期的、具体的问题。企业发展战略的系统性是指发展战略要立足长远发展，确立远景目标，同时，又需要围绕远景目标确立阶段目标，以构成一个环环相扣的发展战略目标体系。风险性是指企业做出任何一项战略决策都存在风险，如果对未来市场的研究深入，对行业发展趋势预测准确，设立的远景目标客观，各发展阶段的人、财、物等资源配置得当，发展战略形态选择科学，制定的发展战略就能引导企业健康、快速地发展；反之，仅凭个人主观判断市场变化，设立目标过于理想或对行业发展趋势预测出现偏差，制定的发展战略就会导致管理失误，甚至会给企业带来破产的风险。这方面国际、国内企业有很多教训，如有的企业激进实施多元化战略、集团化战略，盲目扩张，收购一些不相关的、濒临破产的企业，结果造成管理混乱，甚至导致破产；还有的企业盲目追求国际化，走出国门，产品服务与当地的文化、法律不相容，导致经营不善，最终破产。如济南轻骑的多元化、集团化战略，日本八佰伴的国际化战略等。

由于持续发展对于企业实现自身目标具有极其重要的意义，所以，企业发展战略被认为是企业各种战略的总战略，是统帅其他战略的最高战略。具体来说，就是用企业发展战略指导企业其他战略，用企业其他战略落实企业发展战略，这是企业的成功之道。所以，企业发展战略是企业实现发展的灵魂与纲领。

议一议

企业的发展战略与企业初心使命的含义。

三、企业发展战略应关注的风险

企业发展战略的风险是影响整个企业的发展方向、企业文化、生存能力或企业效益的风险因素，是企业整体发展出现损失的不确定性。企业发展战略对于企业经营发展具有决定性的深远影响，所以，关注和防范企业发展战略风险对于企业生存和发展具有极其重要的意义。

企业发展战略风险的因素可分为内外两个方面，对于来自企业外部环境的风险可以概括为发展战略环境风险，如经济环境、金融环境、政策环境等；对于来自企业内部的风险可以概括为资源和能力风险，如人才资源、研发能力、生产能力等。例如，有的企业制定的多元化战略中包括了一些国家不鼓励支持的能源消耗型企业、环境污染型企业，导致发展失败；有的企业制定了国际化战略，结果其产品和技术没有国际竞争能力，导致失败。所以，企业发展战略风险主要产生于企业对外部环境、自身的资源和能力认识不够全面及深入，导致制定的发展战略不能充分利用自身优势和外部环境，限制了企业自身优势发展，难以形成竞争优势。在企业实际中，发展战略存在的问题主要有：一是战略不明确，难以形成竞争优势，丧失了发展机遇和动力；二是战略太激进，脱离企业实际能力，导致过度扩张，增大经营失败风险；三是战略频变动，企业战略缺乏长期性，企业发展方向不明确。从企业发展战略风险的表现可以看出，企业发展战略不能引领企业科学发展，其症结主要表现在制定的战略不能满足企业发展需要，以及发展战略在实施中不能根据环境和企业自身的条件变化适当调整。因此，控制和防范企业发展战略风险应主要从发展战略的制定环节和实施环节着手。

议一议

1. 企业发展战略为什么要考虑外部环境的风险？

2. 如何理解党的二十大提出的以中国式现代化全面推进中华民族伟大复兴的战略安排？

视频：发展战略概述

第二节 企业发展战略的制定

一、建立企业发展战略制定机构

企业应当在董事会下设立战略委员会，或指定相关机构负责发展战略管理工作，履行相应职责。战略委员会成员应当具有较强的综合素质和实践经验，其任职资格和选任程序应当符合有关法律法规和企业章程的规定。企业应当明确战略委员会的职责和议事规则，对战略委员会会议的召开程序、表决方式、提案审议、保密要求和会议记录等作出规定，确保议事过程规范透明、决策程序科学民主。战略委员会应当组织有关部门对发展目标和战略规划进行可行性研究和科学论证，形成发展战略建议方案；必要时，可借助中介机构和外部专家的力量为其履行职责提供专业咨询意见。董事会应当严格审议战略委员会提交的发展战略方案，重点关注其全局性、长期性和可行性。董事会在审议方案中如果发现重大问题，应当责成战略委员会对方案作出调整。企业的发展战略方案经董事会审议通过后，报经股东（大）会批准实施。

二、识别和评估企业发展战略风险

准确识别企业发展战略风险是成功制定发展战略的前提和保证，只有准确地识别了发展战略风险，才能对风险的大小作出正确的评估，然后在发展战略制定中对其给予充分考虑。如果风险识别发生错误或忽略了重大风险，无论发展战略制定得多么细致，风险都会对企业发展产生不利的影响，使发展战略偏离预先设置的方向。科学的企业发展战略应当是在充分调查研究、科学分析预测和广泛征求意见的基础上所制定的。通过深入调查研究和科学分析预测可以识别企业发展战略可能包含的各种风险，在此基础上通过对发展战略决策信息资料进行系统了解和分析，认清企业所面临的各种发展战略风险因素，进而确定企业所面临的风险及其性质，并把握其发展趋势，为发展战略的实施提供良好的条件。

从企业发展战略的特征和重要性角度出发，紧密结合企业发展战略的制定过程，可以重点从以下两个方面识别和评估企业发展战略风险。一是分析由企业外部环境变化引起的发展战略风险；二是分析由企业内部资源引起的战略风险。

（一）分析企业外部环境，发现机会和威胁

外部环境因素对企业发展战略风险因素的影响主要表现在宏观环境、行业环境及竞争对手状况、经营环境等方面。具体包括：政治、法律环境及其变化，经济环境及其变化，相关利益团体的影响等因素。环境是适应性因素，环境的变化会引起企业关键资源和竞争能力的变化。政治经济环境的变化对企业的发展战略和总体发展目标产生重要的影响，可能会引起企业发展战略的方向、发展战略的方针和发展战略的重点发生变化。相关技术环境的发展和变化，会直接影响到企业发展战略目标的实现，影响企业的竞争优势、发展模式和发展战略的重点。行业的总体发展趋势、产业结构及竞争结构的变化趋势，整个行业的盈利水平和市场竞争的激烈程度的变化，都会对发展战略的定位、发展战略重点的选择和竞争优势产生显著影响。外部环境分析的内容见图 3-1、图 3-2。

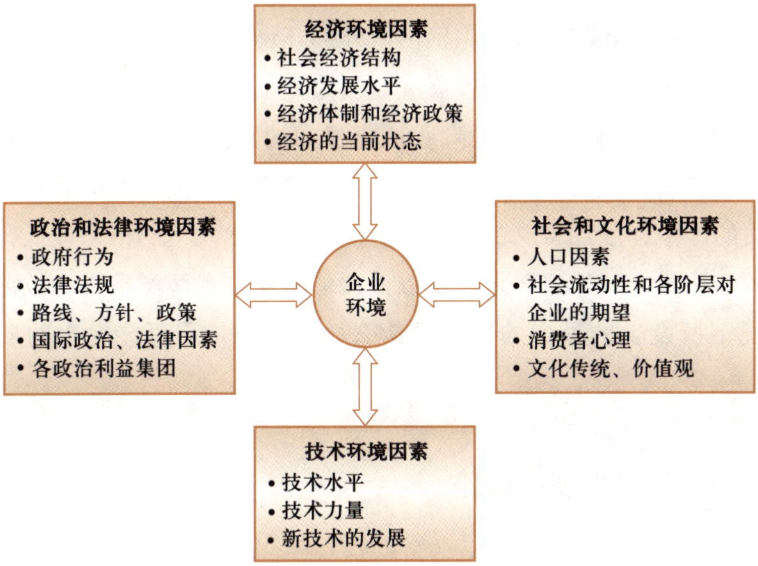

图 3-1　宏观环境因素分析

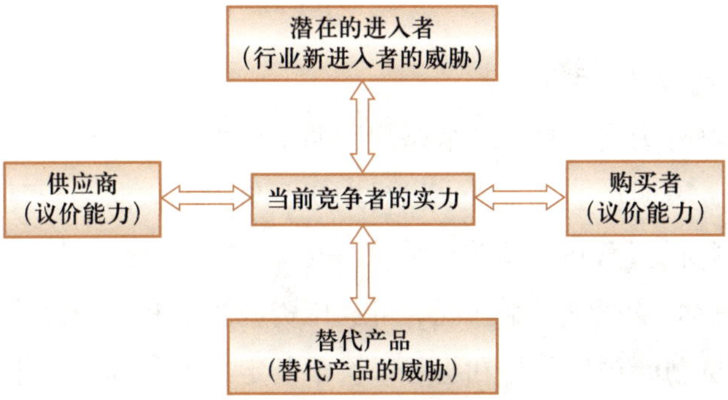

图 3-2　行业环境和竞争对手分析

（二）分析企业内部资源，识别优势和劣势

内部资源是企业发展战略的重要制约条件，包括企业资源、企业能力、核心竞争力等各种有形和无形资源。分析由企业内部战略资源引起的战略风险，需要考虑管理能力及资源，公司治理结构和管理层、组织机制及适应和调整能力，知识学习能力、创新能力、企业文化及整合能力等因素。企业所拥有的战略资源是企业制定和实施发展战略所应考虑的主要因素和企业竞争优势的重要来源，因而可以认为企业的战略资源和竞争力是企业发展战略制定和实施的重要风险因素来源。由于市场竞争日趋激烈，科学技术发展日新月异，经济社会发展变化迅速，企业所拥有的战略资源和竞争优势也是处于一个不断变化的过程中。随着时间的推移和竞争空间的变化，企业曾经拥有的战略资源和竞争优势可能不再为企业带来竞争优势，制约了企业市场竞争力的提高。如果发展战略没有根据企业内在风险因素的变化进行适时调整，将导致企业发展战略在实施中所蕴含的风险增加。

企业通过分析内外部环境，识别出内外部环境带来的风险后，还需要对这些风险进行认真准确的评估。企业发展战略风险评估主要包括两个方面的工作：一是风险发生损失的概率，二是风险所造成损失的程度。风险所造成损失的程度包括直接损失和间接损失，评估时既要考虑直接损失，又要考虑间接损失，而且要关注损失的严重程度和带来的后果。有的风险虽然发生的概率较低，但一旦发生，产生的损失巨大、后果严重。所以，评估时要注意两类重要的数据，一是在最坏的情况下所发生的最大的损失是什么，另一个是最可能发生的最大损失是什么。

三、科学制定企业发展战略

企业发展战略的制定程序分为：制定发展目标、编制战略规划、严格审议和批准发展战略。

（一）制定企业发展目标

企业发展战略分为发展目标和战略规划两个层次。发展目标是企业发展战略的核心和基本内容，表明企业在未来一段时期所要努力的方向和所要达到的水平。企业在制定发展目标的过程中，应当综合考虑宏观经济政策、国内外市场需求变化、技术发展趋势、行业及竞争对手状况、可利用资源水平和自身优势与劣势等影响因素，发现机会和威胁，识别优势和劣势，科学制定发展目标。企业制定的发展目标要确保能突出主业，定位准确，既不能过于激进，盲目追求市场热点，脱离企业实

际，也不能过于保守，丧失发展机遇和动力。近些年，我国一些企业存在盲目多元化经营的现象，远离企业主业，违背了稳健经营的原则，使其丧失了竞争力，造成行业乱象，流失了资金，导致资金链断裂。如新疆德隆集团，从注册时的房地产，到整合汽配、水泥、食品，再到农村流通服务、旅游、金融、资源等，投资领域过宽，资金过大，没有依托主业形成经营主线，没有建立产业优势和财务优势，最终造成企业发展战略失败。所以，企业发展目标方案拟订后，应组织多方面专家和有关人员进行研究论证，论证内容包括：发展目标的方向是否正确；发展目标是否可行，企业是否有能力实现；发展目标是否明确，内容是否协调一致等。在充分论证发展目标科学、合理、可行的前提下，企业应进入战略规划编制阶段。

（二）编制企业战略规划

战略规划是企业为了实现发展目标而制定的具体规划，表明企业在每个发展阶段的具体目标、工作任务和实施路径，所以，企业应当根据发展目标制定战略规划，并明确发展的阶段和发展程度。如某国有大型电力集团通过认真分析内外部环境、自身资源以及面临的机遇和挑战，根据国民经济发展需要和集团自身的发展能力，提出了集团发展目标和2003—2020年的战略规划。其发展目标为：把集团建设成经营型、控股型、市场化、集团化、现代化、国际化，具有较强发展能力、盈利能力和国际竞争力的大型企业集团。分阶段战略规划为：2003—2005年为第一阶段，为集团公司创业阶段。这一阶段目标是“组建年”“管理年”“安全年”的工作，夯实发展基础，体制机制基本形成，管理制度进一步完善，企业文化初步形成，2005年实现“装机容量突破×××万千瓦、发电量突破×××亿千瓦时、销售收入突破×××亿元”三个突破。2006—2010年为第二阶段，为持续快速协调发展阶段。这一阶段目标是：集团化运作体系和运作机制趋于成熟，主业有较大发展，并做到规模效应同步增长，电源布局合理，电源结构明显改善，集团发展能力、盈利能力、国际竞争能力明显增强，2010年进入世界500强。2010—2020年为第三阶段，集团进入以电为主、多元发展跨国经营阶段。这一阶段目标是：在发电主业做大做强的同时，煤炭、铁路、环保、物流以及与电力产业相关的多种产业形成规模，在集团销售收入中占一定比例。国际化经营逐步扩大，集团发展能力、盈利能力、国际竞争力和影响力进一步增强，成为世界知名公司。

（三）严格审议和批准企业发展战略

企业发展战略拟订后，应当按照规定的权限和程序对发展战略方案进行审议和批准。企业发展战略是由战略委员会拟订的，而审议发展战略是董事会的重要职责。

董事会应着力关注发展战略的全局性、长期性和可行性。具体包括：发展战略是否符合国家行业发展规划和产业政策；发展战略是否符合国家经济结构战略性调整方向；发展战略是否突出主业，有助于提升企业核心竞争力；发展战略是否具有可操作性；发展战略是否充分评估预测了未来风险；发展战略是否有相应的人力、财力、信息等资源保障。董事会在对发展战略的审议过程中，发现方案存在重大缺陷的，应责成战略委员会进行调整。董事会审议通过的发展战略，应报股东大会表决批准后付诸实施。

议一议

企业发展战略和企业战略规划之间的关系是什么？

第三节 企业发展战略的实施

科学制定发展战略是一个复杂的过程，而实施发展战略更是一个系统工程。企业应当加强对发展战略实施的统一领导，制订详细的年度工作计划，通过编制全面预算，将年度目标进行分解、落实，确保企业发展目标的实现。此外，还要加强对发展战略的宣传培训，通过组织结构调整、人员安排、薪酬调整、财务安排、管理变革等配套措施，保证发展战略的顺利实施。

一、加强对企业发展战略实施的领导

要确保企业发展战略有效实施，加强组织领导是关键。企业经理层作为发展战略制定的直接参与者，往往比一般员工掌握更多的战略信息，对企业发展目标、战略规划和战略实施路径的理解和体会也更加全面深刻，应当担当发展战略实施的领导者。要本着“统一领导、统一指挥”的原则，围绕发展战略的有效实施，卓有成效地发挥企业经理层在资源分配、内部机构优化、企业文化培育、信息沟通、考核激励相关制度建设等方面的协调、平衡和决策作用，确保发展战略的有效实施。

二、细化和分解落实企业发展战略

企业发展战略制定后，经理层应着手将发展战略逐步细化，确保“文件上”的发展战略落地变为现实。第一，要根据战略规划，制订年度工作计划。第二，要按照上下结合、分级编制、逐级汇总的原则编制预算，将发展目标分解并落实到产销水平、资产负债规模、收入及利润增长幅度、投资回报、风险管控、技术创新、品牌建设、人力资源建设、制度建设、企业文化、社会责任等可操作层面，确保发展战略能够真正有效地指导企业各项生产经营管理活动。第三，要进一步将年度预算细分为季度、月度预算，通过实施分期预算控制，保证年度预算目标的实现。第四，要通过建立发展战略实施的激励约束机制，将各责任单位年度预算目标完成情况纳入绩效考评体系，切实做到有奖有惩、奖惩分明，以促进发展战略的有效实施。

三、强化企业发展战略实施的保障措施

战略实施过程是一项系统工程，需要研发、生产、营销、财务、人力资源等各个职能部门间的密切配合。企业应当采取切实有效的保障措施，确保发展战略的顺利贯彻实施。一是要培育与发展战略相匹配的企业文化，充分利用企业文化所具有的导向、约束、凝聚、激励等作用，统一全体员工的观念行为，共同为发展战略的有效实施而努力奋斗。二是要优化调整组织结构，尽快调整企业组织结构、业务流程、权责关系等，解决好发展战略前导性和组织结构滞后性之间的矛盾，以适应发展战略的要求。三是要整合内外部资源，调动和分配企业不同领域的人力、财力、物力和信息等资源来适应发展战略，促进企业发展战略顺利实施。四是要相应调整管理方式，改变企业日常惯例，在管理体制、机制及管理模式等方面实施变革，由粗放、层级制管理向集约、扁平化管理转变，为发展战略的有效实施提供强有力的支持。

四、做好企业发展战略的宣传培训工作

企业应当重视发展战略的宣传培训工作，为推进发展战略实施提供强有力的思想支撑和行为导向。一是要在企业董事、监事和高级管理人员中树立战略意识和战略思维，充分发挥其在战略制定与实施过程中的模范带头作用；二是通过采取内部会议、培训、讲座、知识竞赛等多种行之有效的方式，把发展战略及其分解落实情况传递到

内部各管理层级和全体员工，营造战略宣传的强大舆论氛围；三是企业高管层要加强与广大员工的沟通，使全体员工充分认清企业的发展思路、战略目标和具体举措，自觉将发展战略与自己的具体工作结合起来，促进发展战略的有效实施。

五、企业发展战略的优化调整与转型

当企业外部环境尤其是所在行业的竞争状况发生重大变化，或当企业步入新的成长阶段需要对生产经营与管理模式进行战略调整时，企业必须选择新的生存与发展模式，即战略调整与转型。企业战略转型不是战略的局部调整，而是各个战略层次上的方向性改变。比如，海尔从产品制造企业向高端制造服务型企业的战略转型；吉利汽车从低端汽车产品向中端产品的战略转型等。

常言道："三年发展靠机遇，十年发展靠战略。"加强战略管理，提高战略管理水平，是企业谋求长远发展的不懈追求。当前，我国正处在世界经济大变革、大转型的重要战略机遇期，企业应当以此为契机，强化发展战略管理，积极推进战略转型，加快发展方式转变，提升企业核心竞争力，实现健康可持续发展。

岗课赛训融通训练

不定项选择题

仔细阅读本章引导案例——青岛海尔发展战略的启示，回答下列问题：

1. 分析案例，下列说法中正确的是（　　　　）。

A. 制定发展战略必须以企业的实际情况为基础

B. 企业发展战略必须结合整个环境的变化

C. 企业的发展战略一旦确定，最好不要变动

D. 企业的发展战略必须适合企业的组织架构

2. 海尔张瑞敏厂长亲手砸下第一锤，砸碎了 76 台不合格电冰箱，启动的战略是（　　　　）。

A. 名牌战略　　B. 多元化战略

C. 国际化战略　　D. 全球化品牌战略

3. 从海尔的发展战略实施过程看，其成功的因素是（　　　　）。

A. 与时俱进的思维　　B. 实事求是的精神

C. 脚踏实地的作风　　D. 诚信为本的品德

4. 为创造出中国人自己的世界名牌而持续创新的海尔人，体现了其核心价值观的是（　　）。

A. 爱岗敬业　　B. 公正法治

C. 自由平等　　D. 诚信友善

5. 张瑞敏厂长宣布砸碎 76 台不合格电冰箱并亲手砸下第一锤，体现了海尔履行的社会责任是（　　）。

A. 产学研结合　　B. 支持慈善事业

C. 促进就业　　D. 产品质量保障

教学讨论组织

M 公司的战略之痛

一、案例资料

2001 年 4 月 27 日，上证所规定年报披露的最后期限将至。M 公司一纸姗姗来迟的年报令人震惊：该公司 2000 年实现净利润为 −2.58 亿元，比上年下降 1 400%，每股收益为 −0.28 元。会计师事务所对其出具了持保留意见的审计报告。2002 年 4 月 29 日起公司股票实施特别处理。一向以摩托车行业龙头老大自居，曾与海尔、长虹同被列为老牌绩优上市公司的 M 公司，何以翻船？

1993 年 12 月 6 日挂牌上市的 M 公司是我国摩托车行业第一家 A 股上市公司，而且 1997 年 5 月 23 日成功发行 2.3 亿 B 股，募集资金 8.7 亿元。1994—1997 年近 4 年间，M 公司从证券市场共募集资金 16 亿元，为公司迅速壮大提供了源源不断的资金。1993—1997 年公司主营业务从 19 亿元增长到 33 亿元，增幅达 73.7%；净利润从 1 亿元增长到 4.7 亿元，增长近 4 倍；每股收益连续 5 年在 0.48 元以上，是典型的绩优股。1998 年全国最有价值品牌评比，M 公司价值 31 亿元，集团销售额首次突破 70 亿元，集团产销量连续三年夺得全国冠军，超过第 2、3、4 名产销量总和，占全国产销量总额的 1/5，是唯一一个产销量超过 100 万辆的摩托车企业。在这期间，M 公司提出了"以摩托车为核心，以汽车、信息产业为重点，发展第一、二、三产业，形成了跨国、跨地区、跨行业、跨所有制"的大型企业集团的发展战略。在 1997 年前后的收购大潮中，M 公司先后收购兼并 32 家困难企业和濒临倒闭的企业，集团规模迅速扩大，最鼎盛时集团拥有全资国有企业 29 个、集体企业 8 个、中外合资公司 16 个、国内合资公司 18 个，4 个海外加工厂，16 个海外公司等，各类公司近百家，涉及摩托车、企业信息化、房地产、广告、制药、农业、旅游、餐饮服务等各个行业。

从 1998 年开始，M 公司业绩开始滑坡，于 2003 年 5 月 19 日起被暂停上市。2003 年上半年扭亏为盈，于 9 月 5 日向上海证券交易所提出了公司恢复上市的申请，并于 9 月 10 日接到通知，其恢复上市申请被上海证券交易所受理。2003 年 9 月 27 日，因 M 公司无法偿还 311 万元的欠款，债权人向法院申请其破产还债。1998 年开始，如日中天的 M 公司江河日下。从本案例中可以看出，M 公司制定的过于激进的多元化、集团化发展战略是导致其失败的根本原因。

二、要求

由教师组织学生分组讨论以下问题：

（1）M 公司在发展战略制定上存在的主要问题是什么？

（2）M 公司发展战略所带来的财务问题是什么？

三、讨论形式

学生每 6~8 人为一组，进行分组讨论，然后，每组派一人进行汇报，由教师进行点评。

第四章

企业人力资源管理与控制

素养目标

- 培养创新意识和团队合作的精神；
- 形成工匠精神和忠诚企业的品格；
- 培养奋发进取和吃苦耐劳的精神；
- 养成保守秘密和尊重规则的品德；
- 培养廉洁自律和守法守正的精神。

知识目标

- 了解企业人力资源管理与控制的意义及内容；
- 了解企业人力资源管理与控制中的主要风险；
- 了解企业人力资源引进与开发阶段的风险控制方法；
- 了解企业人力资源使用和退出阶段的风险控制方法。

技能目标

- 能够准确理解人力资源是企业核心竞争力的重要基础；
- 能够准确理解科学的人力资源管理制度和机制的重要性；
- 能够准确理解企业高管人员引进与开发过程风险控制的方法；
- 能够准确理解企业一般员工开发过程风险控制的方法。

学思践悟

微软研究院的人才管理模式

微软研究院在人力资源管理方面有很多独到之处，现摘录几点如下：

一是引导但不控制。研究院研究的项目、细节、方法、成败，都由研究员自己来决定。对于细节，领导层可以提出自己的意见，但决定权在研究员手中。研究员在研发过程中得到领导层的全力支持，即使领导层并不认同他们的决定。

二是自由、真诚、平等。微软研究院不允许官僚作风、傲慢作风和明争暗斗的存在，鼓励不同资历、级别的员工互信、互助、互重，每一位员工都能够对任何人提出他的想法，就算是批评、争论，也是在互信、互助、建设性意见的前提下做出的。

三是员工的满足感。很多人可能认为待遇是员工最大的需求。当然，良好的待遇是重要的，但对于一个研究员来说更重要的是能够有足够的资源来专门从事研究，能够得到学术界的认可，并能有机会将技术成功转化为产品。微软用公司的雄厚资本，让每一个研究员没有后顾之忧，能够全心全意地做研究。微软为研究员提供多元的资源，如计算机、软件、仪器、实验室，还包括足够的用于出国开会、考察或回校学习的经费。微软深知研究员更希望全神贯注地做他热爱的研究，而不必做他不热衷也不专长的工作，所以，微软研究院雇用了多名技术支持人员、行政助理、图书管理员、数据搜索员等来支持研究员的工作。在微软，一个研究队伍，除数名研究员之外，还有多名副研究员（类似博士后）、实习生、开发人员和访问学者。这样一个多元的队伍能够很快地做出成果，并被学术界认可。有了开放的环境，员工不必担心因公司把他们的重大发明变为公司机密，而丧失了与国内外学者交流或被认可（获得论文奖）的机会。

四是发掘人才。人才在信息社会中的价值，远远超过在工业社会中。原因很简单，在工业社会中，一个最好的、最有效率的工人，或许比一个一般的工人能多生产 20% 或 30%。但是，在信息社会中，一个最好的软件研发人员，能够比一个一般人员多做出 500% 甚至 1 000% 的工作。例如，世界上最小的 Basic 语言是由比尔·盖茨一个人写出来的，而为微软带来巨额利润的 Windows 系统也只是由一个研究小组做出来的。既然人才如此重要，那么微软研究院是如何去发掘人才的呢？找出有杰出成果的领导者。这些领导者，有些是著名的专家，但有时候最有能力的人不一定是最有名的人。许多计算机界的杰出成果，经常是由一批幕后研究英雄创造的。无论是台前的知名教授，还是幕后的研究英雄，微软都会花很多的时间去理解他们的工作，并游说他们到微软研究院工作。

五是吸引、留住人才。很多人认为，雇用人才的关键是待遇。微软认为，每一个人都应该得到适当的待遇，但是除提供有竞争性的（但是合理的）待遇之外，微软更重视研究的环境。微软为研发人员创造的环境极富吸引力，包括：充分的资源支持，让每个人没有后顾之忧；最佳的研究队伍和开放、平等的环境，让每个人都有彼此切磋、彼此学习的机会；造福人类的机会，让每个人都能为自己的研究所开发的产品自豪；长远的眼光和吸引人的研究题目，让每个人都热爱自己的工作；有理解并支持自己研究的领导，让每个人都能得到支持，在紧随公司的大方向的同时，仍有足够的空间及自由去发展自己的才能，追求自己的梦想。所以，微软认为，如果只是用高的待遇，或许可以吸引到一些人，但一个特别吸引人的环境更能吸引到并且长期留住所有最佳的人才。在微软全部三个研究院中，人才流失率不到 3%（美国硅谷的人才流失率在 12% 左右）。人们在微软的最大感触是，每一个人都特别快乐，特别热爱和珍惜他的工作。

议一议

1. 企业应如何培养员工的忠诚度？

2. 请分析胖东来文化理念中的“五层爱递进”，实现“让员工幸福、让顾客满意、让社会认可、让企业基业长青”的管理目标。

第一节　企业人力资源管理与控制概述

一、企业人力资源管理与控制的意义

企业内部控制应用指引第3号——人力资源

人力资源是指企业组织生产经营活动而录（任）用的各种人员，包括董事、监事、高级管理人员和全体员工，其本质是企业各种人员所具有的脑力和体力的总和。人力资源对企业的发展具有重要作用，良好的人力资源的管理与控制对企业发展具有重要意义。

（一）增强企业活力的内在源泉

企业要树立“以人为本”的理念，合理配置人力资源，调动全体员工的积极性，发挥员工的潜能和创造性，为企业创造价值，确保企业战略目标的实现。

（二）提升企业核心竞争力的重要基础

人才就是效率，人才就是财富，一个企业的生死存亡，很大程度取决于人力资源。只有良好的人力资源机制和制度，才能凝聚全体员工，才能打造出精英团队，企业的核心竞争力才能不断增强，企业才能在发展中保持长久的发展优势。

（三）实现企业发展战略的根本动力

人力资源是企业发展的根本动力，有了良好的人力资源制度和运行机制，才能制定科学的发展战略，决策才不会失误，才能激发专业技术人员的创造力，才能激励全体员工为实现发展战略而不懈努力，才能保证发展战略的贯彻落实，实现企业预期发展目标。

二、企业人力资源管理与控制的主要内容

人力资源管理的核心是建立一套科学的人力资源制度和机制，不断优化人力资源结构，实现人力资源的合理配置和布局，切实做到人尽其才。充分发挥人力资源的作用，强化激励机制，增强人才活力；合理引进和开发人才，用好盘活现有人才；强化人力资源风险管理；全面提升管理团队、专业技术人才和全体员工的创造力，

切实做到使每一位员工都投身于企业可持续发展之中。

企业人力资源管理的对象包括：一是高管人员，即企业的决策层和执行层，是企业人力资源管理的重要领域；二是专业技术人员，即企业核心技术的创造者和维护者；三是一般员工，即企业人力资源的主体。企业人力资源管理与控制的内容包括：高管人员、专业技术人员以及一般员工在引进环节、开发环节、使用环节和退出环节的管理。

三、企业人力资源管理与控制中的主要风险

企业人力资源管理风险可归纳为管理理念风险、管理制度风险和管理技术风险等三个层次。第一，理念是企业最基本、最集中的价值取向，有什么样的理念就有什么样的实践。如有的企业在人力资源上只注重顺从，顺从领导的就能得到重用，以致员工不敢提不同看法，一味纵容领导的错误，失去了创造力，导致企业决策失败，真正有能力的员工不能发挥才能。有的企业在人力资源管理中任人唯亲，排除异己，严重影响员工的积极性，使企业失去了发展潜力。第二，缺乏现代人力资源管理理念指导下的制度，或者制度本身不健全、不系统都会造成人力资源管理的风险。在实际工作中，企业人力资源管理还应慎对劳资矛盾，所以，企业在招聘、考核、激励、薪资、晋升、奖励等方面均应有明确科学的制度，以避免劳资矛盾发生。第三，人力资源管理既需要理念和制度的支撑，又需要相应的技术相匹配。在企业实际工作中，往往存在人力资源管理技术的选择与管理理念和制度不相吻合的风险。目前，有关人力资源管理的各种技术和软件很多，如岗位管理技术、绩效管理技术、心理测试软件、素质测试软件、绩效评价系统等。每一种人力资源管理技术和方法都有自身的适用条件，忽视适用条件，盲目使用先进的人力资源管理技术，不但不会取得好的成效，反而会起到反作用。

议一议

1. 为什么说人力资源是增强企业活力的内在源泉？

2. 如何理解人力资源是第一资源？如何理解党的二十大报告提出的“教育、科技、人才是全面建设社会主义现代化国家的基础性、战略性支撑”？

第二节　企业人力资源的管理

视频：人力资源内部控制概述

一、人力资源引进与开发过程的管理

（一）高管人员的引进与开发过程的管理

企业应当制订高管人员引进计划，该计划要提交董事会审议通过后实施。董事会在审议高管人员引进计划时，应当关注高管人员的引进是否符合企业发展战略，是否设定了公平、公正、公开的引进方式。企业引进的高管人员必须对企业所处行业及其在行业中的发展定位、优势等有足够的认知，对企业的文化和价值观有充分的认同；同时，必须具有全局性的思维，有对全局性、决定全局的重大事项进行谋划的能力；必须具有解决复杂问题的能力；必须具有综合分析能力和敏锐的洞察力，有开阔的思路和前瞻性、宽广的胸怀等；必须精明强干并具备奉献精神；在引进高管人员过程中，还要坚持重真才实学，不唯学历。在高管人员开发过程中，要注重激励和约束相结合，创造良好的干事业的环境，让他们的聪明才智充分显现，使其真正成为企业的核心领导者。

（二）专业技术人员引进与开发过程的管理

专业技术人员特别是核心专业技术人员是企业发展的动力。企业的发展离不开专业技术人员的创新和研发。专业技术人员的引进，既要满足企业当前实际生产经营需要，同时又要有一定的前瞻性，适量储备人才，以备急需；既要注重专业人才的专业素质、科研能力，同时也应注意其道德素质、协作精神以及对企业价值观和文化的认同感；同时关注专业技术人员的事业心、责任感和使命感。专业技术人员的开发，要注重知识持续更新，紧密结合企业技术攻关及新技术、新工艺和新产品开发来开展各种专题培训等继续教育，帮助专业技术人员不断补充、拓宽、深化和更新知识。同时，要建立良好的专业人才激励约束机制，努力做到以事业、待遇和情感留人。

（三）一般员工引进与开发过程的管理

一般员工占据企业人力资源的大部分，主要在企业生产经营的一线。一般员工通常具有流动性强的特点，因此往往成为企业年度人力资源引进工作的重要内容。

为确保企业生产经营正常运转，企业应当根据年度人力资源计划和生产经营的实际需要，通过公开招聘方式引进一般员工。要注意招收那些具有一定技能、能够独立承担工作任务的员工，以确保产品和服务质量。企业要根据组织生产经营需要，不断拓展一般员工的知识和技能，加强岗位培训，不断提升一般员工的技能和水平。

二、人力资源使用与退出过程的管理

（一）人力资源使用过程的管理

企业应当设置科学的业绩考核指标体系，对各级管理人员和全体员工进行严格考核与评价，以此作为确定员工薪酬、职级调整和解除劳动合同等的重要依据。要建立以绩效为核心的分配激励制度；企业要注意发挥绩效考核对调动员工积极性和创造性的引导作用，注重对绩效考核结果的科学运用。绩效考核要与薪酬相挂钩，要切实做到薪酬安排与员工贡献相协调，既体现效率优先又兼顾公平，杜绝高管人员获得超越其实际贡献的薪酬；同时，要注意发挥企业福利对企业发展的重要促进作用，既吸引企业所需要员工、降低员工的流动率，同时激励员工、提高员工士气及对企业的认可度与忠诚度。在人才的使用过程中，还要注意策略，通过对人才压担子、给路子、搭梯子，促进人才的快速成长。真正做到量才适用、人事相宜，切实做到人才使用科学合理，既使人才感到轻微的压力，又不至于感到压力过大，工作职位稍有挑战性，有助于激励人才奋发进取的精神。要尊重人才成长规律，善于克服人力资源管理的“疲劳效应”。要适时地调整优秀人才的岗位和职位，使之始终处于亢奋期和临战状态。

（二）人力资源退出过程的管理

建立企业人力资源退出机制是实现企业发展战略的必然要求。人力资源只进不出，就会造成滞胀，严重影响企业有效运行。实施人力资源退出机制，可以保证企业人力资源团队的精干、高效和富有活力。通过自愿离职、再次创业、待命停职、提前退休、离岗转岗等途径，可以实现与企业战略或流程不适应的员工直接或间接地退出，让更优秀的人员充实相应的岗位，真正做到“能上能下、能进能出”，实现人力资源的优化配置和战略目标。

人力资源的退出必须以科学的绩效考核机制为前提，同时需要相关的环境支撑。第一，要在观念上将人员退出机制纳入人力资源管理系统和企业文化之中，使人力资源退出从计划到操作成为可能，同时获得员工的理解与支持。第二，要建立科学合理的人力资源退出标准，使人力资源退出机制程序化、公开化，有效消除人力资源退出可能造成的不良影响。第三，人力资源退出一定要建立在遵纪守法的基础上，严格按照法律规定进行操作。

第三节　企业人力资源管理中的风险控制

一、人力资源引进和开发阶段的风险控制

企业人力资源管理的风险来自人力资源管理的各个阶段，如引进的人力资源不符合企业发展战略的需要，结构不合理，能力素质不合格、不匹配，选聘程序不规范、选聘制度不合法、不合规；开发力度不足，知识技术落后等。所以，必须针对人力资源管理的各个阶段存在的风险，采用有效的预见性措施，有效控制各种风险，确保人力资源管理的效率和效果。

（一）高管人员引进和开发阶段的风险控制

高管人员引进和开发过程中主要存在以下风险：一是不能在规定的招聘时限内准确判断和遴选出符合企业需要的人选；二是试用期制度不科学，导致难以对试用人员的能力和素质进行评估；三是缺乏对人力资源管理部门工作的效益和效果评价的科学机制和方法。针对高管人员引进和开发阶段的主要风险，企业应当采用相应的控制措施，以规避各种风险。第一，要拟订高管人员引进计划，提前谋划；第二，对拟用人员进行任前考察，对其价值观、战略思维、企业家精神、综合素质和能力进行全方位的深入考察评估；第三，对拟引进的高管人员通过董事会进行审议表决；第四，实行任前公示制度，广泛听取意见；第五，实行高管人员任职试用期制度；第六，实行高管任职亲属回避制度；第七，实行内部高管人才储备库制度，对内部表现好、能力强的中层干部评选进入储备库进行培养；第八，实行高管人员系统培训制度，以提高高管人员的岗位胜任能力和履职水平。

（二）专业技术人员引进和开发阶段的风险控制

专业技术人员引进和开发过程中主要存在以下风险：一是不能在规定的招聘时限内准确判断和遴选出符合企业需要的人选；二是培养的核心专业技术人才流失，造成培训和开发费用的损失，还可能会因部分技术人员的离开产生羊群效应，给企业正常运转和未来发展带来巨大隐患。针对技术人员引进和开发阶段的主要风险，

企业应当采用相应的控制措施，以规避各种风险。第一，树立尊重人才、尊重知识的企业文化；第二，注重知识持续更新，开展各种形式和内容的培训和继续教育；第三，建立人才梯队，防止断档；第四，建立良好的专业人才激励约束制度，留住人才。

（三）一般员工引进和开发阶段的风险控制

一般员工引进和开发过程中主要存在以下风险：一是不能招聘到符合企业文化的员工；二是由于一般员工待遇较低，容易产生对立情绪，导致工作积极性不高，队伍不稳定，工作纪律不良，社会影响差。针对一般员工引进和开发阶段的主要风险，企业应当采用相应的控制措施，以规避各种风险。第一，严格按照国家法律法规招聘员工，完善员工各种保险保障；第二，严格技能考核，确保招聘的员工满足岗位技能要求；第三，强化岗前培训，提升员工的认同感和责任心；第四，规范劳动合同，明确岗位待遇；第五，培育优秀的企业文化，培养工匠精神，树立“工人专家”“模范工匠”；第六，打通优秀员工的晋升渠道，在员工和岗位之间形成科学有序的良性流动机制。

议一议

应如何打造“工人专家”和“模范工匠”？

二、人力资源使用和退出阶段的风险控制

在人力资源的使用和退出阶段，会存在各种风险，包括：人力资源激励约束制度不合理、关键岗位人员管理不完善，导致人才流失，经营效率低下；关键技术、商业秘密和国家机密泄露；人力资源退出机制不当，导致法律诉讼或企业声誉受损。所以，必须针对人力资源使用和退出阶段存在的风险，采用有效的预见性措施，有效控制各种风险，确保人力资源管理的效率和效果。

（一）高管人员使用和退出阶段的风险控制

高管人员是按照现代委托代理机制所雇用的受托代理人，其与企业所有者之间建立的是一种委托代理关系，委托人在代理人完成约定时，支付约定的报酬，激励代理人尽其所能去实现委托人的目标。高管人员在使用和退出过程中主要存在以

下风险：一是当自身需求上升到主导地位并与委托人施加的诱惑力相悖时，可能引发代理人的越轨行为，出现管理风险。如股权激励机制等，美国安然公司财务造假的发生，就是高管为获得高额股权激励而导致的。二是企业制度本身存在缺陷，对企业高管人员缺乏有效的激励与约束，给其将非正常行为正规化、合法化提供了可能，使得他们能有机会利用手中的权力谋求个人利益，做出损害企业的事情。这就是实际工作中经常见到的潜规则。如高管在选人用人、采购付款、销售收款、工程项目等方面，走后门、拉关系、吃回扣等。针对高管人员使用和退出阶段的主要风险，企业应当采用相应的控制措施，以规避各种风险。第一，强化培训教育，防范高级管理人员的道德风险和能力风险。定期开展高管人员的职业道德、职业能力培训，提升其道德水平和管理能力。第二，定期开展高管人员任职考核，通过个人述职、群众评议等形式，考核高管人员的职业道德和职业胜任能力。第三，定期评估企业相关制度的科学性和合理性，及时完善激励约束制度，确保制度既能有效调动高管人员的工作热情，又能有效监督约束他们的行为。第四，建立人力资源管理审计制度，定期或不定期检查和评价与人力资源有关的内部控制制度的适当性和有效性，开展人力资源管理者的责任审计，进行人力资源管理效益审计。第五，严格按照法律法规的要求，进行高管离任前的工作交接和离任审计，考核高管人员在任期内的业绩情况、决策情况、廉洁自律情况，及时发现问题，厘清责任，追回损失。如有拖欠的借款、侵占的资产、收受的贿赂等问题，应及时追讨并追究其刑事责任，以减少企业的损失，警示其他潜在的犯罪嫌疑人。

（二）专业技术人员使用和退出阶段的风险控制

企业的专业技术人员是企业的核心生产力，其对企业具有非常重要的意义。专业技术人员使用和退出阶段的风险主要有：一是与企业的文化、价值观不一致，导致专业技术人员离职；二是由于企业的待遇与个人的诉求有差距，被竞争对手高薪猎走；三是专业技术人员掌握的技术过时，不能及时进行产品技术的创新，导致企业失去竞争力；四是专业技术人员泄露企业商业秘密和国家机密等。针对专业技术人员使用和退出阶段的主要风险，企业应当采用相应的控制措施，以规避各种风险。第一，营造容纳人才共同创造价值的企业文化和环境；第二，教育企业高管要有识才的慧眼、用才的气度、爱才的感情，知人善任，相信人才和依靠人才；第三，建立良好的人才激励约束机制，做到事业留人、待遇留人、感情留人；第四，对于掌握或涉及企业产品技术、市场、管理方面的关键技术、知识产权、商业秘密和国家机密的岗位员工，应采取一定的措施，如设置两人或两人以上权限相互牵制等；第五，与退出的专业技术人员签订相关保密责任书，约定竞业限制期限，防止企业的核心技术、商业秘密和国家机密泄露。

（三）一般员工使用和退出阶段的风险控制

一般员工使用和退出阶段的风险主要包括岗位胜任风险、管理风险和流动风险。针对这些风险，企业应采取一定的控制措施，控制相应的风险。第一，建立科学的考核机制，引导企业员工确定正确的努力方向。第二，将人力资源退出机制公开化、程序化。明确人力资源退出的标准，有效消除人力资源退出可能造成的不良影响。第三，建立累加式惩戒制度，初次过失给予非正式警告，如果过失重复则惩戒加重，直至终止聘用。第四，建立员工培训机制，对于能力不足的员工，可组织有针对性的培训活动，对于通过培训仍不能适应工作的员工，才辞退。第五，建立环境支撑体系，包括：观念支撑、资金支撑、信息沟通支撑和法律支撑等。培养员工能进能退、能上能下的理念，树立正确的就业观念；建立辞退准备金制度，对因企业业务衰退、战略转型等原因退出的员工给予合理的补偿金；对于退出的员工，要做好沟通工作，防止因退出员工不满，导致的诉讼、群体事件发生等对企业和社会产生的消极影响。对于退出的员工要咨询有关法律部门、律师，确保员工退出的合法性。对于辞退的员工，要有充分详实的书面资料、实物证据、视频资料等，记录员工的不良行为，使员工退出有充分的证据，以规避法律责任。

议一议

你认为在人力资源管理中最重要的风险是什么？应如何控制？

岗课赛训融通训练

不定项选择题

仔细阅读本章章首案例——微软研究院的人才管理模式，回答下列问题：

1. 微软研究院的人才管理模式的独到之处是（　　　）。

A. 优厚的薪酬待遇　　B. 平等自由的工作环境

C. 严格的管理控制　　D. 充足的研究资源支持

2. 微软研究院研究项目及研究方法的决定权在（　　　）手中。

A. 企业高管人员　　B. 企业的董事会

C. 企业的研究员　　D. 企业的董事长

3. 微软研究院倡导的不允许官僚作风存在，倡导互信、互助、互重的作风，契合我国社会主义核心价值观个人层面的是（　　）。

A. 爱岗、敬业　　B. 诚信、友善

C. 公正、法治　　D. 自由、文明

4. 微软吸引、留住人才的主要方式是（　　）。

A. 充分的资源支持　　B. 开放平等的环境

C. 自我价值的实现　　D. 展示自己的才能

5. 本案例中，主要体现的人力资源管理中的人员和环节是（　　）。

A. 一般人员的引进与开发　　B. 专业技术人员的使用

C. 高管人员的引进与开发　　D. 高管人员的使用与退出

教学讨论组织

麦当劳的人力资源管理

一、案例资料

1. 不用天才与花瓶

麦当劳不用所谓“天才”，因为“天才”是留不住的。在麦当劳取得成功的人，都得从零开始，脚踏实地工作，炸薯条、做汉堡包，是在麦当劳走向成功的必经之路。这对那些不愿从小事做起、踌躇满志想要大展宏图的年轻人来说，是难以接受的。但是，他们必须懂得，麦当劳请的是最适合的人才，是愿意努力工作的人，脚踏实地从头做起才是在这一行业中成功的必要条件。在麦当劳餐厅，服务员中既有年轻人也有年纪大的人。与其他公司不同，人才的多样化是麦当劳的一大特点。麦当劳的员工来自不同渠道，其人才组合是家庭式的，年纪大的可以把经验告诉年轻人，同时又可被年轻人的活力所带动。因此，麦当劳雇用的人不一定都是大学生，而是什么类型的人都有。麦当劳不讲求员工是否长得漂亮，只在乎她工作是否负责、待人是否热情，让顾客有宾至如归的感觉。

2. 没有试用期

一般企业试用期要3个月，有的甚至6个月，但麦当劳3天就够了。麦当劳招工先由人力资源部门去面试，通过后再由各职能部门面试，合适则请来店里工作3天，这3天也给工资。麦当劳没有试用期，但有长期的考核目标。考核，不是一定要让你做什么。麦当劳有一个360度的评估制度，就是让周围的人都来评估某个员工，包括：你的同事对你的感受怎么样？你的上司对你的感受怎么样？以此作为考核员工的一个重要标准。

3. 培训模式标准化

麦当劳的员工培训，也同样有一套标准化管理模式，麦当劳的全部管理人员都要学习员工的基本工作程序。培训从一位新员工加入麦当劳的第一天起就与有些企业选择培训班的做法不同，麦当劳的新员工直接走向了工作岗位。每名新员工都由一名老员工带，一对一地训练，直到新员工能在本岗位上独立操作。尤其重要的是，作为一名麦当劳新员工，从进店伊始，就在日常的点滴工作中边工作边培训，在工作和培训合二为一中贯彻麦当劳 Q.S.C & V 黄金准则，Q.S.C & V 分别是质量（Quality）、服务（Service）、清洁（Clean）和价值（Value）。这就是麦当劳培训新员工的方式，在他们看来，边学边用比学后再用的效果更好，在工作、培训一体化中将企业文化逐渐融入麦当劳每一位员工的日常行为中。

4. 晋升机会公平合理

在麦当劳，晋升对每个人都是公平合理的，适应快、能力强的人能迅速掌握各个环节的技术，从而能更快地得到晋升。面试合格的人先要做 4~6 个月的见习经理，其间他们以普通员工的身份到餐厅的各个基层工作岗位，如炸薯条、做汉堡包等，并参加 BOC 课程（基本营运课程）培训，经过考核的见习经理可以升迁为第二副理，负责餐厅的日常营运。之后还将参加 BMC（基本管理课程）和 IOC（中间管理课程）培训。经过这些培训后便能独立承担餐厅的订货、接待、培训等部分管理工作。表现优异的第二副理在完成 IOC 课程培训之后，将接受培训部和营运部的考核。考核通过后，将被升迁为第一副理，即餐厅经理的助手。以后他们的培训，全部由设在美国及海外的汉堡大学完成，汉堡大学都有先进的教学设备及资深的具有麦当劳管理知识的教授，并提供两种课程的培训，一种是基本操作讲座课程；另一种是高级操作讲习课程（AOC）。美国芝加哥的汉堡大学是对来自全世界的麦当劳餐厅经理和重要职员进行培训的中心。另外，麦当劳还在香港等地建立了多所汉堡大学，负责各地重要职员培训。一个有才华的年轻人升至餐厅经理后，麦当劳依然为其提供广阔的发展空间。经过下一阶段的培训，他们将成为总公司派驻其下属企业的代表，成为“麦当劳的外交官”，其主要职责是往返于麦当劳与各下属餐厅，沟通传递信息。同时，营运经理还肩负着诸如组织培训、提供建议等重要使命，成为总公司在这一地区的全权代表。

5. 培训成为一种激励

麦当劳的培训理念是：培训就是让员工得到尽快发展。麦当劳的管理人员都要从基层员工做起，升到餐厅经理这一层，就该知道怎样去培训自己的团队，从而对自己的团队不断进行打造。麦当劳的总经理每 3 个月要给部门经理做一次绩效考核，考核之初，先给定工作目标，其中有两条必须写进目标中，那就是如何培训你的下属，即：什么课程在什么时候完成，并且明确告诉部门经理，一定要培训出能接替你的人，你才有机会升迁。如果事先未培养出自己的接班人，那么无论谁都不能提级晋升，这是麦当劳一项真正实用的原则。由于麦当劳各个级别的管理者都会在培训自己的继承人上花相当的精力和时间，麦当劳也因此成为一个发现和培养人才的大课堂，并使麦当劳在竞争中长盛不衰。

二、要求

由教师组织学生分组讨论以下问题：

（1）麦当劳在人力资源管理方面的独到之处是什么？

（2）麦当劳没有试用期的招聘制度有什么优缺点？

三、讨论形式

分组讨论，每组 6~8 人进行讨论，各组派一个人进行汇报，由教师进行点评。

第五章

企业社会责任

素养目标

- 培养良好的社会责任意识；
- 培养保护环境和节约资源的品格；
- 具有诚实守信的精神和道德品质；
- 提升保护自身权益的意识和能力；
- 培养服务社会，帮助社会弱势群体的精神。

知识目标

- 了解企业履行社会责任的意义；
- 了解企业社会责任的内容；
- 了解企业履行社会责任中存在的主要风险；
- 了解企业履行社会责任的总体要求和具体措施。

技能目标

- 能够准确理解企业社会责任的重要意义；
- 能够准确理解安全生产对企业和社会的重要性；
- 能够准确理解产品质量缺陷对企业和社会的危害；
- 能够准确理解员工权益保护对企业的重要作用；
- 能够准确理解安全生产的控制措施。

学思践悟

三星 Note7 手机爆炸事件的教训

2016 年 8 月 2 日，三星发布其最新款 Galaxy Note7 手机（简称 Note7）。当年 8 月 19 日，Note7 在美国、加拿大、澳大利亚、韩国等 10 个国家和地区上市，然而接二连三的爆炸事件却让三星陷入尴尬。澳大利亚、美国以及韩国本土用户皆报告，新买的 Note7 发生自燃爆炸，韩国媒体将 Note7 称为“一百万韩元的炸弹”。2016 年 9 月 1 日，Note7 正式在中国发售，三星方面表示，中国市场的国行版本与韩国 Note7 采用了不同的电池供应商，因此不存在潜在的电池问题，中国消费者可以放心购买。9 月 2 日，三星宣布因爆炸召回 Note7，对可能存在的电池隐患进行主动更换。但刚发售的中国地区不在召回之列。当年 9 月 14 日，三星再次发表声明，在中国市场正式发售的 Note7

国行版采用了不同的电池供应商，不在此次更换范畴，中国消费者可以放心购买及使用。

2016年9月25日，中国广州消费者回先生相信了三星的两封声明，他通过京东购买了一台Note7。9月26日凌晨4点，他开始给Note7充电。到早上6点多，回先生拿起手机把玩，结果手机突然发烫膨胀并冒黑烟，他下意识扔掉手机，手机掉在笔记本电脑上，然后笔记本电脑也被烧坏了。新买的手机爆炸之后，回先生联系到三星客服，对方表示需要将手机送检。在回先生的手机爆炸后的第三天，2016年9月29日，中国三星电子发表声明称，对回收的部分问题手机检测结果显示，电池内部并无燃损迹象，并委托中国泰尔实验室检测，结果均显示，烧损的部位并非在电池区域，推定系外部热冲击导致的手机燃损。三星在声明中称，“三星从未使用双重标准”“我们可以确保产品的安全性和可靠性”。回先生同样把自己炸掉的手机送检中国泰尔实验室，当年10月17日，检测报告显示：样品未发现外部加热痕迹，样品的热损毁由电池自燃所致，电池由右下角的位置开始燃烧。同一部手机在同一个检测机构竟然得出了不同的检测结果，回先生称无法信服三星给出的说明。同时，回先生认为，三星在明知手机存在问题的情况下，仍告知消费者可以放心购买，存在欺诈行为。2016年11月17日，回先生向法院提交起诉状，认为三星中国公司9月2日、9月14日发表的声明存在欺诈，要求三星中国公司就欺诈行为公开赔礼道歉，三倍赔偿购机款并赔偿损坏的笔记本电脑。2017年10月30日，该案在广州越秀区人民法院一审审理。针对回先生提出的欺诈指控，被告三星中国公司辩称，Note7手机的国行版和海外版是不同的供应商的电池，在2016年10月11日已经召回了全部国行版Note7手机。2017年1月23日调查结果显示，国行版手机和海外版手机采用的电池均存在缺陷，但两款电池存在的缺陷不同，所以其公司在整个过程中不存在对原告的欺诈。广州越秀区人民法院驳回了回先生关于三星中国公司涉嫌欺诈的指控。根据法律规定，法院判决被告三星中国公司向原告回先生更换一台与其受损苹果牌笔记本电脑相同型号和配置的全新苹果牌笔记本电脑，驳回回先生关于三星中国公司欺诈等其他诉讼请求。宣判后，回先生决定继续上诉。同样的事件还有央视《今日说法》栏目报道的发生在2017年的一起三星Note4手机爆炸事件，该起事件导致手机用户冯玲玲4岁的女儿脸部、手部严重烧伤，冯玲玲提出178万元的赔偿诉求，经销商表示最多拿出20万元。最终，冯玲玲决定走法律程序，将三星手机生产厂家、电池生产厂家、经销商等共四家单位告上了法庭。

按照《中华人民共和国消费者权益保护法》第十九条的规定，商家生产的产品质量有缺陷，并有可能造成危及人身或财产安全的危险时，首先，必须报告有关的行政主管部门。其次，要告知广大的消费者，并且必须采取以下措施：第一，下架商品，停止销售；第二，停止生产；第三，紧急召回。如果企业不能慎独自律，不能履行它的召回和赔偿义务，监管部门必须挺身而出，有所担当，依法用够、用好、用足法律赋予的行政指导、行政监管和行政处罚的权限。

议一议

产品质量安全对维护企业声誉及消费者权益具有哪些重要作用？

第一节 企业社会责任概述

一、企业履行社会责任的意义

视频：企业社会责任概述

企业社会责任就是企业在创造利润、对股东利益负责的同时，还要承担对员工、消费者、社会和环境的责任，包括：遵守商业道德、安全生产、职业健康、保护劳动者合法权益、保护环境、支持慈善事业、捐助社会公益、保护弱势群体等等。企业的社会责任超越了以往企业只对股东负责的范畴，强调对包括股东、员工、消费者、社区、客户、政府等在内的利益相关者的社会责任。我国公司法将公司承担社会责任写入了法律条文中，2008 年，国务院国有资产监督管理委员会（简称国资委）发布《关于中央企业履行社会责任的指导意见》，要求企业定期发布社会责任报告。近几年，各大型企业集团、上市公司每年都向社会公开发布企业社会责任报告，赢得了社会的信任和赞誉。企业履行社会责任，不仅对社会有益，而且对企业自身也具有非常重要的意义。

（一）企业履行社会责任有利于促进企业价值的实现

企业履行社会责任，可以帮助其规避监管风险，赢得品牌和声誉，赢得公信力和商机，企业就能增加效益，通过税收、工资和产品等形式为国家、股东、员工以及消费者提供财富，本质上就是在履行社会责任。而得到社会尊敬的企业，才能进入良性发展的轨道，才能实现企业价值最大化。

企业内部控制应用指引第 4 号——社会责任

（二）企业履行社会责任可提升企业发展质量，实现企业持续发展

履行社会责任是企业提升发展质量的重要标志，如果企业做不到安全生产，事故频发，人员伤亡，必然欲速则不达甚至关闭；如果企业产品质量低劣，就会失去市场，导致停产；如果企业污染环境、浪费资源，则必然短命。只有重视和履行社会责任，才能提升发展质量，实现持续发展。

（三）企业履行社会责任是打造和提升企业形象，提高品牌美誉度的重要举措

一个企业如果做到安全生产，产品质量第一，环境保护，节约资源，促进就业，就可提升企业的社会形象，也将赢得市场和顾客。企业履行社会责任，虽在短期内

会增加经营成本，但无疑有利于企业自身良好形象的树立，形成企业的无形资产，进而形成企业的竞争优势，最终给企业带来长期潜在的利益。

（四）企业履行社会责任可推动优秀企业文化建设

企业社会责任作为企业文化的新内容，重新塑造和创新了企业文化的价值观念，推进了企业文化的相关建设。而企业文化作为企业的一种价值体系，又将企业社会责任建设提升到了一个新的理论高度和较高的文化层次。

二、企业社会责任的内容

（一）安全生产

《企业内部控制应用指引第 4 号——社会责任》第二章第 5~8 条明确规定：企业应当根据国家有关安全生产的规定，结合本企业实际情况，建立严格的安全生产管理体系、操作规范和应急预案，强化安全生产责任追究制度，切实做到安全生产；企业应当设立安全管理部门和安全监督机构，负责企业安全生产的日常监督管理工作；企业应当重视安全生产投入，在人力、物力、资金、技术等方面提供必要的保障，健全检查监督机制，确保各项安全措施落实到位，不得随意降低保障标准和要求；企业应当贯彻预防为主的原则，采用多种形式增强员工安全意识，重视岗位培训，对于特殊岗位实行资格认证制度；企业应当加强生产设备的经常性维护管理，及时排除安全隐患；企业如果发生生产安全事故，应当按照安全生产管理制度妥善处理，排除故障，减轻损失，追究责任；重大生产安全事故应当启动应急预案，同时按照国家有关规定及时报告，严禁迟报、谎报和瞒报。

（二）产品质量

《企业内部控制应用指引第 4 号——社会责任》第三章第 9~11 条明确规定：企业应当根据国家和行业相关产品质量的要求，从事生产经营活动，切实提高产品质量和服务水平，努力为社会提供优质安全健康的产品和服务，最大限度地满足消费者的需求，对社会和公众负责，接受社会监督，承担社会责任；企业应当规范生产流程，建立严格的产品质量控制和检验制度，严把质量关，禁止缺乏质量保障、危害人民生命健康的产品流向社会；企业应当加强产品的售后服务，售后发现存在严重质量缺陷、隐患的产品，应当及时召回或采取其他有效措施，最大限度地降低或消除缺陷、隐患产品的社会危害；企业应当妥善处理消费者提出的投诉和建议，切实保护消费者权益。

（三）环境保护与资源节约

《企业内部控制应用指引第4号——社会责任》第四章第12～15条明确规定：企业应当按照国家有关环境保护与资源节约的规定，结合本企业实际情况，建立环境保护与资源节约制度，认真落实节能减排责任，积极开发和使用节能产品，发展循环经济，降低污染物排放，提高资源综合利用效率；企业应当通过宣传教育等有效形式，不断提高员工的环境保护和资源节约意识；企业应当重视生态保护，加大对环保工作的人力、物力、财力的投入和技术支持，不断改进工艺流程，降低能耗和污染物排放水平，实现清洁生产；企业应当加强对废气、废水、废渣的综合治理，建立废料回收和循环利用制度；企业应当重视资源节约和资源保护，着力开发利用可再生资源，防止对不可再生资源进行掠夺性或毁灭性开发；企业应当重视国家产业结构相关政策，特别关注产业结构调整的发展要求，加快高新技术开发和传统产业改造，切实转变发展方式，实现低投入、低消耗、低排放和高效率；企业应当建立环境保护和资源节约的监控制度，定期开展监督检查，发现问题，及时采取措施予以纠正，污染物排放超过国家有关规定的，企业应当承担治理或相关法律责任；发生紧急、重大环境污染事件时，应当启动应急机制，及时报告和处理，并依法追究相关责任人的责任。

（四）促进就业与员工权益保护

《企业内部控制应用指引第4号——社会责任》第五章第16～19条明确规定：企业应当依法保护员工的合法权益，贯彻人力资源政策，保护员工依法享有劳动权利和履行劳动义务，保持工作岗位相对稳定，积极促进充分就业，切实履行社会责任；企业应当避免在正常经营情况下批量辞退员工，增加社会负担；企业应当与员工签订并履行劳动合同，遵循按劳分配、同工同酬的原则，建立科学的员工薪酬制度和激励机制，不得克扣或无故拖欠员工薪酬；企业应当建立高级管理人员与员工薪酬的正常增长机制，切实保持合理水平，维护社会公平；企业应当及时办理员工社会保险，足额缴纳社会保险费，保障员工依法享受社会保险待遇；企业应当按照有关规定做好健康管理工作，预防、控制和消除职业危害；按期对员工进行非职业性健康监护，对从事有职业危害作业的员工进行职业性健康监护；企业应当遵守法定的劳动时间和休息休假制度，确保员工的休息休假权利；企业应当加强职工代表大会和工会组织建设，维护员工合法权益，积极开展员工职业教育培训，创造平等发展机会；企业应当尊重员工人格，维护员工尊严，杜绝性别、民族、宗教、年龄等各种歧视，保障员工身心健康。

（五）产学研用相结合

《企业内部控制应用指引第 4 号——社会责任》第五章第 20 条明确规定：企业应当按照产学研用相结合的社会需求，积极创建实习基地，大力支持社会有关方面培养、锻炼社会需要的应用型人才。2019 年，国务院发布的《国家职业教育改革实施方案》第三部分“促进产教融合校企双元育人”，也要求企业深度参与职业教育，在实训基地建设、双师型教学团队建设、职业证书培训等方面贡献力量，为培养高素质技能型人才做出贡献。

（六）支持慈善事业

《企业内部控制应用指引第 4 号——社会责任》第五章第 21 条明确规定：企业应当积极履行社会公益方面的责任和义务，关心帮助社会弱势群体，支持慈善事业。

三、企业履行社会责任中存在的风险

（一）企业安全生产方面的风险

企业安全生产方面的风险常见的有以下情况：一是安全主体责任不落实的风险。如：安全生产规章制度流于形式，安全生产机构形同虚设，企业安全人员配备不足。二是企业安全资金投入不足的风险。如：企业未按规定提取和使用安全生产费用，没有制订安全投入计划和预算，特种设备未定期检验，加大了生产风险。三是企业员工缺乏安全意识的风险。如：企业负责人对安全生产工作重视不够，不清楚自己的法定职责，安全生产管理人员不具备与所从事的生产经营活动相适应的安全生产知识和管理能力，特种作业人员未经专门的安全作业培训，未取得特种作业操作资格证即上岗作业。四是企业隐患排查工作不力，未建立隐患排查工作制度。五是缺乏安全事故发生应急预案，应急救援预案未经演练，可操作性差，事故发生后，迟报、谎报、瞒报，给管理部门的调查处理造成困难。

（二）企业产品质量方面的风险

企业产品质量方面的风险常见的有以下情况：一是因产品瑕疵导致产品质量风险。虽然产品本身并不存在危及人身、财产安全的问题，但产品不具备良好的特征和特性，不符合明示的产品标准，或与产品说明不符，在适用性、可靠性、维修性、经济性等方面存在质量瑕疵，导致消费者不认可、不接受，甚至会带来法律诉讼或经济纠纷。二是因产品缺陷导致的产品质量风险。如产品存在危及人身、他人财产安全的危险，包括产品在设计、制造方面存在缺陷，如三星 Note7 手机就是这样的质量风险。三是售后服务风险。企业不能按照承诺的标准提供良好的售后服务，损害了产品在消费者心目中的整体形象，产生不良社会影响甚至法律诉讼，导致消费者用脚投票，给企业带来无法估量的损失。

（三）企业环境保护和资源节约方面的风险

企业环境保护和资源节约方面的风险常见的有以下情况：一是因环境法律法规和行业政策的限制产生的风险。近几年来，党中央提出绿水青山就是金山银山，加大了环境治理的力度，对地方政府、干部考核的重点由 GDP 转向 PM2.5，考核各地污染排放指标、环境质量指标。同时随着《中华人民共和国环境保护法》《中华人民共和国清洁生产促进法》等一系列法律法规的出台，随着“生态文明”“可持续发展”等理念的提出，一些排污严重的企业、生产经营不规范的企业经营面临停产或被高额罚款的风险，如违规排放废水、废气、废渣等。二是绿色消费的推崇、绿色贸易壁垒的设置风险。随着消费者环保意识的提高、健康意识的增强，以及一些发达国家设置的绿色贸易壁垒，企业面临被市场和消费者抛弃的风险。三是企业所属行业的特点引起的环境风险。如造纸业、煤炭行业、建筑行业、水泥、化工等污染企业，可能面临巨额赔偿、罚款，甚至关停的风险。四是生产技术、管理水平的限制引起的环境风险。由于企业自身的经济条件所限，无法及时进行技术升级、设备的更新，或由于企业管理能力的限制，导致环境事故的发生，面临高额罚款或企业形象受损，影响企业经济利益。

（四）企业促进就业和员工权益保护方面的风险

企业促进就业和员工权益保护方面的风险常见的有以下情况：一是法律风险。企业因违反相关法律法规，形成事实上的就业歧视，招致投诉的风险，如有的企业对乙肝病毒携带者拒绝录用导致被投诉。二是人才过剩的风险。有的企业为响应国家号召，促进社会就业率提高，或者为企业发展储备人才，导致人才引进计划与企业发展阶段脱节，导致人才过剩，增加企业运营成本。三是侵犯员工民主权利的风险。企业未按照相关规定，使员工通过职工代表大会或者工会组织，充分行使职工民主权利，导致员工的怨气，造成员工大面积离职或者懈怠工作，给企业带来损失。四是侵犯员工人身权益的风险。如生产作业环境和居住环境恶劣，对员工的身心健康产生影响，对员工进行侮辱、体罚、非法搜身，甚至殴打，严重践踏员工人格尊严，导致员工诉诸法律或通过媒体曝光，产生不良社会影响，企业失去消费者，或者员工频繁离职，给企业造成经济损失。

（五）企业产学研用结合方面的风险

企业产学研用结合方面的风险常见的有以下情况：一是研发风险。研究与开发项目失败，承担巨额研发费用损失。二是市场风险。技术研究和转化偏离了市场，导致经济损失和企业后劲不足。三是利益分配风险。企业与学校、科研机构合作过程中由于合同不规范等产生利益分配上的分歧，导致科技成果不能及时转化，或者生产法律纠纷，遭受损失。

（六）企业支持慈善事业方面的风险

企业支持慈善事业方面的风险常见的有以下情况：一是企业未能按照事先承诺的金额、方式兑现捐赠，导致法律诉讼或被曝光，影响企业形象，失去消费者和市场。二是企业慈善的方式未能取得社会的认可，产生负面作用，如陈光标的高调慈善引起社会热议。三是慈善的信息渠道不畅通，导致消费者误解，产生负面社会影响，从而影响企业正常运营。

议一议

1. 结合胖东来超市的产品质量观，说明企业履行社会责任对企业有哪些好处？

2. 从习近平总书记提出的“绿水青山就是金山银山，”分析企业履行社会责任对增进民生福祉、提高人民生活品质有何作用？

第二节　企业社会责任的履行

一、企业履行社会责任的总体要求

（一）企业负责人高度重视

强化企业履行社会责任，很大程度上取决于企业负责人的意识和态度。企业负责人应当高度重视这项工作，树立社会责任意识，把履行社会责任提上企业重要议事日程，经常研究和部署社会责任工作，加强社会责任全员培训和普及教育，不断创新管理理念和工作方式，努力形成履行社会责任的企业价值观和企业文化。

（二）建立和完善履行社会责任的体制和运行机制

要把履行社会责任融入企业发展战略，落实到生产经营的各个环节，明确归口管理部门，建立健全预算安排，逐步建立和完善企业社会责任指标统计和考核体系，为企业履行社会责任提供坚实的基础与保障。

（三）建立企业社会责任报告制度

发布社会责任报告，是企业履行社会责任的重要组成部分。发布企业社会责任报告，让股东、债权人、员工、客户、社会等各方面知晓自己在社会责任领域所做的工作、所取得的成就，可以增强企业的战略管理能力，使企业由外而内地深入审视与社会的互动关系，全面提高企业服务能力和水平，提高企业的品牌形象和价值。

二、企业履行社会责任的具体措施

（一）安全生产

企业要做到安全生产，必须从以下几方面入手：① 建章建制，建立健全安全生产管理机构。企业应当依据国家有关安全生产方面的法律法规规定，结合本企业生产经营的特点，建立健全安全生产方面的规章制度、操作规范和应急预案。如果将国家和企业制定的一系列涉及安全生产的规章制度落实到位，就可以杜绝安全事故的发生。② 不断加大安全生产投入和经常性维护管理。企业特别是高危行业的企业，应当将安全生产投入列为首位，“磨刀不误砍柴工”，急于求成、急功近利是不足取的。企业还应组织开展生产设备的经常性维护管理，及时排除安全隐患，切实做到安全生产。③ 开展员工安全生产教育，实行特殊岗位资格认证制度。通过培训教育，让员工牢固树立“安全第一、预防为主”的思想，提高他们防范灾害的技能和水平。培训教育应当经常化、制度化，做到警钟长鸣，不能有丝毫放松和懈怠。对于特殊作业人员和特殊资质要求的生产岗位，因工作接触的不安全因素较多，危险性较大，容易发生事故，必须依法实行资格认证制度，持证上岗。④ 建立安全生产事故应急预警和报告机制。企业必须要建立事故应急处理预案，建立专门的应急指挥部门，配备专业队伍和必要的专业器材等，在发生安全生产事故时做到临危不乱，按照预定程序有条不紊地处理好发生的安全生产事故，尽快消除事故产生的影响，同时按照国家有关规定及时报告，不得迟报、谎报和瞒报。安全生产必须实行严格的责任追究制度。

（二）产品质量

为保证产品质量，企业必须从以下几方面强化管理。① 建立健全产品质量标准体系。企业应当根据国家法律法规规定，结合企业产品特点，制定完善的产品质量标准体系，包括生产设备条件、生产技术水平、原料组成、产品规格、售后服务等，努力为社会提供优质安全健康的产品和服务，最大限度地满足消费者的需求，对社会和公众负责。② 严格质量控制和检验制度。从原材料进厂，一直到产品销售等各个环节和流程，都必须有严格的质量控制标准作保证。企业应当加强对产品质量的检验，严禁未经检验合格的产品流入市场。③ 加强产品售后服务。企业通过优质的售后服务，促进与客户、消费者的关系更加紧密，树立企业形象，提高产品信誉，扩大产品影响，培养客户的忠诚度。

（三）环境保护和资源节约

企业要为环境保护和资源节约做出自己的贡献，具体应做到：① 实现清洁生产和循环经济。企业要加大对环保工作的人力、物力、财力的投入和技术支持，不断改进工艺流程，加强节能减排，降低能耗和污染物排放水平，实现清洁生产。加强对废气、废水、废渣的自行回收、利用和处置等综合治理，推动生产、流通和消费过程中对资源的减量化、再利用，以最小的资源消耗、最少的废物排放和最小的环境代价来换取最大的经济效益。② 着力开发利用可再生资源。企业发展离不开能源和资源。企业只有不断增强自主创新能力，通过技术进步推动替代技术和发展替代产品、可再生资源，降低资源消耗和污染物排放，实现低投入、低消耗、低排放和高效率，才能有效实现资源节约和环境保护。③ 强化监测考核和日常监控。建立环境保护和资源节约监测考核体系，加强日常监控，发生紧急、重大环境污染事件时，应当立即启动应急机制，同时根据国家法律法规规定，及时上报，并依法追究相关责任人的责任。

（四）促进就业与员工权益保护

促进就业和保护员工合法权益是企业的社会责任，为此，企业应做到：① 促进就业。企业作为就业工作的最大载体，应当以宽广的胸怀接纳各方人士，为国家和社会分担困难，促进充分就业。企业应转变陈旧或功利的用人观念，在满足自身发展的情况下，公开招聘、公平竞争、公正录用，为社会提供尽可能多的就业岗位。② 保护员工合法权益。员工是企业生存发展的内在动力。企业应当尊重员工，关爱员工，维护员工权益，促进企业与员工的和谐稳定和共同发展。企业应建立完善科学的员工培训和晋升机制；建立科学合理的员工薪酬增长机制，不无故拖欠和克扣工资；维护员工的身心健康，保障员工充分的休息休假权利，广泛开展娱乐休闲活动。保证员工与企业上层的信息畅通，帮助员工减压，不断提高员工的身体素质。要加强对职业病的预防、控制和消除，定期对劳动者进行体检，建立职业健康档案等，预防、控制和有效消除职业危害，确保员工身心健康。

（五）产学研用结合

企业应当重视产学研用结合，牢固确立企业技术创新主体地位这个核心，把产学研用结合的基点放在人才培养方面。要充分运用市场机制和手段，积极开展与高校和科研院所的战略合作，联合创建国家重点实验室、工程中心等研发和产业化基地，实行优势互补，激发科研机构的创新活力。要重视和加强与高校和科研院所人才培养和交流，加速科技成果的转化和产业化，引导技术创新要素聚集到企业创造社会财富过程中来，使企业获得持续创新的能力。同时促进应用型人才的培养，确保企业发展中亟须人才不断得到补充。

（六）支持慈善事业

大力推动企业支持社会慈善爱心活动，对于组织调动社会资源、调节贫富差距、缓解社会矛盾、促进社会公平、构建和谐社会具有重要而深远的意义。企业应重视支持慈善事业，扶助社会弱势群体。“予人玫瑰，手有余香”。通过捐赠等慈善公益事业，企业能够达到无与伦比的广告效应，既能享受税收优惠，又能提升企业的形象和消费者的认可度与赞誉度，提高市场占有率。著名的王老吉饮料公司 2007 年销售收入是 46 亿元，2008 年捐赠汶川地震灾区后，当年销售收入实现 96 亿元，1 亿元的捐赠换来了 50 亿元的收入。“仰承福泽，报效桑梓。”

议一议

企业支持慈善事业应采取哪些措施，就可避免可能存在的各种风险？

岗课赛训融通训练

不定项选择题

仔细阅读本章章首案例——三星 Note7 手机爆炸事件的教训，回答下列问题：

1. 三星在社会责任履行方面存在的问题是未能履行（　　　　）的责任。

A. 安全生产　　B. 产品质量

C. 环境保护　　D. 资源节约

2. 对于三星出现的产品质量问题，你认为该公司应该进一步强化内部控制的措施是（　　　　）。

A. 建立健全产品质量标准体系　　B. 加强产品售后服务

C. 严格质量控制和检验制度　　D. 调整企业发展战略

3. 从三星的产品质量问题案例中，给予企业的启示是（　　　　）。

A. 只有积极履行社会责任才能促进企业价值的实现

B. 只有积极履行社会责任才能实现企业持续发展

C. 只有积极履行社会责任才能提高品牌美誉度

D. 只有积极履行社会责任才能推动优秀企业文化建设

4. 根据《企业内部控制应用指引第 4 号——社会责任》的规定，下列说法中正确的是（　　　　）。

A. 企业应为社会提供优质安全健康的产品和服务

B. 企业应严把质量关，禁止缺乏质量保障、危害人民生命健康的产品流向社会

C. 企业应当加强产品的售后服务，发现存在严重质量缺陷、隐患的产品及时召回或采取其他有效措施

D. 企业应当妥善处理消费者提出的投诉和建议，切实保护消费者权益

5. 根据《企业内部控制应用指引第 4 号——社会责任》的规定，案例中三星在处理产品质量问题时，未能很好地履行社会责任的问题是（　　　　）。

A. 未及时下架问题商品，停止销售不合格商品

B. 针对产品质量问题态度不诚恳，存在欺诈嫌疑

C. 未能及时调整发展战略，由国际化转向国内

D. 未能构建科学完善的组织架构

教学讨论组织

重庆万州公交车坠江事件

一、案例资料

2018年10月28日重庆市万州区一辆公交车行驶至长江二桥时，突然转向，撞上了一辆小轿车后坠江，最终导致车上15人全部遇难。通过车内黑匣子监控视频显示，发生事故的原因竟是乘客与司机激烈争执、互殴致车辆失控。视频显示，车内一名中等身材、着浅蓝色牛仔衣的乘客（女，48岁，刘某），错过下车地点后指责驾驶人冉某，冉某多次转头与其解释、争吵，双方争执逐步升级，行驶至坠江地点附近，刘某右手持手机击打冉某头部，冉某右手放开方向盘还击，侧身挥拳击中刘某颈部。随后刘某再次用手机击打冉某，冉某用右手格挡并抓住刘某右上臂。10时8分51秒，冉某收回右手并用右手往左侧急打方向（车辆时速为51公里），导致车辆失控向左偏离越过中心实线，与对向正常行驶的红色小轿车（车辆时速为58公里）相撞后，冲上路沿、撞断护栏坠入江中。

二、要求

由教师组织学生分组讨论以下问题：

（1）这起安全生产事故产生的根本原因是什么？

（2）如果你是公交车司机，遇到这样的状况会怎样处理？

（3）作为一名公民，通过这个案例，你受到了什么样的启示和教育？

（4）通过这个案例，你体会到了社会主义核心价值观中“友善”的重要意义了吗？

三、讨论形式

学生每6~8人一组讨论，每组派一人进行汇报，最后教师进行点评。

第六章
企业文化

素养目标

- 具有良好的合作意识和团队精神；
- 具有良好的质量观和信誉观；
- 培养开拓创新的精神和风险意识；
- 具有诚实守信品德和积极向上的精神；
- 培养面向现代化、面向世界、面向未来的文化观。

知识目标

- 了解建设和完善优秀企业文化的意义；
- 了解企业文化的特征；
- 了解企业文化建设中的主要风险；
- 了解企业文化建设的总体要求；
- 了解企业并购重组中的文化整合途径。

技能目标

- 能够准确理解企业文化在企业管理中的重要作用；
- 能够准确理解企业文化的本质及特征；
- 能够准确理解塑造企业核心价值观的重要作用；
- 能够准确理解以人为本的实质和内涵；
- 能够准确理解企业文化发展与创新的思路。

学思践悟

华为的企业文化

以企业文化为先导来经营企业，是任正非的基本理念。任正非认为，资源是会枯竭的，唯有文化才能生生不息。他说："人类所占有的物质资源是有限的，总有一天石油、煤炭、森林、铁矿会开采光，唯有知识会越来越多。""华为有什么呢？连有限的资源都没有，但是我们的员工都很努力，拼命地创造资源。"

华为文化的特点可以归纳为以下几点：一是狼性文化；二是垫子文化；三是不穿红舞鞋文化。华为的狼性文化强调三大特性：一是敏锐的嗅觉，二是不屈不挠、奋不顾身的进攻精神，三是群体奋斗的意识。华为的垫子文化的精神表现在：一是吃苦耐劳的精神。创业期间的8年，几乎每个华为人都备有一张床垫，午休的时候，席地而卧，晚上加班累了睡，醒了再爬起来干，黑白相继，没日没夜。华为人是携着这样一张张床垫走过8年创业的艰辛与卓越。华为人从身体上的艰苦奋斗发展到思想上的艰苦奋斗，构成华为文化一道独特的风景。二是敬业精神。什么人能做好工作？就是要有强烈的敬业精神，有献身精神的人，华为努力去发现这样的人。华为不穿红舞鞋的文化体现在《华为公司基本法》的规定："为了使华为成为世界一流的设备供应商，我们将永不进入信息服务业。"任正非告诫下属要经受其他领域丰厚利润的诱惑，不要穿红舞鞋，要专注于公司的现有领域。

华为文化的精神体现在：一是远大的追求，求实的作风。任正非认为，如果企业只卖产品，而产品又受产品寿命周期这一客观规律制约，因而不能摆脱夭折的厄运，它们注定是短暂的。而文化是生生不息的，它能让企业的产品不断柳暗花明，所以它们注定是长久的。企业文化必须是能体现一个民族远大追求的文化。华为的远大追求主要表现在三方面：① 实现顾客的梦想，成为世界级领先企业。② 在开放合作的基础上独立自主和创造性地发展世界领先的核心技术和产品。③ 以产业报国、振兴民族通信工业为己任。强大的国家是强大企业的沃土，是企业的后盾。没有在国际上领先的企业群，国家的经济就没有基础，政治上就没有地位。企业是国家经济实力的创造者，是国家增强综合国力的源泉。而企业要成长为世界级公司，只能独立自主、自力更生地发展领先的核心技术体系和产品系列。而这种长期艰苦奋斗的精神力量只有来自爱祖国、爱人民、爱事业、爱生活、爱自己和家人。把远大的追求与员工的切身利益有机地结合，把"造势与做实"紧密地结合。

二是尊重个性，集体奋斗。坚实的企业不搞偶像崇拜，不推崇个人主义，强调集体奋斗，也给个人以充分发挥才能的平台。高技术企业的生命力在于创新，而突破性的创新和创造力实质上是一种个性行为。这就要求尊重人才、尊重知识、尊重个性。但高技术企业又要求高度的团结合作，今天的时代已经不是爱迪生的时代，技术的复杂性、产品的复杂性，必须依靠团队协作才能攻克。华为是以高技术为起点，着眼于大市场、大系统、大结构的高科技企业。它需要所有的员工必须坚持合作，走集体奋斗之路。一个没有足够专业能力的人跨不进华为的大门，但如果跨进了华为却融不进华为文化，则等于丧失了在华为发展的机会。坚持企业应该在组织上，特别是在科研和营销组织上采取团队方式运作；在工作态度考评上强调集体奋斗、奉献精神；在工资和奖金分配上实行能力主义工资制，强调能力和绩效；在知识产权上，要保护个人的创造发明；在股权分配上强调个人的能力和潜力。

三是结成利益共同体。企业是一种功利组织，但为谁谋利益的问题必须解决，否则企业不可能有长远发展。企业应该奉行利益共同体原则，使顾客、员工与合作者都满意。

这里合作者的含义是广泛的，与公司利害相关的供应商、外协厂家、研究机构、金融机构、人才培养机构、各类媒介和媒体、政府机构、社区机构，甚至目前的一些竞争对手都是公司的合作者。华为正是依靠利益共同体和利益驱动机制，不断地激活了整个组织。

四是公平竞争，合理分配。华为的价值评价体系和价值分配制度是其之所以成功的关键，是华为管理中最具特点之处。华为本着实事求是的原则，从自身的实践中认识到：知识、企业家的管理和资本共同创造了公司的全部价值，公司是用转化为资本的方式使劳动、知识、企业家的管理和风险的累积贡献得到合理的体现和报偿。职工只要为企业做出了长期贡献，他的资本就有积累。另外，不但创业者的资本有积累，新加入者只要为企业做出特殊贡献，他们的利益也通过转化为资本的方式得到体现和补偿，使劳动、知识、管理成为一体，使分配更加合理。华为公司从以下四个方面力图使价值分配制度尽量合理：① 遵循价值规律，按外部人才市场的竞争规律决定公司的价值分配政策。② 引入内部公平竞争机制，确保机会均等，而在分配上充分拉开差距。③ 树立共同的价值观，使员工认同公司的价值评价标准。④ 以公司的成就和员工的贡献作为衡量价值分配合理性的最终标准。在对待报酬的态度上，华为人的传统是不打听别人的报酬是多少，不要与别人比，想要得到高回报，把注意力集中在搞好自己的工作上。如果觉得不公平，可以到其他公司就职，好合好散。如果觉得还是华为好，欢迎再回来！从这点来看华为的文化，是一种实事求是的文化，是一种建立在尊重价值规律和自然规律基础上的文化，是一种物质与精神互相结合、互相促进的文化。

议一议

1. 从华为的文化中，讨论应具备哪些个人素养才能在社会中立足和发展。
2. 华为的集体奋斗的文化要求员工应具备什么样的品质？

第一节 企业文化概述

一、建设和完善企业文化的意义

企业内部控制应用指引第5号——企业文化

企业文化，是指企业在生产经营实践中逐步形成的、为整体团队所认同并遵守的价值观、经营理念和企业精神，以及在此基础上形成的行为规范的总称。企业要做大做强，实现发展战略，必须重视和加强企业文化建设。

（一）企业文化建设可以为企业提供精神支柱

企业文化像一根纽带，把职工和企业的追求紧紧联系在一起，使每个职工产生归属感和荣誉感。企业文化的这种凝聚作用，尤其在企业危难之际和创业开拓之时更显示出巨大的力量。海尔 1984 年开始创业，当时还是一个濒临破产的集体所有制的小企业，年年亏损。张瑞敏成为青岛电冰箱厂的厂长后锐意改革，倡导新的企业文化，提升企业的凝聚力。在他的领导下，海尔倡导了“敬业报国，追求卓越”的企业精神，“要么不干，要干就要争第一”“优秀的产品是优秀的人干出来的”“市场唯一不变的法则就是永远在变”“只有淡季的思想，没有淡季的市场”“否定自我，创造市场”等新观念不断映入员工的脑海，不断转化为员工自觉的行动。企业文化一旦被员工认同了，就指导他们的思维和行为，正是由于海尔文化的不断形成，不断转变和影响着员工的思想观念，最终把所有的海尔人凝聚在一起，迸发出海一样的力量，不断推动着企业的发展。

（二）企业文化建设可以提升企业的核心竞争力

企业核心竞争力是企业具有不可交易和不可模仿的独特的优势因素，是企业竞争中最长远和具有决定性影响的内在因素。拥有核心竞争力的企业一般具有关键的技术、稳健的财务状况、内外一致的企业形象、真实诚信的服务态度、团结协作的团队精神、以客户为中心的经营理念等文化特征。如北京同仁堂企业文化的核心即企业价值观包括：一是质量观。从古至今，历代同仁堂人恪守诚实敬业的品德，提出“修合无人见，存心有天知”的信条，恪守“炮制虽繁必不敢省人工，品味虽贵必不敢减物力”的古训。二是信誉观。同仁堂秉承“同修仁德，济世养生”的理念，把行医卖药作为一种济世养生、效力于社会的高尚事业来做。

历代继业者，始终恪守诚实敬业的品德，对求医购药的八方来客，无论是达官显贵，还是平民百姓，一律以诚相待，始终坚持童叟无欺，一视同仁。在市场经济的竞争环境中，同仁堂始终认为讲信誉是商业行为最根本的准则。三是形象观。同仁堂历代传人都十分重视宣传自己，树立同仁堂形象。如：利用朝廷会考机会，免费赠送“平安药”，冬办粥厂夏施暑药等。如今的同仁堂利用各种媒体进行整体形象的宣传，提高企业的知名度和美誉度，提高企业的凝聚力和向心力，发挥同仁堂文化力的作用，才使得其300多年来生生不息，经久不衰。

（三）企业文化建设可以为内部控制的有效性提供有力保证

重视企业文化建设的企业，必然注重员工的自我管理和自我约束，注重培育积极向上的价值观和社会责任感，倡导诚实守信、爱岗敬业、团队合作的精神，树立现代管理理念，强化风险意识。而内部控制作为企业管理的重要抓手，需要企业内部各层级人员加强自我管理，严格执行各项规章制度。因此，优秀的企业文化为内部控制提供了良好的人文支撑环境，是企业内部控制目标实现的有力保证。

议一议

企业文化的核心是什么？同仁堂文化的核心是什么？

二、企业文化的本质及特征

视频：企业文化概述

企业文化是企业在长期的生产经营和管理活动中所创造的具有该企业特色的精神财富和物质形态。它包括价值观念、企业精神、道德规范、行为准则、历史传统、企业制度、文化环境、企业产品等。企业文化是企业的灵魂，是推动企业发展的不竭动力，它包含着非常丰富的内容。企业文化的核心是企业的精神和价值观，是企业区别于其他组织所特有的精神风貌和信念，以及一系列保证这种精神风貌和信念得以持久存在的制度和措施。企业文化的特征具体表现为五个方面。第一，民族性。企业不是一个孤立的生产单位或经济组织，更不是若干生产人员、经营人员的单独组合，而是生存于社会、民族群体中的社会组织，具有鲜明的地方民族文化特点。第二，功用性。企业文化是维系企业生存和发展的内在动力之一，这在本质上体现出它的强大功能作用。第三，传承性。企业文化是企业成员共同拥有的财富，更是所有成员行为的规范和法则，并且通过一代一代的人传承和发扬。第四，人文性。

人文主义是欧洲中世纪反对神权统治、主张个性解放的产物。它的基本要义是尊重人、关心人、人本主义，所以，企业文化一定会体现人文精神。第五，革新性。企业文化在企业中一经形成，便具有自己相对稳固的模式和传统，但它们也不是恒久不变的，也会随着时代的更替与时俱进，适时更新完善。

三、企业文化建设中的主要风险

（1）缺乏积极向上的企业文化，可能导致员工丧失对企业的信心和认同感，以致企业缺乏凝聚力和竞争力。

有的企业在开展企业文化建设过程中，存在形式主义倾向，编制几本漂亮的手册，提炼几句漂亮的话语，举办几场精彩的活动，甚至还出现了以会传会、以会落实企业文化工作的现象。无法在日常工作、生活中让员工产生爱和温暖，无法形成正确的价值观。甚至把文化建设搞成了形象工程、面子工程，导致文化建设未能产生真正的凝聚力和竞争力。

（2）缺乏开拓创新、团队协作和风险意识，可能导致企业发展目标难以实现，影响可持续发展。

有的企业以及管理者有贪功求快的心理，希望企业文化建设多出亮点、快见成效。但这却违背了文化发展的规律，只能产生表面的繁荣，只会造成资源的浪费。功利主义严重，团队协作精神没有建立起来，风险意识没有形成，反而造成负面影响。

（3）缺乏诚实守信的经营理念，可能导致舞弊事件的发生，造成企业损失，影响企业信誉。

有的企业文化建设中出现形式主义，弄虚作假，虚假宣传、大张旗鼓造势，成为一小部分人的“文化”游戏，出现高层热闹非凡、基层漠不关心的现象。大部分员工置身事外、缺少认同。不但达不到企业文化建设的初衷，反而会加大高层与基层之间的隔阂与距离，而且也会影响企业的形象和声誉，偏离了企业文化建设的初衷。

（4）忽视企业间的文化差异和理念冲突，可能导致并购重组失败。

企业在并购重组过程中由于不同的企业文化差异和理念冲突，往往产生了被并购企业的员工不能认同和适应新公司、新老板的理念和工作作风，导致员工各种热情低落，工作态度消极，甚至产生矛盾隔阂，以致最后大量员工离职，给企业带来损失。

议一议

1. 你认为企业文化建设中最应该关注的风险是什么？

2. 上网查找美国通用公司的“预约沟通”模式，分析其企业文化存在的问题是什么？

第二节　企业文化建设

一、优秀企业文化的建设

（一）塑造企业的核心价值观

企业的核心价值观是企业文化的内核，也是企业价值体系的头脑。尼采曾说过这样一句十分有名的话：“当婴儿第一次站起来的时候，你会发现，使他站起来的不是他的肢体，而是他的头脑。”企业能否做到百年不衰、基业长青，关键看企业的核心价值观是否被认可。核心价值观是一种精神，是企业文化的魂魄，贯穿到企业生产经营活动的全过程。现如今，有些企业为了追求利润最大化而不择手段、违背商业伦理、置社会责任于不顾，甚至丧尽天良，生产伪劣产品，如“三聚氰胺事件”“瘦肉精事件”、肯德基“速成鸡事件”等，这种赚取不义之财的实质就是核心价值观存在重大问题。正确的核心价值观是先进企业文化的灵魂所在。要建设先进的企业文化，关键是塑造核心价值观，像同仁堂一样坚守“修合无人见，存心有天知”的价值观，诚信为本，以义取利，企业才能有生命力，永远立于不败之地。

（二）打造以主业为核心的品牌

企业产品或服务的品牌与企业的整体形象联系在一起，是企业的“脸面”或“标识”。品牌之所以能够增值，主要来自消费者心目中形成的关于其载体的印象。苹果产品能赢得用户的青睐，不单单是看得见、摸得着的设计和功能，而在于苹果开创了一种全新的手机文化及苹果文化。苹果文化就是“让用户通过最简单的方式使用苹果产品，并且充分满足用户需求的理念成为苹果的另一大竞争力。”乔布斯说：“苹果的核心优势就是知道如何让复杂的高科技为普通大众所理解，随着科技日趋复杂，这一点就变得越来越重要。”苹果产品的“i”，目标就是满足客户需求，它已成为苹果文化的代表符号。在市场竞争中，企业无不重视其产品或服务品牌的建设。打造以主业为核心的品牌，是企业文化建设的重要内容。美国一家著名咨询公司指出，核心竞争力强的企业有三大法宝：一是员工的忠诚度，二是用户的忠诚度，三是品牌的影响度。企业应当将核心价值观贯穿于自主创新、产品质量、生产安全、市场营销、售后服务等方面的文化建设中，着力打造源于主业且能够让消费者长久认可、在国内外市场上彰显强大竞争优势的品牌。

（三）充分体现以人为本的理念

儒家文化的核心是以人为本，强调“仁者爱人”，“己所不欲勿施于人”，每个人的独立人格都应受到尊重。要倡导“为政以德”，以“仁爱”之德感化员工。企业领导团队要关心员工及其家人的切身利益。要为员工提供良好的薪酬待遇、工作环境，将企业的发展与员工的薪酬和福利待遇挂钩，让员工享受企业业绩增长的成果。企业不但要切实关心员工的切身利益，而且还要关心员工的家人，让员工在任何时候都没有后顾之忧。如有的企业为员工的父母发放“孝工资”；有的企业开办托儿所，为员工解决小孩照看问题；有的企业为男性员工放月子陪伴假，让他们能安心陪伴自己的妻子坐月子。这就是“以人为本”企业文化核心价值观的最好例证，是儒家思想中“仁”的具体体现。让员工有荣誉感、成就感和归属感，有家的温暖。同时，企业还要对外表现出“大仁大爱”，想顾客之想、急顾客所急，如上门安装服务、维修服务等，只有这样企业才能在市场竞争中立于不败之地。

（四）强化企业文化建设中的领导责任

在建设优秀的企业文化过程中，领导是关键。俗话说，一头狮子带领一群绵羊，久而久之，这群绵羊就会变成“狮子”。要建设好企业文化，领导必须高度重视，认真规划、狠抓落实，才能取得实效。企业领导要率先垂范、以身作则。一个企业的管理者、一个单位的主要领导对于企业文化的形成具有重大的影响。任何行为都是上行下效，管理者、主要领导的行为模式、工作态度将会一级级影响到每一名员工的思维方式、工作模式，进而改变企业的精神气质。因此，制定游戏规则的人更要参与这一游戏，企业领导不仅要重视文化建设工作，还要积极参与建设过程，用自己的行动、言语给员工树立优秀的标杆，对员工进行正确的引导。企业主要负责人应当站在促进企业长远发展的战略高度重视企业文化建设，切实履行第一责任人的职责，对企业文化建设进行系统思考，出思想、谋思路、定对策，确定本企业文化建设的目标和内容，提出正确的经营管理理念。另外，企业文化建设的领导体制要与现代企业制度和法人治理结构相适应，要明确本企业文化建设的主管部门，安排专（兼）职人员负责文化建设工作，形成企业文化主管部门负责组织、各部门分工落实、员工广泛参与的工作体系。

（五）加强企业和员工的融合

企业和员工是实现企业共同价值的共同主体。为了员工和企业的共同发展，二者应当融为一体。首先，处理好企业与员工的关系，是建设优秀企业文化的坚实基础。其次，企业领导与员工积极作为，是建设优秀企业文化的重要条件。企业高层地位重要，责任重大，因此，企业高层必须努力做到勤勉尽责、信诺守信；励精图治、敬业报国；公正廉洁、以德为业；克勤克俭、艰苦奋斗。员工是企业文化建设的主体，因而，员工也必须做到：爱岗敬业、忠诚守信；服务客户、奉献社会；遵纪守法、廉洁自律；文明礼貌、办事公道；艰苦奋斗、勤俭节约。只有企业领导和员工都尽心、尽力、尽职、尽责，并不断创新，企业才能形成正能量，才能健康发展。再次，企业领导与员工的融合，是建设优秀企业文化的关键。企业领导与员工的融合，是员工个人成长进步，实现自我价值的客观需要；是企业打造品牌，树立形象，实现利润最大化的实际需要，是实现双赢的必然选择。融合不是形式的融合，也不是面上的融合，而是“心”的融合、“言”的融合、“行”的融合，这才能称得上是真正的融合。建设企业文化，要发挥企业领导和员工两个积极性，做到心心相印、同心同德，形成“积极进取、团结向上、齐心协力、共同作为”的良好企业文化环境，使企业成为真正具有核心竞争力的优秀企业，在市场经济的大潮中立于不败之地。

与此同时，企业要深入调研、制定规划，认真梳理整合各项工作任务，分清轻重缓急，扎实推进。要着力将核心价值观转化为企业文化规范，通过梳理完善相关管理制度，对员工日常行为和工作行为进行细化，逐步形成企业文化规范，以理念引导员工的思维，以制度规范员工的行为，使企业全体员工增强主人翁意识，做到员工与企业“风雨同舟、合力共赢”，真正实现“人企合一”，充分发挥核心价值观对企业发展的强大推动作用。

二、企业并购重组中的文化整合

近年来，随着世界经济全球化和政治多极化的发展和加深，跨国公司在全球经济发展中扮演了越来越重要的角色，跨国公司企业兼并也成为一种潮流和必要的趋势。然而不同地区区域文化和企业文化的差异，在一定程度上对企业兼并会产生一定的阻碍。全球范围内企业并购的成功率在25%左右，而并购失败的原因中，80%源于并购双方文化的冲突，因此，对并购中企业文化整合进行研究显得特别重要。

（一）企业并购过程中文化整合失败的原因

1. 企业领导者对企业文化整合工作重视不够

企业在确定并购目标时，对并购目标的关注往往停留在市场、技术等并购业务层面，并购企业管理者更多从财务、市场等因素上论证并购是否可行，而对企业内在文化是否能兼容很少考虑和分析。在达成并购协议后，将人员和精力更多地放在组织结构调整、业务重组等操作层面的整合上，过分强调市场占有率、销售额、营业利润等经营和财务指标，而对于被并购企业原组织中成员因组织变动而产生的心理变化缺乏了解和重视，往往将新的人事安排和管理制度以空降的形式投入新的组织中。组织内设定一系列科学的指标，但往往忽略了实现这些目标的关键因素——人。导致这种现象发生一方面由于企业文化本身是历史的沉淀，这种特质决定了企业文化对于企业目标实现的作用是间接的、无形的，故其作用容易被忽视。另一方面很多企业领导者是技术专业出身，在本身的知识结构中专业技术的比重更多，对于专业问题的解决更可控，所以他们更趋向于将精力和资源用于业务工作整合上，减少了对文化的因素的关注。只有当人的问题出现时，企业管理者才会被动地寻找解决的方法。

2. 并购中企业文化整合工作缺乏系统性

实践中，并购企业由于并购前需要做大量有关目标企业业务、市场等方面的调研工作，在审慎性调查和并购谈判阶段很少关注企业文化方面的内容，对文化并购整合缺乏制度计划指导。但在并购中，企业文化整合贯穿于并购活动的始终，涉及企业领导层的管理风格、管理制度、组织结构等各个方面的内容，遇到问题临时抱佛脚，临时想措施出政策，难以形成文化整合工作的系统性。因此在整合开始前，需要选择科学的整合模式和程序，制定完整的整合方案和计划。

3. 并购中企业文化整合技巧缺乏

企业文化整合可供选择的模式大致分为三种：一是吸收型，即文化同化；二是融合型，即文化转化；三是保留型，即文化多元化。我国并购企业在文化整合实践中，普遍采取吸收式的文化整合模式，将自己的企业文化简单注入被并购企业，使被并购企业被动接受自己的企业文化。缺乏对被并购企业文化的认识和了解，一味强制推行原有企业文化，使组织文化与组织变革脱节，不能适应新企业发展的需要。实践中，很多并购企业将收购方企业文化的推行与组织结构的调整同步推出，并通过推行收购方的企业管理制度来要求被并购企业员工服从收购方企业的管理，缺乏与被收购方员工就管理风格、经营理念方面的沟通，少有系统的文化培训来引导，从而引起被收购方员工的抵触情绪，给以后工作冲突埋下隐患。

4. 企业文化整合组织保障不力

并购过程中，并购工作组通常是由营销、财务、审计、研发、人力资源、法律等部门抽调中高层管理人员组成，是以达成并购任务为中心的临时工作组，一旦任务完成，这个工作组就会迅速解散，各成员返回到各自的日常工作中或者进入为下一次并购业务而组建的工作组，被并购企业的整合工作常常由新的工作团队组织开展。并购工作组的临时性和大多并购企业都没有为整合而设立的专职文化整合人员岗位影响了文化并购整合的效果。这种没有正式组织保障的弊端在于，整合只是作为工作组成员工作的一部分而得不到应有的重视，同时也得不到应有的资源支持。另外，由于文化整合工作效果产生缓慢，在短期业绩考核的压力下，工作人员会侧重于业绩容易度量的销售、市场份额等方面的工作。同时，由于没有常设组织，在并购过程中，企业缺乏同员工沟通的正式渠道。在并购实践中，并购过程对于企业普通员工来说是一件很神秘的事，并购企业出于多种考虑在并购达成前对并购的进展总是秘而不宣，由于无法从正式渠道获知有关的消息，员工对企业和自身未来的发展产生疑虑，从而对员工的心理也会形成负面影响，会导致工作绩效下降，从而影响组织的整体效率。

（二）企业并购重组中的文化整合思路

中西方文化背景不同导致管理理念、管理风格的显著差异。西方文化强调平等和个人主义，强调契约的程序公正，重视制度和法律，也体现以博爱和宽恕为核心的利他主义观念。中国文化崇尚儒家的仁和义，秉承“和为贵”的价值理念，强调集体主义、使命和奉献。不同民族的文化差异产生了不同的价值观、信仰和传统，形成了不同的行为规范。即使是国内的企业重组，也会产生企业文化不同导致的问题。所以，进行有目标、有层次的系统性文化整合，充分认识多元民族文化和企业文化的差异，努力在差异中寻求发展的共同点，是企业并购后文化整合的关键所在。具体来说，要做到以下几点：一是要做好多元文化异同研究，研究不同民族、不同国家、不同企业的文化差异；二是要做好全方位的沟通宣传，包括并购阶段的沟通宣传和并购后整合阶段的沟通宣传；三是要组织好跨文化及语言培训，组织员工进行跨国、跨企业交流；四是要创新企业文化，培育共同价值观，建设跨民族、跨国界、中外融合、兼容并蓄的企业文化。

三、企业文化的发展与创新

企业作为一种以人与人组合为基础的经营活动主体，其经营行为必然最终都要人格化，因为企业的所有活动最终都要靠人来执行，也就是说，企业是人格化的企业。正因为如此，企业的制度创新，企业经营战略的创新，最终都必然会体现在人的价值理念中，以企业文化的形式表现出来。因此，企业文化是企业高效发展的一个极其重要的问题。企业文化创新要以对传统企业文化的批判为前提，对构成企业文化诸要素包括经营理念、企业宗旨、管理制度、经营流程、仪式、语言等进行全方位、系统性的分析评估，对企业文化进行弘扬、重建或重新表述，使之与企业的生产力发展步伐和外部环境变化相适应。

（一）构建企业文化评估体系

企业文化评估是企业文化建设与创新的重要环节。建立科学的企业文化评估体系，有助于企业认识自身文化的发展状况，查找企业文化建设中存在的问题，不断改进和完善企业文化建设，使企业文化真正融入企业和员工的实际工作中。企业文化评估应着力关注以下内容：① 董事、监事、经理和其他高级管理人员在企业文化建设中的责任履行情况；② 全体员工对企业核心价值观的认同感；③ 企业经营管理行为与企业文化的一致性；④ 企业品牌的社会影响力；⑤ 参与企业并购重组各方文化的融合度；⑥ 员工对企业未来发展的信心。企业文化评估过程中，一是要注重评估指标的导向性，要突出关键指标，确保评估指标的可操作性；二是注重评估方法的科学性，要根据评估内容和指标功能，量身定制不同的评估标准；三是要注重评估结果的有效性，可借助专业机构的力量，提升文化评估的专业水平和公信力。

（二）推进企业文化的创新

创新是事物发展的持续动力，企业的每一步发展都需要创新文化的支持。没有创新，企业文化建设就没有活力，企业就不可能结出硕果。企业必须与时俱进，适应形势变化，不断创新企业文化。但企业文化创新应坚持实事求是原则，既要有全球化视角，又要立足国情和行业、企业实际。要针对企业文化评估过程发现的问题，进行深层次分析研究，采取措施，加以改进，以推进企业文化的建设。除此之外，还应结合企业发展战略的调整以及内外部政治、经济、技术、资源等因素的变化，在价值观、经营理念、管理制度、品牌建设、企业形象等方面持续推动企业文化的创新。企业领导者应当加强自身修养，担当企业文化创新的领头人。从某种意义上说，企业文化是企业家的文化，是企业家的人格化，是其事业心和责任感、人生追求、价值取向、创新精神等的综合反映。他们必须通过自己的行动向全体员工灌输企业的价值观念。企业家首先是设计师，在企业发展中设计企业文化体系，使企业组织结构能持续适应企业发展需要。企业家又是牧师，不断地布道，使员工接受企业文化，把员工自身价值的体现和企业目标的实现结合起来。因此，进行企业文化创新，企业管理者必须转变观念，提高素质。

第一，企业管理者要对企业文化的内涵有更全面更深层次的理解，真正将企业文化的概念定位在企业经营理念、企业价值观、企业精神和企业形象上。第二，要积极进行思想观念的转变。要从自我封闭、行政命令、平均主义和粗放经营中走出来，牢固树立适应市场要求的全新的发展观念、改革观念、市场观念、竞争观念、效益观念等。第三，要认真掌握现代化的管理知识和技能，同时要积极吸收国内外优秀的管理经验，用于企业发展，并且在文化上要积极融入世界，为企业走国际化道路作好准备。第四，要有强烈的创新精神，思维活动和心理状态要保持一种非凡的活力，双眼紧盯国际、国内各种信息，紧盯市场需求，大脑能及时将外界的信息重新组合构造出新的创新决策。第五，将企业文化创新与人力资源开发相结合，通过全员培训推动企业文化创新，利用会议以及其他各种舆论工具大力宣传企业文化的创新理念和内容，使新的企业文化能够在员工接受的基础上顺利推进。第六，不断完善企业激励与约束机制。相应的激励和约束机制是企业文化创新的不竭动力，因而新的企业文化的建立和运行过程必须通过相应的激励和约束机制予以强化和保障，使之形成习惯稳定下来。如将改革分配机制作为一个切入点，体现激励和约束机制的有机结合。另外，注重精神激励，充分肯定员工自我价值的实现以及对企业的贡献度，调动员工的工作热情和创造力。

总之，企业文化的发展与创新是一个大课题，需要有一个逐步探索、逐步深入的过程，只有下大功夫和狠力气，才能实现质的突破，才能在现代企业制度环境下，实现真正意义上的企业文化发展与创新，这是时代的要求，也是企业追求的永恒主题。

议一议

1. 为什么说企业文化是企业家的文化，是企业家的人格化？

2. 请上网搜索河南省矿山起重机有限公司董事长崔培军的事迹，进一步理解企业文化是企业家的文化。

岗课赛训融通训练

不定项选择题

仔细阅读本章章首案例——华为的企业文化，回答下列问题：

1. 任正非创造的华为文化说明了企业文化的重要作用是（　　　　）。

A. 文化可为企业提供精神支柱

B. 文化可提升企业的核心竞争力

C. 文化可为企业内部控制的有效性提供有力保证

D. 优秀的文化能为企业创造资源

2. 华为的狼性文化强调的是（　　　　）。

A. 与时俱进的创新精神　　B. 不屈不挠的拼搏精神

C. 团结奋斗的合作精神　　D. 诚信友善的价值观念

3. 华为的垫子文化精神体现的是（　　　　）。

A. 吃苦耐劳的精神　　B. 诚信友善的精神

C. 爱岗敬业的精神　　D. 公平法治的理念

4. 华为不穿红舞鞋的文化倡导的理念是（　　　　）。

A. 与时俱进　　B. 团结一致

C. 合作共赢　　D. 专注专业

5. 华为文化的精神综合体现的是（　　　　）。

A. 远大的追求和求实的作风　　B. 尊重个性和集体奋斗的作风

C. 坚持利益共同体的工作作风　　D. 公平竞争和合理分配的回报观

教学讨论组织

海尔企业文化案例讨论

一、案例资料

教师布置学生课前上网搜索青岛海尔集团公司（简称海尔）的企业文化，包括物质文化、精神文化、制度文化三个方面。理解海尔的核心价值观、海尔的精神、海尔的理念、海尔的市场观、海尔的创新观、海尔的形象用语、海尔的旗帜形象，识别标志含义等文化内涵。

二、要求

根据学生收集到的海尔文化的内容，讨论海尔的文化对公司的发展战略、社会责任等方面的重要作用，解释海尔从小到大、由弱到强、从国内发展到国际的过程中，其优秀的企业文化所发挥的重要作用。

三、讨论形式

分组讨论，6~8人为一组，每组派一人，汇报讨论结果。汇报内容主要围绕两个方面：一是海尔文化区别于其他企业文化的主要特征是什么？二是海尔文化在企业发展战略中的重要作用是什么？教师点评，并阐述自己的看法。

第七章

企业资金活动控制

素养目标

- 树立全局意识、关键意识、风险意识和责任意识；
- 建立规则意识，正确认识规范资金活动业务流程的重要性；
- 增强堵塞漏洞、保证资金安全、提高资金使用效率的能力；
- 杜绝贪污舞弊，培养抵御利益诱惑、诚实守信、清正廉洁的职业素养；
- 培养依法办事的工作作风，正确使用法律武器保护自己。

知识目标

- 了解资金活动的概念及内容；
- 了解资金活动内部控制的总体要求；
- 了解筹资活动、投资活动和资金营运活动内部控制的主要内容；
- 了解筹资活动、投资活动和资金营运活动的管控措施。

技能目标

- 能够辨识筹资活动、投资活动和资金营运活动中的不相容岗位；
- 能够明确筹资活动、投资活动和资金营运活动的授权审批相关环节和程序；
- 能够分析、评估筹资活动、投资活动和资金营运活动的关键风险控制点；
- 能够针对筹资活动、投资活动和资金营运活动的关键控制点实施管理与控制。

学思践悟

德国国家发展银行 10 分钟的悲剧

2008 年 9 月 15 日上午 10：00，拥有 158 年历史的美国第四大投资银行——雷曼兄弟控股公司（简称“雷曼兄弟”）向法院申请破产保护。消息转瞬间通过电视、广播和网络传遍地球的各个角落，引起了全球金融界的巨大震动。但是，令人不可思议的是，德国国家发展银行居然在 10 分钟后，按照外汇掉期交易的协议，通过计算机自动付款系统，向雷曼兄弟即将冻结的银行账户转入了 3 亿欧元。毫无疑问，这 3 亿欧元将是肉包子打狗有去无回，成为德国国家发展银行的一笔巨额损失。转账风波曝光后，德国社会各界十分震惊，在美国次贷危机呈明显蔓延之势的情况下，有关雷曼兄弟即将破产的消息已经满天飞，德国国家发展银行财务人员应知道交易存在巨大的风险，并应事先做好防范措施。德国国家发展银行内部到底发生了什么事情，才导致其出现如此低级的错误？相关人员在这10分钟内忙了些什么？

为了搞清楚事情的原因，德国财政部委托法律事务所进行了详细调查，调查结果还原了当时的情景：

（1）首席执行官乌尔里奇·施罗德说：我知道当天有一笔按照协议约定的转账，但至于是否撤销这笔巨额交易，应该由董事会开会讨论决定。

（2）董事长保卢斯说：我们还没有得到风险评估报告，无法及时做出正确的决策。

（3）董事会秘书史里芬说：我打电话给国际业务部催要风险评估报告，可那里总是占线，我想还是隔一会儿再打吧。

（4）国际业务部经理克鲁克说：星期五晚上准备带上全家人去听音乐会，我得提前打电话预订门票。

（5）财务结算部经理德尔布吕克说：今天是协议规定的交易日子，我没有接到停止交易的指令，那就按照原计划转账吧。

（6）财务结算部自动付款系统操作员曼斯坦因说：德尔布吕克让我执行转账操作，我什么也没问就做了。

当然除了以上6个人，还有与该笔交易有关的其他人员，比如负责处理与雷曼兄弟业务的高级经理、文员、信贷部经理、公关部经理等，也都获得了相关的信息。

德国经济评论家哈恩说，在这家银行，上到董事长，下到操作员，没有一个人是愚蠢的，可悲的是，几乎在同一时间，每个人都开了点小差，加在一起结果就创造出了“德国最愚蠢的银行”。那么，产生这个悲剧的原因仅仅就是疏忽？是麻痹大意？是开小差？当然不是。这个案例至少给我们两点启示：

第一，在资金营运内部控制中，严谨的流程设计与审批权限的划分十分重要，它不仅应考虑正常情况应当采取的流程，而且应当考虑某些特殊情况出现时应当采取的措施；否则，会使内部控制失效。

企业内部控制应用指引第6号——资金活动

第二，收支审批作为关键控制点，必须考虑例外情况。当情况发生重大变化时，处理原已经过审批的事项明显将导致企业发生损失时，有关人员有权也应该重新报批。

2010年4月15日财政部、证监会、审计署等五部委联合发布《企业内部控制应用指引》，从2011年1月1日起开始执行。其中，《企业内部控制应用指引第6号——资金活动》就是为了促进企业正常组织资金活动、防范和控制资金风险、保证资金安全、提高资金使用效益而制定的。

议一议

从德国国家发展银行的悲剧中你领悟到“敬业”的作用了吗？

第一节　资金活动控制概述

一、资金活动的概念

资金活动是指企业筹资、投资和资金营运等活动的总称。筹资活动是通过一定渠道、采取适当方式筹措资金的财务活动，是企业资金活动的起点，也是企业整个经营活动的基础。通过筹资活动，企业取得投资和日常生产经营活动所需的资金，从而使企业投资、生产经营活动能够顺利进行。投资活动是货币转化为资本的过程，是筹资活动的延续，也是筹资的重要目的之一。投资活动作为一种盈利活动，对于筹资成本补偿和企业利润创造，具有举足轻重的意义。资金营运是指企业日常生产经营中合理组织和调度各类资金，保证各类资金正常循环周转的行为。资金营运活动是投资活动的自然延续，是投资目标能否实现的保证。企业资金营运是一个货币资金、采购资金、生产资金和销售资金等不同形态的资金循环周转的过程，是一个保持各环节资金顺畅流转的动态平衡过程。

视频：资金活动概述

二、资金活动内部控制的总体要求

资金活动存在风险，通过内部控制进行防范和控制，对资金活动内部控制提出一些总体要求。

（一）树立战略导向观念

企业应明确自身的发展战略，资金活动必须与整体发展战略保持一致，服从和服务于企业的发展战略。

（二）建立科学决策机制

企业应当根据自身发展战略，科学确定投融资目标和规划。科学决策是核心，加强企业资金活动的内部控制，应该围绕决策这个核心。否则，决策不正确，控制措施难以准确、到位，资金活动也就难以顺利有效地开展。

动画：守护财富

（三）完善制度建设

制度建设是企业资金活动内部控制实施的重要基础，要大力推动资金运作的合法性和规范性，建立授权审批制度、资金的集中归口管理制度、不相容岗位分离制度、监督检查和项目后评价制度、责任追究制度等。

（四）合理设计流程

对资金活动实施内部控制，本质上是对资金业务的控制，企业在设计资金活动相关内部控制制度时，应当重点明确各种资金活动的业务流程，确定每一个环节、每一个步骤的工作内容和应该履行的程序，并将其落实到具体部门和人员。

（五）控制关键风险

在资金活动较为复杂的情况下，资金内部控制不可能面面俱到。因此，企业必须识别并关注主要风险来源和主要风险控制点，集中精力管控住关键风险，以提高内部控制的效率。

（六）集中管控资金

资金集中管控能优化资源配置，随着科学技术的快速发展，极大地便利了企业资金管控，资金集中管控的优势明显扩大，日益成为大企业首选的资金管控模式。所以，无论是企业相对其内部部门和分支机构，还是企业集团相对其子公司，都应当采取合法有效措施，加强对资金业务的统一管控。

（七）严格执行制度

严格执行制度是保障。企业财会部门应负责资金活动的日常管理，参与投融资方案等可行性研究；总会计师或分管会计工作的负责人应当参与投融资决策过程。

议一议

为什么说科学决策是核心，制度建设是基础，业务流程是重点，风险控制点是关键，资金集中管控是方向，严格执行是保障？

实训视频：企业筹资业务控制

第二节 筹资活动控制

一、筹资活动中存在的风险

筹资风险是指企业因筹资活动而引起的收益不确定性以及到期不能偿付债务本息和投资人报酬的风险。

（一）缺乏完整的筹资战略规划导致的风险

企业在筹资活动中，如果忽视战略导向，缺乏筹资战略，就会缺乏对目标资本结构的清晰认识，很容易导致盲目筹资或不及时融资，影响企业正常生产经营和企业的盈利能力。

（二）缺乏对企业资金现状的全面认识导致的风险

如果资金预算和资金管控工作不到位，使得企业无法全面了解资金现状，无法正确评估资金的实际需要以及期限等，容易导致筹资过度或者筹资不足。对于大型企业集团来说，会使得资金利用效率低下，增加了不必要的财务成本。

（三）缺乏完善的授权审批制度导致的风险

筹资方案必须经过完整的授权审批流程方可正式实施，如果忽略这一完善的授权审批制度，则有可能忽视筹资方案中的潜在风险，使得筹资方案草率决策、仓促上马，可能因重大差错、舞弊、欺诈等使企业遭受外部处罚、经济损失和信誉损失。筹集资金的收取、使用和偿付，如果没有建立完善的授权审批制度，不能保证资金安全使用和款项按期偿付。

（四）因无法保证支付筹资成本导致的风险

任何筹资活动都是有成本的。对于债权类筹资，企业如果不能按期足额支付利息，就会出现偿债风险，会给企业带来信誉伤害、信用评级下降；对于股权类筹资，如果因股利支付不足，或者对股权投资者报酬不足，会使企业股价下跌。这些都会给企业经营带来重大不利影响。

（五）缺乏严密的跟踪管理制度导致的风险

企业的筹资活动如果缺乏严密的跟踪管理，可能会使企业资金管理失控，如因资金被挪用而导致财务损失，也可能因此导致利息没有及时支付而被银行罚息，并丧失信誉，这些都会使得企业面临不必要的财务风险。

议一议

从筹资活动风险看树立大局意识、培养谨慎的职业习惯的重要性。

二、筹资活动的风险管理与控制

在筹资活动中，将不相容职务分离控制、授权审批控制、会计系统控制和预算控制等内部控制方法贯穿于筹资活动的各个环节，通过各环节的控制措施，规避风险，保证内部控制目标的实现。

（一）提出筹资方案的管理与控制

提出筹资方案是筹资活动的起点，也是第一个关键控制点，直接决定着筹资决策的准确性，关系到整个筹资活动的效率和风险。

1. 企业根据实际需要，聘请具有相应资质的专业机构对筹资方案进行可行性研究

可行性研究人员从筹资方案的战略性、经济性和风险性等方面进行评估，对筹资方案的主要效益和影响加以说明，供决策者参考。

（1）战略性评估。主要评估筹资方案是否与企业发展战略相符合，筹资规模是否适当。只有符合企业整体战略方向、符合企业发展需要的筹资方案才具有可行性。比如筹集资金用于投资项目，可以为公司打造完整的产业链，提升公司在行业的整体竞争力，或者能够带动公司核心产业升级、改善资本结构，以顺利完成公司战略转型及发展目标等。在筹资规模上，企业要有战略考虑，切不可过于贪多求大；当然也要避免筹资不足。

【案例 7-1】

1999 年 11 月大宇集团正式宣告破产，由韩国政府对其进行结构调整。1993 年大宇集团在海外的企业只有 15 家，而到 1998 年年底已增至 600 多家，其扩张就是靠来自政府政策和银行信贷负债筹资。1997 年亚洲金融危机爆发后，其他集团都开始收缩，大宇集团却依然我行我素。仅1998年其发行的公司债券就达7万亿韩元（约58.33亿美元）。然而经济危机状态下大宇集团的经营并不令人满意，其利润率急剧下降，多处子公司发生亏损，且高负债率使其资金周转也很困难。大宇集团于1999年7月被4家债权银行接管，11月宣告破产。

【分析】韩国大宇集团的破产，原因在于对筹资方案控制不力，负债筹资产生财务杠杆负效应所致。可以看出大宇集团筹资方案没有经过充分的战略性评估。

（2）经济性评估。主要分析筹资成本是否最低，资本结构是否恰当，筹资成本与资金收益是否匹配等。筹资成本是筹资效率的决定性因素，筹集相同的资金，选择股票还是选择债券，就会面临不同的筹资成本，选择不同的债券种类或者期限结构，也会面临不同的成本，所以企业必须认真评估筹资成本和资本结构，以寻求最佳资本结构。最佳资本结构是筹资活动控制的核心问题。在实际工作中，影响资本结构的因素很多，各种因素又具有很大的不确定性，比如行业特点、企业自身情况等，选择最优的资本结构是非常复杂和困难的。应该根据企业的具体情况确定，在保证实现企业价值最大化的前提下，对不合理的资本结构进行调整，使其趋于合理化。

【案例7-2】

C科技股份有限公司于2024年年底开始筹划股权融资项目的准备工作，经过项目组成员前期与外部券商的反复交流、论证，初步形成公司本次非公开发行的规划方案，拟通过定向增发股票方式筹资30亿元。

【分析】采用定向增发方式，券商承销的佣金大概是传统方式的一半。公司选择了实力雄厚且在业界经验丰富的券商进行合作，同时本公司也成立了专职项目组负责与券商进行对接配合，各部门积极配合提供材料，提高工作效率，最大限度地降低筹资成本。C科技股份有限公司通过定向增发股票形式筹集资金，可以改善公司资本结构，降低企业资本负债率，降低风险和费用。所以，C科技股份有限公司的筹资方案符合经济性。

（3）风险性评估。主要分析筹资方案面临哪些风险、风险大小是否适当、可控，是否与收益匹配等。企业通过对利率、汇率、货币政策、宏观经济走势等进行预测，确定筹资方案面临的风险。采用财务杠杆系数法，再结合其他方法评价筹资风险，财务杠杆系数越大，公司筹资风险也越大。企业通过银行借款或发行债券筹资，应当重点关注利率、汇率、筹资成本、偿还能力以及流动性风险等；企业在安排短期筹资和长期筹资的比例时，必须在风险与收益之间进行权衡，注意债务期限结构选择不当导致的风险。企业通过发行股票筹集资金，应当重点关注发行风险、市场风险、政策风险以及公司控制权风险等。

2. 对筹资方案进行可行性论证后，形成评估报告

评估报告应当全面反映评估人员的意见，并由所有评估人员签字。企业不得依据未经论证的方案开展筹资活动。

（二）筹资方案审批的管理与控制

（1）根据分级授权审批制度，按照规定程序严格审批经过可行性论证的筹资方案。股东大会或者董事会、高管层应对筹资方案履行严格的审批责任，重点关注筹资用途的可行性和相应的偿债能力，以选择批准最优筹资方案。

（2）筹资方案的拟订与审批相分离。比如由财务部经理指导筹资主管编制筹资方案后，签字呈送财务总监，财务总监进行审批，审核无误后签字呈送总裁，总裁负责审批筹资方案。

（3）重大筹资方案，应当按照规定的权限和程序实行集体决策或联签制度，避免一人说了算或者拍脑袋行为，保证决策的科学性。重大筹资方案应当提交股东（大）会审议。

（4）筹资方案须经国家有关管理部门或上级主管单位批准的，应当履行相应的报批程序。

（5）筹资方案发生重大变更的，应当重新履行可行性研究以及相关审批程序。

（三）筹资计划编制的管理与控制

（1）根据审核批准的筹资方案，财务部门或资金管理部门制订较为详细的、切实可行的具体筹资计划，对筹资活动进行周密安排和控制，使筹资活动在严密控制下高效、有序进行。在计划中应详细地说明筹资的理由、筹资的数量、筹资前后单位财务状况的变化、筹资对单位未来收益的影响、各种筹资方式收益的比较以及对某种筹资方式的建议等。

（2）根据授权审批制度报有关部门批准“筹资计划”，比如公司的管理层、董事会和股东大会逐级审批。筹资计划的编制与审批适当分离。

（四）实施筹资的管理与控制

（1）根据筹资计划进行筹资。筹资计划经审批之后，就应付诸实施，保证筹资活动正确、合法、有效进行。

（2）签订筹资协议，明确权利义务。通过银行借款方式筹资的，应当与有关金融机构签署借款合同，据此办理相关借款业务。通过发行债券、股票方式筹资的，通常由证券经营机构承销或包销企业债券或股票，应当选择具备规定资质和资信良好的证券经营机构，并与该机构签订正式的合同或协议。筹资合同或协议应当符合《中华人民共和国民法典（合同编）》及其他相关法律法规的规定，企业相关部门或人员应当对筹资合同的合法性、合理性、完整性进行审核，并经有关授权人员批准，审核通过才能签订合同或协议。重大筹资合同或协议的订立，应当征询法律顾问或专家的意见。

（3）应当按照筹资合同或协议的约定及时足额取得相关资产。

（4）做好严密的筹资记录，发挥会计控制的作用。

（五）筹资活动的监督、评价与责任追究的管理和控制

筹集资金到位以后，应保证资金的正确有效使用，维护筹资信用。

（1）促成各部门严格按照确定的用途使用资金。企业应当严格按照筹资方案所规定的用途使用资金。由于市场环境变化等特殊情况导致企业确需改变资金用途的，应当履行审批手续，并对审批过程进行完整的书面记录。严禁擅自改变资金用途。

（2）保证利息计提和支付的准确性。企业财务部门应严格按照筹资合同或协议规定的本金、利率、期限及币种计算利息，经有关人员审核确认后，与债权人进行核对。企业支付筹资利息时，应当履行审批手续，经授权人员批准后方可支付。

（3）加强债务偿还、股利支付环节的监督管理。企业财务部指定专人对债务资金进行管理，定期列单向总经理、财务总监、财务部经理提示债务资金到期情况。严格按照合同或协议的规定偿还本金。企业支付债务资金，经授权批准后支付。股利发放必须经公司董事会决定。

（4）按照岗位分离与授权审批制度，各环节和各责任人正确履行审批监督责任，与筹资有关的各种款项偿付的审批与执行相分离，实施严密的筹资程序控制和岗位分离控制。

（5）评价筹资活动过程，追究违规人员责任。筹资活动完成后要按规定进行筹资后评价，对存在违规现象的，严格追究其责任。

议一议

为什么在我国证券市场上频繁出现上市公司募集资金投向变更现象？如何从筹资内部控制角度对此现象加以控制？

第三节　投资活动控制

一、投资活动中存在的风险

投资风险是指企业在投资活动中，由于受到各种难以预计或控制因素的影响给企业财务成果带来的不确定性，导致投资收益率达不到预期目标而产生的风险。

（一）投资活动与企业战略不符带来的风险

企业发展战略是投资活动的指南和方向，如果企业在制订投资计划时，忽略了自身发展战略，投资活动与企业发展战略相抵触，使得投资活动随意化和轻率出资，可能会导致企业盲目向热门领域和地区出资，形成重大投资损失和风险；或者主业不突出，贪大贪快，乱铺摊子，出现投资无所不及、无所不能的现象，形成很大的损失隐患。

（二）投资与筹资在资金数量、期限、成本与收益上不匹配的风险

企业投资活动的资金需求，需要通过筹资予以满足。企业在制订投资计划时，如果贪大求全，使投资活动所需要的现金流量在时间和规模上都远远超过其资金实力和筹资现金流量，企业的筹资能力难以满足其投资的资金需要，就会陷入财务危机。而且，还可能出现投资收益与筹资成本不相匹配，筹资成本不能足额补偿，投资的盈利性不能保证的风险。

（三）投资活动忽略资产结构与流动性的风险

企业的投资活动会形成特定资产，并由此影响企业的资产结构与资产流动性。资产流动性和盈利性是一对矛盾，企业进行投资时，如果将过多的资金投入到固定资产以及其他长期资产上，企业整体盈利水平会上升，但是流动资金会不足，资产的流动性降低，导致资产结构不合理、资产与负债不匹配，到期无力偿债的危险性增大，企业就会面临流动性风险甚至流动性危机，并因此遭受极大损失甚至破产。

（四）缺乏严密的授权审批制度和不相容职务分离制度的风险

授权审批是保证投资活动合法性和有效性的重要手段，不相容职务分离通过相互监督与牵制，保证投资活动在严格控制下进行，这是堵塞漏洞、防止舞弊的重要手段。没有严格的授权审批和不相容职务分离，企业投资就会呈现出随意、无序、无效的状况，可能因重大差错、舞弊、欺诈而导致投资失误和企业生产经营失败。

【案例 7-3】

中航油新加坡公司于2001年年底获批在新加坡上市，在取得中国航油集团公司授权后，自2003年开始做油品套期保值业务。但在此期间，总裁陈××擅自扩大业务范围，从事石油衍生品期权交易。2004年12月，中航油新加坡公司因从事投机性石油衍生品交易，亏损5.54亿美元，不久就向新加坡证券交易所申请停牌，并向当地法院申请破产保护，成为继巴林银行破产以来最大的投机丑闻。

2005年3月，中航油委任普华永道为特别审计师，调查导致公司亏损原因。发现如下情况：

第一，中航油负责人陈××是此次事件的总负责人，是新加坡公司的CEO，在决策和管理上，他拥有了超过其职位的权力。陈××进行的场外交易根本不向董事会报告，更不会进行披露。

第二，中航油公司有一整套内部控制制度，制度规定损失超过500万美元，必须报告董事会，并立即采取止损措施等。然而，陈××在处理期货头寸的过程中，这些规定的流程成为形式，设定的风险管理体系并没有发挥任何作用。

【分析】根据普华永道的调查报告可以得出一个不算离谱的结论：中航油新加坡公司从事期权交易业务的决策以及整个交易过程都无视制度的存在，公司最终的巨亏是不按制度行事的结果。

（五）缺乏严密的投资资产保管与会计记录的风险

投资是直接使用资金的行为，也是形成企业资产的过程，容易发生各种舞弊行为。如果仅有授权审批制度和不相容职务分离制度，而没有严密的投资资产保管制度和会计控制制度，保管责任不明确，账簿体系不健全，账簿记录不严密，通过账簿记录不能对投资资产进行详细、动态反映和控制，仍然可能导致投资的舞弊行为，投资风险仍然不能避免，会影响投资的成功或经营失败。

二、投资活动的风险管理与控制

在投资活动中，将不相容职务分离控制、授权审批控制和会计系统控制等内部控制方法贯穿于投资活动的各个环节，通过各环节的控制措施，规避风险，保证内部控制目标的实现。

（一）提出投资方案的管理与控制

企业确定了投资项目后，以投资项目建议书的形式提出投资申请。企业的相关部门或人员应委托具有相应资质的专业机构对投资项目进行分析论证，论证项目投资建设的必要性、财务上的盈利性、经济上的合理性、技术上的先进性以及建设条件上的可能性和可行性，出具可行性分析报告，为投资决策提供科学依据。

1. 进行投资方案的战略性评估

评估投资方案是否与企业发展战略相符合，防止投资方案与企业战略不符，投资项目偏离公司战略。就长期股权投资、企业并购而言，选择投资对象、并购对象时，应综合考虑企业长期的发展战略部署。既可纵向选择上游或下游企业以保障原料的供应或产品的销售；也可横向选择同类企业，以扩大生产经营规模，取得规模效益；为了实现跨行业经营，还可以选择其他行业的企业进行合并，从而实现企业经营集团化、多元化，分散经营风险。但不论选择哪种方式，都应将长期股权投资有机地纳入到企业发展战略之中。比如，汽车贸易是 X 集团公司发展的一个战略方向，而 Y 企业在汽车贸易领域有长期的积累和良好的基础，那么，X 集团公司并购 Y 企业的行为是与企业长期发展战略相一致的。

2. 评估投资方案的投资规模、方向和时机是否适当

（1）投资项目是否符合国家有关法律法规和相关调控政策。诸如列入《淘汰落后生产能力、工艺和产品的目录》和《工商投资领域制止重复建设目录》等的建设项目，企业不能进行投资。就企业并购而言，虽然目前我国没有形成完善的并购法律体系，但已有许多企业并购的法律规定散见于众多的规范化文件中，比如《中华人民共和国公司法》《中华人民共和国证券法》及其配套法规、《关于外国投资者并购境内企业的规定》等等。这些规定可能会阻碍目标企业被并购、对具有特殊所有制性质或从事特殊产业的企业进行并购有可能会受到一些体制的、国家政策方面的限制。另外，企业不得以国家专项储备的物资以及国家规定不得用于对外投资的财产向其他企业投资。

（2）投资是否符合企业主业发展方向，是否有利于企业的长远发展，谨慎从事

股票投资或衍生金融产品投资。

（3）投资是否有可靠的资金来源。

【案例 7-4】

2007 年 9 月，位于上海市普陀长风生态商务区的 4C 东南地块招标。民营企业 S 公司以 11.04 亿元的价格从国美名下的腾润地产、华润集团和上海新黄浦集团等地产大鳄口中抢下了这块地。其楼板价竟然高达 1.645 6 万元 / 平方米，甚至超过周边次新二手房的价格。随着国家一系列宏观政策的出台对房地产市场的影响，S 公司最终不得不以牺牲 1.1 亿元保证金为代价在其网站上宣布退地。2008 年 8 月，该地块重新上市，上海赢华以 7.54 亿元底价收获此地。

【分析】S 公司在投资方案论证和审批时，没有充分考虑国家政策变化及经济危机的影响，盲目以高价买下该地块，导致最后的投资失败，充分暴露出企业投资活动中出现的问题。

3. 评估投资方案的技术、市场、财务的可行性

企业首先应深入分析投资项目的技术可行性与先进性，如果技术实现不了，无从谈投资；其次分析市场容量与前景，若项目正处于衰退期，没有投资的必要；最后分析项目的预计现金流量、风险与报酬，比较或评价不同项目的可行性。

分析论证结束之后，出具的可行性研究报告至少应包括项目投资建设的必要性、项目投资建设的可行性以及项目投资建设的合理性。可行性研究报告作出后，由专门的人员对其进行独立评估，形成评估报告。对重大投资项目，必须委托具有相应资质的专业机构对可行性研究报告进行独立评估。

（二）投资方案审批的管理与控制

（1）企业应当明确投资活动授权批准的方式、程序，规定审批人的权限、责任。审批权限的具体划分，可以按照投资规模的大小，再结合企业的公司治理结构、组织架构来决定。

（2）按照职责分工与审批权限，依照规定的程序对投资项目进行决策审批，以选择批准最优投资方案。决策者应与方案制订者适当分离。

（3）最高决策机构为股东大会、董事会或者企业章程规定的类似决策机构，如国有大型企业的党政联席会。

（4）一般投资项目，如用少量闲置现金进行临时性短期投资，投资计划可由董事会授权的一位高级职员负责审批。重大投资项目的决策应当实行集体审议联签，

应当报经最高决策机构批准。单位任何个人无权独立作出重大投资决策。

（5）审批时重点审查投资项目建议书、可行性研究报告中说明和论证的内容。

（6）投资方案需要经过有关管理部门审批的，应当履行相应的报批程序。

（三）编制投资计划的管理与控制

企业要根据审批通过的投资方案，编制切实可行的具体投资计划，作为项目投资的控制和执行依据，它是投资项目的指导性文件。

（1）核查企业当前资金额及正常生产经营预算对资金的需求量，积极筹措投资项目所需资金。

（2）制订详细的投资计划，明确出资时间、金额、出资方式及责任人员等内容，确定投资工作的执行方案及步骤，并按授权批准制度的规定报经审批。投资计划的编制与审批相分离。

（3）与有关被投资方签署投资协议。对外投资业务需要签订合同，应根据对外投资决策内容，并以可行性研究为依据与被投资单位进行谈判，谈判成功后经授权部门和相关人员审查批准后签订投资合同。

（四）实施投资方案的管理与控制

（1）根据投资计划进度，严格分期、按进度适时投放资金，严格控制资金流量和时间。

（2）以投资计划为依据，各环节和各责任人正确履行审批监督责任，对项目实施过程进行监督和控制，防止各种舞弊行为，保证项目建设的质量和进度要求。对于投出的现金资产，通过加强投资付款申请、投资付款审核、投资款项支付、投资款项的会计记录、投资文件和付款凭证的管理等，防止舞弊行为发生。对于股权投资，通过设立规范的法人治理结构，外派董事、监事、财务负责人或其他管理人员，定期召开董事会、股东大会等方式实现双方的及时互动和有效监控。对于企业合并，要进行一系列的整合，包括战略目标与经营业务的整合、企业文化的整合、管理团队和人力资源的整合、资产的整合等，实现资源的合理调整和优化配置，使并购取得成功。企业在有条件的情况下，可以建立专门的监督委员会对投资项目进行监督，将监督责任落到实处，保证投资项目收益的实现。

（3）做好严密的会计记录，发挥会计控制的作用。投资业务的执行与相关会计记录相分离。

（4）涉及股权投资或企业并购等情况，企业应及时收集被投资方经审计的财务报告等相关资料，关注被投资方的财务状况、经营成果、现金流量以及投资合同履行情况，发现异常情况的，应当及时报告并妥善处理，控制并购风险。

（5）做好跟踪分析工作，及时评价投资的进展，将分析和评价的结果反馈给决策层，以便及时调整投资策略或制定投资退出策略，减少不确定因素的影响。

（6）投资的决策与执行相分离。

（五）投资资产处置的管理与控制

企业应加强投资收回和处置环节的控制，对投资收回、转让、核销等决策和审批程序作出明确规定，保证投资资产的处理符合企业的利益。对投资收回的资产，企业应及时足额收取入账，提前或延期收回对外投资需经集体审议批准；企业转让对外投资应经集体审议决策，由相关机构或人员合理确定转让价格，并报授权批准机构或部门批准，必要时可请具有相应资质的专门机构进行评估；核销对外投资，应取得因被投资单位破产等不能收回投资的法律文书和证明文件，并经集体审议批准。

第四节　资金营运活动控制

一、资金营运活动中存在的风险

资金营运风险是现代企业面临的主要财务风险之一，企业应分析资金营运中的关键风险，以便采取不同的措施进行控制。

（一）资金调度不合理、营运不畅，可能导致企业陷入财务困境或资金冗余

【案例 7-5】

巨人集团的巨人大厦建设拟投资 12 亿元，从 1994 年 2 月动工到 1996 年 7 月，集团竟未申请过一分钱的银行贷款，全凭自有资金支持。1996 年下半年，巨人大厦建设资金紧缺，巨人集团作出了错误的抉择，抽调生物工程公司的流动资金去支撑大厦的建设。

【分析】事实证明，这个资金调度的决定，不但没有对建好巨人大厦起到较大的作用，反而造成了生物工程公司资金短缺，维持其正常运作的基本费用和广告费投入不到位，结果生物工程公司一度停产，其他业务迅速萎缩，巨人集团资金链戛然中断。1997 年年初，巨人集团危机彻底爆发。这个案例充分证明，资金调度不合理，会使企业陷入财务困境。

（1）货币资金方面。企业持有现金太少，不能应付日常经营活动开支，出现支付困难，致使企业经营受阻，蒙受损失，另为筹集资金付出额外开支；持有现金太多，资金积压，不能及时抓住获利机会、盈利能力降低。

（2）储备资金方面。储备资金对应的实物形态是存货，存货所占比例过大，储备资金过多，资金浪费积压，影响资金使用效率，比如销售能否实现的风险可能使产成品及用以对外销售的半成品积压，占用资金不能及时变现；或者储备资金不足，比如原材料不足，导致生产经营难以为继，出现生产、经营中断或脱节。

（3）应收账款方面。货币资金的回流，依赖于销售实现和货款及时回收。大量的赊销，形成大量的应收账款，增加了坏账的风险，货款不能及时收回或超过预期还不能确认收回金额，可能使企业陷入财务困境，而且，也增加了应收账款的管理费用。

（二）资金管控不严，可能导致资金被挪用、侵占、抽逃或遭受欺诈

1. 货币资金管控不严的风险

企业如果忽视货币资金收付的控制，就会造成贪污、舞弊，危及货币资金安全完整。具体包括以下 8 个方面的风险：

（1）缺乏有效审批导致的风险。如果没有严格的审批，企业资金就会有随意使用、效率低下甚至被侵吞的风险，不仅不能保证资金的合法使用，甚至还会导致企业生产经营失败。

（2）缺乏认真复核导致的风险。复核是纠错防弊的重要措施，如果缺乏对业务认真复核容易导致差错、舞弊，不能保证资金收付的真实性与合法性。

（3）缺乏资金收付点控制导致的风险。缺乏资金收付点控制，出纳人员不是根据审核后的记账凭证收付款项，可能导致资金收付错误、资金重复收付和出纳人员贪污等结果。

（4）记账差错导致的风险。会计记录是反映企业资金流入流出的信息源，如果记账环节出现管理漏洞，很容易导致整个会计信息处理结果失真。

（5）缺乏对账控制导致的风险。对账是保证账簿记录信息质量的最后环节，如果缺乏对账，可能导致库存现金、银行存款账实不符。

（6）缺乏专人保管资金导致的风险。如果不授权专人保管资金，资金的安全性、完整性不能保证。

（7）银行账户管理的风险。如果银行账户的开立、变更和撤销未经有效授权审批，那么，银行账户不能反映企业银行账户实际开立情况，而且，可能存在账外资产。

（8）票据与印章管理的风险。票据与印章管理如果没有贯彻不相容职务分离，同样存在货币资金安全方面的风险。比如，财务章与法人名章由一人保管，会增加支票被不当使用、企业资产流失的风险。

【案例 7-6】

唐唐公司始建于1998年，经过20多年的发展，积累了丰富的工艺技术和管理经验，建立了公司管理制度。但是，随着公司的发展壮大，在经营过程中出现了一些问题，已经影响到公司的发展。该公司出纳张珂在其工作的一年半期间，先后利用22张现金支票编造各种理由提取现金98.96万元，均未记入现金日记账，构成贪污罪。张珂具体的舞弊手段如下：

（1）隐匿3笔结汇收入和7笔会计开好的收汇转账单（记账联），共计10笔销售收入98.96万元，将其提现的金额与其隐匿的收入相抵，使32笔支出业务均未在银行存款日记账和银行存款余额调节表中反映。

（2）由于公司财务印鉴和行政印鉴合并，统一由行政人员保管，张珂利用行政人员疏于监督开具现金支票。

（3）伪造银行对账单，将提现的整数金额改为带尾数的金额，并将提现的银行代码“11”改成托收的代码“88”。唐唐公司在清理逾期未收汇时曾经发现有3笔结汇收入未在银行日记账和银行存款余额调节表中反映，但当时由于人手较少未能对此进行专项清查。

【分析】这一案例暴露出了唐唐公司在货币资金管理方面存在的漏洞。一是出纳兼与银行对账，提供了在编制银行存款余额调节表时擅自报销32笔支付现金业务的机会；二是印鉴管理失控，财务印鉴与行政印鉴合并使用并由行政人员掌管，出纳在加盖印鉴时未能得到有力的监控；三是未建立支票购入、使用、注销的登记制度；四是对账单由出纳从银行取得，提供了伪造对账单的可能；五是凭证保管不善，会计已开好的7笔收汇转账单（记账联）被张珂隐匿，造成此收入无法记入银行存款日记账中；六是发现问题追查不及时，在清理逾期未收汇时发现了3笔结汇收入未在银行日记账和银行存款余额调节表中反映，但由于人手较少未能对此进行专项清查。唐唐公司在管理上的漏洞，是由于对货币资金管控不严导致的。

2. 储备资金管控不严的风险

储备资金日常收入、发出、结存管理控制不严，导致毁损、遗失、偷盗等错弊发生，造成储备资金损失。比如原材料采购缺少有序安排、材料库存阶段坏损、生产产品所需零部件之间的数量比率不准确、生产过程中的半成品缺少管理等，最终造成损失、浪费、资金沉淀，增加管理成本。

3. 生产资金管控不严的风险

（1）没有严格的生产预算或生产计划，无序、盲目生产。

（2）未建立目标成本管理制度，成本控制不严密。比如：未确定料、工、费消耗定额，材料、人工、固定资产使用效率不高等。

（3）未建立车间、班组生产台账、生产进度表，车间、产品工序之间无严格交接手续，管理松散。

（4）未建立严格的质量检验制度，未实行生产责任制，产品质量责任不明确，生产效率低下。

（5）未建立完善的成本核算和会计账簿体系，成本核算不准，成本分析考核不及时、不准确。

4. 应收账款管控不严的风险

应收账款在收款过程中，可能产生舞弊、错误的风险。详细内容，在销售控制章节中解释。

二、资金营运活动的风险管理与控制

在资金营运活动中，将不相容职务分离控制、授权审批控制、会计系统控制和预算控制等内部控制方法贯穿于资金营运活动的各个环节，通过各环节的控制措施，规避风险，保证内部控制目标的实现。

（一）货币资金的管理与控制

（1）企业应使用成本模型、随机模型等最佳现金持有量模型进行最佳现金持有量决策。

（2）企业应通过编制和执行严格的现金预算，对货币资金收支的时间、金额、费用标准进行控制，保证货币资金收支的计划性、安全性。

（3）企业应加强货币资金日常管理，采取一定方法争取提前收款、推迟付款，减少货币资金占用额度。

（4）建立货币资金收支两条线制度，提高货币资金使用效率，降低财务风险。

（5）对于货币资金收付，应遵循严格的收付程序和授权审批、职务分离控制，对重要货币资金支付业务，应当实行集体决策和审批，并建立责任追究制度。具体包括：

① 审批控制。制定资金的限制接近措施，经办人员进行业务活动时应该得到授

权审批，任何未经授权的人员不得办理资金收支业务；使用资金的部门应提出用款申请，记载用途、金额、时间等事项；经办人员在反映资金收付的原始凭证上签章；经办部门负责人、主管经理和财务部门负责人等应严格按程序和权限审批并签章，对不符合规定的货币资金支付申请，审批人应当拒绝批准。

② 复核控制。会计主管审查原始凭证反映的收支业务是否真实合法、金额是否准确、相关票据是否齐备等，经审核通过并签字盖章后填制记账凭证；会计凭证上的主管、审核、出纳和制单等印章应齐全。

③ 收付控制。出纳人员根据审核后的记账凭证、原始凭证收付款，对已完成收付的凭证加盖戳记，并登记日记账；会计人员及时准确地记录在相关账簿中，定期与出纳人员的日记账核对。

④ 记账控制。出纳人员根据资金收付凭证登记日记账；会计人员根据相关凭证登记有关明细分类账；主管会计登记总分类账；企业取得的资金收入应当及时入账，不得账外设账，严禁收款不入账、设立“小金库”。

⑤ 对账控制。对账包括账证核对、账账核对、账表核对、账实核对等。

⑥ 银行账户管理控制。企业应当严格按照《支付结算办法》等国家有关规定，加强银行账户的管理，严格按规定开立账户，办理存款、取款和结算。银行账户管理的关键控制点包括银行账户的开立、使用和撤销是否有授权，下属企业或单位是否有账外账等。

⑦ 票据与印章保管控制。票据应统一印制或购买，比如发票、支票、收据等；票据由专人保管；印章的保管要贯彻不相容职务分离，严禁将办理资金支付业务的相关印章和票据集中一人保管，比如财务专用章要与企业法人章分管。

（二）储备资金的管理与控制

（1）企业应在综合考虑生产预算、销售预算的基础上，编制储备资金预算，对年度、分季度储备资金占用进行严密控制。

（2）企业应使用经济订货量模型进行储备资金采购决策。

（3）企业应建立严格的存货收入、发出、结存管理制度和严密的会计控制系统，比如采用 ABC 法、ERP 系统、JIT 制度等对存货资金的运动实施严格的日常控制，防止储备资金管理中错弊的发生，保证存货安全完整。

（三）生产资金的管理与控制

（1）制定严格的生产预算，通过生产预算对各期生产量进行严格控制，有计划地组织产品生产。

（2）建立严格的申领、发料制度和领用过程中的授权审批、职务分离制度，按产品生产计划、生产通知单领料，并履行严格的审批制度。

（3）制定产品目标成本和单位产品材料、人工、制造费用消耗定额，固定资产维修使用计划，严格控制产品成本发生。

（4）建立完善的车间生产台账，编制生产进度表，各车间、各工序内部对在产品和完工产品进行严格管理，上下工序之间进行妥善交接，责任明确。

（5）建立质量检验制度和责任成本制度，开展成本差异分析，落实责任制，通过质量检验和责任考核，促进产品质量和生产效率提高。

（6）建立完善的成本核算制度、会计账簿体系和成本分析考核制度，及时、准确计算产品成本，完整记录成本发生情况，为成本考核和成本补偿提供科学依据。

（四）新的储备资金的管理与控制

生产结束后，形成产成品，从而形成新的储备资金。该环节的管理与控制比照前述储备资金环节。

（五）新的货币资金的管理与控制

产品销售后，收回新的货币资金，新的货币资金环节的管理与控制包括：

（1）在准确核实成本的基础上，准确进行收入费用配比，足额补偿成本。

（2）准确核实利润，遵守利润分配规定和程序，依法进行利润分配，及时、恰当分配利润，妥善处理国家、企业、投资者、管理者和职工甚至社会公众之间的利益关系，保护各方利益。

（3）建立严密的商品销售和应收账款管理政策，加强应收账款管理，尽量减少和避免坏账损失，及时回收货款。

（4）建立严密的收款制度和程序，严格资金收入控制，尽量减少和避免收款错弊等风险，保证收入货币资金的安全完整。

议一议

树立正确的价值观和责任意识，廉洁自律、抵制诱惑、爱岗敬业、遵纪守法、节约成本，对资金高效、顺畅运转有何重要作用？

岗课赛训融通训练

不定项选择题

仔细阅读本章章首案例——德国国家发展银行 10 分钟的悲剧，回答下列问题：

1. 对于德国国家发展银行的内部控制，下列做法错误的是（　　）。

A. 是否撤销这笔巨额交易，应该由董事会开会讨论决定

B. 董事会决策需要国际业务部提供风险评估报告

C. 财务结算部应根据停止交易的指令停止转账

D. 每个人只按照流程履行自己的工作职责，无须过问其他人的工作

2. 德国国家发展银行的业务处理流程中，涉及的内部控制方法有（　　）。

A. 授权审批控制　　B. 会计系统控制

C. 不相容职务控制　　D. 运营分析控制

3. 关于德国国家发展银行 3 亿欧元的损失，最关键的环节是（　　）。

A. 董事会决策　　B. 国际业务部风险评估

C. 财务结算部支付环节　　D. 董事会秘书沟通环节

4. 对于德国国家发展银行的破产，下列应承担责任的人是（　　）。

A. 董事长保卢斯　　B. 董事会秘书史里芬

C. 首席执行官乌尔里奇·施罗德　　D. 国际业务部经理克鲁克

5. 德国国家发展银行内部控制失效的原因主要是内部控制环境问题，突出的问题是（　　）。

A. 组织架构问题　　B. 人力资源政策问题

C. 企业文化带来的敬业和责任心问题　　D. 企业内部控制制度规定的流程控制问题

教学讨论组织

上市公司康美药业资金流造假的思考

一、案例资料

康美药业股份有限公司（简称“康美药业”）成立于 1997 年，于 2001 年在上海证券交易所上市。其公司在国家振兴中医药事业战略指引下，率先布局中医药全产业，全面打造“大健康＋大平台＋大数据＋大服务”体系，成为中医药全产业链精准服务型“智慧＋大健康”产业上市企业、国家高新技术企业。康美药业财务造假的声音在 2012 年开始引起大众讨论，直至 2018 年 10 月 15 日一篇自媒体文章从资金真实性、经营现金等多个角度对康美药业提出质疑，一石激起千层

浪，康美药业股价触底跌停，并出现连续跌停的情况。之后证监会立案调查，最终披露的调查结果坐实了康美药业涉嫌巨额资金的财务造假罪名。

康美药业从业绩和资金两个方面进行造假，其中资金流造假的方式是变造资金交易凭证。通过篡改伪造银行收付交易回单、对账单等，达成资金流造假的目的。康美药业通过财务不记账或虚假记账，伪造、变造大额定期存单或银行对账单，配合营业收入造假、伪造销售回款等方式，在2016—2018年上半年，分别虚增货币资金225.49亿元、299.44亿元和361.88亿元，共计886.81亿元。随着调查的尘埃落定，康美药业以及相关涉案人员受到了严厉的处罚。

二、要求

请同学们利用网络、电子图书资料等手段查询康美药业财务造假案例资料，分析其资金活动内部控制存在的问题。

三、讨论形式

分组讨论，每组6~8人进行讨论。讨论后每组选出一人在课堂汇报讨论结果，最后教师进行点评。

第八章

企业采购业务控制

素养目标

- 正确理解采购人员的职责，为企业把好关口，保护财产安全、资金安全，坚决抵制收受贿赂、以权谋私等违法乱纪行为；
- 建立规则意识，正确认识规范采购业务流程的重要性；
- 增强职业沟通能力和协调能力，与供应商博弈的同时实现共赢；
- 培养职业判断能力，灵活应对瞬息万变的市场环境。

知识目标

- 了解采购业务内部控制的业务目标和财务目标；
- 了解采购业务内部控制的总体要求；
- 了解采购业务的主要风险；
- 了解采购业务内部控制的主要内容；
- 了解采购业务的风险管控措施。

技能目标

- 能够梳理企业采购业务的流程；
- 能够辨识采购业务的不相容岗位；
- 能够明确采购业务授权审批的环节和程序；
- 能够分析、评估企业采购业务的关键风险控制点；
- 能够针对企业采购业务的关键控制点实施管理与控制。

学思践悟

国际酒店采购内控案例

2023 年 10 月 1 日，一家集团公司投资成立的涉外星级酒店——国际酒店正式对外营业了。酒店大堂里如天宇星际一般的灯光装饰和一个月亮水晶灯，使得整个酒店绚丽夺目、熠熠生辉，让酒店员工感到骄傲和荣耀。这些都是公司王副总经理亲自组织货源，最终从瑞士某珠宝公司高价购买的，货款总价高达 150 万美元。国际酒店一举成名，当天客房入住率就达到了 80% 以上。王副总经理也因此受到了公司领导的高度赞扬。然而，好景不长。两个月后，这些水晶灯饰就出了状况。首先是失去了原来的光泽；其次，部分金属灯杆出现了锈斑，还有一些灯珠破裂甚至脱落。

鉴于情况严重，公司领导责令王副总经理限期内对此事做出合理解释，并停止了他的一切职务。事件真相很快就水落石出，原来这盏价值百万美元的水晶灯根本不是从瑞士某珠宝公司购得的，而是通过南方某地的奥尔公司代理购入的赝品水晶灯。王副总经理在交易过程中贪污受贿，中饱私囊。虽然出事之后，王副总经理得到了法律的严惩，但是国际酒店不仅因此遭受了数千万元的巨额损失，更为严重的是，酒店名誉蒙受重创，成为同行的笑柄。这对于一个新开业的公司而言，不啻是个致命的打击。

这个案例其实并不复杂，却很有代表性。国际酒店在未经过公开招标的情况下，即与奥尔公司签订了价值为150万美元的代购合同。依照合同规定，奥尔公司必须提供瑞士某珠宝公司出产的水晶灯，并由奥尔公司向国际酒店出具该公司的验证证明书，其中200万元人民币为支付给奥尔公司的代理费。然而，交易发生后，奥尔公司并未向国际酒店出具任何品质鉴定资料，国际酒店也始终没有同奥尔公司办理必要的查验手续。经查实，这笔交易都是由王副总经理一人操纵的，从签订合同到验收入库再到支付货款都是由他一个人说了算，而他之所以会这样做，正是因为收受了奥尔公司的巨额好处费。

分析国际酒店采购失败的原因，可以看出采购环节是内部控制的要点和难点，采购人员拿回扣收受贿赂导致采购物资低质高价等问题屡见不鲜。迄今为止，还没有办法能够完全去除采购人员舞弊的行为，但是我们可以通过规范采购业务流程，加强采购各环节的内部控制，防范采购业务的风险，尽可能减少漏洞，不给犯罪分子留下可乘之机。

《企业内部控制应用指引第7号——采购业务》就是为了促进企业合理采购，满足生产经营需要，规范采购行为，防范采购风险，对采购的主要流程进行了梳理，明确了采购业务的主要风险点，针对性地提出了相应的控制措施。

企业内部控制应用指引第7号——采购业务

议一议

从国际酒店采购的问题中领悟如何践行廉洁自律的职业道德？

第一节　采购业务概述

一、采购业务的含义

视频：采购业务概述

采购是指企业购买物资（或接受劳务）及支付款项等相关活动。其中物资主要包括企业的原材料、商品、工程物资、固定资产等。采购是企业生产经营的起点，是组织生产和销售产品的前提，是企业生产经营活动得以顺利进行的重要保证。既是企业“实务流”的重要组成部分，又与“资金流”密切关联，直接影响企业的产品成本，对销售定价有着重要影响。采购流程的环节虽不是很复杂，但蕴藏的风险确是巨大的，采购物资的质量和价格、供应商的选择、采购合同的订立、物资的运输、验收等供应链状况，在很大程度上决定了企业的生存与可持续发展。如果程序制度不够清晰规范，内部控制不到位，极容易出现相关人员利用管理漏洞，以权谋私、暗箱操作、弄虚作假、收受回扣等现象，损害企业利益。

二、采购业务内部控制的目标

采购业务内部控制的目标就是要规范采购行为，防范采购风险，从而促进企业合理采购，满足生产经营需要。具体分为业务目标和财务目标。

（一）业务目标

采购业务内部控制的业务目标是指企业在一定条件下购买生产、经营所需物资过程中应达到的目标。

1. 合法合规地进行采购业务

（1）企业的采购业务必须符合国家有关法律法规的要求。国家的《中华人民共和国招标投标法》《中华人民共和国民法典（合同编）》等法律法规都对企业采购业务的相关方面做了规范、限制，企业必须执行，否则可能遭受外部处罚导致经济和信誉损失，生产及运营不能正常进行，甚至面临停产倒闭。比如，《中华人民共和国招标投标法》第三条规定，在中华人民共和国境内进行下列工程建设项目，必须进行招标，包括项目的勘察、设计、施工、监理以及与工程建设有关的重要设备、材料等的采购，这些项目有：大型基础设施、公用事业等关系社会公共利益、公众安全的项目；全部或者部分使用国有资金投资或者国家融资的项目；使用国际组织或者外国政府贷款、援助资金的项目等。如果企业存在这样的项目，在进行采购时，必须进行招投标。

（2）采购业务必须在企业授权范围内进行，企业的任何人员未经批准或授权不得进行采购与付款活动。在编制采购计划、请购、选择供应商、签订合同、付款各环节必须遵循授权审批制度，防止采购环节中违法乱纪、侵吞企业利益等不法行为的发生。

2. 采购量既能满足生产需求，又能保证采购经济合理

企业采购应以生产需求量为前提，使所采购的材料物资既满足生产对其质量和数量多方面的需要，又没有超储积压的发生。存货的采购与生产、销售业务的要求保持一致，保证采购资金得到有效的使用。

3. 保证所采购的实物资产安全完整

（1）认真检验所采购商品的规格、质量，做到与合同规定的条件相一致。章首案例中，国际酒店购买水晶灯后，奥尔公司并未向其出具有关水晶灯的任何品质鉴定资料，国际酒店也始终没有同奥尔公司办理必要的查验手续。国际酒店因为没有认真检验所采购商品的质量，所以，购买了赝品。

（2）防止商品发生丢失或损毁等情况。商品发生丢失或损毁主要发生在运输环节，所以，要对采购合同履行情况进行有效跟踪，根据采购物资的特性等因素选择合适的运输方式，必要时对运输过程投保，保证采购物资免遭损失。

（3）防止错计、篡改实物的数量和金额，保证账面记录的数字与实际获得的物品相一致。采购相关会计记录与相关采购记录、仓储记录要一致，而且要贯彻不相容职务分离，否则可能导致企业采购业务未能如实反映，账实不符，采购物资和资金受损。

（二）财务目标

采购业务内部控制的财务目标是指企业通过对采购活动进行内部控制，确保资金安全以及资金最大化利用。

1. 保证采购业务会计核算资料真实完整，及时、准确提供存货采购的会计信息

会计部门应按照会计准则、会计制度相关规定处理采购业务，正确编制会计凭证，及时登记会计账簿，真实、准确、完整地反映采购物资的来源、单价、金额以及货运等情况，保证采购业务会计核算资料真实、完整。避免缺乏有效的采购会计系统控制，未能全面真实地记录和反映企业采购各环节的资金流和实物流情况。

2. 力求节约成本，提高资金使用效率

（1）确定采购单价。如何以最优“性价比”采购到符合需求的物资，是采购部门的永恒主题。要避免采购定价机制不科学，采购定价方式选择不当，缺乏对重要物资品种价格的跟踪监控，引起采购价格不合理，增加采购成本，造成企业资金损失。

（2）选择供应商，即确定采购渠道。通过建立供应商评估准入制度、建立公平、公正、竞争的原则等，选择恰当的供应商，否则可能导致采购物资质次价高，甚至出现舞弊行为。引导案例中，王副总经理因为收受贿赂，中饱私囊，选择奥尔公司为供应商，最终导致购买了赝品水晶灯，采购物资质次价高。

（3）付款。保证货款支付的真实性与合理性，避免付款审核不严格、付款方式不恰当、付款金额控制不严，否则可能导致企业资金损失或信用受损。引导案例中，价格高昂的赝品水晶灯没有技术证明资料，没有必要的查验手续，国际酒店就付款了。说明国际酒店付款环节内部控制有漏洞，让不法分子有利可图，有机可乘。

（4）加强各种物资最低储备限额的确定，加快资金周转速度。

（5）保证账款按期归还，维护对外信誉。企业采用赊账方式购买物品时，必然形成债务，由此引发债务结算业务，因此必须对此加强控制。按双方事先约定的条件，及时清理债务，维护对外信誉。

议一议

如何通过采购业务内部控制的目标培养学生厉行节约、诚实守信、担负社会责任等品质？

三、采购业务内部控制的总体要求

（1）企业在健全采购业务内部控制时，应当结合实际情况，着力从全面梳理相关流程入手。完善采购业务相关管理制度，统筹安排采购计划，明确请购、审批、购买、验收、付款、采购后评估等环节的职责和审批权限，按照规定的审批权限和程序办理采购业务，建立价格监督机制，定期检查和评价采购过程中的薄弱环节，采取有效控制措施，确保物资采购满足企业生产经营需要。

（2）企业应当加强物资采购供应过程的管理，依据采购合同中确定的主要条款跟踪合同履行情况，对有可能影响生产或工程进度的异常情况，应出具书面报

告并及时提出解决方案。

（3）企业应当做好采购业务各环节的记录，实行全过程的采购登记制度或信息化管理，确保采购过程的可追溯性。

（4）企业应当加强对采购付款的管理。① 完善付款流程，明确付款审核人的责任和权利，严格审核采购预算、合同、相关单据凭证、审批程序等相关内容，审核无误后按照合同规定及时办理付款。② 企业在付款过程中，应当严格审查采购发票的真实性、完整性、合法性和有效性。发现虚假发票的，应查明原因，及时上报并处理。③ 企业应当重视采购付款的过程控制和跟踪管理，发现异常情况的，应当拒绝付款，避免出现资金损失和信用受损。④ 企业应当合理选择付款方式，并严格遵循合同规定，防范付款方式不当带来的法律风险、经营风险，保证资金安全。

议一议

如何理解采购业务内部控制的目标？

第二节　采购业务中存在的风险

相对于销售等其他业务而言，企业采购过程面临的风险更多、更难控制，如采购人员拿回扣收受贿赂而导致的采购物资的低质高价、同质高价或者同价低质等问题屡见不鲜；大量结欠的应付款项长期挂账等，所以，采购环节一直是企业内部控制的要点和难点，需要多部门共同合作，把风险降低到最小。企业进行采购业务时，关注的风险主要有四方面。

一、采购计划环节的风险

采购计划安排不合理，市场变化趋势预测不准确，造成库存短缺或积压，可能导致企业生产停滞或资源浪费。

合理的采购数量、科学的采购时间和严密的采购计划，是保证企业进行正常生产的前提条件。采购数量过大，将导致占用资金过多、储备成本增加，还可能面临物资的破损和变质；数量太少则直接导致生产活动无法进行。

二、采购招标环节的风险

供应商选择不当，采购方式不合理，招投标或定价机制不科学，授权审批不规范，可能导致采购物资质次价高，出现舞弊或遭受欺诈。

（一）选择供应商的风险

如果缺乏完善的供应商管理办法，无法及时考核供应商，导致供应商选择不当，可能导致采购物资质次价高，甚至出现舞弊行为。诸如“供应商调查表”设计不标准、不合理，可能导致漏选优秀的供应商；比质比价采购制度不完善，可能造成候选供应商不符合企业要求，比如采购人员与供应商的选择批准是同一人，采购人员为了私人利益没有进行比价管理，而是选择有回扣的供应商，往往造成采购物资的质量得不到保证，或价格高于市场平均价格，或品种规格不符合要求，给企业带来经济损失；现场评审过程不规范，也可能导致企业选择不合格的供应商。

【案例 8-1】

2007 年 8 月 2 日，美国最大玩具商美泰公司向美国消费者安全委员会提出召回佛山利达公司生产的 96.7 万件塑料玩具，理由是“回收的这批玩具表漆含铅量超标，对儿童的脑部发展会造成很大影响，美国环保组织塞拉俱乐部认为危及儿童安全”。事发前，利达公司的产量已居广东省佛山市玩具制造业第二。一夜之间这家拥有十多年良好生产记录的合资企业成为众矢之的。在美国舆论的不断声讨下，玩具厂商及其上下游供应、检验链上的疏忽被一一曝光和放大。最终，利达公司被出入境检验检疫部门要求整改，中国国家质量监督管理总局宣布暂停其产品的出口，利达公司被迫停产。

造成这次事件最大的问题在于玩具所使用的有毒油漆的采购。此次提供不达标油漆的企业，是与利达公司仅有一墙之隔的东兴公司，该公司老板与利达公司董事长是好友。利达公司员工的描述是，为方便合作，利达公司和东兴公司两家企业选择相邻建厂。合作 4 年多，两家工厂就如同一家，使用的油漆都是通过两家企业的内部通道运入利达公司，根本不用走工厂大门。合作数年来，一直没有问题，而利达公司向佛山市出入境检验检疫局汇报称，这次含铅超标色粉的使用，是东兴公司为了尽快给利达公司供货，省略了检测的环节。但没料到这批色粉含铅量超标，而其供应商——众鑫公司则是在网上查找到的，其提供的认证资料都是假的。

【分析】通过本案例可以看出，利达公司失败的原因是采购业务内部控制的缺失，具体体现在供应商的选择上。利达公司在供应商的选择上没有一套科学的评价和选择机制，仅凭“朋友关系”决定供应关系，而且供应商的单一也加大了其采购风险；而其供应商东兴公司更是为了尽快交货，在网上查找到供应商，在未经任何检测的情况下，盲目而草率地确定了其上游供应商。

（二）采购方式选择的风险

如果企业采购方式选择不合理，没有根据商品的性质及其供应情况确定采购方式，比如大宗采购选择了定向采购的方式而不是招标方式，一般物资采购选择了直接购买方式而不是询价或定向采购的方式等，这样会违反国家的法律法规或企业制度规定。

（三）确定采购价格的风险

如果采购定价机制不科学，采购定价方式选择不当，缺乏对重要物资品种价格的跟踪监控，引起采购价格不合理，可能造成企业资金损失。比如外部监管要求必须进行招投标的采购没有进行招投标，或采购招标过程违反法律法规，可能使企业受到有关部门处罚；由于供应商操纵投标环境，在投标前相互串通，有意抬高价格，使企业采购蒙受损失；投标过程中供应商与业务人员串通透露标底等影响价格；当企业认为采购价格合理的情况下，批量采购，但该种物资可能出现跌价而引起采购风险。

（四）订立框架协议或采购合同的风险

（1）框架协议是企业与供应商之间为了建立长期物资供销关系而做出的一种约定。如果采购框架协议签订不当，可能导致物资采购不顺畅。

（2）如果未经授权对外订立采购合同，合同对方主体资格、履约能力等未达要求、合同内容存在重大疏漏和欺诈，可能导致企业合法权益受到侵害。

① 采购合同因主体的广泛性，利用主体欺诈的手段是形形色色的。比如销货方是皮包公司，虚构主体欺诈；借名欺诈；冒名欺诈；金蝉脱壳等。在合同订立前如果没有认真审查对方当事人的主体资格及履约能力，可能遭受合同陷阱，导致企业合法权益受到侵害。

② 如果合同中对货物交付的时间、地点、方式以及对标的物的要求等描写得不清楚、不准确，也会给对方留下可乘之机。

（五）供应过程管理的风险

如果缺乏对采购合同履行情况的有效跟踪，运输方式选择不合理，忽视运输过程保险风险，可能导致采购物资损失或无法保证供应。比如对采购合同中的主要条款的履行情况没有有效跟踪，就不能及时发现、及时解决影响生产或工程进度的异常情况；或者运输部门为了中饱私囊，在运输途中转移物资，而对企业上报谎称损耗等。

三、采购验收与付款环节的风险

采购验收不规范，付款审核不严等，可能导致采购物资、资金损失或信用受损。

（一）验收风险

如果企业验收标准不明确、验收程序不规范、对验收中存在的异常情况不作处理，可能造成账实不符、采购物资损失。具体讲，由于验收标准不明确、验收程序不规范，验收人员很可能玩忽职守，不能严格验收采购物资的质量和数量，就会以少报多，以次充好。因采购物资的质量有问题，导致加工产品未达到质量标准，直接影响到企业产品的整体质量，给用户造成经济、技术、人身安全或企业声誉等方面的损害，同时降低本企业信誉和产品竞争力，甚至是伪劣产品充斥市场，损害消费者利益。

【案例 8-1】就充分体现了验收风险。由于购买了不达标油漆，致使玩具表漆含铅量超标，危及儿童人身安全，而且，使利达公司这家佛山市玩具制造第二的企业遭遇了灭顶之灾。

（二）付款风险

如果企业付款审核不严格、付款方式不恰当、付款金额控制不严，可能导致企业资金损失或信用受损。具体讲，一是货款支付审批手续不规范，审批权限模糊，比如在没有对合同、发票、验收单、入库单等有关凭证的真实性、合法性核对前即付款，导致资金管理混乱，造成公司资金损失；二是未按合同规定及时与供应商进行货款结算，引起法律纠纷或信用受损；三是资金分散使用，付款时间、方式、金额不恰当造成资金效益的流失，比如购货合同规定有购货折扣，由于企业没有在规定的时间内付款，而丧失折扣，没有获得应得的利益；四是预付款期限、金额不合理，可能导致企业呆坏账增加。

四、会计控制的风险

会计控制风险是指企业在采购活动的会计核算过程中出现的风险。如果企业缺乏有效的采购会计系统控制，未能全面真实地记录和反映企业采购各环节的资金流和实物流情况，相关会计记录与相关采购记录、仓储记录不一致，多记、漏记、错记物资入库、库存和应付账款等，导致企业采购业务未能如实反映，影响财务报告的真实性，以及采购物资和资金受损。

议一议

从内部控制角度分析，采购业务的主要风险点有哪些？如何加强采购业务内部控制？

第三节 采购业务的风险管理与控制

企业应当结合实际情况，全面梳理采购业务流程，完善采购业务相关管理制度，统筹安排采购计划，明确请购、审批、购买、验收、付款、采购后评估等环节的职责和审批权限，按照规定的审批权限和程序办理采购业务，建立价格监督机制，定期检查和评价采购过程中的薄弱环节，采取有效控制措施，规避各环节的风险，保证内部控制目标的实现，确保物资采购满足企业生产经营需要。

实训流程：企业采购业务控制（上）

一、采购计划的管理与控制

（1）企业的生产部门、经营部门以及项目建设等部门，应当根据实际需求准确、及时编制需求计划。需求部门提出需求计划时不能指定或变相指定供应商。对独家代理、专有、专利等特殊产品应提供相应的独家、专有资料，经专业技术部门研讨后，经具备相应审批权限的部门或人员审批。

（2）采购计划是企业年度生产经营计划的一部分，在制订年度生产经营计划过程中，企业应当根据发展目标实际需要，结合库存和在途情况，科学安排采购计划，防止采购过高或过低。

（3）采购计划应纳入采购预算管理，经相关负责人审批后，作为企业刚性指令严格执行。为了避免盲目采购，从总体上统筹使用资金，提高资金的使用效率，企业需制定采购预算管理制度，按照制度要求编制、执行采购预算，确保采购资金合理地使用。

① 编制采购预算。根据企业年度销售计划，由相关使用部门填写本部门的采购预算申请单，上交采购部。采购员汇总、整理各部门采购预算后，编制采购总预算，由采购经理补充完善后，交预算办公室和预算管理委员会逐一核准，上交总裁、董事会等审批。

② 执行采购预算。将审批的各项采购预算指标及时下达给相关责任部门及人员，并对预算执行过程进行监控。

③ 分析和调整采购预算差异。在预算执行过程中，采购部门分析预算的实际执行结果与预算数之间的差额，编制预、决算分析报告。如果有差异，要分析差异产生的原因和责任归属，制定控制差异和调整预算的具体措施。

④ 采购预算资金控制。在采购预算资金控制中，应实行限额审批制度。部门负责人只能在自己的权限内进行审批，限额以上的采购申请应按企业请购审批制度办理请购，严格控制无预算的资金支出。

二、请购的管理与控制

（1）企业应建立采购申请制度，依据购买物资或接受劳务的类型，确定归口管理部门，比如使用部门、仓储部门以及其他部门，授予相应的请购权，明确相关部门或人员的职责权限及相应的请购程序。企业可以根据实际需要设置专门的请购部门，对需求部门提出的采购需求进行审核，并进行归类汇总，统筹安排企业的采购计划。

（2）具有请购权的部门对于预算内采购项目，应当严格按照预算执行进度办理请购手续，并根据市场变化提出合理采购申请。对于超预算和预算外采购项目，应先履行预算调整程序，由具备相应审批权限的部门或人员审批后，再行办理请购手续。

（3）采购经理、财务总监、总裁等具备相应审批权限的部门或人员审批采购申请时，应重点关注采购申请内容是否准确、完整，是否符合生产经营需要，是否符合采购计划，是否在采购预算范围内等。对不符合规定的采购申请，应要求请购部门调整请购内容或拒绝批准。

（4）请购与审批相分离，即提出采购申请的，不能进行采购业务的审批。

【案例 8-2】

某公司为了防范内部控制风险，制定了详细的内部控制制度，其中关于采购业务请购申请的部分内容如下：

（1）纳入采购部统一采购的，均须进行一般采购申请，经有效批准后方可进行实地采购。归口部门应提前进行预测和计划。

（2）使用部门根据生产消耗和业务需要，向请购部门提出采购需求计划。

（3）请购部门审核采购需求计划是否必要、库存是否充足、是否可以调剂、是否超出预算等，对费用也归口管理的，还需审查预算控制情况。确认在预算内且需要采购的，提出采购申请。

（4）请购部门业务主管填写或创建采购申请单，常用类按类别和部门汇总申请，项目类一项一项申请。

（5）采购申请的财务审核：财务部门成本控制员审核采购申请的预算和资金需求，限额以上的还需财务部业务主管人员审核。

（6）采购申请的审批：归口部门负责人审批费用成本类 10 万元以下、项目投资类 30 万元以下的申请；公司分管领导审批费用成本类 10 万元以上（含）、50 万元以下，项目投资类 30 万元以上（含）、80 万元以下的申请；财务总监审批费用成本类 50 万元以上（含）、100 万元以下，项目投资类 80 万元以上（含）、100 万元以下的申请；总经理审批费用成本类和项目投资类 100 万元以上的申请。

（7）生产或经营工作急需时，如生产急需用维修急件、紧急委托外部维修，使用部门应当在请购部门同意后，由采购部门实施采购。

【分析】上述内部控制制度的（1）~（6）均符合采购业务内部控制规范规定，但是（7）中的有关规定不符合采购业务内部控制规范规定，生产或经营工作急需时，应规定使用部门可直接实施采购，以免影响生产经营，但事后应补充履行请购程序，并详细记录。

三、供应商选择的管理与控制

（1）建立科学的供应商评估和准入制度，对供应商资质信誉情况的真实性和合法性进行审查，确定合格的供应商清单，健全企业统一的供应商网络。企业新增供应商的市场准入、供应商新增服务关系以及调整供应商物资目录，都要由采购部门根据需要提出申请，并按规定的权限和程序审核批准后，纳入供应商网络。企业可委托具有相应资质的中介机构对供应商进行资信调查。

（2）采购部门应当按照公平、公正和竞争的原则，择优确定供应商，在切实防范舞弊风险的基础上，与供应商签订质量保证协议。

（3）建立供应商管理信息系统和供应商淘汰制度，对供应商提供物资或劳务的质量、价格、交货及时性、供货条件及其资信、经营状况等进行实时管理和考核评价，根据考核评价结果，提出供应商淘汰和更换名单，经审批后对供应商进行合理选择和调整，并在供应商管理系统中作出相应记录。

四、采购价格的管理与控制

（一）健全采购定价机制

企业应采取协议采购、招标采购、询比价采购、动态竞价采购等多种方式，科学合理地确定采购价格。采购价格应由财务部、使用部门等相关部门负责审核，并报财务总监、总裁等审批。对标准化程度高、需求计划性强、价格相对稳定的物资，通过招标、联合谈判等公开、竞争方式签订框架协议。

（二）大宗采购应当采用招投标方式确定采购价格

1. 招标采购的方式

招标采购包括公开招标、邀请招标、询价竞标等方式。

（1）公开招标，是指按照国家有关法规和规定的程序以招标公告的方式邀请不特定的供应商参与投标，并根据中标条件公开确定中标人的采购工作方式。对采购金额在一定额度以上且质量可靠性不易确定、市场价格波动较大应采用公开招标方式组织采购工作。

（2）邀请招标，是指按照采购小组议定的资质条件以招标邀请书的方式邀请三家以上特定供应商参与投标，并按照评标组议定的中标条件评议比较确定中标人的采购工作方式。对采购金额在一定额度之内或项目专业性强、有资格承接的潜在投标人较少，或需要在较短时间内完成采购任务的可采用邀请招标方式组织采购工作。

（3）询价竞标，是指由采购小组按照议定的资质条件，在对商家资质、产品质量、生产条件和售后服务等方面进行全面考察比较的基础上，直接邀请三家以上供应商投标报价，采购工作小组通过综合评议，竞价谈判，按照“质量保证，服务可靠，价格最低”原则确定供应商的采购工作方式。对采购金额在一定额度之内或标的质量可靠性要求较高，价格弹性不大的也可用询价竞标方式组织采购工作。

2. 招投标应做好事前监督、事中监督和事后监督

（1）事前监督，主要是对招投标前期准备阶段的工作进行监督，可以包括以下内容：达到招投标条件的项目是否均已纳入了招标采购范围，是否存在逃避招标的行为；公开招标或邀请招标是否按规定程序申报批准；公开招标是否选取合适的信息渠道比较广泛地发出公告，有资质的投标人是否均可以自由地报名参加投标；邀请招标是否按统一的质量、技术、服务等要求向拟投标单位发出邀请，拟邀请的投标人是否在规定的人数以上；招标工作人员是否擅自取消投标人资格，或以不合理条件限制或排斥潜在投标人，造成投标人之间不充分或不公平竞争。

（2）事中监督，主要是对招标以及与中标单位签订合同全过程的监督，可以包括以下内容：评标成员的组成是否广泛，技术专家是否充足，评标成员是否与投标单位及关联单位有个人利益关系，是否采取了回避措施；是否按确定的邀请单位名单发出投标邀请书；是否按招标文件确定的时间、地点组织开标，邀请投标人实到数是否符合规定；开标、中标、合同签订过程是否符合招标文件、评标办法的规定和要求；标书是否经专家审核，是否经招投标领导小组集体研究确定；从标的的编制、确定到开标，所有接触标的的人员是否有泄密行为；评标工作是否封闭进行。评标人员是否有擅自离开评标地点的情况，是否隔离了评标人员与外界的通信联系；整个招标活动过程是否均有专人进行文字记录，并妥善保管。

（3）事后监督，是对中标单位合同履行过程进行跟踪监督，可以包括以下内容：对中标单位建立客户档案并动态跟踪客户的经营情况；监督合同履约过程中的变更事项以及中标人的违约记录；抽查合同标的的执行是否与标书合同规定的一致。

（三）采购部门应当研究大宗通用重要物资的成本构成与市场价格变动趋势

采购部门应当定期研究大宗通用重要物资的成本构成与市场价格变动趋势，确定重要物资品种的采购执行价格或参考价格。建立采购价格数据库，定期开展重要物资的市场供求形势及价格走势商情分析并合理利用。

实训流程：采购业务控制（中）

五、采购合同的管理与控制

采购合同是企业根据采购需要确定的供应商、采购方式、采购价格等情况与供应商签订的具有法律约束力的协议。

（1）采购部根据合格供应商名单进行采购谈判，拟订采购合同，交采购经理和相关负责人审批后，按照规定权限签署采购合同。对于影响重大、涉及较高专业技术或法律关系复杂的合同，应当组织法律、技术、财会等专业人员参与谈判，必要时可聘请外部专家参与相关工作。

（2）采购合同的订立与审批相分离，即拟订采购合同的人员不能进行合同的审批。

（3）对重要物资验收量与合同量之间允许的差异，应当作出统一规定。

六、供应过程的管理与控制

（1）企业应依据采购合同中确定的主要条款跟踪合同履行情况。

（2）对重要物资建立并执行合同履约过程中的巡视、点检和监造制度。对需要监造的物资，择优确定监造单位，签订监造合同，落实监造责任人，审核确认监造大纲，审定监造报告，并及时向技术等部门通报。

（3）根据生产建设进度和采购物资特性等因素，选择合理的运输工具和运输方式，办理运输、投保等事宜。

（4）实行全过程的采购登记制度或信息化管理，确保采购过程的可追溯性。

【案例 8-3】

某公司为了严密跟踪采购业务供应的详细过程，保证订单正常进行，并紧密响应生产需求，制定了如下的管理办法：

（1）依据采购合同中确定的主要条款跟踪合同履行情况，发现问题及时反映，需要中途变更的立即解决。按照准备过程不同，将不同种类的物料分为两类：一类是供应商需要按照样品或图纸定制的物料，存在加工过程，周期长，变化多；另一类是供应商有库存，不存在加工过程，周期短。对存在加工过程以及涉及重要物资的，向供应商单位派驻代表，沟通信息、指导技术、监督检查，常驻代表深入生产线各个工序、各个管理环节，帮助发现问题，提出改进措施，切实保证彻底解决有关问题；对于不存在加工过程的供应商，则视情况分别采用定期或不定期到工厂进行监督检查，或者设监督点对关键工序或特殊工序进行监督检查的办法。

（2）如果因市场生产需求紧急，要求本批物料立即到货，采购人员应当马上与供应商进行协调，必要时还应该帮助供应商解决疑难问题，保证需求物料的准时供应。如果市场需求出现滞销，企业经过研究决定延缓或取消本次订单物料供应，采购人员应当立即与供应商进行沟通，确认可以承受的延缓时间，或者终止本次采购操作，同时应该给予供应商相应的赔款。

【分析】该公司供应过程管理的做法符合采购业务内部控制规范。

（1）公司依据采购合同中确定的主要条款跟踪合同履行情况，对有可能影响生产或工程进度的异常情况，采取了严密跟踪、沟通协调等必要措施。

（2）公司对加工过程长的物资和重要物资，通过派驻代表监督等形式，建立并执行了合同履约过程中的检查监督制度。

七、验收环节的管理与控制

实训流程：企业采购业务控制（下）

（1）企业应制定明确的采购验收标准，结合物资特性确定必检物资目录，规定此类物资出具质量检验报告后方可入库。

（2）验收机构或人员应当根据采购合同及质量检验部门出具的质量检验证明，重点关注采购合同、发票等原始单据与采购物资的数量、质量、单价、规格型号等核对一致。验收时涉及技术性强的、大宗的和新、特物资还应进行专业测试，必要时可委托具有检验资质的机构或聘请外部专家协助验收。精密仪器、生产设备等固定资产应由固定资产管理部门会同相关专业部门共同进行验收。

（3）物资入库前，采购部门须检查质量保证书、商检证书或合格证等证明文件。

（4）对验收合格的物资，填制入库凭证，加盖物资“收讫章”，登记实物账，及时将入库凭证传递给财会部门。

（5）对于验收过程中发现的异常情况，比如无采购合同或大额超采购合同的物资、超采购预算采购的物资、毁损的物资等，验收机构或人员应当立即向企业有权管理的相关机构报告，相关机构应当查明原因并及时处理。

（6）对于不合格物资，采购部门依据检验结果办理让步接收、退货、索赔等事宜。

（7）对延迟交货造成生产建设损失的，采购部门要按照合同约定索赔。

（8）采购、验收与相关会计记录相分离。货物的采购人员不能同时担任货物的验收工作，防止采购人员收受客户贿赂；负责采购或验收的人员，都不得从事相关账务的记录工作，以保证采购数量的真实性和采购价格、质量的合规性、采购记录和会计核算的正确性。

八、付款的管理与控制

企业应当加强采购付款的管理，完善付款流程，明确付款审核人的责任和权力，严格审核采购预算、合同、相关单据凭证、审批程序等相关内容，审核无误后按照合同规定，合理选择付款方式，及时办理付款。

（1）企业财会部门在办理付款业务时，应当对采购合同约定的付款条件以及采购发票、结算凭证、检验报告、计量报告和验收证明等相关凭证的真实性、完整性、合法性及有效性进行严格审核，判断采购款项是否确实应予支付。如审查发票填制的内容、发票加盖的印章是否与票据的种类相符合等。财会部门只有对上述内容审核无误并经授权批准后，方可按照规定程序办理货款支付手续并支付货款。

（2）企业应当重视采购付款的过程控制和跟踪管理，如果发现异常情况，应当拒绝向供应商付款，避免出现资金损失和信用受损。

（3）根据国家有关支付结算的相关规定和企业生产经营的实际，合理选择付款方式，并严格遵循合同规定，防范付款方式不当带来的法律风险，保证资金安全。

（4）加强预付账款和定金的管理，涉及大额或长期的预付款项，应当定期进行追踪核查，综合分析预付账款的期限、占用款项的合理性、不可收回风险等情况，发现有疑问的预付款项，应当及时采取措施，尽快收回款项。

（5）企业应当加强应付账款和应付票据的管理，由专人按照约定的付款日期、折扣条件等管理应付款项。已到期的应付账款需经有关授权人员审核后方可办理结算与支付。

（6）付款审批与付款执行业务相分离，即付款人员不得兼任付款审批，付款方式不恰当、执行有偏差，可能导致企业资金损失或信用受损。

九、会计处理的管理与控制

（1）企业应当加强对购买、验收、付款业务的会计系统控制，详细记录供应商情况、采购申请、采购合同、采购通知、验收证明、入库凭证、退货情况、商业票据、款项支付等情况，做好采购业务各环节的记录，确保会计记录、采购记录与仓储记录核对一致。

（2）指定专人通过函证等方式，定期向供应商寄发对账函，核对应付账款、应付票据、预付账款等往来款项，对供应商提出的异议应及时查明原因，报有权管理的部门或人员批准后，做出相应调整。这里要特别强调的是应付账款的会计控制。

① 应付账款的记录职务必须和采购、验收、请购、付款、审批、复核等职务相分离。保证采购业务的会计记录真实、可靠。

② 应付账款的有关凭证和单据必须经过必要的审核程序才能作为登记账簿的依据，这些原始凭证主要包括采购部门的订单、发票、付款通知单以及验收部门的验收单等。

③ 如果供应商为企业提供了提前付款的折扣条件，会计部门要对折扣条件进行分析，争取最大的经济效益，同时对企业享有的折扣进行记录与核算。

④ 采购业务结束后供应商会向企业发送采购商品对账单，企业的会计人员要将有关的会计凭证、账簿与对账单进行核对，检查企业的记录控制是否存在错误。

岗课赛训融通训练

不定项选择题

仔细阅读本章章首案例——国际酒店采购内控案例，回答下列问题：

1. 该公司的采购业务出现质量问题的主要原因是没有实行严格的（　　）。

A. 授权审批控制　　B. 不相容职务分离控制

C. 会计系统控制　　D. 财产保护控制

2. 关于该公司的水晶灯委托第三方代购的问题，下列说法中正确的是（　　）。

A. 该公司采购水晶灯不应该通过委托第三方代购

B. 该公司委托第三方代购是可以的，但是应该公开招标确定代购公司

C. 该公司委托第三方代购的决定必须由董事会集体决策

D. 该公司给第三方的代购手续费金额应该由董事会集体决策

3. 避免该公司采购的水晶灯出现质量问题的措施是（　　）。

A. 奥尔公司必须出示权威的产品品质鉴定证明

B. 国际酒店必须请专业的机构鉴定水晶灯的质量

C. 国际酒店应该编制采购预算，并严格按预算执行

D. 国际酒店应该严格会计核算手续，强化内部会计控制

4. 国际酒店为减少采购过程的损失，下列采取的措施有效的是（　　）。

A. 完善采购过程的登记手续

B. 完善采购合同的签订手续

C. 在采购合同中明确商品质量保证金

D. 支付货款时不能全款支付，合同规定的质保期满后支付余款

5. 根据引导案例，采购业务中属于不相容职务的是（　　）。

A. 签订代购合同与验收水晶灯　　B. 验收水晶灯与授权支付款项

C. 授权支付款项与实际支付款项　　D. 会计核算与参与代购合同签订

教学讨论组织

一、案例资料

王某在担任北京某公司工程处主任期间，通过向他人索要空白合同及发票，伪造购销合同，虚构了购买350万元电力电缆的业务，并指令保管员填写虚假的材料入库单，又用写有150万元和200万元的两张空白发票平账，并到财务报销，共贪污350万元。王某之所以能贪污350万元，除其自身道德因素外，还表明该公司采购业务内部控制存在严重问题。

二、要求

请同学们分析该公司采购业务内部控制存在的问题，并提出改进的办法。

三、讨论形式

分组讨论，每组6~8人，进行讨论。讨论后每组选出一人在课堂汇报讨论结果，最后教师进行点评。

第九章
企业资产管理控制

素养目标

- 培养忠于职守、认真负责、精益求精的职业态度；
- 养成不为利益所诱惑，遵纪守法，廉洁自律的职业素养；
- 养成踏实做事、诚信做人的品格；
- 提高沟通交流、团队协作的能力；
- 增强堵塞漏洞、保证资产安全、提高资产使用效能的能力。

知识目标

- 了解企业资产管理的概念及内容；
- 了解资产管理的总体要求；
- 了解存货、固定资产、无形资产内部控制的目标；
- 了解存货、固定资产、无形资产中存在的风险；
- 了解存货、固定资产、无形资产的风险管理与控制。

技能目标

- 能够梳理存货、固定资产、无形资产的业务流程；
- 能够辨识存货管理、固定资产管理、无形资产管理中的不相容岗位；
- 能够明确存货管理、固定资产管理、无形资产管理的授权审批相关环节和程序；
- 能够分析、评估存货业务、固定资产业务、无形资产业务的关键风险控制点；
- 能够针对存货业务、固定资产业务、无形资产业务的关键控制点实施管理与控制。

学思践悟

信达办公家具有限公司存货内控失效案例

信达办公家具有限公司是一家外资企业。从 2009 年到 2014 年每年的出口创汇位居全市第三，年销售额达 6 300 万元左右。2015 年以后该公司的业绩逐渐下滑，亏损严重，2019 年破产倒闭。这样一家中型企业，从鼎盛到衰败，探究其原因，不排除市场同类产品的价格下降，原材料价格上涨等客观情况的变化。但内部管理的混乱是根本原因，这里我们主要介绍存货的管理问题。

第一，董事长常年在国外，材料采购由董事长个人掌握。材料入库后，仓库保管员按实际收到的材料数量和品种入库，实际采购数量和品种保管员无法掌握，也没有合同等相关资料。财务入账不及时，会计自己估价入账，发票几个月以后，有的甚至长达一年以上才回来，发票数量和实际入库的数量不一致，也不进行核对，造成材料成本不准确，忽高忽低。

第二，期末仓库保管员自己盘点，盘点结果与财务核对不一致的，不去查找原因，也不进行处理，使盘点流于形式。

第三，材料领用没有建立规范的领用制度，车间在生产中随用随领，没有计划，多领也不办理退库手续。生产中的残次料随处可见，随用随拿，浪费现象严重。

通过对信达办公家具有限公司经营失败原因的分析，可以得出以下三点启示：

第一，在实物资产的内部控制中，严密的授权批准制度非常必要，企业法定代表人和高管人员对实物资产的购置、处置等方面的授权批准应作出相互制约的规定，防止一个人说了算的情况发生。

第二，存货的验收入库、领用、保管、盘点都应建立规范的内部控制制度，防止浪费现象和舞弊行为发生。

第三，加强存货的会计控制，保证产品成本、费用核算的准确性。

《企业内部控制应用指引第 8 号——资产管理》就是为了提高资产使用效能，保证资产安全而制定的，着重对存货、固定资产、无形资产提出了全面风险管控要求。

企业内部控制应用指引第 8 号——资产管理

议一议

从信达公司存货管理混乱的问题思考如何实施信息化管理手段？

第一节　资产管理概述

一、资产管理的概念

视频：资产管理概述

资产是指企业拥有或控制的存货、固定资产和无形资产。存货主要包括各类原材料、在产品、半成品、产成品、商品、周转材料等，企业代销、代管、代修、受托加工的存货，虽不归企业所有，也应纳入企业存货管理范畴。固定资产包括房屋建筑物、机器设备等。无形资产是企业拥有或控制的没有实物形态的可辨认非货币性资产，通常包括专利权、非专利技术、商标权、著作权、特许权、土地使用权等。企业资产管理是指企业为了保证资产安全，提高资产使用效能，通过全面梳理资产管理的流程，查找资产管理的薄弱环节，健全和落实资产管控措施，并善于利用企业内部由于各部门分工明确而产生的相互制约、联系的关系，从而形成企业内部具有控制职能的措施、策略以及程序，同时将控制职能系统化和规范化。资产管理作为企业管理中一项重要的管理措施，其主要内容是针对三个组成部分即存货、固定资产、无形资产的申请、购置、验收入库、使用到评估报废、处置等各个环节展开的。

二、资产管理的总体要求

资产管理的总体目标是合理保证资产安全，防范资产被非法占用和实物资产被盗；提高资产效能，充分发挥资产资源的物质基础作用。为促进资产管理目标实现，资产管理指引要求企业加强各项资产管控，全面梳理资产管理流程，及时发现资产管理中的薄弱环节，采取有效措施及时加以改进。具体讲：

（一）全面梳理资产管理流程

（1）在梳理流程过程中，既要注意从大类上区分存货、固定资产和无形资产，又要分别对存货、固定资产和无形资产等进行细化和梳理。

（2）企业梳理资产管理流程，应当贯穿各类存货、固定资产和无形资产从“进入到退出”各个环节。比如，对存货通常可以从验收入库、仓储保管、出库、盘点和处置等环节进行梳理。

（3）梳理资产管理流程，不仅要对照现有管理制度，检查相关管理要求是否落实到位，而且应当审视相关管理流程是否科学、是否能够较好地保证物流顺畅、是否能够不断减少物流风险、是否能够不断降低相关成本费用、各项资产是否最大限度地发挥了应有的效能等。

（二）查找资产管理薄弱环节

（1）通过全面梳理资产管理流程，查找资产管理薄弱环节，是企业强化资产管理的关键步骤。这些薄弱环节若不引起重视并加以及时改进，通常引发资产流失或运行风险，或者企业资产不能发挥应有的效能。

（2）资产管理指引针对当前企业资产管理实务中存在的实际问题，分别从存货、固定资产和无形资产三方面入手，指出企业着力关注的三方面风险，即薄弱环节。企业应当在全面梳理资产管理流程的基础上，着重围绕上述三个方面的主要风险，结合企业实际进行细化，全面查找资产管理漏洞，确保资产管理不断处于优化状态。

（三）健全和落实资产管控措施

（1）在全面梳理资产流程、查找管理薄弱环节之后，企业应当对发现的薄弱环节和问题进行归类整理，深入分析，查找原因，健全和落实相关措施。企业应当按照内部控制规范提出的各项存货、固定资产和无形资产管理的要求，结合所在行业和企业的实际情况，建立健全各项资产管理措施。

（2）属于缺乏相关资产管理制度的，应当建立健全相关制度；属于现行管理制度不健全的，应当对现行制度予以补充完善；属于现行制度执行不到位的，应当加大制度执行力，避免形式主义作“表面文章”。

议一议

作为企业的资产管理员，履行其工作职责，为什么应具备责任意识、主人翁意识，践行爱国、富强、法治、敬业等社会主义核心价值观？

第二节　存货管理与风险控制

一、存货内部控制的目标

建立健全合理有效的存货内部控制不仅有助于防止存货业务的错误记录和舞弊行为的发生，还能使企业加强成本控制，实施低成本战略，是企业实现经营目标的重要保证。存货内部控制的总体目标是提高存货使用效能，保证存货安全。具体讲有五个方面的目标。

（一）保证存货取得的合理性

企业存货的取得有诸如外购、委托加工或自行生产等多种方式，存货的取得一般会发生资金流出，影响企业的资金流量和经济效益，因此取得存货是单位进行存货控制的第一步。

（1）单位无论从什么渠道、以何种方式取得的存货，其采购和决策程序必须是合理的，不仅要保证有合理的存货和存货结构，还要把存货的数量控制在最优水平上。

（2）不能夸大企业正常的存货需求量，盲目进货造成高库存；或者相反，看不到企业在未来对存货的需求量，不能及时补充货物造成存货不足。存货过多，不但造成资金积压，存货周转缓慢，且易导致存货过时、损坏，仓储成本增高；存货过少，则可能因缺货而影响正常生产，在物价上涨的情况下，则可能造成企业潜亏。所以，企业购入的存货必须符合生产制造和可供销售的要求，保证存货取得的合理性。

（二）保证存货计价的准确性

存货既是资产负债表中流动资产的一个重要项目，也是利润表中销售收入和销售成本的来源，因此，存货价值的准确与否直接影响企业当期资产计价的准确性和当期收益的正确计算，影响资产负债表所反映的财务状况和利润表所反映的经营成果，进而还会影响所得税、收益分配和对企业管理当局的业绩评价等各个方面。存货内部控制的重要目标就是确保各存货价值的准确无误。

存货计价方法较多，不同计价方法会带来存货价值的差异。存货计价方法多的特点，使企业对存货的会计处理复杂化，也可能使企业通过改变存货计价方法来随意调节某个会计期间的净收益，或对某一存货项目的计价方法选用得不恰当，对财务报表产生不同的影响。所以，存货的确认、计量和报告应当符合国家统一的会计准则制度的规定。计价方法一经确定，未经批准，不得随意变更。

（三）确保存货的实际产权归属

判断一项物品是否属于企业的存货，关键要看其法定所有权的归属。凡是在盘存日法定所有权属于企业的一切物品，不论其存放在何处，都应作为企业的存货，在资产负债表内确认。如果依照购销合同已经售出、其所有权已经转移的存货，即使还在本单位的仓库中，也不应再视为企业的存货。

（四）保护存货的安全

存货的流动性强，采购、验收入库、发出、期末盘存等环节较多，形态在不断地转换，在转换的过程中保护资产的安全完整是企业管理中的重要一环。

（1）单位必须限制未经授权的人员对财产的直接接触。

（2）采用先进的存货管理技术和方法，充分利用信息系统，强化会计、出入库等相关记录，确保存货管理全过程风险得到有效控制。

（3）要采取定期盘点、财产记录、账实核对、财产保险等措施，确保各种财产的安全完整。

（4）规范存货处置，避免资产流失等。

总之，企业应采取相应的措施，保护资产不被侵占、流失，防止错误和舞弊行为的发生。

（五）保证存货资产减值的正确计提

在期末采用成本与可变现净值孰低法确定存货价值，防止利用资产减值任意调整资产价值和操纵利润的行为。上市公司的很多实证研究表明，企业利用减值准备的计提和冲回，可以在各会计期间调节利润，给盈余管理留出了很大的空间。为使其免于被清盘的危机，上市公司利用资产减值准备操纵利润进行防范，粉饰经营业绩，进行盈余管理，调整年度利润和均衡股利分配。而《企业会计准则第1号——存货》实施后，坏账准备和存货跌价准备的计提与冲回则可能成为上市公司利润操纵的主通道。因此，仓储部门与财会部门应结合盘点结果对存货进行库龄分析，确定是否需要计提存货跌价准备。经相关部门审批，方可进行会计处理，并附有关书面记录材料。

二、存货管理中存在的风险

存货是企业重要的流动资产，在管理中存在很大的风险。企业存货管理至少应当关注的风险是存货积压或短缺，可能导致流动资金占用过量、存货价值贬损或生产中断。存货管理的风险分为两类，即存货管控风险和存货财务风险。

（一）存货管控风险

存货管控风险是指企业在管理与控制存货业务过程中，由于缺乏管理意识、管理机制而导致的风险，主要表现在五个方面。

（1）存货业务未经适当审批或超越授权审批，可能因重大差错、舞弊、欺诈而导致资产损失。具体讲：

① 存货在仓储保管期间，原则上不允许非仓库人员进入仓库。非仓库人员未经授权不得接触存货，否则，可能因监管不严密，导致资产损失。

② 领用存货时，领料单、出库单应由相应的被授权人进行审核批准，要经过正常的审批手续才能出库。如果存货领用发出审核不严格、手续不完备，可能导致货物流失。

承引导案例，信达办公家具有限公司的领料情形说明该公司材料的领用没有建立规范的领用制度，也没有定额的管理制度，材料的消耗完全凭生产工人的自觉性，必然会导致货物流失。

③ 存货盘点清查一方面要核对实物的数量，检查是否账实相符；另一方面也要关注实物的质量，检查其是否有明显的损坏等，事先的盘点计划、事后的盘点报告都要经过授权审批，否则，可能导致盘点工作流于形式，无法查清存货的真实状况，不能及时发现存货的损失情况。

④ 存货报废处置时，如果责任不明确、审批不到位，对重大的资产处置事项，没有经过集体决策审批，可能会出现擅自出售废旧物资、截留废旧物资销售货款等现象，导致企业利益受损。

（2）验收程序不规范，可能导致资产账实不符和损失。不论是外购原材料或商品，还是本企业生产的半成品、产成品，都必须经过验收（质检）环节，以保证存货的数量和质量符合合同等有关规定或产品质量要求。如果验收程序不规范、标准不明确，可能导致数量克扣、以次充好、账实不符。

承引导案例，信达办公家具有限公司材料的采购是由董事长个人掌握，而董事长又常年在国外，材料入库后，仓库保管员按实际收到材料的数量和品种入库，真正的采购数量和品种保管员无法掌握，也没有合同等相关的资料。这种现象说明该公司仓库的保管员不了解采购存货的要求，没有也没法对入库存货的质量、数量进行检查与验收，存货的账实不符甚至发生损失是必然的。

（3）存货储量不足影响企业正常生产经营活动，储量过高造成存货成本过大。企业要按照存货预算和采购计划取得存货，如果存货预算编制不科学、采购计划编制不合理，可能导致存货积压或短缺，影响企业正常生产经营活动，或增加存货成本。

承引导案例，信达办公家具有限公司“董事长常年在国外，材料采购由董事长个人掌握，”说明该公司不编制存货预算和采购计划，材料采购由董事长决定，存货的储量必然不会合适。

（4）存货盘点工作不规范，由于未能及时查清资产状况并做出处理而导致财务信息不准确，资产和利润虚增。

承引导案例，信达办公家具有限公司“期末仓库保管员自己盘点，盘点结果与财务核对不一致的，不去查找原因，也不进行处理”，说明该公司没有规范的盘点制度，使盘点流于形式。

（5）存货业务违反国家安全、消防、环保等法律法规，可能遭受外部处罚、经济损失和信誉损失。

（二）存货财务风险

存货财务风险是指企业在存货业务会计核算过程中出现的风险，包括财务账目记录有误，造成存货数据失真；存货计价错误，导致成本不准确；账实不符造成潜亏或潜盈。如果存货的会计系统控制不严密，在存货的取得、验收入库、领用发出、盘点、处置各个环节都会出现上述风险。

承引导案例，信达办公家具有限公司“财务入账不及时，会计自己估价入账，发票几个月以后，有的甚至长达一年以上才回来”，说明其存货的确认、计量没有标准，完全凭会计人员的经验，直接导致企业的存货计价错误、成本费用不实、账目记录错误、存货数据失真、账实不符。而且发票的数量和实际入库的数量不一致，也不进行核对，造成材料的成本不准确，忽高忽低。这些也是导致一个很有发展前途的企业最终失败的原因之一。

三、存货的风险管理与控制

（一）取得存货的管理与控制

存货取得的风险管控措施主要体现在预算编制和采购环节，在全面预算和采购业务中讲解。

实训流程：企业存货管理控制（上）

（二）验收入库的管理与控制

不同方式取得的存货，验收环节关注的重点有所不同。

（1）外购存货的验收应当重点关注合同、发票等原始单据与存货的数量、质量、规格等核对一致。外购存货一般应经过下列验收程序：

① 外购货物运抵后，检查收到货物的交货期、数量、型号等与采购合同、订购单、发票以及供货单位提供的材质证明、合格证、运单、提货通知单等原始单据是否相符。

② 对收到货物进行数量、技术规格复核和质量检验。涉及技术含量较高的货物，必要时可委托具有检验资质的机构或聘请外部专家协助。

③ 根据验收结果，编制书面验收报告。验收报告中列明供应商名称、运货人名称、收货日期、货物名称、规格、数量、技术指标以及验收人、验收情况等内容，由相关负责人对验收报告的全面性、真实性以及可靠性等方面进行审核并签字确认。

④ 对于验收合格的货物，根据经审核无误的验收报告开具入库单，与仓储部门办理相关入库手续。入库单中列明货物名称、数量、规格、批次以及验收人、入库经办人、入库日期等内容。经审核后，报送财务部门核对一致。已入库存货需办理退库的，不得涂改入库单，而应编制退库单，按规定程序办理退库。

⑤ 对于经验收不合格的货物，比如品名、规格、数量、质量等与采购单据的资料不符时，应及时办理退货、换货或索赔。

⑥ 不经仓储直接运抵生产或销售现场的存货，亦必须在现场严格履行上述验收程序，经验收合格后，编制书面验收报告，开具货物交接清单，与生产或销售等部门办理相关交接手续。

（2）企业自己生产的产成品、半成品的验收（质检），应当重点关注产品质量。自制存货一般应经过下列验收程序：

① 检验产品的品质是否符合国家有关质量标准和企业内部生产工艺和质量要求，清点入库产品数量，编制书面质检报告。

② 通过检验合格的半成品、产成品，办理合格品相关入库手续；不合格品应及时查明原因、落实责任，经核准后采取退回生产部门再加工、申请报废、入专门的残次品库等方式处理。

③ 不经仓储直接销售的产品，亦必须在生产现场严格履行上述验收（质检）程序，经检验合格后，编制书面质检报告，开具货物交接清单。

（3）其他方式取得存货，如非货币性资产交换换入的存货、债务重组收到的抵债存货、投资方式投入的存货等，不能仅凭存货在对方单位的账面金额确定其价值，应当重点关注存货的来源、质量状况、实际价值是否符合有关合同或协议的约定。

（4）存货的采购、验收与付款职务相分离，目的是防止有关人员弄虚作假，以次充好、以少充多，从中得利。

（三）仓储保管的管理与控制

（1）对于进入仓库的人员应办理进出登记手续，未经授权人员不得接触存货。

（2）仓储部门根据入库单、出库单、退库单等编制详细的存货登记表，记录现时库存的具体情况。

（3）存货仓储期间要按照物资所要求的储存条件妥善贮存，做好保管工作。对于贵重物品、精密部件、危险品等的仓储，实行严格的审批制度。

（4）不同批次、型号和用途的产品要分类存放。对代管、代销、暂存、受托加工的存货，应单独存放和记录，避免与本企业存货混淆。

（5）仓储部门应对库存物料进行每日巡查和定期抽检，详细记录检查情况，及时处理安全隐患。检查中，发现存货变质、毁损的，应查明原因，尽可能挽回损失；发现存货存在跌价迹象的，应及时与采购、财务等相关部门沟通。同时，要联合生产、采购、财务、销售等部门建立存货库存量预警机制，一旦发现库存量过高或过低，及时与相关部门通报信息。

（6）结合企业实际情况，加强存货的保险投保，保证存货安全，合理降低存货意外损失风险。

（7）存货的保管与相关会计记录职务相分离，目的是防止有关人员利用账务处理掩盖舞弊行为。

（四）领用发出的管理与控制

实训流程：企业存货管理控制（下）

（1）对于一般的生产企业，存货的领用发出主要包括领用材料和发出产品。

① 生产部门领用原材料、半成品等用于生产加工的，由生产部门编制领料单；领料单应经相关授权人员审核，重点关注用料的真实性。仓储部门根据经审批的领料单开具出库单，核对发出货物，由仓储部门发出人和生产部门领用人签字确认。

② 销售部门领用产成品用于对外销售的，其控制措施在“销售业务”的内部控制中讲解。

（2）对于商品流通行业中的批发企业，其售出商品时出库环节的管控流程与上述生产企业售出产品时的管控流程基本一致，也将在“销售业务”中讲解。

（3）商场、超市等零售企业，应侧重于防止商品失窃、随时整理弃置商品、每日核对销售记录和库存记录等。存货领用发出后，仓储部门应定期（每日）或即时登记出库记录，并与财务等部门相互核对，若发现存在信息不一致的，及时查找原因，直到核对一致为止。

（4）存货发出的申请与审批、申请与会计记录职务相分离，目的是防止出现存货流失、浪费等现象。

（五）盘点清查的管理与控制

（1）对于存货的盘点清查，应拟订详细的盘点计划，经过授权人员审核，确保盘点计划真实、可行。

（2）盘点清查结果要及时编制盘点表，形成书面报告。

（3）对盘点清查中发现的问题，应及时查明原因，落实责任，按照规定权限报经批准后处理。

（4）全面清查时，需多部门人员共同盘点，充分体现相互制衡，严格按照盘点计划，防止盘点工作走过场。

（5）存货的保管与清查职务相分离，目的是防止清查流于形式。

（六）存货处置的管理与控制

（1）企业应定期对存货进行检查，及时、充分了解存货的存储状态。

（2）对于发现的存货变质、毁损、报废，要分清责任、分析原因，编制存货处置单。

（3）报废审核组对存货处置单进行审核，批准后予以处置。

（4）存货处置的申请与审批、申请与会计记录职务相分离，目的是防止出现存货流失、浪费等现象。

议一议

存货管控应分离哪些不相容职务？

第三节 固定资产管理与风险控制

一、固定资产内部控制的目标

固定资产属于企业的非流动资产，是企业开展正常的生产经营活动必要的物资条件，其价值随着生产经营活动逐渐转移到产品成本中。固定资产的安全、完整直接影响企业生产经营的可持续发展能力，固定资产内部控制的总体目标是加强固定资产管理，提高固定资产使用效能，确保固定资产的安全、完整和高效运作。具体讲有四个方面的目标。

（一）保证固定资产取得的合理性

固定资产取得一般会发生大量的资金流出或大量的负债增加，影响企业日常的流动资产周转和支付大量的利息，并且固定资产作为长期资产对企业的长期发展具有重要的影响，决策一旦失误，会付出很大代价，带来严重的后果，甚至导致企业破产。因此，取得固定资产是企业进行固定资产内部控制的第一步，合理取得固定资产使企业在未来保持良好的经营状态和盈利能力，是固定资产控制的首要目标。单位无论从什么渠道、什么来源取得固定资产，取得依据要充分适当，决策过程要科学规范，决策程序也必须合理，按照规范的取得审批手续，及时准确地取得固定资产，满足各部门的需要。

（二）保证固定资产计价的准确性

企业在一项固定资产上投资效益好坏的确定，首先必须正确计量它的价值，这样才能合理地比较支出和其产生的效益。固定资产计价的正确性也为合理计提折旧提供了基础。此外，固定资产计价的正确与否也影响到资产负债表所反映的财务状况和利润表所反映的经营情况。所以，固定资产内部控制的重要目标就是确保固定资产的计量符合国家统一的会计准则制度的规定，保证按照国家统一规定及时确认固定资产的购买或建造成本，确保各种资产价值准确无误。在确保固定资产计价准确的基础上，应重点关注固定资产价格的变动、固定资产变现能力的强弱、固定资产未来现金流量的现值，正确计提资产减值损失，保证如实反映固定资产的账面价值。

（三）保证固定资产折旧和减值准备计提方法的合理性和合法性

保证固定资产的折旧和减值准备的计提方法合理、合法，防止企业通过折旧、计提减值准备调节成本费用、操纵利润。

由于固定资产各期折旧的确定、减值准备的计提，要依赖会计人员的职业判断，受到许多人为因素的影响；同时，由于各期折旧、减值准备不是当期现金和实物性支出的费用，容易用来调节各期成本费用和操纵利润。因此，固定资产控制要使固定资产有一种合理且相对稳定的折旧方法，折旧政策一经确定，不得随意变更，确需变更的应按照规定程序审批；固定资产减值严格遵循会计准则的规定，防止人为地对固定资产的各期减值进行调整和操纵。

（四）保证固定资产实物的安全

固定资产的使用、保管应由专门部门和人员负责，同时，要采取定期盘点、财产记录、账实核对、财产保险等措施，确保各种固定资产的安全、完整。

（1）要长期保证固定资产安全，需要有一定的监督控制。因此，固定资产控制制度要求成立专门的部门来负责保管固定资产，并要求由使用和保管这些资产以外的人员定期根据账面记录和其他有关记录盘查各种固定资产，以保证账实相符。

（2）要使固定资产长期正常地使用，需重视固定资产的维护和更新改造，应建立和实施固定资产的运行维护制度，积极促进固定资产处于良好运行状态，比如，及时迅速有效排除机器设备故障、准确判断维修方式等。

（3）通过合理调配企业内的设备资源，以降低投资成本，系统管理设备，提高资产利用率。

（4）给固定资产投保，在一定程度上规避因人为事故或自然灾害等造成的损失，防范和控制固定资产的意外风险。

二、固定资产管理中存在的风险

固定资产单位价值较高，在总资产中占有较大的比重，其价值的固定性、使用价值的专用性与新工艺、新技术的不断更新以及市场需求的多变性之间形成了突出的矛盾，这使得高额的固定资产投资面临着巨大的投资风险，相应地固定资产控制也存在巨大风险。企业固定资产管理至少应当关注的风险是固定资产更新改造不够、使用效能低下、维护不当、产能过剩，可能导致企业缺乏竞争力、资产价值贬损、安全事故频发或资源浪费。具体表现为以下五个方面。

（1）固定资产业务未经适当审批或越权审批导致的风险，表现为可能因重大差错、舞弊、欺诈而导致资产损失。

固定资产的取得、验收、运行维护、更新改造、投保、清查、处置等业务的处理都需要经适当授权审批，如果未经适当审批或越权审批，固定资产的取得、使用、处置等会出现随意、无序、无效的状况，可能因重大差错、舞弊、欺诈而导致投资失误、资产损失以及企业生产经营失败。

（2）固定资产购买、建造决策失误的风险，表现为可能造成企业资产损失或资源浪费。

① 固定资产的购置是企业重大的投资事项，固定资产的投资必须符合企业自身发展战略，符合产业化的需求，否则就会出现盲目向热门领域和地区出资，容易形成重大投资损失和风险；或者，贪大贪快，乱铺摊子，形成很大的损失隐患。这一点已在投资活动中讲述。

② 企业在购置固定资产前，如果缺乏深入的可行性研究，主观拍板，产品定位不科学，那么用巨资购进设备后，生产出的产品不适应市场需求，必然使设备闲置，不能有效利用。不仅投资得不到回报，还使企业背上了沉重的债务“包袱”，甚至有的企业会不堪重负，走上毁灭性道路。

③ 固定资产取得决策失误，还可能会超标准配置资产，造成资产损失浪费。

（3）固定资产使用、维护不当和管理不善的风险，表现为可能造成企业资产使用效率低下或资产损失。

① 在固定资产管理过程中，由于部门产业调整和人员流动，造成固定资产保管不当而发生盗窃、丢失等问题，使固定资产损失严重。

② 在固定资产使用过程中，由于工作人员操作不当而使产品的质量大大下降，产品残次率高。

③ 由于固定资产失修或维护不到位，使设备出现毁损或者造成安全事故的发生，生产停顿。

④ 由于对固定资产的改造缺乏合理性而导致产品生产线老化、缺乏市场竞争力等问题的发生。

⑤ 由于固定资产投保制度不健全，未能及时为固定资产办理完整的保险，导致应投保资产未投保、索赔不力，为公司带来巨大的经济损失。

⑥ 固定资产抵押制度不完善，可能导致抵押资产价值低估和资产流失。

这些风险的发生不仅大大增加了企业的管理成本，更大大削弱了公司产品参与市场竞争的能力。

（4）固定资产处置不当的风险，表现为可能造成企业资产损失。

① 如果固定资产处置业务相关内部控制制度不健全，管理混乱，职责分工不明

确、流程不清晰，对处置业务没有引起足够重视而任意处置固定资产，就易于产生资产流失风险。

② 固定资产处置随意性大，例如固定资产清理不及时，不经资产管理部门及相关领导的审批同意，不经过技术部门的鉴定，私自将资产进行处置，造成资产管理脱节。

③ 出售的固定资产，没有经过竞价机制，任意选择购买商，从中收取回扣，导致固定资产流失。

【案例 9-1】

20 世纪 90 年代中期，中国轻骑集团“全盛”时期，曾在全国各地及海外拥有全资、合资、控股、参股子公司 83 家。但到 2005 年年底，大部分公司名存实亡，集团亏损数额巨大。审计结果表明：轻骑集团 2005 年年末资产负债率为 200.68%，资产保值增值率为 −6 615.96%。据审计查明，轻骑集团在重大投资决策中，盲目扩张和兼并，又疏于管理，造成国有资产巨大损失。比如，扩张投资兴建青岛、日照、乳山大工业园，造成损失 1 亿多元，潜在损失 3 亿多元。

轻骑集团违规处置国有资产 19 763.04 万元，损失 14 140.17 万元，其中仅违规低价转让土地、房产就损失 794.20 万元。1995 年 11 月，轻骑集团下属一家公司在青岛购买土地一宗，面积 6.47 亩*，单价 43.28 万元 / 亩，总价 280 万元。后将土地以每亩 7.2 万元的价格转让给原董事长的外甥女，土地转让款共 46.58 万元，还查无下落。轻骑集团从深圳、南宁购入房产两处，面积 1 028.92 平方米，购买价合计 514.20 万元。2003 年 3 月，既没有按规定评估，也未报经批准，将这两处房产作价 246 万元抵偿给欠原董事长妹妹个体企业的货款，形成账面损失 268.20 万元。

【分析】轻骑集团固定资产处置不经资产管理部门及相关领导的审批同意，没有经过竞价机制，任意选择购买商，低价处置，其中可能存在收取回扣等舞弊行为，导致固定资产流失。

④ 对固定资产处置的相关凭证资料未提交给财务部门，导致账实不符，致使固定资产流失。

（5）固定资产会计处理和相关信息不合法、不真实、不完善的风险，表现为可能导致企业资产账实不符或资产损失。

固定资产的确认、计量、记录和报告应当符合国家统一的会计准则制度的规定，

* 亩为非国际标准计量单位，1亩≈666.67平方米。

固定资产各环节业务开展情况都设置相应的记录或凭证并如实记载。

① 如果取得固定资产时，登记内容不完整，可能导致资产流失、信息失真、账实不符。

② 如果固定资产的原始凭证在传递过程中出现不及时、记录不准确或计算有误等问题，导致企业固定资产的核算出现不规范、失误、账目记录不真实、账实不符、提取折旧存在误差等问题，这些失误和问题最终引发成本费用核算存在差错、会计报表信息失真，不能将企业固定资产的真实情况反映出来，大大降低了企业的管理水平。

③ 如果违反会计法规制度，采用不当的折旧方法，或未按规定办理相关报批手续，随意变更折旧年限、折旧方法等，造成固定资产折旧核算上的不真实、不准确以及通过折旧影响企业各项成本费用及利润核算的真实性。

④ 缺乏资产有效记录和清查盘点制度，产生账外资产或者资产丢失、毁损等，导致资产信息失真、账实不符或资产贬值严重等问题。

三、固定资产的风险管理与控制

（一）取得固定资产的管理与控制

（1）固定资产取得属于企业的投资项目，因此，必须在增加固定资产之前进行科学决策，建立固定资产预算制度。

（2）固定资产建造通常规模大、耗资多，首先应根据企业发展战略和投资计划，开展可行性研究，提出项目方案，报经批准后确定工程立项。固定资产预算编制、投资管理、工程项目管理等在全面预算、资金活动、工程项目这些章节学习。

（二）固定资产验收的管理与控制

（1）企业外购固定资产应当根据合同、供应商发货单等对所购固定资产的品种、规格、数量、质量、技术要求及其他内容进行验收，出具验收单，编制验收报告。具体的验收程序与外购存货基本一致，但通常在技术要求上更高。不需要安装的固定资产，经验收合格后即可交付有关部门投入使用；需安装的固定资产，收到固定资产经初步验收后进行安装调试，安装完成后必须进行第二次验收，合格后才可交付使用。

（2）企业自行建造的固定资产，应由建造部门、固定资产管理部门、使用部门等联合验收，编制书面验收报告，合格的，填制固定资产移交使用单，移交使用部门投入使用。

（3）未通过验收的不合格资产，不得接收，必须按照合同等有关规定办理退换货或其他弥补措施。

（4）对于具有权属证明的固定资产，取得时必须有合法的权属证书，比如房产证。对于需要办理权属登记的固定资产，应及时办理权属关系的手续及相关证明材料。固定资产权属证书或证明材料等，须妥善保管，并设立登记簿记录备查。

（三）固定资产登记造册的管理与控制

（1）企业资产管理部门应当根据固定资产的定义，结合自身实际情况，制定适合本企业的固定资产目录，有利于企业了解固定资产使用情况的全貌。

（2）在固定资产目录的基础上，按照单项资产建立固定资产卡片，资产卡片应在资产编号上与固定资产目录保持对应关系，便于固定资产的有效识别。

（3）固定资产目录和卡片均应定期或不定期复核，保证信息的真实和完整。

（四）固定资产投保的管理与控制

（1）企业应重视和加强固定资产的投保工作。通盘考虑企业固定资产状况，根据其性质和特点，确定其投保范围和政策。

（2）严格执行既定的投保范围和政策，投保金额与投保项目力求适当。对应投保的固定资产项目按规定程序进行审批，办理投保手续，规范投保行为，应对固定资产损失风险。

（3）对于重大固定资产项目的投保，应考虑采取招标方式确定保险人，防范固定资产投保舞弊。

（4）已投保的固定资产发生损失，及时调查原因及受损金额，向保险公司办理相关的索赔手续。

（五）固定资产运行维护的管理与控制

（1）固定资产使用部门会同资产管理部门负责固定资产日常维修、保养，制定和完善固定资产维护和安全防范制度，将资产日常维护流程体制化、程序化、标准化，定期检查，及时消除风险，提高固定资产的使用效率，切实消除安全隐患。

（2）固定资产使用部门及管理部门建立固定资产运行管理档案，并据以制订合理的日常维修和大修理计划，并经主管领导审批。固定资产修理需分类管理：

① 对于固定资产的简单维护，可以由操作人员或内部技术人员完成；

② 对于尚在保修期内的固定资产，一旦发生故障，应及时联系厂商维修或退换货；

③ 对于固定资产大修理，须由内部专业技术人员负责，必要时聘请外部技术人员或专业机构完成。固定资产大修理结束后，经验收合格的才能投入运行。

（3）企业生产线等关键设备的运作效率与效果将直接影响企业的安全生产和产品质量，操作人员上岗前应由具有资质的技术人员对其进行充分的岗前培训，特殊设备实行岗位许可制度，需持证上岗，必须对资产运转进行实时监控，保证资产使用流程与既定操作流程相符，确保安全运行，提高使用效率。

（六）固定资产更新改造的管理与控制

（1）定期对固定资产技术先进性进行评估，结合盈利能力和企业发展可持续性，资产使用部门根据需要提出技改方案，与财务部门一起进行预算可行性分析，并且经过管理部门的审核批准。

（2）为了实现企业的可持续发展，企业应当充分利用国家有关自主创新政策，加大技改投入，淘汰落后设备，不断促进固定资产技术升级，切实做到本企业固定资产技术的先进性。

（3）固定资产更新有部分更新与整体更新两种情形，部分更新的目的通常包括局部技术改造、更换高性能部件、增加新功能等方面，需权衡更新活动的成本与效益综合决策；整体更新主要指对陈旧设备的淘汰与全面升级，更侧重于资产技术的先进性，符合企业的整体发展战略。所以，企业应根据目的确定是部分更新还是整体更新。

（4）管理部门需对技改方案实施过程适时监控、加强管理，有条件企业建立技改专项资金并定期或不定期审计。

（七）固定资产清查盘点的管理与控制

（1）企业应建立固定资产清查制度，至少每年全面清查，对于清查中发现的问题，应当查明原因，追究责任，妥善处理。

（2）财务部门需组织固定资产使用部门和管理部门定期进行清查，明确资产权属，确保实物与卡、财务账表相符，在清查作业实施之前编制清查方案，经过管理部门审核后进行相关的清查作业。

（3）在清查结束后，清查人员需要编制清查报告，管理部门需就清查报告进行审核，确保真实性、可靠性。

（4）清查过程中发现的盘盈和盘亏，应分析原因，追究责任，妥善处理，报告审核通过后及时调整固定资产账面价值，确保账实相符，并上报备案。

（八）固定资产抵押质押的管理与控制

（1）企业应当规范和加强固定资产抵押、质押的管理，明晰固定资产抵押、质押流程，规定固定资产抵押、质押的程序和审批权限等，确保资产抵押、质押经过授权审批及适当程序。同时，应做好相应记录，保障企业资产安全。

（2）财务部门办理资产抵押时，如需要委托专业中介机构鉴定评估固定资产的实际价值，应当会同金融机构人员、固定资产管理部门、使用部门现场勘验抵押品，对抵押资产的价值进行评估。对于抵押资产，应编制专门的抵押资产目录。

（九）固定资产淘汰处置的管理与控制

（1）对使用期满、正常报废的固定资产，应由使用部门或管理部门填制报废单，经授权部门或人员批准后进行报废清理。

（2）对使用期限未满、非正常报废的固定资产，由使用部门提出报废申请，注明报废理由、估计清理费用和可回收残值、预计处置价格等。企业应组织有关部门进行技术鉴定，按规定程序审批后进行报废清理。

（3）对拟出售或投资转出及非货币交换的固定资产，应由有关部门或人员提出处置申请，对价值进行评估，并出具资产评估报告，报经授权部门或人员批准后予以出售或转让；企业应特别关注固定资产处置中的关联交易和处置定价，固定资产的处置应由独立于固定资产管理部门和使用部门的相关授权人员办理；固定资产处置价格应报经企业授权部门或人员审批后确定。对于重大固定资产处置，应当考虑聘请具有资质的中介机构进行资产评估，采取集体审议或联签制度；涉及产权变更的，应及时办理产权变更手续。

（4）出租、出借的固定资产由相关管理部门提出出租或出借的申请，写明申请的理由和原因，并由相关授权人员和部门就申请进行审核。审核通过后签订出租或出借合同。

【案例 9-2】

FG公司规定对报废固定资产，由资产使用部门填写固定资产报废申请单，经鉴定小组鉴定后，由财务部长和总经理批准后处置。对报废固定资产仍有市场价值而拟出售的，废旧物资销售人员应进行市场估计并形成比价报告，提请审批。

但在实际中对报废汽车进行出售时，废旧物资销售部门未参与其中，未进行市场估价，对几个报废汽车回收站回收价格未执行询价比价工作，同时对报废汽车回收企业是否经过国家认证等并未进行调查。在未形成书面报告并提请审批的情况下，固定资产管理部门就进行了处理，全部出售给同一家报废汽车回收企业。

【分析】从这个案例可以看出，该公司固定资产处置出售业务中，废旧物资销售部门未参与其中，仅由固定资产管理部门一个部门完成，没有遵守岗位分工控制制度。同时未经适当的审批手续，相应的竞价机制没有发挥作用，可能在报废汽车出售过程中相关人员收受回扣，导致出售价格偏低的风险，损害公司利益。

第四节 无形资产管理与风险控制

一、无形资产内部控制的目标

无形资产特别是商标权的管理是企业内部控制中不可缺少的一部分，有效的无形资产内部控制，是企业堵塞漏洞、消除隐患、保护无形资产安全的重要保证，是无形资产获得最佳经营效果和效率的前提，是保证企业财务报告的可靠性、确保企业遵循有关无形资产管理的法律法规的重要条件。无形资产内部控制的目标包括业务目标和财务目标。

（一）业务目标

业务目标是指企业在取得、验收、使用、保护、处置、转移无形资产过程中所应达到的目标，具体包括以下六个方面。

1. 合理配置人员，明确职责分工和权限范围，确保符合无形资产确认、审批程序

为了达到这个目标，首先，企业应设置专门的无形资产管理部门，配备专门的无形资产管理人员对无形资产进行综合、全面、系统的管理。其次，企业应当建立无形资产业务的岗位责任制，明确相关部门和岗位的职责、权限，确保办理无形资产业务的不相容岗位相互分离、制约和监督。同一部门或个人不得办理无形资产业务的全过程。最后，企业应当对无形资产建立严格的授权批准制度，规定每一类无形资产业务的审批程序。比如无形资产取得应严格审批流程，必须取得无形资产有效的产权证明；比如保证对无形资产和记录的接触、处理均经过适当的授权。

2. 确保无形资产取得的依据充分且真实，决策科学合理

企业根据无形资产的使用效果、生产经营发展目标等因素拟定无形资产投资项目，对项目可行性进行研究、分析，编制无形资产投资预算，并按规定程序审批，确保无形资产投资决策科学合理，确保获得的无形资产确为公司经营发展需要资产，确保无形资产具有技术先进性。对于重大的无形资产投资项目，应当考虑聘请独立的中介机构或专业人士进行可行性研究与评价，并由企业实行集体决策和审批，防止出现决策失误而造成严重损失。

3. 充分利用现有无形资产服务于生产经营活动，保证无形资产有效利用

在实务中，许多企业没有充分、有效、合理地使用无形资产，而是长期闲置不用。比如企业合资过程中，许多优秀品牌通过折价入股后，被企业闲置不用，使其价值丧失殆尽。所以，企业应当加强对品牌、商标、专利、专有技术、土地使用权等无形资产的管理，分类制定无形资产管理办法，落实无形资产管理责任制，促进无形资产有效利用，充分发挥无形资产对提升企业核心竞争力的作用。

4. 加强无形资产安全防范措施，做好保密工作，确保无形资产安全

无形资产通常表现为一种技术、一种权利，没有实物形态，很容易被侵权，与实物资产相比，其安全性更难保证。所以，首先，保证与无形资产相关的业务活动均按照适当的授权进行，无形资产能得到安全及有效使用。其次，加强无形资产日常管理工作，确保资产的安全、完整、记录正确。最后，内部控制应有保证财产安全和充分利用无形资产的规定，以免因有意、无意的错误而造成损失、浪费。

5. 按规定进行无形资产的价格、使用情况审查，确保其转让、转移、报废决策合理规范

【案例 9-3】

王老吉红绿之争，俗称中国商标第一案，即价值 1 080 亿元的“王老吉”商标合同争议案。随着“王老吉”商标仲裁结果公布，历经 10 余年将王老吉做成价值千亿品牌的加多宝公司被裁定不能继续使用“王老吉”商标。我们回顾一下事件始末。

（1）1995 年作为“王老吉”商标的持有者，广药集团将红罐王老吉的生产销售权租给了加多宝公司，而广药集团自己则生产绿色利乐包装的王老吉凉茶，也就是绿盒王老吉。

（2）2000 年广药集团与加多宝的母公司香港鸿道集团签订了租赁期限至 2010 年 5 月 2 日的“王老吉”商标许可使用合同。

（3）2001 年至 2003 年期间，看到凉茶市场蓬勃发展的前景，鸿道集团董事长陈鸿道寻求再次续签协议，向时任广药集团副董事长、总经理李某先后行贿共计 300 万元港币，并最终如愿以偿，得到了两份宝贵的“协议”:《“王老吉”商标许可补充协议》和《关于“王老吉”商标使用许可合同的补充协议》，广药集团允许鸿道集团将“红罐王老吉”的生产经营权延续到 2020 年，每年收取商标使用费约 500 万元。

这个惊人的低价，与“红罐王老吉”市场上的红火，形成了强烈反差。但是好景不长，李某收受贿赂的事情在2004年被揭发出来，被判处了无期徒刑，而陈鸿道则踏上了叛逃的不归路。但王老吉商标却由此被贱租给鸿道集团，从2000年到2011年，广药集团的商标使用费仅增加56万元。

（4）2010年8月30日，广药集团向鸿道集团发出律师函，申诉李某签署的两个补充协议无效。2010年11月，广药集团启动王老吉商标评估程序，彼时王老吉品牌价值也被评估为1 080.15亿元，跻身中国第一品牌。2011年4月，广药集团向中国国际经济贸易仲裁委员会提出仲裁请求，5月“王老吉”商标案立案。2012年5月9日贸仲裁决：广药集团与加多宝母公司鸿道集团签订的《“王老吉”商标许可补充协议》和《关于“王老吉”商标使用许可合同的补充协议》无效；鸿道集团停止使用“王老吉”商标。之后，广药集团又提起民事诉讼，最后，广药集团共向鸿道集团索赔近50亿元。

【分析】本案例给我们的启示之一：企业应注重保护自己的商标权、专利权等这些具有战略价值的无形资产。在转让商标权等无形资产时，不要低估其价值。“王老吉”商标被许可使用方加多宝公司的红罐王老吉销售收入已达到160亿~180亿元，按照国际惯例，商标使用费应是销售额的2%~5%，以红罐王老吉年销售160亿元来计，商标使用费按其销售额的2%来计算，加多宝公司应至少向广药集团交纳商标使用费3.2亿元。然而，2000年和2011年，商标使用费年租金仅有400多万元，即使延续到2020年，也只有500多万元。因此，可以说广药集团在“王老吉”商标使用许可费用上受到了巨大的损失。

6. 无形资产许可、转让合同符合《中华人民共和国民法典（合同编）》等国家法律法规和企业内部规章制度

这一点也正是王老吉红绿之争案例给我们的启示之二。从【案例9-3】中可以看出，加多宝公司在经营活动中、内部控制中忽视了合规目标的要求，无形资产的取得违反了国家法律法规。首先，加多宝公司与广药集团的续约是通过贿赂取得的，是一种不合法的取得途径。其次，我国的《商标法》中有明确的说明，规定了商标的最长有效期限为十年，有效期满后企业必须去申请续展注册。鸿道集团在签订商标租赁权时，签下了长达十七年的授权许可，这种行为显然违反了法律规定，也不在法律的保护范围内。因此，从法律的角度看，续约也得不到成立。所以，加多宝公司对内部控制合规性目标的忽视，使其犯下了触犯法律的错误，也因此蒙受了巨大的损失。

（二）财务目标

财务目标是指企业通过对无形资产的内部控制，确保正确反映、保全无形资产价值。

（1）保证所有无形资产交易和事项以正确的金额，在恰当的会计期间及时记录于适当的账户，使财务报表的编制符合会计准则的相关要求。

（2）正确反映无形资产的价格，合理摊销，保证核算真实、准确、完整。企业应依据国家有关规定，结合企业实际，确定无形资产摊销范围、摊销年限、摊销方法、残值等。摊销方法一经确定，不得随意变更。确需变更的，应当按照规定程序审批。

（3）定期进行无形资产减值分析，及时进行账务处理。企业应当定期或至少在每年年末对无形资产进行减值分析，无形资产存在可能发生减值迹象的，应当计算其可收回金额，可收回金额低于账面价值的，应当按照国家统一的会计准则制度的规定计提减值准备、确认减值损失。

二、无形资产管理中存在的风险

（一）无形资产许可、转让不符合国家法律法规和企业内部规章制度要求，造成损失

（1）无形资产许可、转让应该符合《中华人民共和国民法典（合同编）》《商标法》以及其他法律法规，否则，可能遭受外部处罚、索赔等经济损失和信誉损失。

（2）无形资产许可、转让应该符合企业内部规章制度，否则可能导致决策失误或发生舞弊行为，给企业造成损失。

【案例 9-3】中，加多宝公司取得“王老吉”商标使用权违反了《商标法》和其他法律，最终蒙受了巨大的损失。江苏三毛集团以张乐平创作的“三毛”漫画形象注册商标，被张乐平的遗孀和子女告上法庭，要求停止侵权、公开赔礼道歉、赔偿经济损失 100 万元，也是其中典型的一例。

（二）无形资产业务未经适当审批或超越授权审批，可能因重大差错、舞弊、欺诈而导致损失

（1）就无形资产取得而言，企业如果未能严格控制无形资产管理和审批流程，导致获得的是产权不完整甚至无效的无形资产。

① 当企业外购无形资产时，如果未经适当审批、超越授权审批，可能不能选择最为合适的供应商和中标单位或因无形资产采购合同未经适当审批、超越授权审批而造成重大差错、产生舞弊及欺诈行为。

② 当企业投资和自主研发无形资产时，预算未经适当审批、超越授权审批，也可能由此产生重大差错或舞弊、欺诈行为，这些都会使企业遭受损失。

（2）就无形资产处置而言，如果无形资产处置未经适当审批、超越授权审批，会产生同样的结果。

（三）无形资产采购决策失误，可能造成企业资产损失或资源浪费，增加不必要的成本支出

（1）如果取得的无形资产没有核心技术的自主权，企业很难做强。

（2）如果取得的无形资产不具技术先进性，可能导致企业资源浪费。企业取得的无形资产不具有先进性，部分原因是企业自身研究开发能力所限，部分原因是外购无形资产时没有认真考察资产技术含量。

（3）如果取得的无形资产权利归属不清，可能发生经济纠纷，引发法律诉讼，造成损失。导致无形资产权利归属不清的原因有如下几方面：一是企业之间不断并购、重组、拆分，有些企业是从行政事业单位脱钩或改制而来，随着时间的推移，土地使用权、商标权等无形资产的原注册人可能已经几经变迁；二是由于对无形资产重要性的认识不够，企业没有建立严格的无形资产交付使用验收制度，再加上历史遗留问题等种种原因，造成有些企业土地、知识产权等无形资产权属不完整、产权存在争议，或者有被抵押、担保等限制转让的情形。不少企业因此陷入法律纠纷，有些企业甚至痛失资产所有权，造成巨大的资产流失，对企业的持续发展产生严重的影响。

（四）无形资产使用和管理不善，导致其长期闲置或低效使用，失去或降低其原有的使用价值，可能造成损失和浪费

（1）无形资产使用效率低下，可能导致效能发挥不到位，企业丧失核心竞争力。

（2）企业没有定期对专利权、专有技术等无形资产的先进性进行评估，未能及时淘汰落后技术、未能及时升级换代，导致技术落后或存在重大技术安全隐患。

（3）由于对商标等无形资产疏于管理，导致其他企业侵权，严重损害企业利益。

（4）缺乏严格的保密制度，可能导致体现在无形资产中的国家机密及商业机密泄露，危害国家安全，损害企业利益。一些非专利技术关系到企业的核心机密，往往决定着一个企业的成败，如可口可乐的配方、肯德基的配方、我国的一些老字号的配方等，它们都是企业的灵魂所在，失去这些无形资产，这些一流公司将迅速沉沦。而在实务中，技术被“盗版”的案例并不少见。企业投入重金、花费大量人力、耗费数年研发成功的“成果”一旦被窃取、剽窃、泄露，造成的巨大损失可能

是无法想象的，对于企业将是很沉重的打击。人才的流失也会引起专有技术、营销网络、客户名单等商业秘密的泄露，使企业无形资产遭受到损失。如某企业的一个技术人员跳槽后另起炉灶，生产同样的产品，原单位把他告上法庭。法庭查明，原单位并没有与该员工签订保密协议，所以不构成侵权。更可笑的是，原单位在该产品技术成果鉴定书上标明的密级竟然是公开。

（五）无形资产处置决策和执行不当，可能导致企业权益受损

企业未能建立无形资产处置的相关管理制度，无形资产处置的范围、标准、程序和审批权限不明确，导致无形资产处置不当，将尚有较大使用价值的无形资产出售，其效能没有充分发挥，企业丧失核心竞争力；或者处置价格不合适，造成企业资产流失。

（六）无形资产的会计处理和相关信息不合法、不真实、不完整，可能导致企业资产账实不符或资产损失

无形资产会计核算不规范，计价及核算不准确，数据不实，摊销错误，成本失真，导致无形资产实际价值与账面价值不符，影响财务报表的准确性和完整性。

三、无形资产的风险管理与控制

（一）无形资产取得与验收的管理与控制

（1）企业外购无形资产，必须仔细审核有关合同协议等法律文件，及时取得无形资产所有权的有效证明文件，同时特别关注外购无形资产的技术先进性。

（2）企业自行开发的无形资产，应由研发部门、无形资产管理部门、使用部门共同填制无形资产移交使用验收单，移交使用部门使用。

（3）企业购入或者以支付土地出让金方式取得的土地使用权，必须取得土地使用权的有效证明文件。

（4）当无形资产权属关系发生变动时，应当按照规定及时办理权证转移手续。

【案例 9-4】

某监督检查局对宏源公司进行检查，发现该公司在 2024 年 4 月外购一项专利技术，入账价值 750 000 万元，仅有使用部门和卖方签订的合同，既没有公司相关技术分析、可行性分析文件，也没有管理部门的审批文件、更没有验收交付单据。经调查，该公司没有专业人员办理无形资产业务，管理部门也没有针对无形资产的审

批程序。

【分析】宏源公司外购专利技术的做法反映出其在无形资产购置、交付验收管理方面存在缺陷。就该环节而言，我们提出的改进建议是：

（1）明确人员分工，根据企业实际情况设立处理无形资产业务的岗位，明确相关部门职责、权限。

（2）企业应配备合格的人员办理无形资产业务。

（3）对于购入的无形资产，企业应明确请购部门和审批部门的职责权限，审批环节不得缺失。

（4）对于无形资产的确认、取得，应严格按照国家规定建立请购与审批制度，完善相应的请购与审批程序。

（5）完善无形资产业务流程，提出符合自己公司实际情况的无形资产购入验收环节的控制要求，保存相应的记录，及时传递信息，确保无形资产业务得到有效控制。

（6）加强对无形资产取得环节的监督检查。

（二）无形资产使用与保全的管理与控制

对无形资产的保护需要重点防范无形资产的技术和产权风险，加强无形资产权益保护，防范技术泄露、侵权行为和法律风险。

（1）凡需使用本企业无形资产的部门或人员，必须向企业资产管理部申请，申请经过企业各级管理机构及人员审批，并签署保密协议等约束文书后方可使用无形资产。

（2）无形资产使用部门负责无形资产的日常使用与保全管理，保证无形资产的安全与完整。

（3）企业应当强化无形资产使用过程的风险管控，充分发挥无形资产对提升企业产品质量和市场影响力的重要作用。

（4）建立健全无形资产核心技术保密制度。无形资产具有保密性质的，要采取严格保密措施，严防泄露商业秘密。严格限制未经授权人员直接接触技术资料，对技术资料等无形资产的保管及接触应保有记录，实行责任追究，保证无形资产的安全与完整。

（5）企业应当定期或者至少在每年年末由无形资产管理部门和财会部门对无形资产进行检查、分析，预计其给企业带来未来经济利益的能力。检查分析应包括定期核对无形资产明细账与总账，并对差异及时分析与调整。无形资产存在减值迹象的，应当计算其可收回金额；可收回金额低于账面价值的，应当按照国家统一的会计准则制度的规定计提减值准备、确认减值损失。

（6）对侵害本企业无形资产的，要积极取证并形成书面调查记录，提出维权对策，按规定程序审核并上报。

【案例 9-5】

承【案例 9-4】，检查人员在检查宏源公司无形资产摊销情况时发现，2024 年 12 月以前各月无形资产摊销都是 150 000 元，到 12 月份却摊销了 1 500 000 元，比平时月份高出 10 倍，并计提了无形资产减值准备 100 000 元，审计人员以此为疑点进行了进一步调查，通过审阅、检查“无形资产”“管理费用”等明细账以及相关单据，并未发现证明该无形资产减值迹象的证据，该公司也未能向审计人员提交有关摊销方法变更的审批程序文件。

【分析】宏源公司在 2024 年 12 月份计提的摊销额和计提的减值准备反映了其在资产的使用和保全上存在缺陷。12 月份的摊销额和计提的减值准备不符合管理上的规定。我们给出的改进建议是：

（1）根据国家规定确定无形资产的摊销方法、摊销范围、残值，合理计提无形资产减值准备，摊销方法一经确定不得随意变更，更不可以为了偷逃税款增加摊销费用，违反会计准则和国家法律规定。

（2）健全定期由无形资产管理部门和会计部门检查、分析的无形资产的效能，定期核对无形资产账目的制度。

（3）企业加强无形资产的日常管理工作，设立相应的岗位，授权具体人员负责其日常使用和保全的管理。

（4）加强对无形资产使用环节的监督检查。利用会计核算对无形资产的使用进行规范和监督，及时发现无形资产对企业未来经济效益的影响，调整差异。

（三）无形资产技术升级与更新换代的管理与控制

企业应当定期对专利、专有技术等无形资产的先进性进行评估。发现某项无形资产给企业带来经济利益的能力受到重大不利影响时，应当考虑淘汰落后技术，同时加大研发投入，不断推动企业自主创新与技术升级，确保企业在市场经济竞争中始终处于优势地位。

（四）无形资产处置的管理与控制

（1）企业应当建立无形资产处置的相关管理制度，明确无形资产处置的范围、标准、程序和审批权限等要求。

（2）无形资产的处置应由独立于无形资产管理部门和使用部门的其他部门或人员按照规定的权限和程序办理。

（3）无形资产的处置应当选择合理的方式确定处置价格，并报经企业授权部门或人员审批。

（4）重大的无形资产处置，应当委托具有资质的中介机构进行资产评估。

【案例 9-6】

承【案例 9-4】，检查人员在检查宏源公司无形资产转让业务时，发现该公司当年向外公司转让了已入账的商标权。该商标权的账面摊余价值为 83 000 元，双方协商作价 40 000 元，所得收入记入“营业外收入”账户，这项业务再一次引起审计人员的注意，经过进一步调查发现，该公司销售部门擅自与甲公司签订出售商标权的协定，并由销售部门人员办理相关出售手续。经实地调查，该商标对宏源公司尚有较大的使用价值。

【分析】宏源公司在转让和处置无形资产方面存在的问题反映了公司在无形资产转让和处置方面的内部控制存在的缺陷。

（1）违反了无形资产处置时应由独立于无形资产管理部门和使用部门的部门来办理的规定。

（2）违反了对拟转出的无形资产应由有关部门和人员提出申请，报经企业授权部门或人员批准后予以出售或转出的规定。

（3）对于转出价格的确定，应当选择合理的方式，报经企业授权部门或人员批准后予以出售或转让。对于重大的无形资产处置，处置价格应当委托具有资质的中介机构进行资产评估。而宏源公司的销售部门却只是通过双方自己协商确定的。

我们给出的改进建议是，处置无形资产时，严禁无形资产使用部门擅自处理正在使用的无形资产，经审批部门或审批人员审批后，应由独立于使用部门的合格人员办理无形资产处置事宜。

议一议

存货、固定资产、无形资产管理控制应从哪些方面实施?

岗课赛训融通训练

不定项选择题

仔细阅读本章章首案例——信达办公家具有限公司存货内控失效案例，回答下列问题：

1. 信达办公家具有限公司在资产内部控制方面存在的主要问题是（　　）。

A. 材料采购由董事长一人掌握不符合不相容职务分离控制要求

B. 材料入库手续不完备不规范

C. 材料的计价和成本核算不规范

D. 材料盘点制度不健全

2. 信达办公家具有限公司的以下内部控制方法中没有被其很好应用的是（　　）。

A. 不相容职务分离控制　　B. 授权审批控制

C. 财产保护控制　　D. 预算控制

3. 案例中，未严格执行不相容职务分离控制的是（　　）。

A. 材料采购由董事长一人掌握

B. 期末仓库保管员自己盘点库存

C. 多领的材料期末不办理退库的手续

D. 没有发票时会计自己估价入账

4. 对于存货的内部控制，下列做法正确的是（　　）。

A. 采购的各环节应按照不相容职务分离控制的方法严格控制

B. 采购各环节必须实行授权审批控制

C. 采购供应商应通过招标程序确定

D. 采购业务应实行预算控制

5. 对于存货的管理，下列做法错误的是（　　）。

A. 每月末要对材料存货进行盘点

B. 存货盘点应该由保管人员和会计人员及其他人员组成盘点小组

C. 盘点过程中发现的材料存货盘亏应直接由会计人员计入产品成本

D. 盘点过程中发现的计量原因造成的盘盈经批准冲减管理费用

教学讨论组织

一、案例资料

2025年3月，B公司某车间员工持领料单到仓库领取一种特殊材料，此材料属于稀有金属，价格比黄金贵重。根据规定领料单必须经公司副总以上职位的高层签字，且必须由车间主任亲自领取，但是车间主任已经休10天病假，车间又急用，况且公司副总已经签字，为避免生产部门停工，材料保管员向持单员工发出了相关材料。后经查实，高层签字系伪造，车间员工携带材料当晚潜逃。

二、要求

请同学们分析B公司存货内部控制方面存在的缺陷，并提出改进措施。

三、讨论形式

分组讨论，每组6~8人进行讨论。讨论后每组选出一人在课堂汇报讨论结果，最后教师进行点评。

第十章 企业销售业务控制

素养目标

- 树立品牌意识，激发社会责任感，增强爱国热情；
- 建立“国货当自强”的信念，增强民族自尊心和民族自豪感；
- 培养遵纪守法的精神，杜绝舞弊欺诈的不良行为；
- 树立服务意识；
- 培养防范风险意识，养成仔细谨慎的职业品格。

知识目标

- 了解销售业务内部控制的目标；
- 了解销售业务内部控制的总体要求；
- 了解销售业务的经营风险和财务风险；
- 了解销售业务内部控制的主要内容；
- 了解销售业务的风险管控措施。

技能目标

- 能够梳理企业销售业务的流程；
- 能够辨识销售业务的不相容岗位；
- 能够明确销售业务授权审批的环节和程序；
- 能够分析、评估企业销售业务的关键风险控制点；
- 能够针对企业销售业务的关键控制点实施管理与控制。

学思践悟

海蓝有限责任公司销售内控案例

海蓝有限责任公司（以下简称“海蓝公司”）生产销售白炽灯，客户全部为有关城市的照明灯具批发市场。其产品销售业务按如下程序办理：

（1）每月25日，销售部编制下月的《销售计划》和《货款回收计划》，经计划部审核、平衡后上报公司领导，公司领导召集会议，审议批准；

（2）销售部将公司批准的《销售计划》和《货款回收计划》分解落实到每个销售人员；

（3）进入下月份，销售人员根据各自的任务，将白炽灯发往各个照明灯具批发市场，同时运输车辆返回时顺便拉回需要换货的已经损坏的白炽灯；

（4）销售人员负责应收账款的核对与货款回收，接近月末时，销售人员将回收的现金汇入海蓝公司的银行账户。

实行上述销售业务程序和规定的后果是：

（1）每个月都有大量损坏的白炽灯被退回；

（2）照明灯具批发市场大肆拖欠公司货款，公司组织清债追讨货款时，根本找不到欠款客户；

（3）最终海蓝公司破产倒闭，2 000 名员工下岗失业。

通过本案例可以看出，销售业务是企业内部控制的重要环节，也是内部控制缺陷的高发领域，需高度重视，要遵循不相容职务分离等控制要求，加强监督管控，否则会导致严重的后果。

《企业内部控制应用指引第 9 号——销售业务》就是为了促进企业销售稳定增长，扩大市场份额，规范销售行为，防范销售风险。对销售业务的主要流程进行了梳理，明确了销售业务应关注的主要风险，针对性地提出了相应的管控措施。

企业内部控制应用指引第 9 号——销售业务

议一议

民营企业的健康发展对我国高质量发展战略的重要意义是什么？

第一节　销售业务概述

一、销售业务的含义

视频：销售业务概述

销售业务是指企业出售商品（或提供劳务）及收取款项等相关活动。企业生存、发展、壮大的过程，在相当程度上就是不断加大销售力度、拓宽销售渠道、扩大市场占有率的过程。生产企业的产品或流通企业的商品如不能实现销售的稳定增长，售出的货款如不能足额收回或不能及时收回，必将导致企业持续经营受阻、难以为继。如果程序制度不够清晰规范，内部控制不到位，极容易出现相关人员利用管理漏洞，以权谋私、暗箱操作、舞弊欺诈等现象，损害企业利益。

二、销售业务内部控制的目标

销售业务内部控制的目标是规范销售行为，防范销售风险，从而促进企业销售稳定增长，扩大市场份额。具体分为五个方面。

（一）保证营业收入的真实性、完整性

销售获得的收入是对企业生产经营中发生耗费的补偿，为企业未来发展提供资金来源。通过销售业务内部控制，保证企业销售的各种产品或提供的劳务及时得到记录，并真实完整地反映企业的销售收入；防止少记、重记或漏记实现的销售收入；防止虚增销售收入；防止销售收入的货款被挪用或贪污。

（二）保证产品的安全、完整

交付已销售的产品应该数量准确，出库货物应同订单或合同要求一致，运送产品应该保证产品在运输途中安全，保证质量不变，数量完整。需要从产品出库、运输、交付客户等环节确保产品的安全、完整，不仅要避免产品的丢失与损毁，还需要采用适当的控制措施以明确界定产品交付过程中的相关责任人，以防产品发生损失却责任无从追究、损失无法弥补。

（三）保证现金折扣的真实性与适度性

现金折扣是企业在商品销售后为鼓励客户提前付款而给予的债务减免。现金折扣是企业信用政策中的一个重要组成部分，实际上是企业放弃了一部分销售收入，达到及时收回货款的目的。因此必须严格监督现金折扣政策的执行情况。

（1）检查给客户的现金折扣是否符合企业的现金折扣政策，以防止有人利用给顾客折扣而为自己谋取私利的行为发生；

（2）审查现金折扣的适度性，即给予顾客现金折扣的成本应小于企业因此而获得的收益。现金折扣能促使购货方及时付款，减少企业的应收账款，但是过度的现金折扣也可能减少企业实际现金收入。因此，企业应合理确定现金折扣，只要现金折扣带来的收益大于现金折扣的成本，企业就可以进行现金折扣。

（四）保证销售折让和销售退回的恰当处理与披露

销售折让与退回是企业因售出商品的质量不合格等原因而在价格上给予减让或产品被退回，比如货物在运输中被损坏、变质，或装运中出现数量或品种错误或产品品种、规格、型号与合同不符等情况。发生销售折让与退回必然要减少销售收入，产生损失，尤其是销售退回可能还会影响到企业的声誉。所以，企业的内部控制应做到：

（1）通过保证发出商品的质量符合要求、避免发出商品的品种与数量错误，降低销售折让与退回的发生率；

（2）检查销售折让与退回的理由是否恰当，金额是否正确，保证折让和退回的手续完备，防止退货业务中的差错和舞弊，并在相关会计资料上予以体现，真实地反映企业的销售情况，促进企业以后加强对产品的控制。

（五）保证应收账款记录的真实性和可收回性

货款收回的控制，是销售控制中最关键的一点，如果货款无法及时收回，就会形成大批坏账，导致企业盈利目标难以实现。赊销是应收账款产生的原因，现在绝大多数的产品处于供大于求的状态，市场竞争极为激烈，为争取更大的市场份额，企业在制定营销策略时，必须面对市场因素，将赊销作为一种无法回避的促销手段。内部控制就是要在提高销售业绩与及时收回货款的矛盾中选择平衡点。因此，赊销的同时必须对应收账款进行严格控制，有效的内部控制应做到：

（1）在销售前首先要审核客户的资信情况，以保证赊销的货款可收回；

（2）销售后要确定应收账款账面的债权数是否真实，是否存在收回来的货款被侵占挪用的现象，做好应收账款的催收工作，保证货款及时足额的收回。

三、销售业务内部控制的总体要求

（1）企业应当结合实际情况，全面梳理销售业务流程，使其科学合理；针对流程中的主要风险，建立健全销售业务相关管理制度，有效防范和化解销售风险。在此基础上，确定适当的销售政策和策略，明确销售、发货、收款等环节的职责和审批权限，按照规定的权限和程序办理销售业务，定期检查分析销售过程中的薄弱环节，采取有效控制措施，确保实现销售目标。

（2）检查销售业务的制度规定及管控措施是否落实到位。企业应该关注销售政策和信用管理是否合理，销售与发货控制流程是否规范严密，应收账款是否及时催收，往来款项是否定期核对等。

（3）企业应当完善客户服务制度，加强客户服务和跟踪，提升客户满意度和忠诚度，不断改进产品质量和服务水平。

（4）销售业务内控的有效性不仅取决于其本身流程控制活动设计的有效性，还受制于公司治理结构、支撑业务活动的基础架构和绩效考核评价的有效性。因此，企业在建设、完善销售管控的同时，还应关注企业的内部环境、风险管理、监督考核机制等，这样才能真正有效地降低经营风险，才能在当今激烈的国内外市场经济竞争中保持企业健康可持续发展。

第二节 销售业务中存在的风险

企业的销售业务并不是一个简单的一手交钱一手交货的过程，而是分步骤的交易行为，从收到对方的订单，洽谈交易事宜，到货物的交接，再到货款的收取，甚至还有退货和折让的发生等等，是一个相当复杂的过程。它不仅仅是将商品移交给客户，更重要的是只有款项的收回，才能实现销售的最终目标。但现实交易中，由于各种因素的影响，企业发出商品后，可能无法收回相应的货款。所以，销售相对企业其他经营环节而言，具有更大的风险，可以将其概括为销售经营风险和销售财务风险两类。

一、销售经营风险

销售经营风险是指企业在产品销售过程中可能存在的风险，主要包括四个方面的风险。

（一）销售行为不符合国家有关法律法规和企业内部规章制度的规定，可能遭受外部处罚、经济损失和信誉损失，甚至危及企业生存

诸如公司的产品不符合环保要求；采用了非法的商业贿赂等手段；违反了相关法律法规，销售合同不合理、不合法等；销售合同内容不全面；销售人员与购买方串通勾结，导致合同内容存在重大欺诈；销售合同未按规定程序审批，合同内容比如销售价格、收款方式、收款期限等违反企业的制度规定，使企业无法实现预期的经营成果。

【案例 10-1】

2008 年年初，河南遂平华强公司（包括漯河华强），作为一个年产值 22 亿元、规模已连续 11 年居本行业全国之首的塑料袋生产企业，突然停产清算，并宣布整体转让。

【分析】究其原因，最主要的是“限塑令”的下达让非环保塑料袋失去了市场。华强公司有 90% 的产品都在国家法律限制之列。

【案例 10-2】

2010 年 4 月，化妆品直销巨头雅芳的在华行贿案，因其相关行为可能触犯美国《反海外贿赂法》引起社会公众的高度关注，信息披露后，公司股价大跌，进而直接影响到公司形象及其产品销售。

（二）销售政策和策略不当，市场预测不准确，销售渠道管理不当等，可能导致销售不畅、库存积压、经营难以为继

企业存货的库存积压将直接影响销售利润，过大的库存积压容易导致销售商营运资金短缺、资金周转困难，轻则影响供应商利润的实现，重则导致供应商资金链断裂，生产经营无法继续，企业破产。从以下三个方面说明。

1. 销售政策和策略方面

销售政策是一系列引导性、激励性销售措施，包括销售人员的激励政策和经销

商的激励政策，比如折扣、返利、信用销售、退换货、奖励等。销售政策的制定必须立足于市场实际状况，充分考虑区域性的特点，并且要进行适时调控，以适应市场变化，充分保证市场的可执行性。否则，可能导致销售不畅，经营难以为继。

【案例 10-3】

在章首提到的海蓝公司案例中，海蓝公司销售业务的办理有一条是这样规定的：每月销售人员根据各自的任务，将白炽灯发往各个市场，同时运输车辆返回时顺便拉回需要换的已经损坏的白炽灯。导致的后果是每个月都有大量损坏的白炽灯被退回。

【分析】这种“退换货”的销售政策是不当的，因为白炽灯销售价格低、数量大、易损坏且难以辨别损坏原因，绝对不能采取无条件换货的销售政策，无条件换货实际上为销售人员和批发商串通舞弊提供了机会。

2. 销售计划管理方面

销售计划缺乏，或者由于市场预测不准确，销售目标定得过高或者过低，销售计划不合理，使销售计划的作用难以发挥，脱离实际，形同虚设；销售计划与生产计划不同步，或销售计划未经授权审批，导致产品结构和生产安排不合理，产品库存积压，难以实现企业生产经营的良性循环。

3. 销售渠道管理方面

企业应根据目标市场、商品因素、企业本身的条件、环境因素等选择销售渠道运作模式，确定采用直销还是有中间商的渠道销售，比如消费广、市场规模大的商品，不宜采用直销模式。如果运作模式选择不当，或中间商选择不当等，都可能会导致销售不畅，经营难以为继。

（三）客户信用管理不到位，结算方式选择不当，账款回收不力等，可能导致销售款项不能收回或遭受欺诈

销售的最终目的是收回款项，回收账款才是销售工作的结束。如果客户只是签了合同和订单，但是并没有付款，那么这就不是一个完整的销售，而且企业可能会货钱两空。如果应收账款回收期过长，也会导致企业的资金运转困难。从以下三个方面说明。

1. 客户信用管理不到位的风险

如果企业对客户的资信没有建立信用档案，缺乏合理的资信评估，可能导致客户选择不当，选择了质量不高的客户，销售款项不能收回或遭受欺诈，从而影响企

业的资金流转和正常经营。或者对客户的档案管理不健全，对客户的资信变动情况没有进行跟踪管理，导致在销售过程中，由于客户资信情况发生变化，销售款项不能按期收回，或者遭受欺诈，造成损失。

【案例 10-4】

四川长虹是中国家电行业的知名品牌，1994 年上市并一直被视为绩优股，2004 年却出现了上市以来的首次亏损，亏损额高达 36.81 亿元，主要原因是预计无法收回美国出口代理商 APEX 的应收账款，个别认定计提 31 亿美元坏账准备。

【分析】四川长虹 APEX 事件与其内控制度缺陷是密不可分的，从具体的控制流程看，客户信用管理与风险预警机制不完善，由季龙粉所创办的 APEX 公司素有拖欠国内多家企业货款的不良记录，在与四川长虹的交易初期就出现了不按合同约定还款的问题，并且从 2001 年开始应收账款余额不断加大，四川长虹却缺乏应对措施，最终产生了巨额坏账。

2. 结算方式选择不当的风险

各种结算方式各具特点，各有其适用范围，企业应选择适宜的结算方式，降低甚至避免结算风险的发生。反之，如果结算方式选择不当，可能导致销售款项无法及时收回，或者可能造成坏账损失。比如采用商业汇票结算，一旦汇票到期，购货方拒付，销货方钱货两空，或者收到的纯粹是假汇票；如采用支票结算，有可能收到空头支票、签章与预留银行印鉴不符的支票，使企业财产被欺骗。

3. 账款回收不力的风险

由于赊销前的信用政策不合理、赊销时的审批控制不严格、赊销后的账款催收责任不到位，使账款回收不力，可能导致销售款项不能收回或遭受欺诈。

（四）销售过程存在舞弊行为，可能导致企业利益受损

（1）销售人员截留部分应收款，主要指现金收款部分；

（2）销售人员同时供职于好几家同类型公司，出卖公司客户资料，或与经销商合伙蒙骗公司；

（3）销售人员自主调整产品价格，没有履行审批手续，可能出现贪污舞弊现象；

（4）销售人员虚报差旅费等销售费用；

（5）销售人员隐匿收到的应收账款并将其作为坏账处理；

（6）收到已作为坏账处理的应收款项但未作报告等。

上述这些舞弊行为，会导致企业利益受损。

二、销售财务风险

销售财务风险是指企业在销售业务会计核算过程中出现的风险。财会部门没有按照会计制度要求，对销售全过程进行记录、核算与监督，导致账、证、物不符。主要包括：

（1）虚增或截留销售收入，多记或少记应收账款，导致财务数据失真。企业为了逃税、漏税等目的，少计收入；为迎合市场预期或特定监管要求，粉饰报表，多计收入。例如，迎合资本市场上财务分析师对公司业绩的预期，或者迎合监管机构所设定的作为特定行为先决条件的“门槛”指标。这些都导致财务数据失真。

（2）销售收入、销售费用等核算不准确，造成财务信息不完整或不真实。缺乏有效的销售业务会计系统控制，销售收入的确认、应收款项的管理、坏账准备的计提和冲销、销售退回的处理等不准确，可能导致企业账实不符、账证不符、账账不符或者账表不符，影响销售收入、销售成本、应收款项等会计核算的真实性、完整性、可靠性。

议一议

如何理解销售业务的关键风险点？如何进行控制？

第三节 销售业务的风险管理与控制

企业要强化销售业务管理，应当对销售业务管理现状进行全面分析与评价，认真查找各业务环节的主要风险点以及现行管理中可能存在的漏洞。在此基础上，应着力健全各项销售业务管理制度，明确销售管控措施，实现与生产、资产、资金等方面管理的衔接，有效防范和化解风险，确保销售目标的实现。

一、销售计划的管理与控制

（1）企业销售部门应当根据发展战略和年度生产经营计划，结合企业实际情况，制订年度销售计划，再结合客户订单情况，制订月度销售计划，并按规定的权限和程序审批后下达执行。

① 销售计划要根据企业的战略制定。销售是为了实现公司战略的第一目标，也是第一个步骤。公司要扩大市场份额、扩大生产经营规模、达到行业领先地位，必须提高销售额。所以，销售计划必须是企业战略目标的一个实现点。

② 销售计划要根据生产经营的情况决定，即根据公司的产量决定相应的销售计划。销售计划要细化到月和销售人员，否则，销售计划就是没有根据的。所以，销售计划要有一个总体目标，比如，今年的营业额是多少，每个区域达到多少，具体的区域中某个部门达到多少；每个月的计划营业额是多少，每个销售员给定多少任务等。让每一位员工知道自己的使命、责任。

（2）定期对各产品（商品）的区域销售额、进销差价、销售计划与实际销售情况等进行分析，结合生产现状，及时调整销售计划，调整后的销售计划同样需履行相应的审批程序。

二、客户开发与信用管理的管控

实训流程：企业销售业务控制（上）

（1）企业应当在进行充分市场调查的基础上，合理细分市场并确定目标市场，根据不同目标群体的具体需求，确定定价机制和信用方式，灵活运用销售折扣、销售折让、信用销售、代销和广告宣传等多种策略和营销方式，促进销售目标实现，不断提高市场占有率。

（2）建立和不断更新维护客户信用动态档案，由与销售部门相对独立的信用管理部门，比如财务部门或财务部门下设信用管理小组，对客户付款情况进行持续跟踪和监控，提出划分、调整客户信用等级的方案，经有关领导审批通过后执行。客户信用等级可以分为 A、B、C 三级，级别内可以调整，可以 A^{+}/A^{-}，也可以 C^{+}/C^{-}，并明确说明各个级别的标准。销售部门需提供建议及企业客户的有关资料作为政策制定的参考。

（3）信用管理部门根据客户信用等级和企业信用政策，拟定客户赊销限额和时限，经销售、财会等部门具有相关权限的人员审批。也就是说，应针对不同的客户等级给予不同的销售政策。比如，对于 A 级客户，因其信用高，赊销额度可以大点，可以作为企业的战略伙伴；对于 B 级客户一般对待；对于 C 级客户，因其信用差，适合做现金交易，钱货两清。当然，同一客户的信用额度应随着实际情况的变化而有所改变。销售部门应根据企业的发展情况及产品销售、市场情况等，及时提出对客户信用政策及信用等级进行调整的建议。

（4）对于境外客户和新开发客户，建立严格的信用保证制度。

【案例 10-5】

AB 公司在财务部门下单独设置信用管理科，科长直接向财务总监报告相关情况。信用管理科主要负责客户的信用评估、信用额度的控制工作。具体工作开展情况如下：

（1）每年 1 月份，信用管理科对现有客户进行一次信用评估。评估过程要求：按客户名单逐一综合分析每个客户过去一年的应收账款周转天数、逾期付款、销售订单解冻等情况，结合客户当期财务报表，对客户的信用等级进行打分。根据打分结果，确定客户的信用等级。客户信用等级分为五类：

AAAAA：信用良好的长期大客户

AAAA：信用良好的长期普通客户

AAA：信用一般的长期大客户

AA：信用一般的长期普通客户

A：其他客户

（2）信用管理科根据销售人员提供的客户，预计今年合同销售金额和合同期间计算相应的信用额度：

信用额度 = 销售合同金额 ÷（销售合同期间 × 信用等级下付款期）÷ 30

（3）经信用管理科科长审核后，信用管理科将信用额度计算表提交给财务总监和销售总监审批。

（4）取得正式批准后，信用管理科向客户发送信用额度确认函，并抄送负责该客户的销售人员。

（5）信用管理科在销售系统中录入信用额度金额，作为未来销售订单控制和收款控制的一个条件。在这一过程中，只有信用管理人员才有权进行信用额度修改的操作。

【分析】AB 公司对客户开发与信用管理环节采取了如下的管控措施：

（1）在机构设置上，设立单独的信用管理科，负责客户的信用评估工作、信用额度控制，独立于销售部门，贯彻不相容岗位分离。

（2）每年对现有客户的信用进行一次评估，不断更新客户信用档案。

（3）根据几个评价指标对客户的信用等级进行打分，客户信用等级的确定比较客观。

（4）设立标准公式计算信用额度，避免人为因素。

（5）经信用管理科科长审核后，将信用额度计算表提交给财务总监和销售总监审批，建立了授权审批制度。

（6）利用客户信用额度，控制销售订单的签订、发货和应收账款的回收等。真正用制度甚至是系统控制销售与收款循环。

三、销售定价的管理与控制

（1）企业应根据有关价格政策、综合考虑企业财务目标、营销目标、产品成本、市场状况及竞争对手情况等多方面因素，确定产品基准定价。定期评价产品基准价格的合理性，需要调整时，一定要调整，防止销售定价偏离实际，不符合市场供需状况或企业的营销目标。定价或调价需经具有相应权限人员的审核批准，防范有关人员任意调价、与客户串通舞弊等情况发生。销售定价是一个定价机制，是由专家、经理型的人员、销售人员以及市场调查确定的，而不是由一个人确定。

（2）在执行基准定价的基础上，针对某些商品可以授予销售部门一定限度的价格浮动权，销售部门可结合产品市场特点，将价格浮动权向下实行逐级递减分配，同时明确权限执行人。执行人必须严格遵守规定的价格浮动范围，不得擅自突破。

（3）销售折扣、销售折让等政策的制定应由具有相应权限人员审核批准。折扣、折让的给予与审批相分离。销售折扣、销售折让授予的实际金额、数量、原因及对象应予以记录，并归档备查。

企业实施折扣、折让前应作预测，并确定该政策给企业带来的目标利润，事后将实际销售与收益的情况与目标利润相比较，并且报告有关部门。

四、订立销售合同的管理与控制

（1）企业应当建立健全销售合同订立及审批管理制度，明确必须签订合同的范围，规范合同订立程序，确定具体的审核、审批程序和所涉及的部门人员及相应权责。

（2）订立销售合同前，企业应当指定专门人员与客户进行业务洽谈、磋商或谈判，关注客户信用状况，明确销售定价、结算方式、权利与义务条款等相关内容。谈判人员至少应有两人以上，并与订立合同的人员职责分离。比如，可由销售部门负责人指定一名销售业务员和一名销售内勤参加与客户的谈判。重大的销售业务谈判还应当吸收财会、法律等专业人员参加，并形成完整的书面记录。

（3）销售合同草案经审批同意后，企业应授权有关人员与客户签订正式销售合同。签订合同应符合《中华人民共和国民法典》合同编的规定，金额重大的销售合同的订立，应当征询法律顾问或专家的意见。销售合同的订立与审批应相分离。

（4）客户信用管理与销售合同的审批、签订应相分离。

五、发货的管理与控制

（1）销售部门应当按照经审核后的销售合同开具相关的销售通知交仓储部门和财会部门。销售通知单应列明购货单位、地址、产品名称、数量、单价、金额和制单人等详细信息。

（2）仓储部门应当落实出库、计量、运输等环节的岗位责任，对销售通知进行审核，严格按照所列的发货品种和规格、发货数量、发货时间、发货方式、接货地点等，按规定时间组织发货，形成相应的发货单据，并应连续编号。为了防止仓库保管人员未经授权私自发货，企业应要求仓库保管人员只有在收到经批准的发货单时才能发货。

（3）应当以运输合同或条款等形式明确相关内容，包括运输方式、商品短缺、毁损或变质的责任、到货验收方式、运输费用承担、保险等，货物交接环节应做好装卸和检验工作，确保货物的安全发运，由客户验收确认。如送货途中有任何异常，造成延误或不能送货，及时通知销售部业务员与客户沟通协调，确保在合同规定的时间内将货物完好无损地送达客户指定地点。

（4）企业应当做好发货各环节的记录，填制相应的凭证，建立全过程的销售登记制度。加强销售计划、销售合同、销售通知、发运凭证、销售发票等文件和凭证的相互核对工作。销售部门应当设置销售台账，及时反映各种商品、劳务等销售的开单、发货、收款情况，并由相关人员对销售合同执行情况进行定期跟踪审阅。

（5）贯彻不相容职务分离，发货通知单的编制与执行货物提取、产品包装和托运工作相分离；办理销售、发货、收款三项业务的部门（或岗位）分别设立；销售业务人员与发票开具人员相分离。

【案例 10-6】

XY 公司业务员根据销售合同约定的各批次交货期，在 ERP 系统销售模块中录入销售订单，系统将自动核查订单（客户的可用信用额度是否高于销售订单金额等），核查通过后，销售订单被保存并自动进入生产模块，形成生产计划。与此同时，系统设置自动连接和检查功能，保证销售订单上产品规格、型号、售价与系统中对应的销售合同一致，总金额计算准确。

企业销售主管根据生产部门的生产计划、仓库的库存信息，以及销售订单中明确的交货日期，制订发货计划。

业务员根据发货计划安排，在销售模块中对应的销售订单下开具发货通知单。系统经过设置，对于在系统中未经保存的销售订单，无法开具发货通知单。

业务员打印发货通知单，由主管审核后，交到仓库组织发货，同时联系运输部门安排车辆，进行货物装运。

仓库保管员根据发货通知单，安排装车。

在装车后，运输部门司机共同清点发出商品的数量、规格，确认是否和发货通知单一致。

确认无误后，双方在发货通知单上签字，作为货物装运凭证。同时仓库库管员在仓储系统内确认已发货，系统自动根据发货数量生成出库单，并结转销售成本。

财务部收到发货通知单，与销售系统中的销售订单核对，确认一致后，在销售系统中开具销售发票。

系统自动从销售订单中提取产品单价，从出库单中提取发货数量，并自动计算发票总金额，同时将发票金额结转到销售收入和应交税费科目，产生相应会计分录。

财务部税票主管根据系统中销售发票开具增值税发票。

【分析】在本案例中，XY公司对发货环节采取的控制措施均为企业中常见的控制，只是通过系统将控制实现了自动化，通过系统进行价格、数量的检查和过账，提高整个过程的效率和准确性。

六、收款的管理与控制

实训流程：企业销售业务控制（下）

（1）结合公司销售政策，选择恰当的结算方式，加快款项回收，提高资金的使用效率。对于商业票据，结合销售政策和信用政策，明确应收票据的受理范围和管理措施。

（2）建立票据管理制度，特别是加强商业汇票的管理，在前面的控制流程已讲述，此处不再详述。

（3）加强赊销管理。

① 需要赊销的商品，应由信用管理部门按照客户信用等级审核，并经具有相应权限的人员审批。

② 赊销商品一般应取得客户的书面确认，必要时，要求客户办理资产抵押、担保等收款保证手续。

③ 企业应加强应收款项管理，建立应收账款账龄分析制度和逾期催收制度。财

务部门定期对应收账款进行账龄分析，编制账龄分析表，对逾期账款进行提示，并建议销售部门等相关部门采取加紧措施或其他解决措施。销售部门负责应收款项的催收，催收记录（包括往来函电）要妥善保存；财会部门需督促销售部门加紧催收。应收账款应分类管理，针对不同性质的应收款项需采取不同方法和程序。

④ 落实责任、严格考核、实行奖惩。企业应当严格区分并明确收款责任，建立科学、合理的清收奖励制度以及责任追究和处罚制度，以有利于及时清理催收欠款。对销售人员的考核不仅要有销售收入的考核，更重要的是要有回款的考核，促使销售人员重视销售款。

【案例 10-7】

昂迪奈尔是中美合资的一个生产水泥制品企业，其在销售管理环节控制非常成功。具体做法是：

（1）利用会计信息系统将应收账款周转率与销售人员绩效挂钩，昂迪奈尔对应收账款的容忍期限是一周。

（2）如果一周钱收不回来，财务总监可以通过信息系统锁定销售员的销售系统，这样就不能销售了。

（3）只有把钱收回，销售系统才可以解码，才可以重新恢复销售。

【分析】昂迪奈尔的销售经理、销售人员的业绩奖惩和收款情况直接挂钩，对应收账款真正做到了“落实责任、严格考核、实行奖惩”，所以，销售人员会想尽一切办法收回款项，避免舞弊行为的发生，防止企业遭受损失。

（4）加强代销业务款项的管理，及时与代销商结算款项。

（5）收取的现金、银行本票、汇票等应及时缴存银行并登记入账，不得擅自坐支现金；以银行转账方式办理的销售收款，应当通过企业核定账户进行结算；企业应当防止由销售人员直接收取款项，如必须由销售人员收取的，应由财会部门加强监控。

（6）贯彻不相容职务分离，销售货款的确认、回收与相关会计记录相分离；应收账款记录与收款相分离；催收货款与结算货款相分离。

七、客户服务的管理与控制

（1）结合竞争对手客户服务水平，建立和完善客户服务制度，包括客户服务内容、标准、方式等。

（2）设专人或部门进行客户服务和跟踪。有条件的企业可以按产品线或地理区域建立客户服务中心。加强售前、售中和售后技术服务，实行客户服务人员的薪酬与客户满意度挂钩。

（3）建立产品质量管理制度，加强销售、生产、研发、质量检验等相关部门之间的沟通协调。

（4）做好客户回访工作，定期或不定期开展客户满意度调查；建立客户投诉制度，记录所有的客户投诉，并分析产生原因及解决措施。

（5）加强销售退回控制，销售退回的商品应参照物资采购入库管理。

① 因己方责任使得客户对接收的货物不满意或者货物不符合销售合同规定的要求，客户提出退货时，企业应接受退货。

② 销售退回需经具有相应权限的人员审批后方可执行。

③ 销售退回的商品应当由质检部门检验和仓储部门清点后方可入库。质检部门应当对客户退回的货物进行检验并出具检验证明。仓储部门应当在清点货物、注明退回货物的品种和数量后填制退货接收报告。

④ 销售业务员根据退货接收报告对客户的退货进行调查，确定客户索赔金额的有效性及合理性，将调查结果及意见记录在退货接收报告上，提交给销售经理、财务部等具有相应权限人员作为最后审核的依据。

⑤ 财会部门应当对检验证明、退货接收报告以及退货方出具的退货凭证等进行审核后办理相应的退款事宜。

⑥ 企业应对退货原因进行分析并明确有关部门和人员的责任。

⑦ 办理销售退货验收的工作人员不能负责退货记账工作。

八、会计系统的管理与控制

（1）企业应当加强对销售、发货、收款业务的会计系统控制，确保会计记录、销售记录与仓储记录核对一致。

① 财会部门开具发票时，应当依据相关单据，比如出库单、货款结算单、销售通知单等，并要经过相关岗位的审核。销售发票应遵循有关发票管理规定，严禁开具虚假发票。

② 财会部门对销售报表等原始凭证进行审核，并根据国家统一的会计准则确认销售收入，登记入账。

③ 财会部门与相关部门月末应核对当月销售数量，保证各部门销售数量的一致性。

（2）建立应收账款清收核查制度。销售部门应定期与客户对账，并取得书面对账凭证；财会部门每年至少一次向客户寄发对账函。对金额重大的客户，财务部门认为有必要时或销售部门提出申请时，派人员与客户对账，发现不符，及时向上级报告。财会部门负责办理资金结算并监督款项回收。

（3）及时收集应收账款相关凭证资料并妥善保管。

（4）及时要求客户提供担保。

（5）对未按时还款的客户，采取申请支付令、申请诉前保全和起诉等方式及时清收欠款。

（6）对收回的非货币性资产应经评估和恰当审批。

（7）坏账的管控方法。

① 对于可能成为坏账的应收账款，按照国家统一会计准则规定计提坏账准备，并按照权限范围和审批程序进行审批。坏账准备的计提与审批相分离。

② 对确定发生的各项坏账，应当查明原因，明确责任，并在履行规定的审批程序后作出会计处理。坏账的核销与审批相分离。

③ 企业核销的坏账应当进行备查登记，做到账销案存。

④ 已核销的坏账又收回时应及时入账，防止形成账外资金。

议一议

如何做好客户信用分析工作？应收账款日常管理控制应建立哪些制度？为什么无论是企业还是个人，履约守信、珍惜名誉和声誉是可持续发展的必备条件？

岗课赛训融通训练

不定项选择题

仔细阅读本章章首案例——海蓝有限责任公司销售内控案例，回答下列问题：

1. 海蓝公司内部控制中存在的主要问题是（　　　）。

A. 销售退回没有严格的手续　　B. 应收账款管理混乱

C. 没有严格的运营分析控制措施　　D. 没有严格的绩效考评控制措施

2. 关于销售业务控制，应采取的内部控制方法是（　　　）。

A. 不相容职务分离控制　　B. 授权审批控制

C. 会计系统控制　　D. 运营分析控制

3. 海蓝公司销售业务内部控制发生问题的主要是（　　　　）环节。

A. 销售计划管理　　B. 客户信用管理

C. 销售合同订立　　D. 收款

4. 关于海蓝公司的问题，以下内部控制思路正确的是（　　　　）。

A. 加强运输过程管理，对司机进行考核，减少运输途中的损坏

B. 对于损坏的商品应严格界定购销双方的责任，办理相关手续

C. 确定货款回收比例，按月考核销售人员销售业绩和回款业绩

D. 统一规定货款回收时间，严格按照收到货物后的付款时间收款

5. 关于销售发货，下列说法错误的是（　　　　）。

A. 企业销售主管根据销售订单中明确的交货日期制订发货计划

B. 销售业务员根据发货计划开具发货通知单提请相关领导审核签字

C. 仓库保管员根据审批后的发货通知单安排装车

D. 货物装车过程无须运输司机清点签字确认

教学讨论组织

一、案例资料

某企业销售环节的内部控制制度如下：

（1）设立销售部，处理订单、签订合同、执行销售政策和信用政策；

（2）销售部经理对 30 万元以内的赊销业务有权审批，并根据具体情况确定产品售价；

（3）由于人手紧张，大宗销售都是由业务员甲与客户谈判并签订合同；

（4）没有签订合同的购买方提货的销售业务直接由财务部收款后开具提货单据和发票，客户自行提货；

（5）货到付款的业务由销售业务员乙负责赴购买方收款，并将现金或支票等票据转交财务部；

（6）财务部经理保管所有票据，并有权决定应收票据是否贴现。

二、要求

请同学们分析该公司销售业务内部控制存在的问题，并提出改进措施。

三、讨论形式

分组讨论，每组 6~8 人进行讨论。讨论后每组选出一人在课堂汇报讨论结果，最后教师进行点评。

第十一章

企业工程项目控制

素养目标

- 具有正确的价值观，培养诚实守信、廉洁奉公的品德；
- 具有辩证思维，辩证看待质量、进度、投资的相互制约和有机统一性；
- 具有风险意识，充分认识确保不相容职务分离是预防经济犯罪和腐败的防火墙；
- 具有法律观念，深刻理解依法公开、公平、平等招标对保障工程质量的重要性；
- 具有规则意识，培养以制度管人、按制度办事的良好作风。

知识目标

- 理解工程项目的含义及管控内容；
- 理解工程项目内部控制的目标；
- 掌握工程项目内部控制的方法。

技能目标

- 能够合理预判工程项目各阶段的风险；
- 能够准确把握工程项目各阶段的风险领域和关键控制点；
- 能够准确界定工程项目业务不相容职务并明确相关部门和岗位职责；
- 能够准确把握工程项目各阶段内部控制的方法并实施管控。

学思践悟

“问题电缆”案的启示

2017 年 3 月 13 日，有网帖称西安地铁 3 号线存在安全事故隐患，并对陕西奥凯电缆有限公司（以下简称奥凯公司）参与西安地铁项目的中标过程及其产品质量提出质疑。

在“问题电缆”曝光后，原质检总局、工业和信息化部、公安部、原监察部、财政部、住房和城乡建设部、交通运输部、国资委、原工商总局、原安全监管总局、铁路局、全国打击侵犯知识产权和制售假冒伪劣商品工作领导小组办公室等部门组成了西安地铁“问题电缆”部门联合调查组。经联合调查组调查，这是一起严重的企业制售伪劣产品违法案件，是有关单位和人员内外勾结、采购和使用伪劣产品的违法案件。具体事实如下：

一是低价中标后偷工减料、以次充好。如果以中标合同的报价生产合格产品将全部亏损，故采取将线缆的内芯拉细“瘦身”等手段降低成本，以保证盈利。奥凯公司在生产任务单上标注产品规格“暗号”，生产残次品。如标注“A”规格的产品表示内芯横截面积实际为标准的95%，“B”规格的产品表示横截面积实际为标准的90%，“C”规格的产品表示横截面积实际为标准的85%。

二是在产品检验环节弄虚作假。为逃避监管，奥凯公司在企业自检、业主要求的社会第三方委托检验、施工单位抽检等3个环节弄虚作假：产品出厂检验减少检验项目；私刻多家检验机构印章，伪造检验报告；与一些工程施工、监理人员相互串通、通风报信，违规自行抽取样品、送检样品、领取检验报告，在这些环节中做手脚，合谋过关。

三是施工单位在材料进场验收等环节不严格执行有关管理办法。在材料检验环节，违规默许奥凯公司自行抽样、送样、取报告。一些人员还收受奥凯公司钱物，在材料招标采购环节，为奥凯公司生产的“问题电缆”进入工程提供方便。如施工单位项目经理汤某、物资部长费某，在材料采购中多次为奥凯公司法定代表人王志伟提供帮助，收受好处费。

四是监理单位与电缆供应商沆瀣一气。监理单位不仅违规默许奥凯公司自行取样、送样、取报告，还在发现不合格检测报告后，未及时通知建设单位，未扩大检测范围，对使用“问题电缆”的项目给出了合格意见。监理单位一些工作人员还收受奥凯公司的购物卡和财物。

2017年6月26日，国务院办公厅发布《关于西安地铁“问题电缆”事件调查处理情况及其教训的通报》(国办发〔2017〕56号)，认定该事件是一起严重的企业制售伪劣产品、有关单位和人员与奥凯公司内外勾结，在地铁工程建设中采购和使用伪劣产品的违法案件，也是相关地方政府及其职能部门疏于监管、履职不力，部分党员领导干部违反廉洁纪律、失职渎职的违法违纪案件。陕西省相关地方政府对有关部门及下属单位122人问责追责，分别给予党纪政纪处分，对其中17人涉嫌犯罪问题移送检察机关立案侦查。奥凯公司法定代表人王志伟等8名犯罪嫌疑人被追究刑事责任。2019年3月29日，西安地铁3号线问题电缆案在西安市中级人民法院一审公开宣判。法院判处被告单位陕西奥凯电缆有限公司犯生产、销售伪劣产品罪、单位行贿罪，数罪并罚，决定执行罚金人民币3 050万元。被告人陕西奥凯电缆有限公司法定代表人王志伟因犯生产、销售伪劣产品罪、单位行贿罪、行贿罪，数罪并罚，决定执行无期徒刑、剥夺政治权利终身，并处罚金人民币2 150万元；其余7名被告人犯生产、销售伪劣产品罪、单位行贿罪，分别判处有期徒刑七年至十二年又三个月不等的刑期，并处罚金。

“问题电缆”事件暴露出的招投标领域存在的围标、串标、低于成本价中标等制度缺陷和监管漏洞。工程项目投入资源多、占用资金大、建设工期长、涉及环节多、多种利益关系复杂，构成了经济犯罪和腐败问题的“高危区”。现实中，“豆腐渣”工程以及相

企业内部控制应用指引第11号——工程项目

关的经济犯罪和腐败案例时有发生，引发社会各界对工程项目的关注。

2010 年 4 月 15 日，财政部等五部委发布了企业内部控制配套指引，其中《企业内部控制应用指引第 11 号——工程项目》，旨在加强工程项目管理，提高工程质量，保证工程进度，控制工程成本，防范商业贿赂等舞弊行为。

议一议

严厉惩治腐败对现代化强国建设的重要作用有哪些？

第一节　工程项目概述

一、工程项目的含义

工程项目是指企业自行或委托其他单位所进行的建造、安装活动，主要包括以扩大生产能力或新增工程效益为主要目的新建、扩建项目和以改进技术、增加产品品种、提高质量和安全、治理“三废”、节约能源为目的的更新建造项目。

视频：工程项目概述

企业工程项目的建设包括自行建造（自营工程）和委托他人代建（出包工程）。自行建造是指企业参与工程项目建造的全过程或绝大部分，并在该过程中发挥主导作用。委托他人代建是指企业将工程项目的主要部分，或全部以出包方式交由其他单位从事，企业主要负责筹集工程项目所需资金、按期与承包方结算、参与竣工验收等。

二、工程项目内部控制的目标

工程项目从立项到招标、施工、验收、使用自始至终有着各种风险。但是工程项目的一次性特征使其风险明显高于日常业务。因为日常业务出现问题，可以及时纠正，避免再次发生，而工程项目一旦出现问题，往往难以补救。《企业内部控制应用指引第 11 号——工程项目》第一条开宗明义提出，工程项目控制的总目标是提高工程质量、保证工程进度、控制工程成本、防范商业贿赂行为。

质量、进度和投资这三个控制目标贯穿于工程项目的全过程，是相互制约、有机统一的。质量是企业的生命线，提高工程质量，可能需要延长建设周期，增加投资；加快工程进度，可能节约投资，但也可能降低工程质量。工程项目控制就是要在工程项目的全过程中，适度把握这三个目标的比例关系，以实现三大目标的集成优化。

防范商业贿赂等舞弊行为也是工程项目的控制目标，往往与其他控制目标交织在一起，实现其他目标的同时，防范商业贿赂等舞弊行为。安全管理也是工程建设的一个重要方面，较多地体现在质量控制中。

三、工程项目控制的总体要求

（一）全面梳理工程项目各环节业务流程

加强工程项目控制，首先要全面梳理工程项目中各个环节业务流程，针对各风险领域查找、界定关键控制点。

在对工程项目的流程进行梳理时，应当遵照以下两个原则。

1. 确保法规的遵循性

相比企业的其他经营活动，工程项目在立项、设计、招标、建设、验收等方面面临的监管要求更为严格，有的项目需要国务院投资主管部门核准，有的项目由地方政府主管部门核准；建设工程开工前，建设单位应当向工程所在地县级以上人民政府建设行政主管部门申请领取施工许可证等。此类规定很多，每个环节都有许多法律规范性要求。这就要求企业在梳理工程项目业务流程时，认真关注流程设计是否符合法规要求。凡国家法律法规对工程项目的审批、核准、备案等有明确规定的，必须体现在流程控制之中。

2. 保证基本流程的完整性

企业应当按照工程项目的形成顺序依次检查流程，重点关注流程是否完整，前后顺序是否衔接，是否按照规定的顺序排列。无论企业工程项目有多少，复杂程度如何，基本流程都是一样的。

（二）明确相关部门和岗位的职责权限

工程项目业务复杂，涉及的内设职能部门和工作岗位众多，企业应在全面梳理工程项目业务流程的基础上，健全项目管理组织体系，明确相关部门和岗位的职责权限，确保办理工程项目业务中的不相容职务相互分离、相互制约、相互监督，包括可行性研究与决策、概预算编制与审核、项目实施与价款支付、竣工决算与审计等。

工程建设具有专业性和复杂性的特点，建设过程中涉及的利益主体较多，如勘察单位、设计单位、监理单位、施工单位等。工程项目的控制范围不仅局限于企业内部，还包括大量与企业外部相关主体之间的权责划分、沟通协调。但不相容职务相分离、互相监督、全面监控的原则是一致的。严禁在同一经营实体或同一行政单位直接管辖范围内搞设计、施工、监理“一条龙”作业。

（三）完善工程项目各项管理制度

梳理业务流程、明确职责权限，是为了根据权责分配和岗位职责，结合业务运行中的关键部位和薄弱环节更好地履行管控职能，必须将业务流程、职责权限和管理要求等有机结合，形成具有科学性、规范性和约束力的工程项目管理制度，实现以制度管人、按制度办事、促进工程项目规范、廉洁、高效运行。

议一议

工程项目内部控制的总体目标是什么？如何理解各项目标之间的辩证统一关系？

第二节　工程项目中存在的风险

《企业内部控制应用指引第 11 号——工程项目》第三条规定，企业工程项目至少应当关注下列风险：立项缺乏可行性研究或者可行性研究流于形式，决策不当，盲目上马，可能导致难以实现预期效益或项目失败；项目招标暗箱操作，存在商业贿赂，可能导致中标人实质上难以承担工程项目、中标价格失实及相关人员涉案；工程造价信息不对称，技术方案不落实，概预算脱离实际，可能导致项目投资失控；工程物资质次价高，工程监理不到位，项目资金不落实，可能导致工程质量低劣，进度延迟或中断；竣工验收不规范，最终把关不严，可能导致工程交付使用后存在重大隐患。

一、工程立项风险

工程立项是项目的决策过程，如果决策失误，进入实施阶段，即使进行技术和经济调整，也难以弥补由此带来的损失。工程立项的风险主要体现在以下三个方面。

（一）编制项目建议书风险

主要表现为：投资意向与国家产业政策和企业发展战略脱节；内容不合规、不完整，项目性质、用途模糊，拟建规模、标准不明确，项目投资估算和进度安排不协调。

（二）可行性研究报告风险

主要表现为：缺乏可行性研究，或可行性研究流于形式，导致决策不当，难以实现预期效益，甚至可能导致项目失败。可行性研究的深度达不到质量标准和实际要求，无法为项目决策提供充分、可靠的依据。

（三）项目评审和决策风险

主要表现为：项目评审流于形式，误导项目决策；权限配置不合理，或者决策程序不规范，导致决策失误，给企业带来巨大经济损失。

【案例 11-1】

被珠海市列为一号“政绩工程”、曾经号称“全国最大最先进最新潮”的珠海机场，设计客流量是每年 1 200 万人次。然而，该机场建成后每月客流量四五万人次，只相当于广州白云机场一天的客流量。2000 年只有 57 万人次，利用率不过 1/24。

【分析】本案例由于工程项目立项时缺乏可行性研究与论证，造成决策失误。

与珠海相距约 125 千米的广州市是广东省省会，国家中心城市、超大城市、国际大都市、国际商贸中心、国际综合交通枢纽、国家综合性门户城市、国家历史文化名城。广州市位于广东省中南部，珠江三角洲北缘，濒临南海，邻近香港特别行政区和澳门特别行政区，是中国通往世界的南大门。广州市建设有白云国际机场，2010 年旅客吞吐量为 2 500 万人次。珠海建设如此规模的机场，项目一开始就注定了其命运。

二、工程设计风险

（一）初步设计风险

主要表现为：设计单位不符合项目资质要求；初步设计未进行多方案比选；设计人员对相关资料研究不透彻，初步设计出现较大疏漏；设计深度不足，造成施工组织不周密、工程质量存隐患、投资失控以及投产后运行成本过高。

（二）施工图设计风险

主要表现为：概预算严重脱离实际，导致项目投资失控；工程设计与后续施工未有效衔接或过早衔接，导致技术方案未得到有效落实，影响工程质量，或造成工程变更，发生重大经济损失。

【案例 11-2】

某天然气氯碱国家工程是与三峡工程配套的最大移民开发工程。19×2 年原国家计划委员会批准的可行性研究报告概预算是 15.8 亿元。项目所在地政府对这个国家重点项目寄予了厚望，19×3 年将工程概预算调整为 20.58 亿元。之后，又扩大为 30 亿元，相当于某市五年以上财政收入总和。工程于 19×4 年开工，19×7 年年底因资金缺乏停建，19×8 年工程下马，但此时已耗资 13.2 亿元，清债还需 4.5 亿元。

【分析】本案例，概预算严重脱离实际，导致项目投资失控，给国家带来巨大损失。

三、工程招标风险

（一）招标风险

主要表现为：招标人肢解建设项目，致使招标项目不完整，或逃避公开招标；投标资格条件因人而设，未做到公平、合理，可能导致中标人并非最优选择；相关人员违法违纪泄露标底，存在舞弊行为。

（二）投标风险

主要表现为：招标人与投标人串通投标，存在舞弊行为；投标人的资质条件不符合要求或挂靠、冒用他人名义投标，可能导致工程质量难以达到规定标准。

（三）开标、评标和定标风险

主要表现为：开标不公开、不透明，损害投标人利益；评标委员会成员缺乏专业水平，或者建设单位向评标委员会施加影响，致使评标流于形式；评标委员会成员与投标人串通作弊，损害招标人利益。

【案例 11-3】

某学校对建造学生宿舍楼进行招标，由于该学校与一家建筑公司有长期的业务往来，故此次仍希望这家建筑公司中标。于是双方达成默契，在招标时，该学校要求该建筑公司尽量压低投标报价，以确保中标，在签合同时，再将工程款提高。

该建筑公司以最低价中标。在签合同前，该建筑公司以材料涨价为由，将原投标报价提高了 10%，结果提高后的工程造价高于开标时所有投标人的报价，最后与招标学校签订了施工合同。

【分析】该案例在工程招标阶段发生严重的内部控制缺陷。招标人与投标人串通投标，存在舞弊行为。

【案例 11-4】

林某自己有一家建筑企业，人员、设备、施工技术等方面实力均比较欠缺。沈某是一家大型建筑企业的老总，该企业在行业内的知名度很高。林某和沈某是高中同学，关系甚密。一次，某单位为修建办公大楼招标，公告中公布的该工程投标单位的资质条件、公司业绩等要求，林某的公司均不能满足。于是林某找到沈某，请沈某的公司前去投标。中标后由林某的公司实施该工程，由林某的公司付给沈某的公司一笔“感谢费”。结果沈某的公司成为该工程的中标单位，但实际是林某的公司在修建该工程。最终因林某公司的承建能力问题导致工程质量不合法，工期延误。

【分析】该案例在工程招标阶段发生严重的内部控制缺陷。投标人的资质条件不符合要求，用他人名义投标，自己施工，导致工程质量难以达到规定标准。

议一议

如何理解“君子爱财，取之有道”？

四、工程建设风险

（一）物资采购风险

主要表现为：工程物资采购过程控制不力，材料采购没有计划性，导致材料物资短缺，影响工程进度；材料和设备质次价高，不符合设计标准和合同要求，影响工程质量和进度。

（二）施工风险

主要表现为：盲目赶进度，牺牲质量；建设资金使用混乱、不落实，影响工程进度；质量、安全监管不到位，存在质量隐患。

（三）工程变更风险

主要表现为：现场控制不当，工程变更频繁，导致费用超支、投资失控、工期延误。

（四）工程价款结算风险

主要表现为：建设资金使用混乱，项目资金不落实，导致工程进度延迟或中断。

【案例 11-5】

2004 年，审计署驻深圳特派办对长江干流某防洪隐蔽工程进行了审计，审计发现，长江修防处（以下简称修防处）虚报隐蔽工程抛石方量，套取国家资金，给长江大堤安全带来隐患。

这项工程由某市修防处负责，主要是对 22 千米江堤险段实施水下抛石，即按设计要求把块石平顺均匀地铺在堤脚，以起到护岸固基的作用。工程概算与实际完成投资均为 3.46 亿元。经对 4 个块石供货单位的购销账仔细检查，结果发现一个惊人的黑洞：4 个供货单位，2000 年至 2003 年向修防处供应的块石总量，居然比 4 个供货单位同期购进的块石总量多出 60 万方。发现疑点后，审计人员对修防处块石采购及招投标情况进行深入调查，2001 年以前的块石采购没有进行招标，全部直接由该处下属二级法人单位护岸所和开发公司供应。2002 年至 2003 年修防处通过自己编标、自己投标、自己评标等违规手段，进行虚假招投标，确定了 4 个供货单位。其中 3 个供货单位的投标代理人均为修防处在编职工，3 个供货单位“中标”后，修防处立刻“借壳”在其名下成立了自己的块石经营部，经营部经理是由修防处办公室主任周某及副主任胡某担任；还有一个“中标”单位干脆就是下属开发公司。这样，修防处直接操纵控制了块石的采购和供应。在工程的施工上，有 1/3 的工程量是由修防处原处长刘某任法定代表人的某建安公司独揽。

工程的监理和测量状况则更加混乱。修防处下属的某监理公司通过“配合”其他监理公司工作的方式，派出副总监和大量现场监理人员，直接参与所有河段的施工监理，涉及块石量方、抛投计量等。最典型的是，2002 年在 50 名现场监理人员中就有 41 人为修防处下属监理公司的员工，实际控制了工程块石量方和工程施工计量，并从中获取收入 227 万元。2000 年至 2004 年 7 月，修防处下属的测绘队承担了块石抛投前后的全部施工测量及竣工测量等任务，实际控制了全部施工测量及竣工测量，并获得收入 185 万元。

至此，从管钱、供货到施工、监理，该防洪隐蔽工程完全由修防处“一条龙”运作。通过对供货单位提现等方式，刘某等人将国有资金装入了自己的腰包。天网恢恢，疏而不漏。相关人员已被追究法律责任。

【分析】该案例从招标到监理都存在明显的内部控制缺陷。

（1）在招标环节存在明显漏洞，暗箱操作，未实现公开、透明。

（2）工程监理未发挥应有的作用。监理单位是修防处的下属单位，修防处既当运动员又当裁判员，应有的监控制衡机制完全失效。

（3）违背不相容职务分离原则。整个工程出现了自己管钱、自己供货、自己施工、自己监理、自己量方计量，隐蔽工程完全成了左手与右手的交易，成了左手对右手的监理和计量。

五、工程验收风险

主要表现为：竣工验收不规范，质量检验把关不严，可能导致工程存在重大质量隐患；虚报项目投资完成额、虚列建设成本或者隐匿结余资金，竣工决算失真；固定资产达到预定可使用状态后，未及时进行估价、结转。

第三节 工程项目的风险管理与控制

一、工程立项管理与控制

（一）项目建议书编制

1. 分工明确

明确投资分析、编制和评审项目建议书的职责分工。确保办理工程项目业务的不相容职务相分离、制约和监督。工程项目建议书编制、可行性研究报告和项目决策职务分离。承担评审任务的专业机构不得参与项目建议书的编制。

2. 工程项目符合法律法规和相关政策

全面了解所处行业和地区的相关政策规定，以法律法规和政策规定为依据，结合实际建设条件和经济环境变化趋势，客观分析投资机会，确定工程投资意向。根据国家规定应当报批的项目建议书必须及时报批并取得有效批文。

3. 规范编制项目建议书

根据国家和行业有关要求，结合本企业实际，规定项目建议书的主要内容和格式，明确编制要求；在编制过程中，要对工程质量标准、投资规模和进度计划等进行分析论证，做到协调平衡。对于专业性较强和较为复杂的工程项目，可以委托专业机构进行工程投资分析，编制项目建议书。

4. 集体决策

企业决策机构应当对项目建议书进行集体审议，必要时可以成立专家组或委托专业机构进行评审。

（二）可行性研究报告编制

1. 规范编制可行性研究报告

根据国家和行业有关规定以及本企业实际，确定可行性研究报告的内容和格式，明确编制要求。

2. 合理选择专业机构

委托专业机构进行可行性研究的，应当制定专业机构的选择标准，确保可行性研究科学、准确、公正。在选择专业机构时，应当重点关注其专业资质、业绩和声誉、专业人员素质、相关业务经验等。

3. 可行性研究报告内容切合实际

切实做到投资、质量和进度控制的有机统一，即技术先进性和经济可行性要有机结合。建设标准要符合企业实际情况和财力、物力的承受能力，技术要先进适用，对于拟采用的工艺，既要考虑其对产品质量的提升作用，又要考虑企业营销状况和走势，避免盲目追求技术先进而造成投资损失浪费。

（三）评审决策

1. 组建专业团队进行评审

组建项目评审组或委托具有资质的专业机构对可行性研究报告进行评审。项目评审组成员不得参与可行性研究，委托专业机构进行评审的，该专业机构不得参与项目可行性研究。评审组成员应当熟悉工程业务，并具有较广泛的代表性；评审组的决策机制不能简单采用“少数服从多数”原则，而要充分兼顾项目投资、质量、进度各方面的不同意见；项目评审应实行问责制，评审组成员要对其出具的评审意见承担责任。

2. 评审要关注重点

在项目评审中，要重点关注项目投资方案、投资规模、资金筹措、生产规模、布局选址、技术、安全、环境保护等方面情况，核实相关资料的来源和取得途径是否真实、可靠，特别要对经济技术可行性进行深入分析和全面论证。

3. 建立授权审批制度

明确工程项目审批人的授权批准方式、权限和责任，规定工程项目经办人的职责范围。一般情况下，公司对董事会的授权由公司章程或股东大会决议，公司对董事长和总经理的授权由公司董事会决议，总经理以下人员无权对工程项目是否建设审批，公司对工程项目建设中的相关事务的授权，以临时授权方式明确。

董事长对工程立项进行审批或授权总经理审批；总经理按董事长的授权审批。

4. 建立决策机制

建立科学的工程项目决策制度和决策机制，按照规定的权限和程序对工程项目进行决策，决策过程必须有完整的书面记录，并实行决策责任追究制度。重大工程项目，应当报经董事会或者类似决策机构集体审议批准，任何个人不得单独决策或者擅自改变集体决策意见，防止出现“一言堂”“一支笔”。总会计师或分管会计工作的负责人应当参与项目决策。

二、工程设计管理与控制

（一）初步设计

（1）建设单位应当引入竞争机制，尽量采用招标方式确定设计单位，根据项目特点选择具有相应资质和经验的设计单位。

（2）在工程设计合同中，要细化设计单位的权利和义务，特别是一个项目由几个单位共同设计时，要指定一个设计单位为主体设计单位，主体设计单位对建设项目设计的合理性和整体性负责。

（3）建设单位应当向设计单位提供开展设计所需的详细的基础资料，并进行有效的技术经济交流，避免因资料不完整造成设计保守、投资失控等问题。

（4）建立严格的初步设计审查和批准制度，通过严格的复核、专家评议等制度，层层把关，确保评审工作质量。在初步设计审查中，技术方案是审查的核心和重点，重大技术方案必须进行技术经济分析比较、多方案比选。此外，还应关注初步设计规模是否与可行性研究报告、设计任务书一致，有无夹带项目、超规模、超面积和超标准的问题。

（二）施工图设计

1. 建立严格的概预算编制与审核制度

概预算的编制要严格执行国家、行业和地方政府有关建设和造价管理的各项规定和标准，完整、准确地反映设计内容和当时当地的价格水平。建设单位应当组织工程、技术、财会等部门的相关专业人员或委托具有相应资质的中介机构对编制的概预算进行审核，重点审查编制依据、项目内容、工程量的计算、定额套用等是否真实、完整和准确。如发现施工图预算超过初步设计批复的投资概预算规模，应对项目概预算进行修正，并经审批。

2. 建立严格的施工图设计管理制度和交底制度

在对施工图设计进行审查时，应重点关注施工图设计深度能否满足全面施工及各类设备安装要求，施工图设计质量是否符合国家和行业规定，各专业工种之间是否做到了有效配合等。施工图设计基本完成后，应召开施工图会审会议，由建设单位、设计单位、施工单位、监理单位等共同审阅施工图文件，设计单位应进行技术交底，介绍设计意图和技术要求，及时沟通问题，修改不符合实际和有错误的图纸，会议应形成书面纪要。

3. 制定严格的设计变更管理制度

第一，设计单位应当提供全面的、及时的现场服务，避免设计与施工相脱节的现象发生，减少设计变更的发生。第二，对确需进行的变更，应尽量控制在设计阶段，采用层层审批等方法，以使投资得到有效控制。第三，因设计单位的过失造成设计变更的，应由设计单位承担相应责任。第四，建设单位应当严格按照国家法律法规和本单位管理要求执行各项设计报批要求，上一环节尚未批准的，不得进入下一环节，杜绝出现边勘察、边设计、边施工的“三边”现象。第五，可以引入设计监理，提高设计质量。

三、工程招标管理与控制

（一）招标

（1）建设单位应当按照《中华人民共和国招标投标法》《工程建设施工招标投标管理办法》等相关法律法规，结合本单位实际情况，本着公开、公正、平等竞争的原则，建立健全本单位的招投标管理制度，明确应当进行招标的工程项目范围、招标方式、招标程序，以及投标、开标、评标、定标等各环节的管理要求。

（2）工程立项后，对于是否采用招标以及招标方式、标段划分、招标公告的编制以及标底编制等，应由建设单位工程管理部门牵头提出方案，报经建设单位招标决策机构集体审议通过后执行。

① 招标公告的编制要公开、透明，严格根据项目特点确定投标人的资格要求，不得根据“意向中标人”的实际情况确定投标人资格要求。建设单位不具备自行招

标能力的，应当委托具有相应资质的招标机构代理招标。

② 建设单位确需划分标段组织招标的，应当进行科学分析和评估，提出专业意见。划分标段时，应当考虑项目的专业要求、管理要求、对工程投资的影响以及各项工作的衔接，不得违背工程施工组织设计和招标设计方案，将应当由一个承包单位完成的工程项目肢解成若干部分发包给几个承包单位。

③ 建设单位应当根据项目特点决定编制标底的，标底编制过程和标底应当严格保密。

（二）投标

（1）科学编制招标公告，合理确定投标人资格要求，尽量扩大潜在投标人的范围，增强市场竞争性。

（2）严格按照招标公告或资格预审文件中确定的投标人资格条件对投标人进行实质审查，通过查验资质原件、实地考察，或到工商和税务机关调查核实等方式，确定投标人的实际资质，预防假资质中标。对投标人的信息采取严格的保密措施，防止投标人之间串通舞弊。

（3）建设单位应当履行完备的标书签收、登记和保管手续。签收人要记录投标文件签收日期、地点和密封状况，签收标书后应将投标文件存放在安全保密的地方，任何人不得在开标前开启投标文件。

（三）开标、评标和定标

（1）开标过程应邀请所有投标人或其代表出席，并委托公证机构进行检查和公证。

（2）依法组建评标委员会评标。

① 确保评标委员会成员具有较高的职业道德水平，并具备招标项目专业知识和丰富经验。评标委员会成员名单在中标结果确定前应当严格保密。评标委员会成员和参与评标的有关工作人员不得私下接触投标人，不得收受投标人任何形式的商业贿赂。

② 建设单位应当为保证评标委员会独立、客观地进行评标工作创造良好条件，不得向评标委员会成员施加影响，干扰其客观评判。

③ 评标委员会应当在评标报告中详细说明每位成员的评价意见以及集体评审结果，对于中标候选人和落标人要分别陈述具体理由。每位成员应对其出具的评审意见承担个人责任。

（3）中标候选人是1个以上时，招标人应当按照规定的程序和权限，由决策机构审议决定中标人。

（四）合同管理

（1）加强合同管理，合同签订和管理应当遵循国家、行业、企业的统一要求，制定工程合同管理制度，明确各部门在工程合同管理和履行中的职责，严格按照合同行使权利和履行义务。

（2）建设工程施工合同、各类分包合同、工程项目施工内部承包合同应当按照国家或本建设单位制定的示范文本的内容填写，清楚列明质量、进度、资金、安全等各项具体标准，有施工图纸的，施工图纸是合同的重要附件，与合同具有同等法律效力。

（3）建设单位应当建立合同履行执行情况台账，记录合同的实际履约情况，并随时督促对方当事人及时履行其义务，建设单位的履约情况也应及时做好记录并经对方确认。

四、工程建设管理与控制

（一）物资采购

（1）严格遵循采购业务管理控制要求，重大设备和大宗材料的采购应当采用招标方式。

（2）对于由承包单位购买的工程物资，建设单位应当采取必要措施，确保工程物资符合设计标准和合同要求。

① 在施工合同中，建设单位应具体说明建筑材料和设备应达到的质量标准，明确责任追究方式。

② 对于承包单位提供的重要材料和工程设备，应由监理机构进行检验，查验材料合格证明和产品合格证书，一般材料要进行抽检。未经监理人员签字，工程物资不得在工程上使用或安装，不得进行下一道工序施工。

③ 运入施工场地的材料、工程设备，包括备品、备件、安装专用工器具等，必须专用于合同工程，未经监理人员同意，承包单位不得运出施工场地或挪作他用。

（二）工程施工

1. 工程质量管控

质量是企业的生命，工程项目也是如此，无论是施工企业还是建设单位，提高产品和服务的质量，才能提升企业品牌形象，实现企业持续发展。

（1）承包单位应当建立全面的质量控制制度，按照国家相关法律法规和本单位质量控制体系进行建设，并在施工前列出重要的质量控制点，报经监理机构同意后，在此基础上实施质量预控。质量控制中的重点控制对象包括：人的行为，关键过程、关键操作，施工设备材料的性能和质量，施工技术参数，某些工序之间的作业顺序，有些作业之间的技术间歇时间、新工艺、新技术、新材料的应用，对工程质量产生重大影响的施工方法等。

（2）承包单位应按合同约定对材料、工程设备以及工程的所有部位及其施工工艺进行全过程的质量检查和检验，定期编制工程质量报表，报送监理机构审查。关键工序作业人员必须持证上岗。

（3）监理机构有权对工程的所有部位及其施工工艺进行检查验收，发现工程质量不符合要求的，应当要求承包单位立即返工修改，直至符合验收标准为止。对于主要工序作业，只有监理机构审验后，才能进行下道工序。

议一议

如何理解质量是企业的生命？

2. 工程进度管控

监理单位履行监督管理职能，承包单位按照规定的工程进度进行施工，确保工程进度。

（1）监理单位应当建立监理进度控制体系，明确相关程序、要求和责任。

（2）承包单位应按合同规定的工程进度编制详细的分阶段或分项进度计划，报送监理机构审批后，严格按照进度计划开展工作。制订的进度计划应当适合建设工程的实际条件和施工现场的实际情况，并与承包单位劳动力、材料、机械设备的供应计划协调一致。确需调整进度的，必须优先保证质量，并同建设单位、监理机构达成一致意见。

（3）承包单位至少应按月对完成投资情况进行统计、分析和对比，工程的实际进度与批准的合同进度计划不符时，承包单位应提交修订合同进度计划的申请报告，并附原因分析和相关措施，报监理机构审批。

3. 安全建设管控

安全建设是提高工程质量、保证工程进度、控制工程成本的重要保障。

（1）建设单位应当加强对施工单位的安全检查，并授权监理机构按合同约定的安全工作内容监督、检查承包单位安全工作的实施。此外，建设单位不得对承包单位、监理机构等提出不符合建设工程安全生产法律、法规和强制性标准规定的要求，不得压缩合同约定的工期。建设单位在编制工程概算时，应当确定建设工程安全作业环境及安全施工措施所需费用。

（2）工程监理单位和监理工程师应当按照法律、法规和工程建设强制性标准实施监理，并对建设工程安全生产承担监理责任。在实施监理过程中，发现存在安全事故隐患的，应当要求施工单位整改；情况严重的，应当要求施工单位暂时停止施工，并及时报告建设单位。

（3）承包单位应当设立安全生产管理机构，配备专职安全生产管理人员，依法建立安全生产、文明施工管理制度，细化各项安全防范措施。承包单位应当对所承担的建设工程进行定期和专项安全检查，并做好安全检查记录。

4. 工程结算管控

建设单位与施工单位之间的工程价款结算是建设期间的一项重要内容，及时进行工程价款结算，保障工程进度。

（1）建设单位应当建立完善的工程价款结算制度，明确工作流程和职责权限划分，并切实遵照执行。财会部门应当安排专职的工程财会人员，认真开展工程项目核算与财务管理工作。

（2）资金筹集和使用应与工程进度协调一致，建设单位应当根据项目组成（分部、分项工程）结合时间进度编制资金使用计划，作为资产管控和工程价款结算的重要依据。这方面的管控措施详见第七章内容。

（3）建设单位财会部门应当加强与承包单位和监理机构的沟通，准确掌握工程进度，确保财务报表能够准确、全面地反映资产价值，并根据施工合同约定，按照规定的审批权限和程序办理工程价款结算。建设单位财会部门应认真审核相关凭证，严格按合同规定的付款方式付款，既不应违规预支，也不得无故拖欠。

（4）严格执行工程预算，在施工过程中，如果工程的实际成本突破了工程项目预算，建设单位应当及时分析原因，按照规定的程序予以处理。

5. 工程变更管控

无论是客观原因还是主观原因，工程变更都会给建设单位带来一定的损失，所以，要严格控制工程变更，减少经济损失。

（1）建设单位要建立严格的工程变更审批制度，严格控制工程变更，确需变更的，要按照规定程序及时办理变更手续。对于重大的变更事项，必须经建设单位、监理机构和承包单位集体商议，同时严加审核文件，提高审批层级，依法需报有关政府部门审批的，必须取得同意变更的批复文件。

（2）工程变更获得批准后，应尽快落实变更设计和施工，承包单位应在规定期限内全面落实变更指令。

（3）如因人为原因引发工程变更，如设计失误、施工缺陷等，应当追究当事单位和人员的责任。

（4）对工程变更价款的支付实施更为严格的审批制度，变更文件必须齐备，变更工程量的计算必须经过监理机构复核并签字确认，防止承包单位虚列工程费用。

五、工程验收管理和控制

（1）建设单位应当健全竣工验收各项管理制度，明确竣工验收的条件、标准、程序、组织管理。建立档案管理制度，收集、整理工程建设各环节的文件资料，建立完整的工程项目档案。建立项目考核与评价制度，明确项目过程评价和项目后评估，明确绩效考核办法，明确责任追究。

（2）竣工验收必须履行规定的程序，至少应经过承包单位初检、监理机构审核、正式竣工验收三个程序。正式竣工验收前，根据合同规定应当进行试运行的，应当由建设单位、监理单位和承包单位共同参与试运行。试运行符合要求的，才能进行正式验收。正式验收时，应当组成由建设单位、设计单位、施工单位、监理单位等组成的验收组，共同审验。重大项目的验收，可吸收相关方面专家组进行评审。

（3）初检后，确定固定资产达到预定可使用状态的，承包单位应及时通知建设单位，建设单位会同监理单位初验后应及时对项目价值进行暂估，转入固定资产核算。建设单位财务部门应定期根据所掌握的工程项目进度核对项目固定资产暂估记录。

（4）建设单位应当加强对工程竣工决算的审计，应先自行审核，再委托具有相应资质的中介机构实施审计；未经审计的，不得办理竣工验收手续。

（5）建设单位要加强对完工后剩余物资的管理。工程竣工后，建设单位对各种节约的材料、设备、施工机械工具等，要清理核实，妥善处理。

（6）建设单位应当按照国家有关档案管理的规定，及时收集、整理工程建设各环节的文件资料，建立工程项目档案。需报政府有关部门备案的，应当及时备案。

（7）建设单位应当建立健全完工项目的后评估制度。一方面，对完工工程项目预期目标的实现情况和项目投资效益等进行综合分析与评价，总结经验教训，为未来项目的决策和提高投资决策管理水平提出建议；另一方面，采取切实有效措施，保证项目后评估的公开、客观和公正。原则上，凡是承担项目可行性研究报告编制、立项决策、设计、监理、施工等业务的机构不得从事该项目的后评估工作，以保证后评估的独立性。还要严格落实工程项目决策及执行相关环节责任追究制度，项目后评估结果应当作为绩效考核和责任追究的依据。

【案例 11-6】

20×3 年 1 月 4 日，某市中心大桥突然整体垮塌，过往于桥上的 50 多名群众顿时坠入河中，其中 40 人死亡，直接损失上千万元。

据调查，该项工程未经主管部门立项，无可行性研究报告；设计系个人行为，工程设计不达标，且随意更改；工程施工者是挂靠在该市桥梁工程总公司名下的个体业主，组织的施工队伍不具备进行市政工程建设的技术和设备力量，不具有合法的市政工程施工资质，且工程施工偷工减料，材料普遍存在裂纹、未焊透、未熔合、气孔、夹渣等严重缺陷，质量达不到施工及验收规范规定的验收标准；在中心大桥的建设过程中，无工程监理；建成后未经法定竣工验收；养护管理中两次发生重大桥梁毁损。

【分析】在本案例中，工程从立项、设计、发包、施工到验收，均未按照国家建筑管理法规进行，是典型的“六无工程”，造成了严重后果。该案例中工程存在明显的内部控制缺陷，主要表现在如下几个方面。

（1）在工程立项环节缺乏应有的控制，未依法进行审批和可行性研究，未批准就上马，违反了国家规定。

（2）在工程设计上，聘用的设计师没有相应资质，未达到工程内部控制的最低要求。

（3）在施工单位的选择上存在明显的缺陷，施工单位没有相应的资质，建设单位对工程施工过程也缺乏监督，建设单位自身未发挥监督作用，也未委托监理单位履行监督职责。

（4）竣工验收上存在明显问题，未竣工验收即投入使用。

（5）在使用中发现问题后，未采取及时的补救措施。

【案例 11-7】

20×5 年年初，A 公司投资兴建小水电站项目获批。当地某负责人表示，为节约成本，可为 A 公司指定可靠的设计和施工单位。A 公司接受了这一建议，将设计任务交给了该县水利局干部李某，当水电站工程进行到中途时，有关部门发现李某不具备“注册结构工程师”资质，对 A 公司处以罚款。A 公司不得不让市水利勘探设计院重新设计，但具体工程仍然按李某设计的图纸进行。施工任务也交给了由某负责人指定的一家建筑公司，但该建筑公司从未从事过水利工程。20×7 年，水电站工程被施工方宣布“竣工”，A公司共投入1 000万元。由于存在诸多质量问题，水电站建成后无法正常使用。经当地质监部门鉴定，工程设计存在重大质量问题，施工未严格按照合规的设计图纸，使用的工程材料不符合水电站要求，一旦大坝遇到一定程度的水量，将会因为耐力强度不够而被冲垮，更为严重的是，该水电站存在的严重质量问题，直接威胁到下游村庄村民的人身安全。20×8年，该水电站被炸毁。

【分析】本案例在设计、施工和工程验收阶段都存在明显的控制缺陷。

（1）在设计方面，在选聘设计单位上存在明显缺陷，该设计任务既未通过招标形式，图纸设计者也不具有设计水电工程的资质条件，在发现原设计者不具备相应资质后，没有及时做出补救措施。A公司在设计审计方面也存在缺陷，未建立初步设计审查和批准制度，对李某提供的设计方案未进行复核和审查。

（2）在施工阶段，选聘施工单位时存在明显的控制缺失。既未采用招标，也未全面考虑施工单位的资质、信誉、业务能力和经验。A公司对施工单位的监督方面也存在缺失，表现在A公司未委托监理单位对施工过程进行监督，也没有采取必要的措施对施工单位购买的工程物资进行监督，多方面原因导致工程质量低下。

（3）在工程验收阶段，竣工验收流于形式，把关不严。

以上种种内部控制的缺陷，导致水电工程无法投产使用，最终只能被炸毁，给公司带来巨大经济损失。

【案例11-8】

1937年9月26日，钱塘江大桥建成通车，到2025年已经在风雨和大潮的洗礼中，屹立88载春秋年华。任凭风吹浪打，岿然不动，被网民热捧为“桥坚强”。这座桥的设计寿命50年，已经超期38年，设计时速20公里，如今跑到百公里，放到今天的标准来看，钱塘江大桥不仅超期服役，而且也超限、超载。工程班子每次为大桥做完评估，都肃然起敬，当年是真把修桥当成百年基业在做。

大桥至今没有进行过技术上的大修，2000年的维修是规模最大的一次，仅仅是更换了公路桥的桥面板。这是一座炸药不放对位置都炸不掉的桥，大桥的5号、6号桥墩分别在1937年、1944年和1945年被炸过，但至今仍能正常使用。

1937年12月23日，因抗日战争的需要对钱塘江大桥实施爆破，只留下残存的桥墩。抗战胜利后，1948年5月，在茅以升的亲自主持下，钱塘江大桥又成功地被修复。

【分析】在本案例中，钱塘江大桥的建设从立项、设计、施工、验收到后评估，严格按照流程，以质量为生命，是我国桥梁建筑的榜样。

议一议

不相容职务分离控制是内部控制的主要方法，在工程项目内部控制中，不相容职务有哪些？

岗课赛训融通训练

不定项选择题

仔细阅读本章章首案例——“问题电缆”案的启示，回答下列问题。

1. 下列项目中，属于工程项目内部控制目标的有（　　）。

A. 提高工程质量　　B. 保证工程进度

C. 控制工程成本　　D. 防范商业贿赂

2. 西安地铁3号线出现“问题电缆”的主要问题有（　　）。

A. 采购环节低价中标　　B. 材料入场检验环节不严密

C. 施工单位与供应商内外勾结　　D. 监理方与供应商串通舞弊

3. 西安地铁3号线出现“问题电缆”的源头在低价中标，其招标过程的核心问题产生在（　　）环节。

A. 招标　　B. 投标

C. 开标　　D. 评标

4. 从本案中看出，工程项目建设需要严格控制的相关方有（　　）。

A. 评标委员会的评标专家　　B. 施工单位相关领导及人员

C. 监理单位及监理人员　　D. 社会第三方质量检验机构

5. 从本案中看出，相关犯罪人员个人价值观方面的主要问题是（　　）方面的问题。

A. 爱岗敬业　　B. 诚实守信

C. 自由平等　　D. 公正法治

教学讨论组织

“大桥垮塌”的思考

一、案例资料

2007 年 8 月 13 日 16 时 40 分许，湖南省凤凰县凤大公路堤溪段在建的沱江大桥在施工时，整个桥体全部垮塌，64 名施工人员不幸罹难，举国悲痛。

二、要求

请同学们搜索相关资料，分析该案例的内部控制缺陷有哪些？应该采用哪些控制方法和措施？

三、讨论形式

分组讨论，每组 6~8 人进行讨论。讨论后每组选出一人在课堂汇报讨论结果，最后教师进行点评。

第十二章

企业担保业务控制

素养目标

- 具有互利共赢的意识，充分理解团结合作、共同发展的理念；
- 具有实事求是的态度，养成诚实做人的品格；
- 具有风险意识，培养谨慎的工作态度和预警能力；
- 具有责任担当精神，养成不畏困难、勇于承担责任的人格和品质；
- 具有规矩意识，培养以制度管人、按制度办事的良好作风。

知识目标

- 理解企业担保业务的含义及管控内容；
- 理解企业担保业务内部控制的目标；
- 掌握企业担保业务内部控制的方法。

技能目标

- 能够正确认识企业担保业务“双刃剑”特征并合理选择担保业务；
- 能够合理预判企业担保业务各环节的风险；
- 能准确把握企业担保业务风险领域和关键控制点；
- 能准确把握企业担保业务内部控制的方法并实施管控。

学思践悟

“贷款担保”案的启示

20×0 年 4 月，工商银行上海某支行与住宅开发公司（A 公司，债务人）签订了人民币 800 万元的借款合同，借款期限至同年 11 月。该支行还与某房产上市公司（B 公司，担保人）签订保证合同，约定由该房产公司承担借款债务的连带保证责任。该笔借款到期后，A 公司和 B 公司均未履行还款义务。经催讨不成，原告工商银行上海某支行将两家公司起诉至法院。

经查，B 公司是一家上市公司，根据其刊登的年报记载，A 公司是 B 公司的大股东之一，在 19×8 年和 19×9 年的持股比例分别为 5.02% 和 1.37%。20×0 年至 20×1 年，A 公司陆续将其所持 B 公司的股票抛售完毕。

上海市第二中级人民法院经审理认为：本案的借款合同合法有效，A 公司理应承担清偿债务的民事责任。保证合同的效力和由此产生的民事责任是本案的争议焦点。

依据我国公司法规定，“董事、经理以公司资产为本公司股东的债务提供担保属于禁止性法律规定”，法律本身没有对此种担保行为的效力作出例外的规定。并且国家证券监管部门通过发布有关规范性文件明确上市公司不能为其股东提供担保。因此就本案而言，在保证合同签订时，A 公司是 B 公司的股东，该担保行为违反了法律的禁止性规定，应当确认无效。同时，由于 B 公司是上市公司，其股东信息已经有效地向社会公开，因此，工商银行上海某支行在审核担保人资格时理应知道 A 公司的股东地位。该支行与 B 公司对保证合同的无效均有过错，B 公司依法应承担民事责任的部分不应超过 A 公司不能清偿部分的 1/2。据此，判决 A 公司偿还工商银行上海某支行借款本金人民币 800 万元及相应利息；B 公司对上述付款不能清偿部分承担 50% 的赔偿责任。

这样的担保纠纷案例很多，由于担保业务使一些企业包括上市公司陷入担保怪圈和旷日持久的诉讼拉锯战，导致发生重大经济损失的案件时有发生。

2010 年 4 月 15 日，财政部等五部委发布了企业内部控制配套指引，其中《企业内部控制应用指引第 12 号——担保业务》，旨在加强企业担保业务管理，规范担保业务行为，强化会计系统控制，真实披露财务信息，防范担保业务风险。

企业内部控制应用指引第 12 号——担保业务

议一议

上述案例中，工商银行应追究谁的责任？

第一节　担保业务内部控制概述

视频：担保业务概述

一、担保业务的含义

担保是指企业作为担保人按照公平、自愿、互利的原则与债权人约定，当债务人不履行债务时，依法规定和合同协议承担相应法律责任的行为。

担保方式主要有：保证、抵押、质押、留置和定金。

（1）保证是指保证人和债权人约定，当债务人不履行债务时，由保证人按照约定履行主合同的义务或者承担责任的行为。

（2）抵押是指债务人或者第三人不转移抵押财产的占有，将抵押财产作为债权的担保。当债务人不履行债务时，债权人有权依照担保法的规定以抵押财产折价或者以拍卖、变卖该财产的价款优先受偿。

（3）质押是指债务人或者第三人将其动产移交债权人占有，或者将其财产权利交由债权人控制，将该动产或者财产权利作为债权的担保。债务人不履行债务时，债权人有权依照担保法的规定以该动产或者财产权利折价，或者以拍卖、变卖该动产或者财产权利的价款优先受偿。

（4）留置是指在保管合同、运输合同、加工承揽合同中，债权人依照合同约定占有债务人的动产，债务人不按照合同约定的期限履行债务的，债权人有权依照担保法规定留置该财产，以该财产折价或者以拍卖、变卖该财产的价款优先受偿。

（5）定金是指合同当事人一方为了担保合同的履行，预先支付另一方一定数额的金钱的行为。债务人履行债务后，定金应当抵作价款或者收回。给付定金的一方不履行合同约定债务的，无权要回定金；收受定金的一方不履行合同约定债务的，应当双倍返还定金。

上述 5 种担保方式中，留置是法定担保方式，即债权人依照法律规定行使留置权，无须当事人之间约定。其他 4 种担保方式需由当事人之间约定，是协议的担保方式。

二、担保业务内部控制的目标

担保是一把“双刃剑”。一方面，担保有利于银行等债权人降低贷款风险，当被担保人不能如期偿还债务时，担保人应当按照合同协议或法律规定履行偿债义务，保护了银行等债权人利益；同时，债务人可以及时筹措到所需资金，从而使债权人和债务人形成了稳定可靠的资金供需关系。另一方面，对于担保企业而言，为其他单位提供债务担保，如果被担保单位不能在债务到期时偿还债务，则企业需要履行债务的连带责任，承担履行担保责任的潜在风险。为了保护单位的投资者和债权人的利益，企业要加强担保业务内部控制，通过加强企业担保业务管理，规范担保业务行为，强化会计系统控制，真实披露财务信息，防范担保业务风险。

企业担保业务内部控制的目标可以梳理为业务目标和财务目标两方面。

担保业务内部控制的业务目标，是指企业在担保业务实施过程中要建立起组织结构设置和人员配备合理的管理体系及科学合理的评估控制体系，避免因担保业务行为不规范而使企业遭受损失。

担保业务内部控制的财务目标，是指企业在担保业务执行过程中要建立起完善的担保财务监管体系，使企业担保业务的财务信息披露符合国家有关法律法规的要求。

议一议

如何理解担保业务是一把“双刃剑?

三、担保业务内部控制的要求

（1）企业应当依法制定和完善担保业务政策及相关管理制度，明确担保的对象、范围、方式、条件、程序、担保限额和禁止担保等事项，规范调查评估、审核批准、担保执行等环节的工作流程，按照政策、制度、流程办理担保业务，定期检查担保政策的执行情况及效果，切实防范担保业务风险。

（2）企业应当建立担保责任追究制度，对在担保中出现重大失误、未履行集体审批程序或不按规定管理担保业务的部门及人员，严格追究相应的责任。

（3）企业应当在担保合同到期时，全面清查用于担保的财产、权利凭证，按照合同约定及时终止担保关系。企业应当妥善保管合同，与担保合同相关的主合同、反担保函或反担保合同，以及抵押、质押的权利凭证和有关原始资料，切实做到担保业务档案完整无缺。

第二节 担保业务中存在的风险

依据《企业内部控制应用指引第 12 号——担保业务》第三条，企业办理担保业务至少应当关注下列风险：对担保申请人的资信状况调查不深，审批不严或越权审批，可能导致企业担保决策失误或遭受欺诈；对被担保人出现财务困难或经营陷入困境等状况监控不力，应对措施不当，可能导致企业承担法律责任；担保过程中存在舞弊行为，可能导致经办审批等相关人员涉案或企业利益受损。

一、调查评估与审批风险

对被担保单位的资信情况进行全面调查评估，按照担保授权审批制度进行审批是保证担保资金安全完整的重要手段。这一阶段的风险主要表现在以下四个方面。

（一）受理申请风险

受理申请风险主要表现为：企业担保政策和相关管理制度不健全，导致难以对担保申请人提出的担保申请进行初步评价和审核；或者虽然建立了担保政策和相关管理制度，但对担保申请人提出的担保申请审查把关不严，导致申请受理流于形式。

（二）调查和评估风险

调查和评估风险主要表现为：对担保申请人的资信调查不深入、不透彻，对担保项目的风险评估不全面、不科学，导致企业担保决策失误或遭受欺诈，为担保业务埋下巨大隐患。

【案例 12-1】

20×0 年，A 集团公司下属北京子公司和其他三家股东合资设立 SD 再生资源有限公司，持股比例为 10%。20×2 年，SD 公司分别向中国银行（简称中行）和中国建设银行（简称建行）各借款 100 万美元，共计 200 万美元。A 集团公司总经理在担保合同上签了字，为 SD 公司向中行借款 100 万美元和建行借款 50 万美元提供了负连带责任的全额担保。

20×8 年 3 月，SD 公司不能按时归还中行 100 万美元借款本息，中行向法院提起诉讼，最后判决A集团公司承担连带责任，A集团公司不得已为SD公司归还借款本息，支付现金约1 320万元。另外，SD公司不能按时归还建行50万美元借款本息，20×6年10月，建行向法院提起诉讼，法院判决A集团公司为SD公司的27万美元借款余额的本息承担连带付款责任。

后调查发现：SD公司本身就是虚假出资设立，基本没有实物资产；SD公司刚刚成立两年，既没有良好业绩，也没有良好信用记录。A集团公司没有对SD公司做充分的调查了解就为其提供150万美元的巨额担保，实属草率之举。

【分析】这是典型的资信调查不深入、不透彻带来的风险。如果一开始A集团公司就对SD公司的这些情况进行调查，SD公司的不良企图就能被A集团公司识破。

（三）审批风险

审批风险主要表现为：授权审批制度不健全，导致对担保业务的审批不规范；审批不严格或越权审批，导致担保决策出现重大疏漏，可能引发严重后果；审批过程存在舞弊行为，导致经办审批等相关人员涉案或企业利益受损。

（四）签订担保合同风险

签订担保合同风险主要表现为：未经授权对外签订担保合同，或担保合同内容存在重大疏漏和欺诈，可能导致企业诉讼失败、权利追索被动、经济利益和形象受损。

二、执行和监控风险

担保合同签订后，担保企业要依法履行合同义务，当被担保人不能如期偿还债务时，担保企业承担连带责任，给企业带来损失。合同的执行和监管风险主要表现为以下三个方面。

（一）担保合同执行监管风险

担保合同执行监管风险主要表现为：重合同签订，轻后续管理，对担保合同履行情况疏于监控或监控不当，导致企业不能及时发现和妥善处理被担保人的异常情况，可能延误处置时机，加剧担保风险，加重经济损失。

（二）会计控制风险

会计控制风险主要表现为：会计系统控制不力，可能导致担保业务记录残缺不全，日常监控难以奏效，或担保会计处理和信息披露不符合有关监管要求，可能引发行政处罚。

（三）代为清偿和权利追索风险

代为清偿和权利追索风险主要表现为：违背担保合同约定不履行代为清偿义务，可能被银行等债权人诉诸法律成为连带被告，影响企业形象和声誉；承担代为清偿义务后向被担保人追索权利不力，可能造成较大经济损失。

【案例 12-2】

2021 年年底，ABC 集团为了促进其“氧发生器”项目的扩大再生产，向某国有商业银行提出了 1 500 万元的贷款申请，由上市公司 S 公司作为担保保证人。该国有商业银行经考察，认为 ABC 集团是多家重点高新技术企业，是当地 50 户重点企业之一，财务状况和信用情况也比较好，并以其上柜股票作为反担保质押。2021 年 12 月，ABC 集团、S 公司与该国有商业银行签订了贷款合同和相应的担保合同，贷款金额为 1 500 万元，用途为氧发生器项目技改，期限为 3 年，2024 年 12 月到期。

在随后的三年中，ABC 集团财务状况不断恶化，还款能力不断降低，见表 12-1，主要体现在以下几个方面：

（1）ABC 集团偿债时间过于集中，还款压力较大。ABC 集团 2022 年至 2024 年 3 年的平均负债余额为 3 894 万元，基本上都是银行贷款，而且这些贷款集中在 2024 年、2025 年两年到期，偿债时间过于集中，ABC 集团还款压力较大。

（2）ABC 集团现金流严重不足，没有还款保证。ABC 集团 2022 年 12 月的货币资金为 399 万元，到 2023 年 12 月锐减到只有 82 万元，2024 年也只有 93 万元。对于一个资产过亿的企业来说，不到 100 万元的货币资金很容易诱发支付危机。

（3）企业销售状况不断恶化。单纯考察 ABC 集团的流动比率和速动比率看似较好，但仔细分析 ABC 集团的流动资产构成，主要集中在存货和应收账款，占了其流动资产的 93.6%，这两部分的变现能力都比较差，不足以作为还款保证，更为严重的是这种状况长期得不到改善，反映出 ABC 集团的产品销售有严重缺陷，难以形成资金的有效回流。

（4）ABC 集团净利润一年不如一年，缺乏成长性，还款来源没有可靠保证。

但是，在三年贷款期限内，S 公司从未对 ABC 集团的还款能力产生过怀疑，也没有采取相应的预防措施。2024 年 12 月，1 500 万元贷款到期，ABC 集团已无力还贷。到 2025 年 6 月，ABC 集团已无力付息。由于 ABC 集团无力还贷，S 公司马上面临代偿问题。在此期间，随着国家政策的调整，用作质押的 ABC 集团上柜股票失去了流动性，价值无法兑现。

表 12-1 ABC 集团财务报表分析

项目	2022 年 12 月	2023 年 12 月	2024 年 12 月
货币资金 / 万元	399	82	93
应收账款 / 万元	3 461	3 021	2 841
存货 / 万元	1 411	3 742	3 438
短期借款 / 万元	1 410	1 760	1 760
长期借款 / 万元	4 012	3 826	3 826
净利润 / 万元	736	702	414
销售利润 / 万元	6 710	4 274	5 136
销售利润率 /%	11	19	9.5
资产负债率 /%	47.5	47	44
流动比率	3.41	2.97	1.34
速动比率	0.91	1.36	0.92
存货周转率	1.64	1.18	2.27

【分析】S 公司的这一担保案例给我们的启示有三点：

（1）担保合同日常管理需要引起高度重视。ABC 集团偿债能力不断恶化表现为一个较长的过程，但 S 公司和某商业银行都放松了对 ABC 集团的管控。当问题暴露出来时，担保人往往来不及采取措施降低损失。

（2）担保合同日常管理要权责分明。不少企业对担保业务的日常监控没有规定或规定不明确。担保部门只关注担保业务的办理，认为后续的合同管理是财务部门和法律部门的职责，而财务部门则认为自己只是管好财务这一领域即可，即财务部门的职责是收取担保费用或按会计准则的规定确认或有负债。法律部门只关心法律问题，认为只要审查好担保合同就尽到了义务。这种权责不明的体制往往导致对担保合同的监管存在盲区。

（3）对影响担保的国家政策、经济形势和产业前景要有前瞻性。在本例中，由于国家对股票交易的政策调整，导致 ABC 集团用于反担保质押的股票丧失了流通价值。担保人在接受反担保时，应详细了解反担保是否符合国家法律法规，反担保财产价值是否真实可靠；同时，在整个担保合同有效期内，要密切关注反担保财产的存续价值，以便及时采取应对措施。

议一议

结合自己的学习、生活，谈一谈如何理解“未雨绸缪，居安思危”。

第三节　担保业务的风险管理与控制

一、受理申请管理与控制

受理申请是担保业务的第一道关口，严把入门关是避免担保业务损失的基础。

（1）依法制定和完善本企业的担保政策和相关管理制度，明确担保的对象、范围、方式、条件、程序、担保限额和禁止担保的事项。

（2）完善担保业务的授权批准制度、严格限制担保审批权限。企业必须对担保业务建立严格的授权批准制度，防止层层担保、任意担保。对一般企业而言，适当的集中管理和事先核准是控制担保风险的有效手段。

（3）严格按照担保政策和相关管理制度对担保申请人提出的担保申请进行审核。

审核时重点关注申请担保企业与本企业的关系、单位整体实力、资料的完整性。一般而言，对于与本企业存在密切业务关系需要互保的企业、与本企业有潜在重要业务关系的企业、本企业的子公司及具有控制关系的其他企业等，可以考虑提供担保，反之，则必须十分慎重。又如，对担保申请人整体实力、经营状况、信用水平的了解情况。如果担保申请人实力较强、经营良好、恪守信用，可以考虑接受申请，反之不应受理。再如，担保申请人申请资料的完备情况，如果资料完备、情况翔实，可予受理，反之不予受理。

二、调查和评估管理与控制

（1）建立担保业务的岗位责任制，明确相关部门和岗位职责权限，确保办理担保业务的不相容职务相互分离。主要包括：担保业务评估的受理和负责担保业务的核准职务分离；调查评估与审批分离；担保业务的审批、执行、监督分离；担保业务的执行与核对分离；担保业务的相关财产保管与记录分离。

（2）委派具备胜任能力的专业人员开展调查和评估。企业应当配备合格的人员办理担保业务，办理担保业务的人员应该具备良好的职业道德和较强的风险意识，熟悉担保业务，掌握和担保业务有关的专业知识、法律法规。开展调查评估工作要遵循不相容职务分离控制，调查评估人员与担保业务审批人员应当分离，担保申请人为企业关联方的，与关联方存在经济利益或近亲属关系的有关人员不得参与调查评估。企业可以自行对担保申请人进行资信调查和风险评估，也可以委托中介机构承担这一工作，同时要加强对中介机构工作情况的监控。

（3）对担保申请人资信情况和有关情况进行全面、客观的调查评估。企业应当综合运用各种行之有效的方式方法，对担保申请人的资信状况进行全面了解，务求真实准确。

资信调查和风险评估应当重点关注以下事项：

① 担保业务是否符合国家法律法规和本企业担保政策相关要求。凡是与国家法律法规和本企业担保政策相抵触的业务，一律不得提供担保。

② 担保申请人的资信情况，包括基本情况、资产质量、财务状况、经营情况、信用程度、行业前景等。

③ 担保申请人用于担保和第三方担保的资产状况及权利归属。

④ 企业要求反担保的，还应当对与反担保有关的资产状况进行评估。

（4）对担保项目经营前景和盈利能力进行合理预测。企业整体的资信状况和担保项目的预期运营情况，构成判断担保申请人偿债能力的两大重要方面，应当予以重视。

（5）划定不予担保的“红线”，并结合调查评估情况作出判断。《企业内部控制应用指引第 12 号——担保业务》明确规定了下列 5 类情况不得担保：

① 担保项目不符合国家法律法规和本企业担保政策相关要求。

② 已进入重组、托管、兼并或破产清算程序的。

③ 财务状况恶化、资不抵债、管理混乱、经营风险较大的。

④ 与其他企业存在经济纠纷，面临法律诉讼且可能承担较大赔偿损失的。

⑤ 与本企业已经发生过担保纠纷且仍未妥善解决的，或不能及时足额缴纳担保费用的。

企业应当将上述 5 类情况作为办理担保业务的高压线，严格遵守，不得突破。同时结合企业实际情况，进一步充实、完善有关制度，切实防范为“带病”企业提供担保。

（6）形成书面评估报告，全面反映调查评估情况，为担保决策提供第一手资料。企业应当规范评估报告的形式和内容，妥善保管评估报告，并作为日后追究有关人员担保责任的主要依据。

【案例 12-3】

H 公司是一家大量生产乳制品的制造企业，由于其产品特色鲜明，质量好，营销策略得当，很快打开了市场，急需通过技术改造扩大产能，因而引进了上千万的机器设备。多家银行闻风而至，均表示愿意提供资金支持，但是要求 H 公司提供充足的不动产抵押，由于 H 公司初创时厂房是租赁的，银行对其机器设备抵押所给的贷款额度不能满足企业需求，双方陷入了僵持。

H 公司向其上游企业 Y 公司申请提供贷款担保。Y 公司多次到企业现场调查研究，查阅相关资料，请教业内人士，走访市场客户，认为 H 公司的发展是健康的，产品是有竞争力的，资金周转状况足以偿还贷款，其设备在一定时期内丧失优势的可能性很小。支持其技术改造正是促进企业增加实力，提高效益，确保按时还款的积极之举。因此，Y 公司同意 H 公司以机器设备作为反担保，先后两次为 H 公司提供贷款担保 500 万元。Y 公司的担保既缓解了 H 公司的资金压力，又解除了银行的顾虑。

【分析】本案例中，Y 公司对 H 公司的担保申请做了充分的调查研究，不仅对 H 公司的前景、竞争能力和行业发展趋势进行全面的分析评价，还以审慎的态度调查评估了 H 公司的反担保财产。Y 公司的做法值得借鉴。

三、审批管理与控制

（1）建立和完善担保授权审批制度，明确授权批准方式、权限、程序、责任和相关控制措施，规定各层级人员授权审批范围，不得超越权限审批。同时要遵循不相容职务分离原则，担保业务的评估与审批分离，审批、执行与监督分离。

① 授权方式。公司对董事会的授权由公司章程和股东大会决议；公司对董事长和总经理的授权，由公司董事会决定。

② 审批权限。按股东大会和董事会的权责划分审批；董事会和总经理依据董事会授权审批，总经理以下人员，无权对担保事项进行审批。

③ 批准。审批人根据担保业务授权批准制度的规定，在授权范围内进行审批，不得超越权限审批。经办人员在职责范围内，按照审批人的批准意见办理担保业务，对于审批人超越权限范围审批的担保业务，经办人员有权拒绝办理，并及时向审批人的上级汇报。

④ 内设机构和分公司担保。企业内设机构不得以企业名义对外提供担保。严格限制分公司担保行为，避免因分公司违规担保为本企业带来不利后果。

（2）建立和完善重大担保业务的集体决策审批制度。企业应当根据《中华人民共和国公司法》等国家法律法规，结合企业章程和有关管理制度，明确重大担保业务的判断标准、审批权限和程序。上市公司的重大对外担保，应取得董事会全体成员 2/3 以上签署同意或者经股东大会批准，未经董事会或者类似权力机构批准，不得对外提供重大担保。

（3）认真审查对担保申请人的调查评估报告，在充分了解掌握有关情况的基础上，权衡比较本企业净资产状况、担保限额与担保申请人提出的担保金额，确保将担保金额控制在企业设定的担保限额之内。

（4）从严办理担保变更审批。被担保人要求变更担保事项的，企业应当重新履行调查评估程序，根据新的调查评估报告重新履行审批手续。

四、签订担保合同管理与控制

（1）严格按照经审核批准的担保业务订立担保合同。合同订立经办人员应当在职责范围内，按照审批人员的批准意见拟订合同条款。

（2）认真审核合同条款，确保担保合同条款内容完整、表述严谨准确、相关手续齐备。在担保合同中明确被担保人的权利、义务、违约责任等相关内容，并要求被担保人定期提供财务报告和相关资料，及时通报担保事项的有关情况，如果担保人同时向多方申请担保的，企业应当在担保合同中明确约定本企业的担保份额和相应的责任。一般情况下，企业签订担保合同时，应由企业法务人员参与或认真听取法律顾问意见，对模糊不清、似是而非的条款，应要求对方澄清并予以明确化。

（3）实行担保合同会审联签，除担保业务经办部门之外，鼓励和倡导企业法律部门、财会部门、内审部门等参与担保合同会审联签，增强担保合同的合法性、规范性、完备性，有效避免权利义务约定、合同文本表述等方面的疏漏。

（4）担保合同必须经过担保双方法定代表人签章，并加盖企业公章，企业要加强对有关身份证明和印章的管理。比如，在担保合同签订过程中，依照法律规定和企业内部管理制度，往往需要提供、使用企业法定代表人的身份证明、个人印章和担保合同专用章等。从近年来暴露出来的一些担保典型案例看，由于一些企业在有关人员身份证明、印章管理中存在薄弱环节，导致身份证明和印章被盗用，造成了难以挽回的严重后果。因此，必须加强对身份证明和印章的管理，保证担保合同用章用印符合当事人真实意愿。

（5）规范担保合同记录、传递和保管，确保担保合同运转轨迹清晰完整、有案可查。

五、日常监控

（一）担保业务管理与控制

（1）指定专人定期监测被担保人的经营情况和财务状况，并形成检测报告，对被担保人进行跟踪和监督，了解担保项目的执行、资金的使用、贷款的归还、财务运行及风险等情况，促进担保合同有效履行。

（2）及时报告被担保人异常情况和重要信息。企业有关部门和人员在实施日常监控过程中发现被担保人经营困难、债务沉重，或者存在违反担保合同的其他各种情况，应当在第一时间向企业有关管理人员作出报告，以便于及时采取有针对性的应对措施。

【案例 12-4】

20×2 年，甲公司将其位于繁华商业区的某房地产作为抵押，要求乙公司为其申请的 5 000 万元银行贷款提供担保。应乙公司的要求，甲公司将房地产的房屋所有权证、土地使用权证交付乙公司持有。乙公司考虑到两份合法证件都在自己手里，应该没有风险，就没有办理抵押登记手续，并决定为甲公司的贷款行为提供担保。

半年后，甲公司经营情况恶化，资金周转困难。于是以房产证等有关权属证书遗失为由申请补办了上述两证，并将该房地产转让给另一企业，且办理了过户手续。

乙公司担保的贷款期限届满时甲公司无力还款，乙公司依法承担担保责任后，在准备处置该抵押物时才发现，抵押的房地产已经易主。法院审议此案认为，甲公司与乙公司的抵押合同无效，因甲公司破产财产不足以偿还债务，乙公司代为清偿后，净亏损 4 000 多万元。

【分析】这个案例中，乙公司没有对反担保的财产进行日常监管，没有办理抵押登记手续，从而导致抵押合同无效，给企业带来经济损失。

（二）担保业务会计控制

（1）健全担保业务部门与财会部门的信息沟通机制，促进担保信息及时有效沟通。

（2）建立担保事项台账，详细记录担保对象、金额、期限、用于抵押和质押的物品或权利及其他有关事项；同时，及时足额收取担保费用，维护企业担保权益。

（3）严格按照企业会计准则进行担保会计处理，发现异常情况应合理确认损失和预计负债。

（4）切实加强对反担保财产的管理，妥善保管被担保人用于反担保的权利凭证，定期核实财产的存续状况和价值，发现问题及时处理，确保反担保财产安全完整。

（5）夯实担保合同基础管理。妥善保管担保合同等相关原始资料，做到担保业务档案完整无缺。担保合同到期时，企业要全面清查用于担保的财产、权利凭证，按照合同约定及时终止担保关系。

六、代为清偿和权利追索管理与控制

（1）强化法治意识和责任观念，在被担保人确实无力偿付债务或履行相关合同义务时，自觉按照担保合同承担代偿义务，维护企业诚实守信的市场形象。

（2）运用法律武器向被担保人追索赔偿权利，各业务部门相互配合，在司法程序中做到举证有力；同时，依法处置被担保人的反担保财产时，尽力减少企业经济损失。

担保期间，一旦收到担保受益人的书面索赔通知，企业应认真核对担保时效、索赔金额等信息，经被授权人同意后，方能支付垫付款项。在款项支付后，应及时向被担保企业发送垫付通知书，向反担保单位发送“履行担保责任通知书”，并及时审查、收回垫付款项。

当被担保企业未按期偿还债务、债权人以诉讼方式追讨债务人以及担保人的连带清偿责任时，担保企业应采取积极的态度应对诉讼，迅速成立专案组，在律师的协助下，制订应对方案，确认反担保措施的可靠、安全，与债权人充分沟通，以债务人资产为追偿目标，坚决制止债务人逃避债务的企图，积极配合债权人实现债权，敦促债务人以实际行动履约。

（3）启动担保业务后评估工作，严格落实担保业务责任追究制度。对在担保业务中出现重大决策失误、未履行审批程序或不按规定管理担保业务的部门及人员，严格追究其行政责任和经济责任，并深入开展总结，不断完善担保业务内控制度，严格担保风险，促进企业健康稳健发展。

【案例 12-5】

2020 年，A 公司为 B 公司提供了 2 000 万元的 3 年期贷款担保。2023 年年底，B 公司不能清偿到期贷款。A 公司全部承担了贷款本息。

2024 年 12 月，A 公司经多方查证，发现 B 公司曾于 2021 年 10 月收到某证券公司汇入的 2 000 万元股权转让款。之后，B 公司与该证券公司签订了委托资产管理合同，委托证券公司代为管理其中的 1 500 万元。2023 年 1 月，证券公司陆续返回 B 公司 500 万元，仍有 1 000 万元由证券公司委托管理。

2025 年 1 月，A 公司向法院起诉，通报了上述情况，希望法院采取法律措施，对证券公司代 B 公司管理的 1 000 万元予以查封冻结，避免该资金被 B 公司转移、藏匿，以降低损失。法院查证属实后，迅速采取行动。最终，A 公司追回损失约 800 万元。

【分析】在这个案例中，A 公司之所以能降低担保损失，公司担保部门在担保款项追偿中发挥了重要作用。这与该公司设立专人专岗密切跟踪被担保人经营动向和财务状况的制度安排是分不开的。在后期的追偿中，担保人多方调查，寻找可疑迹象，查证属实后迅速依法采取行动，以最大限度地追索权利，从而降低了担保风险。A 公司追索担保损失的案例值得其他担保企业借鉴。

议一议

担保人不得担保的情形有哪些？

岗课赛训融通训练

不定项选择题

仔细阅读本章章首案例——“贷款担保”案的启示，回答下列问题。

1. 企业担保业务的风险主要有（　　）。

A. 对担保申请人资信状况调查不深

B. 审批不严或越权审批

C. 对被担保人出现财务困难或陷入经营困境监控不力

D. 担保过程存在舞弊行为导致经办审批人员涉案

2. 在本案例中工商银行内部在担保业务中应承担的责任有（　　）。

A. 未履行集体审批程序

B. 未与担保人和被担保人签订担保合同

C. 未严格审查担保人的担保资格

D. 未妥善保管担保合同

3. 在本案例中担保合同无效的原因有（　　　　）。

A. 上市公司不能为其股东提供担保

B. 在保证合同签订时，A 公司是 B 公司的股东

C. 在保证合同履行时，A 公司是 B 公司的股东

D. B 公司没有相应资产抵押

4. 导致本案例中担保合同无效的责任有（　　　　）。

A. 债权人工商银行上海某支行

B. 债务人住宅开发公司

C. 担保人房产上市公司

D. 证券监管机构

5. 在本案例中因担保合同无效，下列说法中错误的有（　　　　）。

A. 担保人不承担责任，可以不偿还债务

B. 担保人明知自己是上市公司，应承担一定责任

C. 债权人应知道担保人没有担保资格应承担一定责任

D. 债权人仍然有权向被担保人追偿全部债务本息

教学讨论组织

啤酒花公司担保的思考

一、案例资料

新疆啤酒花股份有限公司（以下简称啤酒花公司）董事长于 2003 年 10 月末“不假而出”之后，啤酒花公司的巨额担保问题相继暴露，其经营情况陷入困境。截至 2003 年 11 月，公司已进行披露的贷款担保总额为 79 980 万元，因故未按规定履行信息披露义务的对外担保决议总额为 98 786.07 万元。两项合计，上述对外担保和做出对外担保决议金额总计 178 766.07 万元。对于啤酒花公司而言，该公司总资产为 220 959.67 万元，净资产为 60 122.62 万元。该公司对外担保金额占公司总资产的比例超过了 80%，是净资产的 2.97 倍。

二、要求

请学生利用网络信息、电子图书资料等手段查询啤酒花公司担保相关资料。从内部控制的角度分析啤酒花公司担保业务中存在哪些风险，并提出内部控制方法和措施。

三、讨论形式

分组讨论，每组 6~8 人进行讨论。讨论后每组选出一人在课堂汇报讨论结果，最后教师进行点评。

第十三章

企业财务报告控制

素养目标

- 具有绝不弄虚作假的职业态度，在任何条件下，对会计预测和核算的内容如实反映；
- 具有科学的思维方式，能够对发现的风险进行分析、评估及应对；
- 具有参与管理的职业素养，努力钻研相关业务，主动反映经营管理活动中的情况和存在的问题，积极提出合理化建议，协助领导决策；
- 具有清正廉明的品格，不为利益所诱惑；
- 具有保守秘密的职业道德，不私自向外界提供或者泄露本单位的机密信息。

知识目标

- 了解企业财务报告内部控制的目标；
- 了解企业财务报告内部控制的总体要求；
- 掌握企业财务报告的编制及对外报送环节的风险；
- 掌握企业财务报告的内部控制管控措施和方法。

技能目标

- 能够识别企业财务报告各环节的风险；
- 能够评估企业财务报告各环节的风险；
- 能够应对企业财务报告业务中的风险并采取相应管控措施。

学思践悟

键桥通讯处罚案的启示

上市不足四年，键桥通讯被发现已经连续虚构营业收入长达四年之久。2015 年 3 月 2 日，深圳证监局发布一则处罚决定书，对键桥通讯高管进行了处罚。

经查明，键桥通讯的主要违法事实包括“定期报告虚构营业收入、成本以及虚构应收账款回款的事实”“重大对外贷款未及时入账以及披露的事实”和“重大对外担保未及时披露的事实”。其中，2009 年至 2012 年期间，键桥通讯虚构 4 份合同确认收入、6 份合同签订后未实际履行就确认收入，用这样的方式虚增收入与利润，导致《2009 年年度报告》虚增营业收入 1 547 万元，占当年度披露总收入的 8.96%；《2010 年年度报告》虚增营业收入 925 万元，占当年度披露总收入的 3.39%；《2011 年年度报告》虚增营业收入 306 万元，占当年度披露总收入的 0.86%；《2012 年年度报告》虚增营业收入 626 万元，占当年度披露总收入的1.34%。同时，键桥通讯在《2009年年度报告》中，虚构应收账款收回1 149万元，占当期披露的公司总资产的1.25%，少计提坏账准备导致虚增利润总额68万元；在《2010年年度报告》中，虚构应收账款收回2 708万元，占当期披露的公司总资产的2.39%，少计提坏账准备导致虚增利润总额53万元；在《2011年年度报告》中，虚构应收账款收回8 093万元，占当期披露的公司总资产的6.4%，少计提坏账准备导致虚增利润总额245万元；在《2012年年度报告》中，虚构应收账款收回10 542万元，占当期披露的公司总资产的6.52%，少计提坏账准备导致虚增利润总额300万元。

2009年，键桥通讯虚构向广州炜晶电子科技有限公司采购存货756.12万元，虚构应付账款884.65万元。该笔交易虚构存货成本，2009年虚结转225万元归入营业成本，2010年虚结转530万元归入营业成本。

2013年1月4日，键桥通讯与深圳市天某亿科技发展有限公司签订四份借款协议，金额共计2.55亿元，未经董事会审议。上述对外贷款金额占键桥通讯上年年末总资产16.18亿元的15.76%，具有重大性，可能对上市公司股票交易价格产生较大影响，应及时报告并披露，但键桥通讯未针对该借款事项进行临时公告。上述借款事项涉及的资金支付，键桥通讯于2013年1月4日至6日根据协议将资金分别转出，未及时入账确认。截至2013年6月30日，尚未入账的合计11 157.73万元，导致公司《2013年半年度报告》货币资金、其他应收款等项目存在虚假记载。

2013年3月26日、4月5日，键桥通讯分别与某银行深圳分行签订两份《最高额权利质押合同》，约定分别出质金额2 000万元、4 000万元的两份定期存单，作为深圳市某供应链有限公司合计本金1.5亿元债务本息的担保，未经董事会审议。上述被担保债务本金总额，占键桥通讯2012年年末净资产8.88亿元的16.88%，具有重大性，可能对上市公司股票交易价格产生较大影响，应及时报告并披露。但键桥通讯未对该事项进行临时公告，也未在《2013年半年度报告》中披露该担保事项。

企业内部控制应用指引第14号——财务报告

大家可以发现，键桥通讯公司财务报告造假的行为触目惊心，财务丑闻的出现也不胜枚举，究其原因是因为企业财务报告内部控制缺失或不健全。为了防范和化解企业法律责任，确保财务报告信息真实可靠，提升企业治理和经营管理水平，促进资本市场和市场经济健康可持续发展，强化财务报告内部控制刻不容缓。

议一议

1. 从键桥通讯处罚案的启示案例领悟为什么要推进法治中国建设？
2. 上市公司财务报告造假的危害有哪些？

第一节　财务报告内部控制概述

一、财务报告的含义

视频：财务报告控制概述

财务报告是指单位会计部门根据经过审核的会计账簿记录和有关资料，编制并对外提供的反映单位某一特定日期财务状况和某一会计期间经营成果、现金流量及所有者权益等会计信息的总结性书面文件。

财务报告是企业投资者、债权人做出科学投资、信贷决策的重要依据，是市场经济条件下优化资源配置，引导资金流向的重要手段，是提高财务透明度，维护资本市场秩序的重要途径。因此确保财务报告信息质量至关重要。

二、财务报告内部控制的目标

财务报告内部控制目标旨在说明财务报告内部控制能够达到什么效果，但是，并不是财务报告的内部控制有效就能保证财务报告一定可靠。要注意的是，内部控制有效性与财务报告可靠性之间存在显著正相关关系，有效的内部控制能够合理保证财务报告的可靠性，但并不是绝对保证。

企业财务报告内部控制的目标可以梳理为两大类，一类是合规层面的目标，另一类是业务层面的目标。

财务报告内部控制的合规目标是指在财务报告的编制和披露过程中，为防止违反国家规定以及上市公司监管部门的要求而制订的工作目标。企业应当严格执行会计法律法规和国家统一的会计准则制度，加强对财务报告编制、对外提供和分析利用全过程的管理，明确相关工作流程和要求，落实责任制，确保财务报告合法合规、真实完整和有效利用。

财务报告内部控制的业务层面目标是指在财务报告的编制和披露过程中，在报告编制、披露内容、审核审批流程等方面应达到的标准。

财务报告内部控制的业务层面目标，具体包括以下内容。

（1）保证报表的真实、完整、准确与适当披露。

（2）保证及时满足企业会计信息使用者的需要。

（3）保证财务报告的校验、编制以及审核批准等流程科学、严密。

（4）保证财务报告编制与披露的机构设置和人员配备科学、合理。

三、财务报告内部控制要求

（1）企业应当制定明确的财务报告编制、报送及分析利用等相关流程，职责分工、权限范围和审批程序应当明确规范，机构设置和人员配备应当科学合理，并确保全过程中财务报告的编制、披露和审核等不相容岗位相互分离。

企业总会计师或分管会计工作的负责人负责组织领导财务报告编制和分析利用工作，企业负责人对财务报告的真实性和完整性承担责任，企业财会部门负责财务报告编制和分析报告编写工作，企业内部参与财务报告编制的各部门应当及时向财会部门提供编制财务报告所需的信息，参与财务分析会议的部门应当积极提出意见和建议以促进财务报告的有效利用，企业法律事务部门或外聘律师应当对财务报告对外提供的合法合规性进行审核。

（2）企业应当健全财务报告编制、对外提供和分析利用各环节的授权批准制度，具体包括：编制方案的审批、会计政策与会计估计的审批、重大交易和事项会计处理的审批，对财务报告内容的审核审批等。

授权审批需要完成的工作主要有以下几个方面。

① 根据经济业务性质、组织机构设置和管理层级安排，建立分级管理制度。

② 规范审核审批的手续和流程，确保报送和进行审核审批的级别符合所授的管理权限、申报材料详实完整，签字盖章齐全、用印用章符合要求，切实履行检查审核义务而非流于形式等。

③ 建立相关政策，限制对现有财务报告流程进行越权操作。任何越权操作行为，必须另行授权审批后方能进行，且授权审批文件应妥善归档。

（3）企业应当从会计记录的源头做起，建立起日常信息定期核对制度，以保证财务报告的真实、完整，防范出于主观故意的编造虚假交易，虚构收入、费用的风险，以及由于会计人员业务能力不足导致的会计记录与实际业务发生的金额、内容不符的风险。企业在日常会计处理中应及时进行对账，将会计账簿记录与实物资产、会计凭证、往来单位或者个人等进行相互核对，发现差异及时查明原因予以解决，并记录在适当的会计期间，以保证账证相符、账账相符、账实相符，确保会计记录的数字真实、内容完整计算准确、依据充分、期间适当。

（4）企业应当充分利用信息技术，提高工作效率和工作质量，减少或避免编制差错和人为调整因素。同时，企业也应当注意防范信息技术所带来的特有风险。

第二节 财务报告内部控制风险

《企业内部控制应用指引第 14 号——财务报告》第 3 条规定，企业编制、对外提供和分析利用报告，至少应当关注下列风险：编制报告违反会计法律法规和国家统一的会计准则制度，可能导致企业承担法律责任和声誉受损；提供虚假报告，误导报告使用者，造成决策失误，干扰市场秩序；不能有效利用报告，难以及时发现企业经营管理中存在的问题，可能导致企业和经营风险失控。

一、财务报告编制环节的风险

企业财会部门在编制财务报告之前要制定财务报告编制方案；判断对当期有重大影响的主要事项，来确定重大事项的会计处理；组织财务和相关部门进行资产清查、减值测试和债权债务核实工作；在日常定期核对信息的基础上完成对账、调账、差错更正等业务，然后实施关账操作；按照国家统一的会计准则制度规定的财务报告格式和内容，根据登记完整、核对无误的会计账簿记录和其他有关资料编制财务报告。这一阶段的风险主要表现在以下几个方面。

（一）制定财务报告编制方案风险

制定财务报告编制方案风险主要表现为：会计政策未能有效更新，不符合有关法律法规；重要会计政策、会计估计变更未经审批，导致会计政策使用不当；会计政策未能有效贯彻、执行；各部门职责、分工不清，导致数据传递出现差错、遗漏、格式不一致等；各步骤时间安排不明确，导致整体编制进度延后，违反相关报送要求。

（二）确定重大事项风险

确定重大事项风险主要表现为：重大事项，如债务重组、非货币性交易、公允价值的计量、收购兼并、资产减值等的会计处理不合理，会导致会计信息扭曲，无法如实反映企业实际情况。

（三）清产核资风险

清产核资风险主要表现为：资产、负债账实不符，虚增或虚减资产、负债；资产计价方法随意变更；提前、推迟甚至不确认资产、负债等。

（四）结账风险

结账风险主要表现为：账务处理存在错误，导致账证、账账不符；虚列或隐瞒收入，推迟或提前确认收入；随意改变费用、成本的确认标准或计量方法，虚列、多列、不列或者少列费用、成本；结账的时间、程序不符合相关规定；关账后又随意打开已关闭的会计期间等。

（五）编制风险

编制风险主要表现为：提供虚假财务报告，误导财务报告使用者，造成决策失误，干扰市场秩序；报表数据不完整、不准确；报表种类不完整；附注内容不完整等。

【案例 13-1】

2019 年 4 月 29 日晚，康美药业发布 2018 年年报，其中最为醒目的是《关于前期会计差错更正的公告》。公告对 2017 年财务报表进行了重述，由于公司核算账户资金时存在错误，造成货币资金多计 299.44 亿元。更正后，康美药业 2017 年每股收益由 0.78 元降至 0.39 元。

康美药业 299.44 亿货币资金一夜蒸发，不仅刷新了上市公司会计数据差错的历史记录，也刷新了上市公司的“造假”底线，299 亿资金的突然消失使得康美药业的股价在 4 月 30 日直接被封死在跌停板上。上交所为此迅速发出问询函，对该事件表示出极大关注。为了平息各方面的质疑和怒火，康美药业董事长马兴田当日紧急发出致歉信，声称上述会计差错是内控不严、外部环境改变所致。但市场难以接受康美药业的致歉，因为这种解释无法自圆其说。康美药业作为一家大型上市公司，不仅有精于业务的财务人员，且财务数据的披露要经过层层把关，还有专门的会计、审计人员最后把关，怎么可能那么容易出错？而且一出就是这么大的错？299.44 亿元人民币说没就没了，真的只是会计人员的专业水平低下所致？董事长的致歉信并没有说明财务出错的具体原因，只是轻描淡写地声称“快速发展导致财务管理不完善”，还说上述货币资产只是变成了货物，还是具有一定价值的。这些所谓的理由事实上都是站不住脚的。299 亿元资金消失的原因是什么呢？

【分析】2019 年 5 月 17 日，证监会通报康美药业调查进展为我们揭开谜团：康美药业披露的 2016 年至 2018 年财务报告存在重大虚假，涉嫌违反《中华人民共和国证券法》第 63 条等相关规定。一是使用虚假银行单据虚增存款，二是通过伪造业务凭证进行收入造假，三是部分资金转入关联方账户买卖本公司股票。

二、财务报告对外报送环节的风险

财务报告要先经过审核程序和审计程序然后才能对外报送。对外报送环节的风险主要表现在以下几个方面。

（一）审核风险

审核风险主要表现为：在财务报告对外提供前未按规定程序进行审核，对内容的真实性、完整性以及格式的合规性等审核不充分。

（二）审计风险

审计风险主要表现为：财务报告对外提供前未经审计，审计机构不符合相关法律法规的规定，审计机构与企业串通舞弊。

（三）报送风险

报送风险主要表现为：对外提供未遵循相关法律法规的规定，导致承担相应的法律责任；对外提供的财务报告的编制基础、编制依据、编制原则和方法不一致，影响各方对企业情况的判断和经济决策的作出；未能及时对外报送财务报告，导致财务报告信息的使用价值降低，同时也违反有关法律法规；财务报告在对外提供前提前泄露或使不应知晓的对象获悉，导致发生内幕交易等，使投资者或企业本身蒙受损失。

【案例 13-2】

2018 年 4 月 25 日，上市公司蓝英装备公告延期披露 2017 年年报，并成为 2018 年以来第 77 家延期披露年报的上市公司。众多上市公司延期披露年报的原因是什么呢？

【分析】年报审计工作尚未完成、新增业务导致审计进度慢、与审计机构无法达成一致、变更会计师事务所、因网络发生故障未能成功上传资料、涉及诉讼等，成为上市公司延期披露年报的重要因素。

三、财务报告分析利用环节的风险

企业财会部门应在对企业基本情况进行分析研究的基础上，提出财务报告分析制度草案，并经财会部门负责人、总会计师或分管会计工作的负责人、企业负责人检查、修改、审批。这一环节的风险主要表现在以下几个方面。

（一）制定财务分析制度的风险

制定财务分析制度的风险主要表现为：制定的财务分析制度不符合企业实际情况，财务分析制度未充分利用企业现有资源，财务分析的流程、要求不明确，财务分析制度未经审批等。

（二）编写财务分析报告的风险

编写财务分析报告的风险主要表现为：财务分析报告的目的不正确或者不明确，财务分析方法不正确；财务分析报告的内容不完整，未对本期生产经营活动中发生的重大事项做专门分析；财务分析局限于财会部门，未充分利用相关部门的资源，影响质量和可用性；财务分析报告未经审核等。

（三）整改落实的风险

整改落实的风险主要表现为：财务分析报告的内容传递不畅，未能及时使有关各部门获悉；各部门对财务分析报告不够重视，未对其中的意见进行整改落实。

第三节　财务报告风险管理与控制

实训流程：企业财务报告控制

一、财务报告编制的管理与控制

（一）制定财务报告编制方案的管理与控制

（1）财务报告编制方案中会计政策应符合国家有关会计法规和最新监管要求的规定。企业应按照国家最新会计准则制度规定，结合自身情况，制定企业统一的会计政策。企业应有专人关注与会计相关法律法规、规章制度的变化及监管机构的最新规定等，并及时对企业的内部会计规章制度和财务报告流程等做出相应更改。

（2）会计政策和会计估计的调整，无论是强制还是自愿，均需按照规定的权限和程序审批。

（3）企业的内部会计规章制度至少要经财会部门负责人审批后生效，财务报告流程、年报编制方案应当经公司分管财务会计工作的负责人核准后签发。

（4）企业应建立完备的信息沟通渠道，将内部会计规章制度和财务流程、会计科目表和相关文件及时有效地传达至相关人员，使其了解相关职责要求、掌握适当的会计知识、会计政策并加以执行。企业还应通过内部审计等方式，定期进行测试，保证会计政策有效执行，且在不同业务部门、不同期间内保持一致性。

（5）应明确各部门的职责分工，总会计师或分管会计工作的负责人负责组织领导；财会部门负责财务报告编制工作；各部门应当及时向财会部门提供编制财务报告所需的信息，并对所提供信息的真实性和完整性负责。

（6）应根据财务报告的报送要求，倒排工时，为各步骤设置关键时间点，并由财会部门负责督促和考核各部门的工作进度，及时进行提醒，对未能及时完成的进行相关处罚。

（二）确定重大事项会计处理的管理与控制

（1）企业应对重大事项予以关注，通常包括以前年度审计调整以及相关事项对当期的影响、会计准则制度的变化及对财务报告的影响、新增业务和其他新发生的事项及对财务报告的影响、年度内合并（汇总）报告范围的变化及对财务报告的影响等。企业应建立重大事项的处理流程，报适当管理层审批后，予以执行。

（2）企业要及时沟通需要经过专业判断的重大会计事项的会计处理。首先下属各部门要及时将重大事项信息报告至同级财会部门。财会部门应将沟通好的重大事项的会计处理，逐级报请审批再下达各相关单位执行。如果资产减值损失、公允价值计量等涉及重大判断和估计时，财会部门应定期与资产管理部门进行沟通。

【案例 13-3】

2018 年 1 月 31 日，獐子岛发布的业绩预告修正公告显示，因底播虾夷扇贝存货异常等原因，预计公司 2017 年实现归属于上市公司股东的净利润亏损 5.3 亿～7.2 亿元，公司股票于 1 月 31 日起停牌。獐子岛于 2017 年 10 月 27 日披露的《2017 年第三季度报告》显示，预计公司 2017 年度归属于上市公司股东的净利润比上年同期增减变动幅度为 13.07%～38.2%，2017 年度归属于上市公司股东的净利润变动区间为 0.9 亿～1.1 亿元。不料，现如今獐子岛 2017 年业绩预告却出现了“变脸”。

对于业绩“大变脸”，獐子岛早在 2014 年就有所经历。2014 年 10 月 31 日，獐子岛发布公告称，因北黄海几十年一遇的异常冷水团，让公司在 2011 年和部分 2012 年播撒的 100 多万亩* 即将进入收获期的底播虾夷扇贝绝收。而这也直接导致

* 亩不是国际标准计量单位，1亩 = 666.67平方米。

了獐子岛在2014年前三季度由预盈变为亏损逾8亿元，公司董事长兼总裁吴厚刚还自愿承担了1亿元灾害损失。而对于此次2017年业绩修正的原因，獐子岛表示，公司发现部分海域的底播虾夷扇贝存货异常，根据企业会计准则的相关规定，可能对部分海域的底播虾夷扇贝存货计提跌价准备或核销处理，相关金额将全部计入2017年度损益，预计可能导致公司2017年度全年亏损；此外，2017年四季度，底播虾夷扇贝肥满度下降、境外扇贝产品冲击国内市场，对公司扇贝类产品的收入、毛利影响较大，底播虾夷扇贝收入及毛利下滑，部分库存扇贝类产品出现减值；以及汇率波动对海外公司和出口业务造成冲击，导致公司四季度业绩与原业绩预测偏差较大。

【分析】因计提存货跌价准备，獐子岛的利润出现巨亏。资产减值损失的重大判断和估计对利润的影响非常重大。该企业2017年第三季度没有对减值情况进行预估与判断，仅一个季度之后业绩就因减值的计提而大变脸。因此财会部门应定期与资产管理部门进行沟通，对资产的情况进行充分了解；资产管理部门也应加强风险的控制，不让资产管理的风险防控成为“摆设”。

（三）清产核资的管理与控制

（1）确定具体可行的资产清查、负债核实计划，安排合理的时间和工作进度，配备足够的人员、确定实物资产盘点的具体方法和过程，同时做好业务准备工作。

（2）做好各项资产、负债的清查、核实工作。具体的清查核实情况如表13-1清产核资核对表所示。

表13-1 清产核资核对表

核查项目	核查内容
货币资金	银行对账单、库存现金、票据
结算款项	与债权、债务单位的债权、债务金额
存货	账存实存数量、是否损失、积压
固定资产	账存实存数量、权属证明
在建工程	实际发生额与账面记录

议一议

为做好清产核资工作，会计人员需要具备哪些职业素养呢？

（3）对清查过程中发现的差异，应当分析原因，提出处理意见，取得合法证据和按照规定权限经审批，将清查、核实的结果及其处理办法向企业的董事会或者相应机构报告，并根据国家统一的会计准则制度的规定进行相应的会计处理。

（四）结账的管理与控制

（1）核对各会计账簿记录与会计凭证的内容、金额等是否一致，记账方向是否相符。

（2）检查相关账务处理是否符合国家统一的会计准则制度和企业制定的核算方法。

（3）调整有关账项，合理确定本期应计的收入和应计的费用。检查是否存在因会计差错、会计政策变更等原因需要调整前期或者本期相关项目。

（4）不得为了赶编财务报告而提前结账，或把本期发生的经济业务事项延至下期登账，也不得先编财务报告后结账，应在当期所有交易或事项处理完毕并经财会部门负责人审核签字确认后，实施关账和结账操作。

（5）如果在关账之后需要重新打开已关闭的会计期间，须填写相应的申请表，经总会计师或分管会计工作的负责人审批后进行。

（五）编制个别财务报告的管理与控制

（1）企业财务报告列示的资产、负债、所有者权益金额应当真实可靠。

① 各项资产计价方法不得随意变更，如有减值，应当合理计提减值准备，严禁虚增或虚减资产。

② 各项负债应当反映企业的现时义务，不得提前、推迟或不确认负债，严禁虚增或虚减负债。

③ 企业应当做好所有者权益保值增值工作，严禁虚假出资、抽逃出资、资本不实。

（2）企业财务报告应当如实列示当期收入、费用和利润。不得虚列或者隐瞒收入，推迟或提前确认收入，各项费用、成本的确认应当符合规定，不得随意改变费用、成本的确认标准或计量方法，不得随意调整利润的计算、分配方法，编造虚假利润。

（3）企业财务报告列示的各种现金流量由经营活动、投资活动和筹资活动的现金流量构成，应当按照规定划清各类交易和事项的现金流量的界限。

（4）按照岗位分工和规定的程序编制财务报告。

（5）按照国家统一的会计准则制度编制附注。附注将需要说明的事项，作出真实、完整、清晰的说明。重大或有事项确保在附注中得到反映和披露。

（6）财会部门负责人审核报表内容和种类的真实、完整性，通过后予以上报。

（六）编制合并财务报告的管理与控制

（1）确定合并范围符合国家统一的会计准则制度的规定，由财会部门负责人审核、确认合并范围是否完整。

（2）财会部门收集、审核下级单位财务报告，并汇总出本级次的财务报告，经汇总单位财会部门负责人审核。

（3）财会部门制定内部交易和事项核对表及填制要求，报财会部门负责人审批后下发纳入合并范围内各单位。财会部门核对本单位及纳入合并范围内各单位之间内部交易的事项和金额，如有差异，应及时查明原因并进行调整。

（4）合并抵销分录应有相应的标准文件和证据进行支持，由财会部门负责人审核。

（5）对合并抵销分录实行交叉复核制度，通过交叉复核，保证合并抵销分录的正确性、完整性。

议一议

财务报告编制之前需要进行哪些准备工作呢？

二、财务报告对外提供的管理与控制

（一）审核的管理与控制

（1）企业应严格按照规定的财务报告编制中的审批程序，由各级负责人逐级把关，对财务报告内容的真实性、完整性，格式的合规性等予以审核。

（2）企业应保留审核记录，建立责任追究制度。

（3）财务报告在对外提供前应当装订成册，加盖公章，并由企业负责人、总会计师或分管会计工作的负责人、财会部门负责人签名并盖章。

（二）审计的管理与控制

（1）企业应根据相关法律法规的规定，选择符合资质的会计师事务所。

（2）企业不得干扰审计人员的正常工作，并应对审计意见予以落实。

（3）注册会计师及其所在的事务所出具的审计报告，应随财务报告一并提供。

（三）对外报告的管理与控制

（1）企业应明确负责财务报告对外提供的对象。如：国有企业应当依法定期向监事会提供财务报告，至少每年一次向本企业的职工代表大会公布财务报告。上市公司的财务报告需经董事会、监事会审核通过后向全社会提供。

（2）企业应严格按照规定的财务报告编制中的审批程序，由财会部门负责人、总会计师或分管会计工作的负责人、企业负责人逐级把关。

（3）企业应严格遵守报送时间的要求，在财务报告的编制、审核、报送流程中的每一步骤设置时间点。

（4）企业应设置严格的保密程序，对能够接触财务报告信息的人员进行权限设置，保证财务报告信息在对外提供前控制在适当的范围。

（5）企业对外提供的财务报告应当及时整理归档，并按有关规定妥善保存。

三、财务报告分析利用的管理与控制

（一）制定财务分析制度的管理与控制

（1）企业在对基本情况分析时，应当重点了解企业的发展背景，包括企业的发展史、企业组织机构、产品销售及财务资产变动情况等，熟悉企业业务流程，分析研究企业的资产及财务管理活动。

（2）企业在制定财务报告分析制度时，应重点关注：财务报告分析的时间、组织形式、参加的部门和人员；财务报告分析的内容、分析的步骤、分析方法和指标体系；财务报告分析报告的编写要求等。

（3）财务报告分析制度草案经由财会部门负责人、总会计师或分管会计工作的负责人、企业负责人检查、修改、审批之后，根据制度设计的要求进行试行，发现问题及时总结上报。

（4）财会部门根据试行情况进行修正，确定最终的财务报告分析制度文稿，并经财会部门负责人、总会计师或分管会计工作的负责人、企业负责人进行最终的审批。

（二）编写财务分析报告的管理与控制

（1）财务报告编写时要明确分析的目的，运用正确的财务分析方法，并能充分、灵活地运用各项资料。

（2）总会计师或分管会计工作的负责人应当在财务分析和利用工作中发挥主导作用，负责组织领导。财会部门负责人审核财务分析报告的准确性，判断是否需要对特殊事项进行补充说明，并对财务分析报告进行补充说明。对生产经营活动中的重要资料、重大事项以及与上年同期数据相比有较大差异的情况要做重点说明。

（3）企业财务分析会议应吸收有关部门负责人参加，对各部门提出的意见，财会部门应充分沟通、分析，进而修改完善财务分析报告。

（4）修订后的财务分析报告应及时报送企业负责人，企业负责人负责审批分析报告，并据此进行决策，对于存在的问题及时采取措施。

（三）整改落实的管理与控制

（1）定期的财务分析报告应构成内部报告的组成部分，并充分利用信息技术和现有内部报告体系在各个层级上进行沟通。

（2）根据财务分析报告的意见，明确各部门职责。责任部门按要求落实改正，财会部门负责监督、跟踪责任部门的落实情况，并及时向有关负责人反馈落实情况。

岗课赛训融通训练

不定项选择题

仔细阅读本章章首案例——键桥通讯处罚案的启示，回答下列问题：

1. 在财务报告的编制和披露过程中，键桥通讯违反国家规定以及上市监管部门的要求而未达成的目标是财务报告内部控制目标中的（　　　　）目标。

A. 业务　　　　B. 总体

C. 合规　　　　D. 审核

2. 分析企业财务报告流程，你认为下列关于规范企业财务报告控制流程，明晰各岗位职责说法中正确的有（　　　　）。

A. 企业总会计师或分管会计工作的负责人负责组织领导财务报告编制和分析利用工作，并对财务报告的真实性和完整性承担责任

B. 企业财会部门负责财务报告编制和分析报告编写工作

C. 企业内部参与财务报告编制的各部门应当及时向财会部门提供编制财务报告所需的信息，参与财务分析会议的部门应当积极提出意见和建议以促进财务报告的有效利用

D. 企业法律事务部门或外聘律师应当对财务报告对外提供的合法合规性进行审核

3. 你认为键桥通讯在编制财务报告环节需关注的主要风险包括（　　　　）。

A. 编制财务报告违反会计法律法规和国家统一的会计准则制度，可能导致企业承担法律责任和声誉受损

B. 提供虚假财务报告，误导财务报告使用者，造成决策失误，干扰市场秩序

C. 不能有效利用财务报告，难以及时发现企业经营管理中存在的问题，可能导致企业财务和经营风险失控

D. 不能及时对外提供财务报告，对企业产生负面影响

4. 针对键桥通讯的处罚决定涉及的人员中，需要对财务报告的真实性、完整性负责的是（　　）。

A. 财务领导　　B. 会计主管

C. 会计师事务所　　D. 企业负责人

5. 键桥通讯的下列行为中属于舞弊行为的是（　　）。

A. 虚构业务提高收入金额　　B. 虚构应收账款回款

C. 重大对外担保未及时披露　　D. 定期报告虚构成本

教学讨论组织

一、案例资料

网上搜集增值税发票、入库单等原始凭证，记账凭证，财务报告。

二、要求

（1）不同的单据上都有相关人员的签名、盖章，请同学们思考这些签名盖章的人员岗位是什么？为什么需要这些人在这张单据上进行签名盖章？体现的内部控制原理是什么？

（2）总结财务报告编制的过程中的职责分工。

三、讨论形式

分组讨论，每组6~8人进行讨论，每组出一人汇报讨论结果，教师点评。

第十四章

企业全面预算控制

素养目标

- 具有全局意识，能够利用全面预算管理控制方法对企业实施全面管控；
- 具有团队协作精神，能够利用全面预算管理协调企业各部门工作计划；
- 具有风险意识，准确认识全面预算管理的事前控制作用；
- 通过全面预算的执行分析与调整，培养实事求是的精神和工作作风；
- 具有规则意识，能够正确认识规范全面预算管理流程的重要性。

知识目标

- 了解我国《企业内部控制应用指引第 15 号——全面预算》的框架体系；
- 了解企业全面预算组织应关注的风险及企业全面预算的管理体制；
- 了解企业全面预算管理流程和内容；
- 了解企业全面预算管理预算编制、预算执行和预算考核各阶段应关注的风险；
- 了解企业全面预算管理预算编制、预算执行和预算考核各阶段的管控内容。

技能目标

- 能够准确理解全面预算管理的概念及目标；
- 能够准确理解企业全面预算组织管理体制的基本架构；
- 能够准确把握企业全面预算管理流程三个阶段、七个环节的内容及相互关系；
- 能够准确理解企业预算编制、预算执行和预算考核各阶段的管控方法；
- 能够根据企业具体情况识别风险并制定相应的全面预算管理制度。

学思践悟

海尔集团的全面预算管理

海尔集团创业于 1984 年，现已发展成世界家电第一品牌，中国最具价值品牌。海尔集团在全球 30 多个国家和地区建立了本土化的设计中心、制造基地和贸易公司，拥有 29 个制造基地、8 个综合研发中心、19 个海外贸易公司，在全球 130 多个国家提供产品销售和服务解决方案，全球员工总数超过 6 万人。根据世界著名的消费市场研究机构 Euromonitor（欧洲透视）公布的全球白色家电品牌企业市场调研数据，海尔以 5.1% 的市场份额成为全球第一白色家电品牌，同时海尔冰箱、海尔洗衣机分别以 10.4% 与 8.4% 的全球市场占有率，在行业中均排名第一，海尔集团已发展成为大规模的跨国企业集团。

海尔集团在名牌战略思想下，先后经历了四个战略阶段：名牌战略、多元化战略、国际化战略和全球化品牌战略。随着海尔集团资产规模飞跃发展和众多子公司派生，货币资金的空间差、时间差、行业差和流程环节差，影响了资金有效运作，为挖掘资金潜力，合理、有效、经济地调配资金，优化资金结构，加速资金周转，海尔集团加强现金预算，在资金流动上做到事前预算、事中控制和事后分析，健全资金管理制度，做到集团资金的安全可控。

海尔集团的预算管理是从资金预算开始，经过几年的不断探索，海尔集团将预算管理融合到经营管理中，将简单的预算编制扩展到集预算编制、预算分析、预算考核于一体的全面预算管理体系，由最初的完全手工汇总编制预算报表，到决策系统的支持，预算管理水平显著提高，建立起一套相对完整的预算管理体系，包括预算编制、审批、执行、控制、调整以及考核等各个方面。

在全球化战略指引下，海尔集团针对传统的将预算定位于计划、控制和业绩评价等刚性角色的预算管理，设计符合集团战略预算管理体系，通过建立"人—单—酬"价值共赢自主经营体，将预测、协调、沟通等柔性角色纳入预算管理，强调预算自我控制，建立起以战略为主导，以上下贯通，横向协同组织与流程为基础，以多维度灵活预算模型为工具，涵盖预算目标分解、计划、预算编制、控制与分析各环节，且与绩效考核衔接的全面预算管理模型。

海尔集团全面预算管理的理念在集团内受到各级管理者的普遍认同。预算管理从无到有，从粗到细，不断向科学化、精细化方向发展，不断得到完善和深化，预算偏差度逐渐与全球标杆看齐，预算管理在牵引经营目标实现方面的重要作用显现出来，把整个集团的经营活动和财务活动引入到合规、有序、高效的运营状态中，为海尔全球化战略经营管理发挥了重要作用。

在我国2008年5月22日发布的《企业内部控制基本规范》第三十三条中规定：预算控制要求企业实施全面预算管理制度，明确各责任单位在预算管理中的职责权限，规范预算的编制、审定、下达和执行程序，强化预算约束。全面预算理念和方法在我国企业中得到广泛运用，并取得一定效果，但由于对全面预算认知理解不一致，推行力度和实施效果不理想。中央五部委在2010年4月15日发布《企业内部控制应用指引第15号——全面预算》，旨在引导和规范企业加强全面预算管理各环节的风险管控，促进全面预算管理在推动企业实现发展战略过程中发挥积极作用。

企业内部控制应用指引第15号——全面预算

议一议

从海尔集团的全面预算管理中领悟什么是高质量发展。

第一节　全面预算概述

微课：企业全面预算管理概述

一、全面预算管理的产生与发展

预算起源于13世纪的英国政府预算。当时英国国王的课税权受制于地主贵族阶层，即国王课税的方案只有在议会同意后才能执行。预算管理初现端倪。之后，开始在其他发达资本主义国家政府财政支出中得到运用。最早运用预算管理的国家是美国。全面预算管理的发展可以分为以下三个时期：

（一）19世纪末至20世纪20年代，预算管理引入期

20世纪的美国，工商业企业迅速发展，各类企业集团不断出现，企业管理层级越来越多，需要采用分权处理的方式对企业进行有效控制。一些企业管理者试图通过预算管理来计划、协调和控制企业经营活动。至此，预算被引入到现代企业管理之中。

1911年泰勒创建了“科学管理”学说。一些企业借鉴其科学的管理思想，将“标准成本”等专门方法运用于产品成本控制。这是预算思想在美国企业运用的最初形态。至20世纪20年代，美国杜邦公司率先在标准成本的基础上将预算引入企业，并取得成功，进而被嫁接到美国通用汽车公司。在此之后，全面预算管理迅速成为现代工商企业的标准作业程序。

1921年，美国国会颁布《预算和会计法案》，预算管理随之在工商企业广泛运用。1922年，美国学者麦西金出版《预算控制论》，该书首次从控制论的角度详细阐述了预算管理的理论和方法，标志着企业预算管理理论的形成，并在市场经济发达国家的企业管理中得到了迅速发展。

（二）20世纪30年代至70年代，预算管理发展期

20世纪30年代以后，预算管理制度在欧美国家不断完善。这期间，现代科学技术发展越来越快，生产力水平迅速提高，跨国公司开始出现，企业的规模越来越大，但外部复杂多变的经营环境，企业利润出现普遍下降的情况。为此，企业管理者开始更加重视经营预测和决策工作，对企业极为复杂的生产经营活动进行科学的预测、决策、组织、安排和控制，促使企业的生产经营活动实现最优化运转，提升

了企业的竞争力，也使企业预算管理进一步发展和完善。美国管理学家西蒙在 20 世纪 50 年代发表的《决策理论》一书，加速了预算管理理论发展。

20 世纪 60 年代，企业将全面预算管理作为内部管理控制的方法。全面预算管理是强调以企业战略目标为出发点，以市场需求为导向，企业全体员工参与，涉及企业生产经营各个方面的预算体系。

（三）20 世纪 80 年代至今，预算管理成熟期

1985 年之后，世界经济发生了巨大的变化，企业渐渐进入信息化时代，企业资源计划（ERP）系统也运用到预算管理中，提高了管理效率，并成为内部管控的主要方法。传统的预算管理体系得以运行的前提条件开始被动摇，它自身存在的各种矛盾开始日益显现，为解决这些问题，学术界和实务界开始引入战略管理。

20 世纪 80 年代，美国著名的管理会计学家罗伯特·卡普兰提出了作业成本制度，同时将其与诺顿创造的平衡记分卡相结合，从而形成了基于平衡计分卡的预算管理，使得预算管理更具战略性，有利于企业战略目标的实现。

20 世纪 90 年代，世界格局及经济环境发生剧烈变化，国内外竞争日渐激烈。以往的预算管理缺乏适应性、费时耗力等很多缺陷也日渐明显，人们开始积极探索新的预算管理模式。欧洲一些学者提出了“超越预算”的概念，主张放弃将预算指标作为后评价指标的超越预算管理日益发展起来。该模式主张借助非财务指标等事后标准量进行业绩评价。

预算管理在我国起步较晚。20 世纪 90 年代，随着改革开放的推进，我国市场经济得到迅速发展，企业要在激烈市场竞争中生存，就必须根据市场需求组织生产经营活动。预算管理作为西方企业的基础性管理制度，逐步被国内企业引用，对国内企业发展起到积极作用。

从 2000 年至今，国家有关部委先后颁布关于全面预算管理的各项行政规章，指导企业将预算管理引入日常经营管理中，预算管理的理念也越来越得到我国企业的认同。全面预算管理在我国进入了快速发展期。

二、全面预算管理的概念

美国著名管理学家戴维奥利指出，全面预算管理是为数不多的几个能把组织的所有关键问题融合于一体之中的管理控制方法之一。全面预算管理现已成为大型工商企业的标准作业程序。

全球最大的管理咨询公司和技术服务供应商埃森哲公司指出，预算是一种传统

的方法，用来分配企业的财务、实物及人力等资源，以实现企业既定的战略目标。企业可以通过预算来监控战略目标的实施进度，有助于控制开支，并预测企业的现金流量与利润。

我国《企业内部控制应用指引第 15 号——全面预算》中明确了全面预算管理的概念。全面预算管理是指企业对一定期间的经营活动、投资活动、财务活动等作出的预算安排。对全面预算管理概念的理解应注重以下几点：

（一）全面预算是一种全方位、全过程、全员参与编制与实施的预算管理模式

全面预算的“全方位”，体现在企业的一切经济活动，包括经营、投资、财务等各项活动，人、财、物各个方面，供、产、销各个环节，都必须纳入预算管理。全面预算是由经营预算（也称业务预算）、投资预算、筹资预算、财务预算等一系列预算组成的相互衔接和勾稽的综合预算体系。

全面预算的“全过程”，体现在企业组织各项经济活动的事前、事中和事后都纳入预算管理，形成由预算编制、执行、分析、调整、考核、奖惩等一系列环节所组成的管理活动。

全面预算的“全员”参与，指企业内部各部门、各单位、各岗位，上至最高负责人，下至各部门负责人、各岗位员工都必须参与预算编制与实施。

（二）全面预算具有计划、协调、控制、激励等综合管理功能

全面预算是企业实现发展战略和年度经营目标的有效方法和工具。企业通过实施全面预算，将根据发展战略制定的年度经营目标进行分解、落实，可以使企业的长期战略规划和年度具体行动方案紧密结合，将战略具体为行动，确保企业发展目标的实现。《企业内部控制应用指引第 2 号——发展战略》中明确规定企业应当编制全面预算。

通过全面预算的编制，可以解决企业各部门经济活动之间存在的局部优化和整体优化矛盾，使各部门计划得到最好的协调，企业整个计划体系相互衔接、完整、符合实际。

全面预算是控制企业各部门活动的工具。在预算执行中，各部门可以通过计量、计算、对比和分析，寻找预算与实际执行中的差异，采取措施纠正偏差，确保日常经济活动控制在预算范围之内。

全面预算是考核企业各部门业绩的标准。全面预算是对部门及员工绩效考核的主要依据，通过预算与绩效管理相结合，使部门和员工的考核真正做到“有章可循，有法可依”，方便对企业各部门员工的激励与控制。

（三）全面预算管理的本质

全面预算管理的本质是企业内部管理控制的一项工具，即预算本身不是最终目标，而是为实现企业目标所采用的管理与控制手段，从而有效控制企业风险。《企业内部控制基本规范》将预算控制列为重要的控制活动和风险控制措施。

三、全面预算管理的原则

（一）统一性原则

预算目标应由公司总部统一规划，并要与公司总体的经营目标一致，各级预算单位必须服从于公司的总体战略目标和经营目标。

（二）层次性原则

预算目标经过逐级分解后，下达的预算指标由各级运营及管理单位负责落实，各单位对各自归口的业务编预算，并对预算负责，公司统一对各单位预算执行情况进行分析考核。

（三）全面性原则

预算管理要将企业经营的各个环节逐步纳入预算管理范围，不发生遗漏，同时还要兼顾各方面的协调、平衡。

（四）科学性原则

预算管理要在广泛的调研、分析和预测的基础上，制订科学、合理的数量计划和单位标准，设计科学、合理的编制流程和方法，以确保预算执行的可行性。

（五）合理性原则

无论是预算的标准，还是预算编制的流程、方法的设计，都需要根据企业的实际情况确定，本着实事求是的原则，合理确定预算目标，收入预算不要定得过高和不切实际，支出预算也不能太紧，要量入为出，不影响企业经营活动正常开展。

（六）重要性原则

企业的预算管理，要将有效的资金和资源优先配置到企业最重要、最紧急的地方，不要全面开花，以避免浪费企业有限的资源。

四、全面预算管理的目标

（1）评价整合企业资金流、实物流、业务流、信息流与人力流，优化企业资源配置，提高资源价值创造力。

（2）全面规范企业内部责、权、利关系，提升企业运行效率，实现制约与激励。

（3）确保防范风险，实施内部控制，促进企业实现发展战略目标。

议一议

如何理解全面预算管理概念？如何理解全面预算管理目标？

第二节　全面预算的管理体制

企业设置全面预算管理体制，应遵循合法科学、高效有力、经济适度、全面系统、权责明确等基本原则，一般具备预算管理决策机构、预算管理日常工作机构和预算执行单位三个层次的基本架构，如图 14-1 所示。

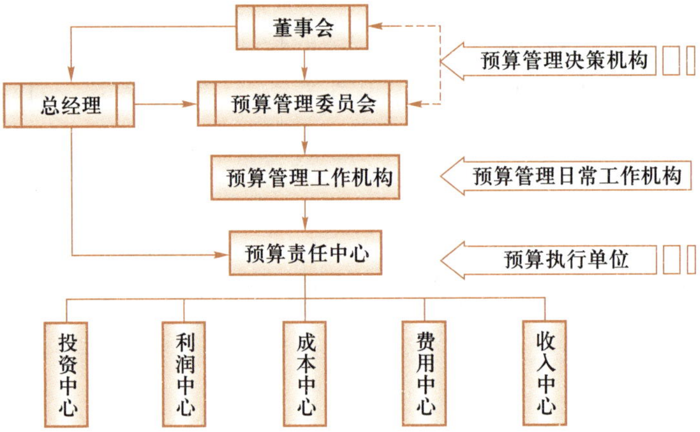

图 14-1　全面预算管理体制

一、决策机构——预算管理委员会

预算管理委员会在全面预算管理体制中居于领导核心地位，是专门履行全面预算管理职责的决策机构。预算管理委员会成员由企业负责人及内部相关部门负责人组成，总会计师或分管会计工作的负责人应当协助企业负责人负责企业全面预算管理工作的组织领导。预算管理委员会一般由企业负责人（董事长或总经理）任主任，总会计师（或财务总监、分管财会工作的副总经理）任副主任，成员包括各职能部门负责人、分（子）公司负责人等，为非常设机构部门。

预算管理委员会一般在董事会领导和授权下，决定和处理全面预算管理的重大事宜。主要职责：① 制定颁布企业全面预算管理制度，包括预算管理的政策、措施、办法、要求等；② 根据企业战略规划和年度经营目标，拟订预算目标，确定预算目标分解方案、预算编制方法和程序；③ 组织编制、综合平衡预算草案；④ 下达经批准的正式年度预算；⑤ 协调解决预算编制和执行中重大问题；⑥ 审议、审批预算调整方案；⑦ 审议预算考核和奖惩方案；⑧ 考核企业全面预算总的执行情况；⑨ 其他全面预算管理事宜。

预算管理委员会制定、审议的有关全面预算管理的重大事项，如年度预算草案、预算考评与奖惩方案等，应当报董事会审核，并按照相关法律法规及企业章程的规定报股东大会或董事会审议批准。

二、常设机构——预算管理工作机构

企业在预算管理委员会下设立预算管理工作机构，由其履行预算管理委员会的日常管理职责，为常设机构。一般设在财会部门，主任由总会计师（或财务总监、分管财会工作的副总经理）兼任，工作人员除财务部门人员外，还应有计划、人力资源、生产、销售、研发等业务部门人员参加。

预算管理工作机构主要职责：① 拟订全面预算管理制度，并负责检查落实全面预算管理制度执行情况；② 拟订年度预算总目标分解方案及有关预算编制程序、方法的草案，报预算管理委员会审定；③ 组织和指导各级预算执行单位预算编制工作；④ 预审各预算执行单位的预算初稿，进行综合平衡，并提出修改意见和建议；⑤ 汇总编制企业全面预算草案，提交预算管理委员会审查；⑥ 跟踪、监控企业预算执行情况；⑦ 定期汇总、分析各预算执行单位预算执行情况，并向预算管理委员会提交预算执行分析报告，为委员会进一步采取行动拟订建议方案；⑧ 接受各预算执行单位的预算调整申请，根据企业预算管理制度进行审查，集中制定年度预算调整方案，报预算管理委员会审议；⑨ 协调解决企业预算编制和执行中的有关问题；⑩ 提出预算考核和奖惩方案，报预算管理委员会审议；⑪ 组织开展对企业二级预算执行单位（企业内部各职能部门、所属分（子）公司等）预算执行情况的考核，提出考核结果和奖惩建议，报预算管理委员会审议；⑫ 预算管理委员会授权的其他工作。

三、执行机构——各业务职能部门

企业应当遵循分级分层、权责利相结合、责任可控、目标一致的原则划分内部预算执行单位，并与企业的组织机构设置相适应。根据权责范围，企业内部预算执行单位可以分为投资中心、利润中心、成本中心、费用中心和收入中心。预算执行单位在预算管理部门（指预算管理委员会及其工作机构）的指导下，组织开展本部门或本企业全面预算的编制工作，严格执行批准下达的预算。

预算执行单位主要职责：① 提供编制预算的各项基础资料；② 负责本单位全面预算的编制和上报工作；③ 将本单位预算指标层层分解，落实到各部门、各环节和各岗位；④ 严格执行经批准的预算，监督检查本单位预算执行情况；⑤ 及时分析、报告本单位的预算执行情况，解决预算执行中的问题；⑥ 根据内外部环境变化及企业预算管理制度，提出预算调整申请；⑦ 组织实施本单位内部的预算考核和奖惩工作；⑧ 配合预算管理部门做好企业总预算的综合平衡、执行监控、考核奖惩等工作；⑨ 执行预算管理部门下达的其他预算管理任务。

各预算执行单位负责人应当对本单位预算的执行结果负责。

四、明确各环节授权批准程序和工作协调机制

（一）建立健全全面预算管理体制协调机制

在建立健全全面预算管理体制的基础上，企业应当进一步梳理、制定预算管理工作流程，按照不相容职务相互分离的原则细化各部门、各岗位在预算管理体系中的职责、分工与权限，明确预算编制、执行、分析、调整、考核各环节的授权批准制度与程序。在全面预算管理各个环节中，预算管理部门主要起决策、组织、领导、协调、平衡的作用。

（二）分离预算管理工作各环节不相容岗位

预算管理工作各环节的不相容岗位一般包括：预算编制与预算审批、预算审批

与预算执行、预算执行与预算考核。

（三）根据自身的组织结构、业务特点和管理需要，实施归口管理

企业可以根据自身的组织结构、业务特点和管理需要，责成内部生产、市场、投资、技术、人力资源等各预算归口管理部门负责所归口管理预算的编制、执行监控、分析等工作，并配合预算管理部门做好企业总预算综合平衡、执行监控、分析、考核等工作。

议一议

企业全面预算管理组织体制应分为几个层次的基本架构？各层次的主要职责是什么？

第三节　全面预算中存在的风险

《企业内部控制应用指引第 15 号——全面预算》总则中第三条指出，企业实行全面预算管理，至少关注下列风险：不编制预算或预算不健全，可能导致企业经营缺乏约束或盲目经营；预算目标不合理、编制不科学，可能导致企业资源浪费或发展战略难以实现；预算缺乏刚性、执行不力、考核不严，可能导致预算管理流于形式。

一、预算编制风险

预算编制是企业将长期的战略方向选择在日常的生产经营与业务活动中逐步体现，并最终体现为战略的落实。预算编制风险主要体现在预算编制方面、预算审批方面以及预算下达方面。

（一）预算编制环节的风险

预算编制环节的风险主要表现为：① 预算编制部门以财务部门为主，业务部门参与度较低，可能导致预算编制不合理，预算管理责、权、利不匹配；预算编制范围和项目不全面，各个预算单位之间缺乏整合，可能导致全面预算难以形成。② 预

算编制依据的相关信息不足，可能导致预算目标与战略规划、经营计划、市场环境、企业实际等相脱离；预算编制基础数据不足，可能导致预算编制准确率降低。③ 预算编制程序不规范，横向、纵向信息沟通不畅，可能导致预算目标缺乏准确性、合理性和可行性。④ 预算编制方法选择不当，或强调采用单一的方法，可能导致预算目标缺乏科学性和可行性。⑤ 预算目标及指标体系设计不完整、不合理、不科学，可能导致预算与实现发展战略和经营目标、绩效考评等相脱离。⑥ 编制预算时间太早或太晚，预算准确性不高，影响预算的执行。

（二）预算审批环节的风险

预算审批环节的风险主要表现为：全面预算未经适当审批或超越授权审批，可能导致预算权威性不够、执行不力，或可能因重大差错、舞弊而导致损失。

（三）预算下达环节的风险

预算下达环节的风险主要表现为：全面预算下达不力，可能导致预算执行或考核无据可查。

【案例 14-1】

百姓制药公司亟待推出一种新药，市场潜力巨大。战略规划结果显示，只要有足够的生产能力和营销支持，新药的推出将能提升公司 50% 的年收入，利润增长 70%。可是，新药一上市，即告出师不利。原因何在？原来推出新药的战略规划在公司经营预算制定过程中迷失了方向。销售预算编制人员认为主持战略规划工作的同事们对新药的前景过于乐观，因此他们把销售预测削减了 50%。同时，生产部门人员认为销售部作此预测简直是白日做梦，所以他们又将预测数字打了对折。最后，经财务部门研究，又把预算砍掉了一大块儿。产品推出时，战略规划人员要求新药具备的生产能力仅剩 20%。而新药推出后 6 个月时间内，市场需求量猛增。但不幸的是，新药供应严重短缺，折合公司年收入造成机会成本损失约 100 亿美元。

【案例 14-1 分析 1】百姓制药公司预算编制问题分析：公司战略规划或经营计划必须是包括各业务系统责任人共同参与讨论制定的公司高层行为，组织目标的讨论和制定是公司行为，而不是某一个职能部门或个人的常规业务活动。公司战略和目标的制定和决策必须建立在资源和信息的综合平衡的基础上，目标制定的过程实际上就是一个寻找实现途径的过程、诸多要素和能力综合平衡的过程，没有各分管责任人的参与，目标也就失去了支持基础，专业部门可以参与，但其职能应当是参谋部的作用，而不是制定者。

组织的战略规划是预算编制的来源，企业战略规划与预算的正确链接是业务部门预算编制的基础。中层管理者只有充分了解组织及管理高层的期望目标和投入边界，以及各自参与其中的作用，才能够编制出切实可行的预算，并以组织的期望为起点，在组织的约束边界内实现目标。预算编制的作用和意义就在于从资源配置角度，反映组织目标实现方式和可度量的期望。

二、预算执行风险

预算执行是预算控制的核心环节，执行过程将直接影响到预算目标的实现。预算执行风险主要体现在预算指标分解及责任落实方面、预算执行方面、预算分析方面以及预算调整方面。

（一）预算指标分解及责任环节的落实风险

预算指标分解及责任落实风险主要表现为：① 预算指标分解不够详细、具体，可能导致某些岗位和环节缺乏预算执行和控制依据。② 预算指标分解与业绩考核体系不匹配，可能导致预算执行不力。③ 预算责任体系缺失或不健全，可能导致预算责任无法落实，预算缺乏强制性与严肃性。④ 预算责任与执行单位或个人的控制能力不匹配，可能导致预算目标难以实现。

（二）预算执行环节的风险

预算执行环节的风险主要表现为：① 缺乏严格的预算执行授权审批制度，可能导致预算执行随意。② 预算审批权限及程序混乱，越权、重复审批，降低预算执行效率和严肃性，可能导致预算执行不力，预算目标难以实现。③ 预算执行过程缺乏有效监控，导致预算执行不力，预算目标难以实现。④ 缺乏健全有效预算反馈和报告体系，可能导致预算执行情况不能及时反馈和沟通，预算差异得不到及时分析，预算监控难以发挥作用。

【案例 14-1 分析 2】百姓制药公司预算执行问题分析：组织目标是不能讨价还价的，在目标确定前，应该广开言路，集思广益。组织目标一旦确定，任何部门和个人都无权变动或更改，若要变动，则必须由原制定机构按同样的流程进行更改，因为确定的目标隐含着一个假定：该目标已经得到主要相关部门的共同认可，重大不同意见已经消除。因此，所有部门在落实分解目标和预算编制过程中，无权自行变更企业目标，必须遵循实现目标的逻辑过程和上游部门的编制结果，制定自己相应的预算。百姓制药公司的错误就在于：制定目标时，闭门造车；目标确定后，却又大鸣大放，各行其是。

除了利益相关的业务部门，财务机构也没有摆正自己的位置，打着企业利益的旗号，无端压制。财务机构在预算编制过程中的角色重点在组织和平衡，而非一味削减预算的“刀斧手”。财务对预算的平衡是从总体上保证目标的实现。简单的削减预算并不意味着为企业着想，很可能是在损害企业利益；反之，保证预算的必要投入甚至增加预算未必不利于企业。真正的企业利益保证是以企业目标的实现和投入产出最优为唯一衡量标准。这是每一个从事财务管理的工作人员必须在观念上解决的大问题。

（三）预算分析环节的风险

预算分析风险主要表现为：① 预算分析不正确、不科学、不及时，可能削弱预算执行控制的效果，或可能导致预算考评不客观、不公平。② 对预算差异原因的解决措施不得力，可能导致预算分析形同虚设。

（四）预算调整环节的风险

预算调整风险主要表现为：预算调整依据不充分、方案不合理、审批程序不严格，可能导致预算调整随意、频繁，预算失去严肃性和“硬约束”。

【案例 14-1 分析 3】百姓制药公司预算调整问题分析：预算的刚性原则不是机械的，若确实能证明市场有产出机会，必须以灵活的预算调整机制来适应市场，弥补静态预算编制的缺点。组织目标与市场机会的最佳组合，要通过两个阶段实现：编制预算阶段，通过静态的资源配置，验证目标机会的可行与合理；目标实施阶段，以动态的资源配置适应变动的市场。

百姓制药公司面临市场的真实需求，不去快速调整资源和能力的配置，只是简单的固守确定的目标和计划。公司失去的就不仅是机会收入，而是更重要的竞争能力——机会和资源在动态和变化环境下的组合能力。

三、预算考核风险

预算考核方面的风险，主要表现为：① 预算考核不严格、不合理、不到位，可能导致预算目标难以实现、预算管理流于形式。② 考核主体和对象的界定是否合理、考核指标是否科学、考核过程是否公开透明、考核结果是否客观公正、奖惩措施是否公平合理，影响预算落实与执行。

议一议

企业预算编制、预算执行和预算考核主要存在哪些方面的风险？

第四节　全面预算的风险管理与控制

全面预算管理内部控制方法主要有：归口管理控制、不相容职务分离控制、授权审批控制和审核控制。企业应当建立完善的预算管理组织体系，梳理预算管理工作流程，明确预算管理各环节内容、时间、程序，规范预算管理审批权限、责任划分，以规章制度规范全面预算管理的全过程和各个方面，确保全面预算管理有章可循，发挥效能。

一、预算编制的管理与控制

预算编制的管理与控制包括三个环节的管理与控制，分别是预算编制环节、预算审批环节和预算下达环节。下面重点介绍预算编制环节管理与控制。

（一）预算编制环节管理与控制

《企业内部控制应用指引第 15 号——全面预算》第五条对于预算编制控制提出了总体要求：企业应当建立和完善预算编制工作制度，明确编制依据、编制程序、编制方法等内容，确保预算编制依据合理、程序适当、方法科学，避免预算指标过高或过低。

预算编制环节应当从以下六个方面进行控制：企业预算编制应当考虑预算编制的全面性、预算编制依据的充分合理性，以及选择科学、适当、可行的预算编制程序、预算编制方法、预算目标及指标体系设计、预算编制时间。

1. 预算编制全面性控制

预算编制的全面性主要强调两点：一是明确企业各个部门、单位的预算编制责任，使企业各个部门、单位的业务活动全部纳入预算管理；二是将企业经营、投资、财务等各项经济活动的各个方面、各个环节都纳入预算编制范围，形成由经营预算、投资预算、筹资预算、财务预算等一系列预算组成的相互衔接和勾稽的综合预算体系。一般生产性企业全面预算主要内容构成如图 14-2 所示。

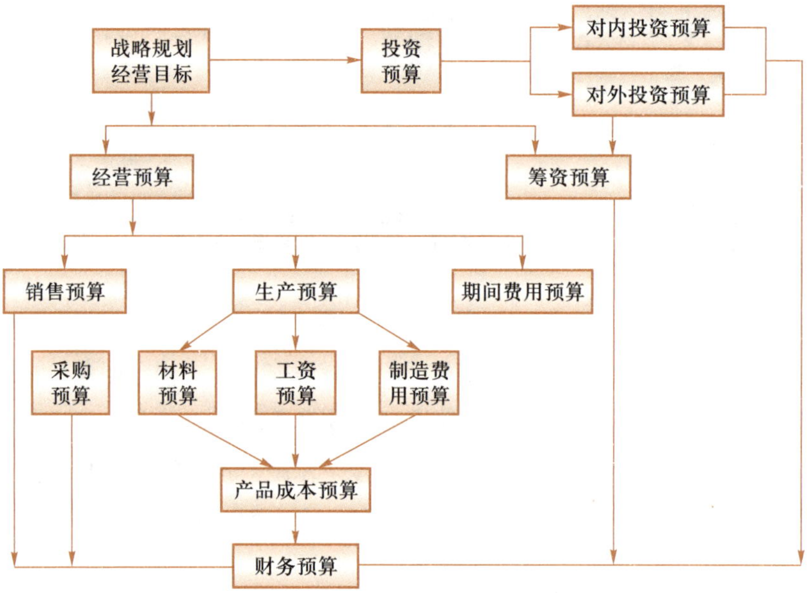

图 14-2　一般生产性企业全面预算主要内容构成

2. 预算编制依据和基础控制

预算编制依据方面，《企业内部控制应用指引第 15 号——全面预算》第六条要求，企业应当根据发展战略和年度生产经营计划，综合考虑预算期内经济政策、市场环境等因素编制年度全面预算。

预算编制依据的选择主要考虑：① 制定明确的战略规划，并依据战略规划制订年度经营目标和计划，作为制定预算目标的首要依据，确保预算编制真正成为战略规划和年度经营计划的年度具体行动方案；② 深入开展企业外部环境的调研和预测，包括对企业预算期内客户需求、同行业发展等市场环境的调研，以及宏观经济政策等社会环境的调研，确保预算编制以市场预测为依据，与市场、社会环境相适应；③ 深入分析企业上一期间的预算执行情况，充分预计预算期内企业资源状况、生产能力、技术水平等自身环境的变化，确保预算编制符合企业生产经营活动的客观实际；④ 重视和加强预算编制基础管理工作，包括历史资料记录、定额制定与管理、标准化工作、会计核算等，确保预算编制以可靠、详实、完整的基础数据为依据。

3. 预算编制程序控制

预算编制程序方面，《企业内部控制应用指引第 15 号——全面预算》第六条要求，企业应当按照上下结合、分级编制、逐级汇总的程序，编制年度全面预算。预算编制基本步骤及其控制为：

（1）预算管理工作机构分解下达预算目标。预算管理工作机构根据企业战略规划和年度经营目标，结合对预算期经济形势的初步预测，测算下一年度的全面预算目标，预算管理委员会审定后下达。预算管理工作机构拟订年度预算总目标分解方案及有关预算编制程序、方法的草案，报预算管理委员会审定，预算指标连同编制政策层层下达到各预算责任中心。预算管理工作机构分解预算目标，企业应当建立系统的指标分解体系，并在与各预算责任中心进行充分沟通的基础上分解下达初步预算目标。

（2）各预算责任中心分级编制上报预算草案。各预算责任中心按照下达的预算目标和预算政策，结合自身特点以及预测的执行条件，认真测算并提出本责任中心的预算草案，逐级汇总上报预算管理工作机构。

（3）预算管理工作机构审查平衡预算草案。预算管理工作机构对各预算责任中心的预算草案进行充分协调、沟通，审查平衡预算草案。

（4）预算管理工作机构汇总编制全面预算草案。预算管理工作机构根据各预算责任中心的预算草案修正调整后逐级汇总上报的预算草案，一般按照“先经营预算、投资预算、筹资预算，后财务预算”流程汇总编制整个企业的全面预算方案，预算管理委员会对预算管理工作机构在综合平衡基础上提交的预算方案进行研究论证，从企业发展全局角度提出进一步调整、修改的建议，形成企业年度全面预算草案，提交董事会。

（5）董事会审核全面预算草案。重点关注预算科学性和可行性，确保全面预算与企业发展战略、年度生产经营计划相协调。

预算编制控制程序如图 14-3 所示。

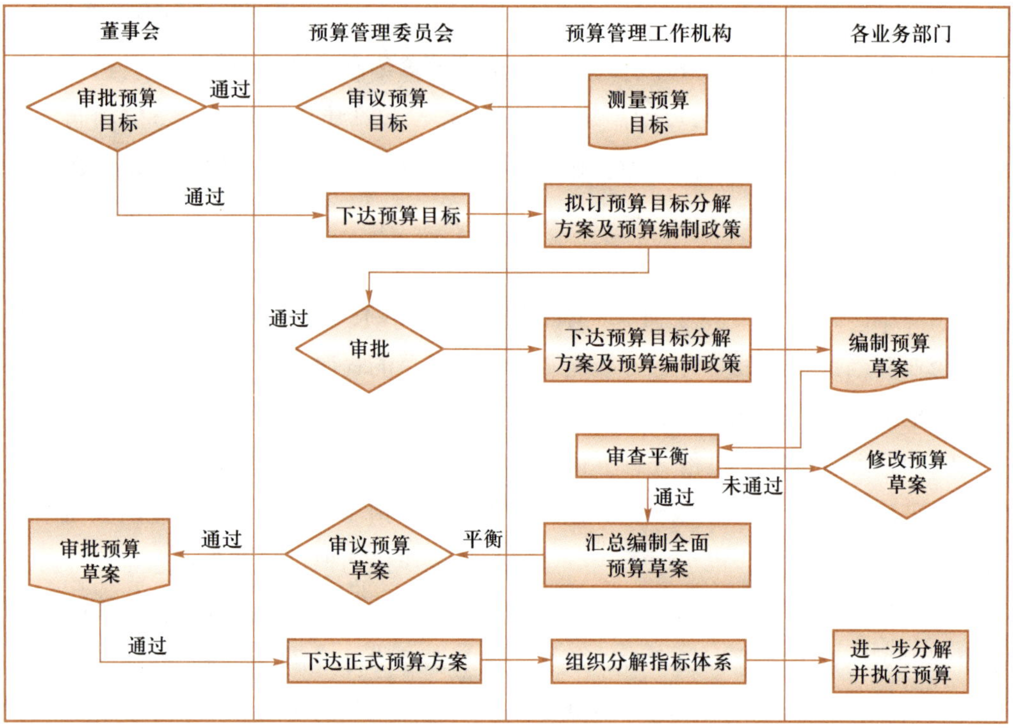

图 14-3　预算编制控制程序

4. 预算编制方法控制

正确选择预算编制方法，可以提高预算编制效率，对于提高预算指标的准确性、科学性、可行性至关重要。企业应当本着遵循经济活动规律，充分考虑符合企业自身经济业务特点、基础数据管理水平、生产经营周期和管理需要的原则，选择或综合运用固定预算、弹性预算、滚动预算等方法编制预算。同一预算项目可根据具体内容的不同选取不同的方法，同一种方法也可用于不同的预算。

5. 预算目标及指标体系设计控制

预算目标及指标体系设计应当考虑：① 按照“财务指标为主体、非财务指标为补充”的原则设计预算指标体系；② 将企业的战略规划、经营目标体现在预算指标体系中；③ 将企业产、供、销、投融资等各项活动的各个环节、各个方面的内容都纳入预算指标体系；④ 将预算指标体系与绩效评价指标协调一致；⑤ 按照各责任中心在工作性质、权责范围、业务活动特点等方面的不同，设计不同或各有侧重的预算指标体系。

6. 预算编制时间控制

预算编制时间的选择，企业可以根据自身规模大小、组织结构和产品结构的复杂性、预算编制工具和熟练程度、全面预算开展的深度和广度等因素，确定合适的全面预算编制时间，并应当在预算年度开始前完成全面预算草案的编制工作（一般在每年年底完成下年预算）。

【案例 14-2】

AB 制造业企业集团（以下简称“AB 集团”）经过三十余年的发展，已拥有多条完整的产业链，生产基地遍布国内经济最活跃的地区。每个生产基地由数家上下游相关联的制造业企业组成，集团下属二十多家自主经营的制造业企业，按行业划分为若干事业部进行管理。面对日益激烈的市场竞争，AB 集团结合自身管理文化，重构全面预算管理组织体系和全面预算管理制度体系，健全和完善经营计划体系和全面预算编制体系。其全面预算管理工作具体做法如下：

（1）在董事会下设战略管理委员会，由其筹建战略部，负责构建集团战略管控体系，明确预算与战略的关系；梳理集团组织架构，确立母子公司管控关系，建立财务指标与经营指标有机结合的多维度绩效考核体系，明确预算与运营的关系。

（2）在集团财务部门主导下，建立健全全面预算管理制度及预算费用归口管理制度。建立以事业部为投资中心、各业务单元为利润中心、各业务单元销售业务部门为收入中心、各生产部门及辅助生产部门为成本中心、各职能部门为费用中心的多层次预算责任中心，配合多维度的绩效考核指标，形成较完善的绩效管理体系。经审定下达的各级预算目标分解为数十项 KPI 考核指标。根据经营计划和预算目标，全部预算责任中心与上级主管部门签订业绩合同，形成较强的约束机制，促进经营计划和预算目标的实现。

（3）健全和完善经营计划体系和全面预算编制体系。集团以自上而下的方式对企业文化进行重塑，明确战略、经营计划、预算三者的关系。全面预算编制的前提是详尽的经营计划。经营计划的关键指标与战略目标相结合。集团根据中长期战略规划，确定下一年的企业战略措施，并根据战略措施确定下一年的经营目标和计划。预算对未来一年经营计划并以数据呈现。

（4）健全预算编制流程。首先，以自上而下的形式，由集团根据总体战略目标制定各事业部、业务单元的年度目标和预算主要指标下发到各子公司或业务单元。其次，各业务单元以“产品”为主线，贯通销售预算、生产预算、采购预算等预算，形成以组织架构和业务单元相互结合的年度经营计划和全面预算。再次，预算经过集团各职能部门一审，向子公司或业务单元反馈，子公司或业务单元修订，再经过二审上报集团管理层审核后，上报董事会正式批准。最后，预算经批准后，集团以此与各事业部、业务单元负责人签订业绩责任书，并下达执行。

【分析】全面预算管理作为一种管理工具，能够有效提高企业管理水平。AB集团从业务到管理、从业务到财务循序渐进地推进全面预算管理，营造全员参与的全面预算管理环境，构建战略优先、效率至上的良好管理文化，使全面预算管理承接战略并指导运营，其预测未来的准确性和应对市场变化的适应性得到提升，管理职责更加清晰，集团综合竞争力进一步增强。

（二）预算审批环节的管理与控制

企业全面预算应当按照《中华人民共和国公司法》等相关法律法规及企业章程的规定报经审议批准。

（三）预算下达环节的管理与控制

企业全面预算经审议批准后应及时以文件形式下达执行。

二、预算执行的管理与控制

（一）预算指标分解和责任落实环节的管理与控制

预算指标分解和责任落实环节主要应当管控：通过签订预算目标责任书等形式明确各预算执行部门的预算责任，所建立的预算执行责任制应当遵循定量化、全局性、可控性原则三个原则。

（1）企业全面预算一经批准下达，各预算执行单位应当认真组织实施，将预算指标层层分解，横向将预算指标分解为若干相互关联的因素，寻找影响预算目标的关键因素并加以控制；纵向将各项预算指标层层分解落实到最终的岗位和个人，明确责任部门和最终责任人；时间上将年度预算指标分解细化为季度、月度预算，通过实施分期预算控制，实现年度预算目标。

（2）建立预算执行责任制度，对照已确定的责任指标，定期或不定期地对相关部门及人员责任指标完成情况进行检查，实施考评。可以通过签订预算目标责任书等形式明确各预算执行部门的预算责任。

（3）分解预算指标和建立预算执行责任制应当遵循定量化、全局性、可控性原则。即：预算指标的分解要明确、具体，便于执行和考核；预算指标的分解要有利于企业经营总目标的实现；赋予责任部门和责任人的预算指标应当是通过该责任部门或责任人的努力可以达到的，责任部门或责任人以其责权范围为限，对预算指标负责。

（二）预算执行控制环节的管理与控制

预算执行控制环节应当管控的主要内容：确保预算刚性，严格执行预算，建立预算执行授权审批制度、预算执行实时监控制度、预算执行预警机制、预算执行内部反馈和报告制度以及重大预算项目的特别关注制度等。

（1）加强资金收付业务的预算控制，及时组织资金收入，严格控制资金支付，调节资金收付平衡，防范支付风险。

（2）严格资金支付业务的审批控制，及时制止不符合预算目标的经济行为，确保各项业务和活动都在授权的范围内运行。企业应当就涉及资金支付的预算内事项、超预算事项、预算外事项建立规范的授权批准制度和程序，避免越权审批、违规审批、重复审批现象的发生。对于预算内非常规或金额重大事项，应经过较高的授权批准层（如总经理）审批。对于超预算或预算外事项，应当实行严格、特殊的审批程序，一般须报经总经理办公会或类似权力机构审批；金额重大的，还应报经预算管理委员会或董事会审批。预算执行单位提出超预算或预算外资金支付申请，应当提供有关发生超预算或预算外支付的原因、依据、金额测算等资料。

（3）建立预算执行实时监控制度，及时发现和纠正预算执行中的偏差。确保企业办理采购与付款、销售与收款、成本费用、工程项目、对外投融资、研究与开发、信息系统、人力资源、安全环保、资产购置与维护等各项业务和事项，均符合预算要求；对于涉及生产过程和成本费用的，还应严格执行相关计划、定额、定率标准。

（4）建立重大预算项目特别关注制度。对于工程项目、对外投融资等重大预算项目，企业应当密切跟踪其实施进度和完成情况，实行严格监控。对于重大的关键性预算指标，也要密切跟踪、检查。

（5）建立预算执行情况预警机制，科学选择预警指标，合理确定预警范围，及时发出预警信号，积极采取应对措施。有条件的企业，应当推进和实施预算管理的信息化，通过现代电子信息技术手段控制和监控预算执行，提高预警与应对水平。

（6）建立健全预算执行情况内部反馈和报告制度，确保预算执行信息传输及时、畅通、有效。预算管理工作机构应当加强与各预算执行单位的沟通，运用财务信息和其他相关资料监控预算执行情况，采用恰当方式及时向预算管理委员会和各预算执行单位报告、反馈预算执行进度、执行差异及其对预算目标的影响，促进企业全面预算目标的实现。

（三）预算分析环节的管理与控制

预算分析环节应当管控的主要内容：建立预算执行情况分析制度、规范预算分析流程和预算分析方法、根据预算分析结果提出改进措施及反馈报告等。

（1）预算管理工作机构和各预算执行单位应当建立预算执行情况分析制度，定期召开预算执行分析会议，通报预算执行情况，研究、解决预算执行中存在的问题，认真分析原因，提出改进措施。

（2）加强对预算分析流程和方法的控制，确保预算分析结果准确、合理。预算分析流程一般包括以下环节：确定分析对象——收集内、外资料——确定差异及分析原因——提出改进措施及反馈报告等。企业分析预算执行情况，应当充分收集有关财务、业务、市场、技术、政策、法律等方面的信息资料，根据不同情况分别采用比率分析、比较分析、因素分析等方法，从定量与定性两个层面充分反映预算执行单位的现状、发展趋势及其存在的潜力。

（3）采取恰当措施处理预算执行偏差。企业应针对造成预算差异的不同原因采取不同的处理措施：因内部执行导致的预算差异，应分清责任归属，与预算考评和奖惩挂钩，并将责任单位或责任人的改进措施的实际执行效果纳入业绩考核；因外部环境变化导致的预算差异，应分析该变化是否长期影响企业发展战略的实施，并作为下期预算编制的影响因素。

（四）预算调整环节的管理与控制

预算调整环节应当管控的主要内容：明确预算调整条件，规范预算调整程序，明确预算调整原则，明确预算调整审批权限和调整重点，预算调整方案应当客观、合理、可行，在经济上能够实现最优化，调整频率应予以严格控制，年度调整次数应尽量少等。

1. 明确预算调整条件

企业批准下达的预算应当保持稳定，不得随意调整。由于市场环境、国家政策或不可抗力等客观因素，导致预算执行发生重大差异确需调整预算的，应当履行严格的审批程序。企业应当在有关预算管理制度中明确规定预算调整的条件。

2. 强化预算调整原则

一是预算调整应当符合企业发展战略、年度经营目标和现实状况，重点放在预算执行中出现的重要的、非正常的、不符合常规的关键性差异方面；二是预算调整方案应当客观、合理、可行，在经济上能够实现最优化；三是预算调整应当谨慎，调整频率应予以严格控制，年度调整次数应尽量少。

3. 规范预算调整程序，严格审批

调整预算一般由预算执行单位逐级向预算管理委员会提出书面申请，详细说明预算调整理由、调整建议方案、调整前后预算指标的比较、调整后预算指标可能对企业预算总目标的影响等内容。预算管理工作机构应当对预算执行单位提交的预算

调整报告进行审核分析，集中编制企业年度预算调整方案，提交预算管理委员会。预算管理委员会应当对年度预算调整方案进行审议，根据预算调整事项性质或预算调整金额的不同，根据授权进行审批，或提交原预算审批机构审议批准，然后下达执行。企业预算管理委员会或董事会审批预算调整方案时，应当依据预算调整条件，并考虑预算调整原则严格把关，对于不符合预算调整条件的，坚决予以否决；对于预算调整方案欠妥的，应当协调有关部门和单位研究改进方案，并责成预算管理工作机构予以修改后再履行审批程序。预算调整程序如图 14-4 所示。

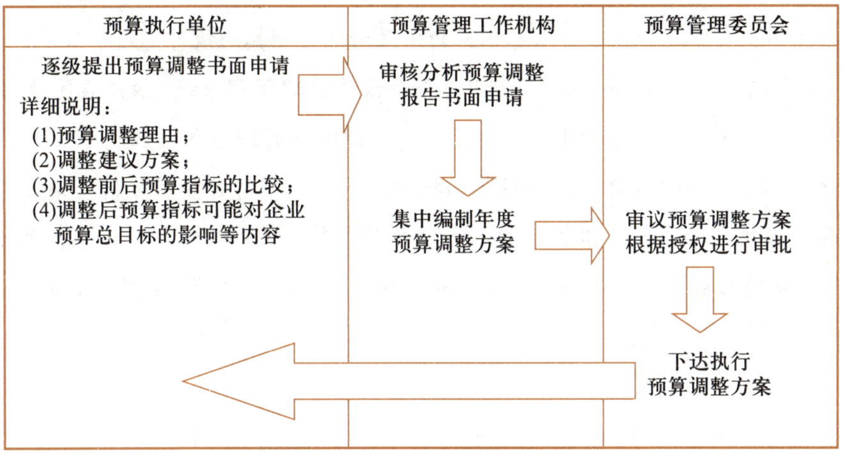

图 14-4　预算调整程序

【案例 14-3】

接【案例 14-2】，AB 集团强化全面预算管理执行环节，在内部营造预算管理文化和环境，建立健全全面预算执行与调整体系，支持预算管理的有效推进。具体做法如下：

（1）建立以月为周期的滚动预测体系。AB 集团以订单为源头，进一步衔接产销及供应链管理，对销售、生产、库存、采购等各业务运营进行预测，便于管理层根据变化的市场环境及时调整经营决策。

（2）建立经营与预算分析系统（包括战略、人力资源、销售、财务、库存、生产、采购等系统），以经营分析为主，以月度经营数据为依据，开展各层级人员广泛参与的经营分析会议，形成良好的全面预算执行文化。

（3）建立和完善预算调整体系。AB 集团预算调整体系以实际业务为出发点，理性、客观地分析外部环境和内部要素的变化，对原有预算进行调整，以实际发生的数据进行更新，结合滚动预测对未来经营作出合理预测。预算调整按原审批路径重新审批后正式下达执行。同时更新业绩合同，按最新的预算数据实施考核。

（4）建立健全责任会计核算体系。AB集团财务部门作为常设预算管理部门，一方面，承担预算管理业务职能，根据集团战略测算预算目标、根据管理层下达的预算目标向下属业务单位分解预算目标、审查预算责任中心上报的预算草案、汇总平衡总体预算、根据董事会最终批准的预算下达预算目标、审核责任中心预算完成情况分析、反馈并跟踪预算执行情况；另一方面，协调集团、事业部与各业务单位的利益关系，成为管理层与各预算责任中心信息沟通的桥梁、衔接战略与经营的纽带。并建立一套适合公司实际情况的责任会计核算体系，为各单位的绩效考核提供准确的报告和依据。责任会计核算体系的建立为全面预算的执行奠定了基础。

【分析】AB集团形成了比较完善的全面预算管理闭环系统。AB集团执行滚动预测在于预测未来和日常管理，不在于考核，能够及时给予管理层关于未来经营的最新预测，有利于管理者对整体预算的把控。同时，及时的经营分析反馈是AB集团预算有效执行的保障，根据反馈改善和调整预算。AB集团通过经营分析及财务数据有效支持管理决策，起到了降低各业务单位成本、提升经营效益的目的。

议一议

为什么说预算执行管理与控制有助于培养实事求是的工作作风？

三、预算考核的管理与控制

预算考核阶段主要应当管控：建立健全预算执行考核制度，合理界定考核主体和考核对象、明确考核期间；科学设计预算考核指标体系，规范考核程序，公布考核结果；制定奖惩原则，切实做到奖惩分明，发挥预算约束及激励功能，以确保预算目标完成。

（一）建立健全预算执行考核制度

一是建立严格的预算执行考核制度，对各预算执行单位和个人进行考核，将预算目标执行情况纳入考核和奖惩范围，切实做到有奖有惩、奖惩分明。二是制定有关预算执行考核的制度或办法，并认真、严格地组织实施。三是定期组织实施预算考核，预算考核的周期一般应当与年度预算细分周期相一致，即一般按照月度、季度实施考评，预算年度结束后再进行年度总考核。

（二）合理界定预算考核主体和考核对象

预算考核主体分为两个层次：预算管理委员会和内部各级预算责任单位。预算考核对象为企业内部各级预算执行单位和相关个人。界定预算考核主体和考核对象应当主要遵循以下原则：一是上级考核下级原则，即由上级预算责任单位对下级预算责任单位实施考核；二是逐级考核原则，即由预算执行单位的直接上级对其进行考核，间接上级不能隔级考核间接下级；三是预算执行与预算考核相互分离原则，即预算执行单位的预算考核应由其直接上级部门来进行，而绝不能自己考核自己。

（三）科学设计预算考核指标体系

应主要把握以下原则：预算考核指标要以各责任中心承担的预算指标为主，同时本着相关性原则，增加一些全局性的预算指标和与其关系密切的相关责任中心的预算指标；考核指标应以定量指标为主，同时根据实际情况辅之以适当的定性指标；考核指标应当具有可控性、可达到性和明晰性。

（四）按照公开、公平、公正原则实施预算考核

一是考核程序、标准、结果要公开。企业应当将全面预算考核程序、考核标准、奖惩办法、考核结果等及时公开。二是考核结果要客观公正。预算考核应当以客观事实作为依据。预算执行单位上报的预算执行报告是预算考核的基本依据，应当经本单位负责人签章确认。企业预算管理委员会及其工作机构定期组织预算执行情况考核时，应当将各预算执行单位负责人签字上报的预算执行报告和已掌握的动态监控信息进行核对，确认各执行单位预算完成情况。必要时，实行预算执行情况内部审计制度。三是奖惩措施要公平合理并得以及时落实。预算考核的结果应当与各执行单位以及员工的薪酬、职位等进行挂钩，实施预算奖惩。企业设计预算奖惩方案时，应当以实现全面预算目标为首要原则，同时还应遵循公平合理、奖罚并存的原则。奖惩方案要注意各部门利益分配的合理性，要根据各部门承担的工作难易程度和技术含量合理确定奖励差距。要奖罚并举，不能只奖不罚，并防止奖惩实施中的人情添加因素。

【案例 14-4】

宏达公司以预算指标完成为依据，在预算逐级分解的基础上，通过建立预算综合考核评价体系和实行经济责任制考核，来强化预算管理考评，完善公司业绩评价与奖惩体系，并制定了较为完善的考核和奖惩办法。主要做法有：

宏达公司预算考核评价体系，实行定量指标与定性指标相结合、绝对指标与相对指标相结合的综合指标体系。在考评指标体系设计中遵循可控性原则，考评指标是被考核主体可以控制且通过努力可以实现的。

考核分为月度、季度与年度考核，考核人员对照预算指标，逐项检查评分，综合预算考评得分。考核得分采用月度考评、季度调整、全年统算方式，即最后以年终预算完成情况作为最后得分，前三个季度多（少）计算的得分在年终扣（加）回。

将预算指标纳入公司经济责任制考核。每年年初，明确规定各责任单位应完成的各项考核指标，包括销售收入指标、费用控制指标及利润指标等。财务部（预算管理办公室）定期根据二级公司上报的预算执行报告分析经济责任指标的完成情况，提出考核和奖惩建议，报预算管理委员会批准后予以实施。

为保证预算考评结果的落实，宏达公司将员工工资结构分为基本工资和考核工资及各类奖惩基金。其中，考核工资在月度、季度、年度考核后发放，预算指标完成情况成为评价考核结果的重要指标。对完成指标的员工给予奖励，没有完成指标的员工给予惩罚。奖惩金额由责任部门内部进行二次分配，奖勤罚懒，将预算管理与激励约束机制紧密结合。

【分析】宏达公司通过将预算考评与经济责任制落实紧密结合，将预算执行情况纳入考核和奖惩范围，做到了奖惩分明。同时做到考核与奖惩的及时性、遵循逐级考核原则、科学设计预算考核指标体系，对考核实施了有效控制。

议一议

预算编制、预算执行、预算考核的主要管控措施有哪些？

岗课赛训融通训练

不定项选择题

仔细阅读本章引导案例——海尔集团的全面预算管理，回答下列问题：

1. 本案例中，海尔集团的全面预算管理体系包括（　　　　）。

A. 预算编制与预算审批　　B. 预算执行与预算控制

C. 预算分析与预算调整　　D. 预算考核与绩效管理

2. 本案例中，海尔集团实行全面预算管理后发挥出的作用有（　　　　）。

A. 将公司战略目标具体为行动，确保了公司发展目标的实现

B. 使公司各部门计划得到最好协调，企业整个计划体系相互衔接、完整

C. 将公司各部门日常经营活动控制在预算范围之内

D. 为公司业绩评价提供标准，便于业绩考核和激励机制的实施

3. 本案例中，海尔集团在全球化战略指引下，将（　　　　）柔性角色纳入预算管理。

A. 计划、控制　　B. 计划、控制和业绩评价

C. 预测、协调、沟通　　D. 计划、控制、沟通

4. 本案例中，海尔集团的全面预算管理模式体现出“全方位”，涵盖（　　　　）。

A. 经营活动、投资活动、财务活动等各项活动

B. 人、财、物各个方面

C. 供、产、销各个环节

D. 经营活动、投资活动、现金活动

5. 关于全面预算管理，下面说法正确的是（　　　　）。

A. 预算等于预测

B. 预算等于财务计划

C. 各项经济活动的事前、事中、事后均要纳入预算管理过程

D. 全面预算管理是企业内部管理控制的一种主要方法

教学讨论组织

支出预算案例讨论

一、案例资料

学生课前编制自己下学期花费支出的预算。

二、要求

（1）向大家陈述自己编制预算的依据，花费支出的项目有哪些？每一个金额怎样得来？

（2）大家选择本组最好的一份预算向全班同学汇报。

（3）汇报说明自己编制预算的方法，总结预算编制的依据及为确保预算编制合理的管控措施。

三、讨论形式

分组讨论，每组6~8人进行讨论，每组出一人，汇报讨论结果。教师对各组的汇报进行点评。

第十五章
企业合同管理控制

素养目标

- 具有法治观念，坚定走中国特色社会主义法治道路的理想和信念；
- 具有法律意识，能够运用法治思维和法治方式维护自身权利、化解矛盾；
- 具有规则意识，做到制度敬畏，实现从他律到自律；
- 具有严谨认真的工作态度，能够严肃谨慎、细致、周全、完善地对待具体工作；
- 具有诚实守信的职业素养，讲求信用，严守诺言，诚实不欺。

知识目标

- 了解企业合同管理的概念及内部控制总体要求；
- 了解企业合同管理内部控制的目标；
- 掌握企业合同管理的业务流程；
- 掌握企业合同管理的内部控制风险；
- 掌握企业合同管理的内部控制管控措施。

技能目标

- 能够梳理企业合同管理的业务流程；
- 能够识别企业合同管理各环节的风险；
- 能够评估企业合同管理各环节的风险；
- 能够应对企业合同管理业务中的风险并采取相应管控措施。

学思践悟

华强公司的启示

华强化学工业公司（简称“华强公司”）是一家在新加坡上市的外商独资企业，公司的治理结构和内部控制在近几年发展中不断完善，已经建立了一整套内部控制流程和操作规范。华强公司采购货物时严格按照填制请购单、评审订购单合同、填制验收单、取得卖方发票、填制付款凭单、编制付款凭证及向卖方发出对账单等内部控制流程进行。

但是审计人员从华强公司的内部控制流程过程中仍然发现了以下问题：第一，询比价功能失效。询比价过程中，采购员要求各供应商报价的产品规格、型号不一致。因比较口径不一致，使得公司询比价制度形同虚设，不能选择合适的供应商。而由该采购员最终确定的供应商的产品价格反而最高。审计人员通过运用电话和网上询价，发现此采购员所选供应商的价格比同类厂家价格高出近10万元。第二，合同供应商变更。签订合同时，原合同报告中的供应商又变成了没有法人资质的二级代理商。由于该二级代理商不具有一般纳税人资质，就不能开具增值税专用发票，为华强公司以后取得的发票抵扣不足留下隐患。第三，合同重要条款有遗漏。华强公司是外企，对购买国内设备享有退税政策，但是采购员在合同报告中没有要求该供应商提供增值税专用发票，从而使得该供应商以偷逃税款的方式降低报价。

从华强公司采购制度来看，内部控制流程比较完善，但是此次签订合同采购材料，却没有能够全面真实反映实际情况，告知领导的低价采购反而是“高价采购”，造成主管审核、批准失误，最终对公司利益造成了损害。究其原因，是该公司的合同管理内部控制方面存在不足：第一，签约前未对供应商的签约主体资格进行调查。本案例中供应商是没有法人资质的二级代理商。在签约之前应当调查供应商是否按照法律规定登记并领取营业执照。对于未经核准登记，也未领取营业执照，却以非法人经济组织的名义签订合同的当事人，不能与之签约。第二，合同询价和合同签订均由采购员负责，容易形成舞弊。应当建立相应的制度，规范合同正式订立前的资格审查、内容谈判、文本拟订等流程。重大合同应当指定专业人士参与谈判，谈判过程中的重要事项应当予以记录。第三，应指定专人负责拟定合同文本。合同文本原则上由承办部门起草，重大合同或特殊合同应当由企业法律部门参与起草，必要时可以聘请外部专家参与起草。

为了促进企业加强合同管理，维护企业合法权益，根据《中华人民共和国民法典》合同编等有关法律法规和企业内部控制的基本规范，制定了《企业内部控制应用指引第16号——合同管理》，本指引旨在规范合同双方当事人的经营行为，帮助企业维护自身合法权益、防控法律风险，促进实现内部控制目标。

企业内部控制应用指引第16号——合同管理

议一议

从华强公司的内部控制中体会形式主义的危害。

第一节　合同管理内部控制概述

一、合同的含义

视频：合同管理概述

合同是企业与自然人、法人及其他组织等平等主体之间设立、变更、终止民事权利义务关系的协议，它起到维系市场主体，规范、约束市场之间交易行为，优化资源配置，维护市场经济秩序的重要作用。

《企业内部控制应用指引第 16 号——合同管理》中所规范的合同以书面合同为主，口头合同和其他形式合同参照执行。由于《企业内部控制应用指引第 3 号——人力资源》专门针对企业录用各类人员的内部控制进行了规范，因此本章合同管理内容并不包括企业与职工签订的劳动合同。

二、合同管理内部控制的目标

企业的本质就是一系列的连接体。企业通过合同将其与股东、债权人、供应商、消费者、职工以及政府等有机地联系在一起。合同管理贯穿于企业各项经营、投资、筹资活动的始终，做好合同管理，在很大程度上就做好了企业资金、资产管理、采购销售管理、担保工程管理等多项业务管理活动。加强合同管理内部控制，对于防范企业法律风险，维护自身合法权益，降低企业运营风险，提高经营管理水平，控制企业财务风险，提升资金使用效率意义重大。

合同管理的内部控制具有全面性，涉及合同管理的全过程，从合同的洽谈、草拟、签订、生效开始，直至合同失效为止，都要进行合同管理；合同管理的内部控制具有系统性，凡是涉及合同条款内容的各个部门都要一起来进行合同管理；合同管理的内部控制具有动态性，必须要注重合同履约全过程的变化，掌握对自己不利的变化，及时进行合同的补充、变更和解除。

企业合同管理内部控制的目标可以梳理为两大类，一类是合规目标，另一类是业务目标。

合同管理内部控制的合规目标是指通过规范企业在合同订立、履行中的行为，确保合同符合相关法律法规，降低企业生产经营的经济损失。

合同管理内部控制的业务目标是指通过对合同的订立、履行、变更或解除等进行规范和控制，确保合同的有效执行、合同违约风险的及时识别和有效处理。

三、合同管理内部控制要求

（1）企业应当根据经济业务性质、组织机构设置和管理层级安排，建立合同分级授权管理制度。具体分级授权内容如表 15-1 所示。

表 15-1　合同管理分级授权权限内容表

机构	权限内容
股东（大）会	审议批准与企业重大投资、筹资决策等相关的重大合同
董事会	组织建立企业合同管理制度、明确合同分级审批权限等
经理层	制定和落实各项合同管理制度、直接参与重要合同的谈判、签订、履行和监控等
监事会	监督企业董事、经理和其他高级管理人员对重大合同管理责任的履行情况
各相关业务部门	实行合同岗位责任制，在本岗位授权范围内进行

各个岗位人员均在授权范围内进行合同治谈、拟订合同文本并落实合同的履行，确保合同签署目的的实现。属于上级管理权限的合同，下级单位不得签署。对于重大合同，上级部门应加强管理。下级单位认为确有需要签署涉及上级管理权限的合同，应当提出申请，并经上级合同管理机构批准后办理。上级单位应当加强对下级单位合同订立、履行情况的监督检查。

议一议

合同的授权审批流程规定是否不能改变呢？请说明理由。

（2）企业在合同分级授权管理的基础上，应当实行统一归口管理制度。企业可以根据实际情况指定法律部门等作为合同归口管理部门，对合同实施统一规范管理，具体负责明确合同拟订、审批、执行等环节的程序和要求；参与重大合同的起草、谈判、审查和签订；参与或组织合同纠纷的调解、仲裁、诉讼活动；管理合同专用章；管理与合同有关的法人授权委托书；定期检查和评价合同管理中的薄弱环节，采取相应控制措施，促进合同的有效履行。

【案例 15-1】

A 企业为某大型制造企业，为规范合同管理，A 企业明确了合同的归口管理部门为法务部，负责所有合同的统一打印、盖章、归档和保管，同时公司建立了合同管理制度并上线了法律事务信息管理系统，要求各部门按照公司制度的相关规定和信息系统的操作要求执行。公司所有合同在审批通过后，系统会自动赋予唯一的合同编号，并自动进行合同台账的更新。而最终双方盖章的合同，公司也要求法务部门人员进行扫描录入，从而帮助公司在事后审查时可以非常便捷和快速地查找到相关的合同，并对合同经济事项的全过程做出管理判断。

【分析】归口管理对于合同的归档和查找，以及公司有关合同的经济事项的统一管控都起到了非常好的作用。相反，很多公司往往由各个部门管理各自的合同，对合同管理的模式存在部门化差异，甚至出现合同台账登记不清，合同管理混乱，合同丢失的现象。

（3）企业各业务部门作为合同的承办部门负责在职责范围内承办相关合同。例如，采购部门负责管理材料存货等生产经营用物资的采购合同和运输合同；资产管理部门负责管理固定资产的采购合同和运输合同；营销部门负责管理产成品存货的销售合同、运输合同和仓储保管合同。公司财会部门侧重于履行对合同的财务监督职责等。

合同管理还应注意不相容职务的相互分离、制约和监督。合同管理的不相容职务一般包括：合同的拟订与审核（会审），合同的审核与审批，合同的审批与执行，合同的执行与监督评估等。

议一议

合同管理中不相容职务相分离一定可以预防贪污腐败吗？合同管理过程中需要从业人员具备什么样的品格呢？

（4）合同控制的各个环节紧密相扣，相关合同管理人员应当有明确的职责和权限，为此，企业应当健全合同管理考核与责任追究制度，对合同订立、履行过程中出现的违法违规行为，给企业造成经济损失或商业信誉损害的行为，应当追究有关机构或人员的责任。

第二节　合同管理中存在的风险

《企业内部控制应用指引第16号——合同管理》第三条规定，企业合同管理至少应当关注下列风险：未订立合同、未经授权对外订立合同、合同对方主体资格未达要求、合同内容存在重大疏漏和欺诈，可能导致企业合法权益受到侵害；合同未全面履行或监控不当，可能导致企业诉讼失败、经济利益受损；合同纠纷处理不当，可能损害企业利益、信誉和形象。

一、合同订立风险

（一）合同调查风险

合同调查风险主要表现为：忽视被调查对象的主体资格审查，对方当事人不具有相应民事权利能力和民事行为能力，或不具备特定资质，或与无权代理人、无处分权代理人签订合同，导致合同无效，或引发潜在风险；在合同签订前错误判断被调查对象的信用状况，或在合同履行过程中没有持续关注对方的资信变化，致使企业蒙受损失；对被调查对象的履约能力给出不当评价，将不具备履约能力的对象确定为准合同对象，或将具有履约能力的对象排除在准合同对象之外，最终导致合同无法执行。

【案例15-2】

B企业合同管理规定，一定金额以上的重大合同除要获取合同方的资质文件外，还必须要有业务人员做出现场履约能力调查，确保对合同对方的主体资格、生产能力、信用状况等内容进行充分调查，这在一定程度上帮助公司及早发现潜在的合同方风险，减少风险损失。

【分析】在对外业务交往中，履约能力是业务交往的基础和前提。目前，多数企业在对履约能力调查中，仅获得营业执照、组织机构代码证等基础资料，而对于对方的生产能力、产品质量、信用状况等了解甚少，直至业务发生违约后，方知对方企业的实际履约能力。因此，履约能力的调查不能够流于形式，更要注重实质，B企业对重大合同要求进行现场履约能力调查很有必要。

（二）合同谈判风险

合同谈判风险主要表现为：谈判中有忽略合同重大问题或在重大问题上做出不恰当让步；谈判经验不足，缺乏技术、法律和财务知识的支撑，导致企业利益受损；泄露本企业谈判策略，导致企业在谈判中处于不利地位。

（三）合同文本订立风险

合同文本订立风险主要表现为：选择不恰当的合同形式；合同与国家法律法规、行业产业政策、企业总体战略目标或特定业务经营目标发生冲突；合同内容和条款不完整、表述不严谨、不准确，或存在重大疏漏和欺诈，导致企业合法利益受损；有意拆分合同、规避合同管理规定等；对于合同文本须报经国家有关主管部门审查或备案的，未履行相应程序。

（四）审核风险

审核风险主要表现为：合同审核人员因专业素质或工作态度等原因，未能发现合同文本中的不当内容和条款；审核人员通过审核发现问题但未提出恰当的修订意见；合同起草人员没有根据审核人员的改进意见修改合同，导致合同中的不当内容和条款未被纠正。

（五）合同签署风险

合同签署风险主要表现为：超越权限签订合同；合同印章管理不当；签署后的合同被篡改；因手续不全导致合同无效等。

二、合同履行风险

（一）合同具体履行风险

合同具体履行风险主要表现为：本企业或合同对方当事人未恰当地履行合同中约定的义务。

（二）合同补充、变更和解除风险

合同补充、变更和解除风险主要表现为：合同生效后，对合同条款未明确约定的事项没有及时协议补充，导致合同无法正常履行；合同履行过程中，未能及时发现已经或可能导致企业利益受损情况，或未能采取有效措施；合同纠纷处理不当，导致企业遭受外部处罚、诉讼失败，损害企业利益、信誉和形象等。

（三）合同结算风险

合同结算风险主要表现为：违反合同条款，未按合同规定期限、金额和方式付款；疏于管理，未能及时催收到期合同款项；在没有合同依据的情况之下盲目付款等。

【案例 15-3】

20×9 年 5 月 13 日，瓜子二手车（简称“瓜子”）发表官方声明称，近日个别线下车商向“瓜子”反映，北京销售人员高某某私自收取购车款项，金额巨大，直至发表声明当天已无法与该销售人员取得联系。经核实，这些车商在未与“瓜子”签订二手车买卖和居间服务合同的情况下，被高某某以虚构的合同和远低于市场的车辆价格欺骗，进而通过向个人银行账户转账等方式付款到高某某指定的私人账户。在这一事件中，“瓜子”也遭受了巨大的损失，仅目前初步认定涉案金额超过数百万元。

【分析】受骗车商的合同结算存在重大缺陷，在没有正规合同的前提下盲目打款；在结算过程中不是通过公司账户，而是通过向个人银行账户转账等方式付款到指定的私人账户，这种向个人账户打款的结算存在极大的风险。

（四）合同登记风险

合同登记风险主要表现为：合同档案不全；合同泄密；合同滥用等情况。

三、合同后评估风险

合同后评估风险主要表现为：企业没有进行合同后评估；评估之后未能形成合理意见；评估的合理意见不被采纳。

第三节　合同管理中的风险管理与控制

一、合同调查的管理与控制

（1）审查被调查对象的身份证件、法人登记证书、资质证明、授权委托书等证明原件，必要时，可以通过发证机关来查询证书的真实性和合法性。

（2）获取调查对象经审计之后的财务报告、以往的交易记录等财务或者是非财务信息，分析其获利能力、偿债能力和营运能力，评估其财务风险和信用状况，并且在合同履行过程之中持续关注其资信变化，建立和及时更新合同对方的商业信用档案。

（3）对被调查对象进行现场调查，实地去了解和全面评估其生产能力、技术水平、产品类别和质量等生产经营情况，分析其合同履约能力。

（4）与被调查对象的主要供应商、客户、开户银行、主管税务机关和工商管理部门相沟通，了解其生产经营、商业信誉与履约能力等情况。

二、合同谈判的管理与控制

（1）企业在谈判前应当收集谈判对手的资料，充分熟悉谈判对手的情况，做到知己知彼；研究与谈判内容相关的信息，正确制定本企业的谈判策略。

（2）关注合同核心内容、条款和关键细节。比如合同标的的数量、质量或技术标准、合同价格的确定和支付方式，履约期限和方式、违约责任和争议的解决方法、合同变更或解除条件等。

（3）对于影响重大、涉及较高专业技术或法律关系复杂的合同，要组织法律、技术、财会等专业人员参与谈判，充分发挥团队智慧，及时总结谈判过程中的得失，研究确定下一步的谈判策略。

（4）必要时，可聘请外部专家参与相关工作，并充分了解外部专家的专业资质、胜任能力和职业道德情况。

（5）要加强保密工作，严格责任追究制度。

（6）对谈判过程中的重要事项和参与谈判人员的主要意见予以记录，并妥善保存，作为避免合同舞弊的重要手段和责任追究的依据。

【案例 15-4】

C 企业的合同管理制度中规定，对于一定金额以上和特定事项的合同，经办部门必须组织财务、技术和法务专家共同参与谈判，同时还需对谈判内容做好记录，如若没有谈判记录，该合同审核将无法通过。

【分析】合同谈判中，合同经办人员往往缺乏诸如法律、技术等方面的专业知识，导致在谈判中处于劣势，不能有效确保公司利益，或导致合同谈判失败。因此，注重合同谈判，增强合同谈判的专业能力，可以有效地保障公司利益。

对谈判内容的记录，可以确保合同谈判的内容准确反馈至合同中，防止合同重要项目的遗漏。

三、合同文本拟订的管理与控制

（1）企业对外发生的经济行为，除及时结清方式之外，应当订立书面合同。

（2）要严格审核合同需求与国家法律法规、产业政策、企业整体战略目标的关系，保证其协调一致；考察合同是否以生产经营计划、项目立项书等为依据，确保完成具体业务经营目标。

（3）合同文本一般由业务承办部门起草，法律部门审核，重大合同或特殊合同，应当由法律部门参与起草。各部门应当各司其职，保证合同内容和条款的完整准确。

（4）通过统一归口管理和授权审批制度，严格合同管理，防止通过化整为零等方式故意规避招标等合同管理规定的做法，杜绝越权行为。

（5）由签约对方起草的合同，企业应当认真审查，确保合同内容准确反映企业诉求和谈判达成的一致意见，特别留意“其他约定事项”等需要补充填写的栏目，如不存在“其他约定事项”，应当注明“此项空白”或“无其他约定事项”，防止合同后续被篡改。

（6）国家或行业有合同示范文本的，可以优先选用，但对涉及权利义务关系的条款应当进行认真审查，并根据实际情况进行适当修改。

（7）合同文本须报经国家有关主管部门审查或备案的，应当履行相应程序。

【案例 15-5】

D 企业的合同管理系统中，上线了信息化的合同打印功能，通过技术手段实现了合同管理系统自动生成带有“正本”水印的合同文本，而且所有的合同只能通过法务部的电脑进行打印，从而有效防范了合同被篡改的风险。

【分析】大多数企业对于合同在审核后发生篡改的问题并未引起足够的重视，认为发生的概率微乎其微。而且，由于它的隐蔽性比较强，难以发现，因而一旦发生则给企业带来非常大的损失。该企业利用信息技术手段自动生成带有水印的合同文本，有效防范了合同被篡改的风险。

四、合同审核的管理与控制

（1）审核人员应当对合同文本的合法性、经济性、可行性和严密性进行重点审核。

（2）建立会审制度，对影响重大或法律关系复杂的合同文本，组织财会部门、内部审计部、法律部和业务关联的相关部门进行审核。

（3）慎重对待审核意见，认真研究分析，对审核意见准确无误地加以记录，必要时对合同条款作出修改并再次提交审核。

【案例 15-6】

E 企业的合同草拟后，企业业务部门将合同上传至法律事务信息管理系统，调查报告和谈判记录亦作为附件上传。系统会根据合同的类别自动发送相关部门和各级领导审批，所有会签部门均需在系统内提交审核意见，并勾选对审核意见的处理程度，是必须处理还是考虑处理。如果是必须处理，则系统将合同草案返回经办部门，并要求经办部门做出答复或修改后，经审核部门同意才能继续往下审核；如果是考虑处理，则系统会显示部门的审核意见，但仍将合同继续往下审核。在公司领导审核合同时，可以看到之前各个部门的审核意见以及经办部门对该意见的反馈情况，以决定是否最终审批合同。

【分析】合同是明确双方权利义务的协议，受法律保护，合同内容不当或者不完整、表述不准确，都会给企业的利益带来损害。在合同正式签订之前，需要对合同进行综合审核。而且，对于审核意见，合同经办部门及时同审核部门沟通，将审核意见及时反馈至合同中。该企业对于合同的审核是相当严格的，合同签订前，需要经过财务部、审计部、法务部以及各级领导的层层审核，对确保合同的合法性、经济性、可行性、严密性提供了有力保障。而且在 E 企业的合同审核中，也考虑到了时效性，各部门对于合同意见可以根据专业判断决定是否必须修改，并将这些意见以信息化的形式传递给公司的最终审批领导，以帮助领导判断合同签署的可能风险和问题。

五、合同签署的管理与控制

（1）按照规定权限和程序与对方当事人签署合同。正式对外订立的合同应当由企业法定代表人或由其授权的代理人签名或加盖有关印章。授权签署合同的，应当签署授权委托书。

（2）严格合同专用章保管制度。合同要经过编号、审批及签署后方可加盖合同专用章。对于一般性合同，应当由相关业务部门的合同经办人持签署后的合同到合同专用章管理部门办理用印手续，重大合同的用印，可由合同专用章保管人持印章到合同签署现场用印。用印后，保管人应当立即将合同专用章收回，并按要求妥善保管，以防止他人滥用。保管人应当记录合同专用章使用情况以备查，如果发现合同专用章遗失或被盗，应当立即报告公司负责人，并采取妥善措施，如向公安机关报案、登报声明作废等，以最大限度消除可能带来的负面影响。

（3）采取恰当措施，防止已签署的合同被篡改。如在合同各页码之间加盖齐缝章，使用防伪印记，使用不可编辑的电子文档格式等。

（4）按照国家有关法律、行政法规规定，需办理批准、登记等手续之后方可生效的合同，企业应当及时按规定办理相关手续。

【案例 15-7】

F企业因印章使用管理不善，让曾在那里供职的一名员工看到了“商机”。任职期间，这名员工私自用单位印章在白纸上盖印，制作了多张空白文件“以备后用”；离职后没多久，这名员工就开始在空白文件上添加内容伪造文书大肆行骗。

【分析】在公章造假案件中，常常都是因印章管理不善造成的，如公章使用管理混乱，没有严格进行登记管理制度，事后无从查实；能够使用公章的人或部门较多，失去监管，如不经领导批准，业务员或部门私自与他人签订合同等给企业造成损失；为了业务工作需要，使公章脱离监管视线，如业务员把公章带出单位使用或交给他人使用；在空白纸上先盖印公章后再使用等。

企业一定要对印章使用管理足够重视，不断强化印章使用管理登记制度，不然印章一旦被不法分子利用，必将造成重大损失。

六、合同履行的管理与控制

（1）强化对合同履行情况及效果的检查、分析和验收，全面适当执行本企业义务，敦促对方积极执行合同，确保合同全面有效履行。

（2）对合同对方的合同履行情况实施有效监控，企业的业务部门和经办人员应对其承办的合同，从订立到履行、终结进行全过程跟踪监控管理，一旦发现有违约可能或违约行为，应当及时提示风险，并立即采取相应措施，将合同损失降到最低。

七、合同补充、变更和解除的管理与控制

（1）对合同没有约定或约定不明确的内容，双方协商一致对原有合同进行补充；无法达成补充协议的，按照国家相关法律法规、合同有关条款或者交易习惯确定。

（2）对显失公平、条款有误或存在欺诈行为的合同，以及因政策调整、市场变化等客观因素已经或可能导致企业利益受损的合同，按规定程序及时报告，并经双方协商一致，按照规定权限和程序办理合同变更或解除事宜。

（3）对方当事人提出中止、转让、解除合同的，造成企业经济损失的，应向对方当事人书面提出索赔。

（4）企业应当建立合同纠纷处理制度。合同在履行过程中发生纠纷的，应当依据国家相关法律、法规，在规定时效内与对方协商谈判并向企业有关负责人报告。经双方协商达成一致意见的合同纠纷解决方法，应当签订书面协议，由双方法定代表人或其授权人签章并加盖单位印章后生效。

合同纠纷经协商无法解决的，应向企业有关负责人报告，并依合同约定选择仲裁或诉讼方式解决。法律部门会同有关部门研究仲裁或诉讼方案，报企业有关负责人批准后实施。纠纷处理过程中，任何单位或个人未经授权不得向合同对方作出实质性答复或承诺。

（5）企业应当建立合同协议违约处理制度。对方违约的情形，应当按合同协议条款约定收取违约金；违约金不足以弥补企业损失时，应当要求对方赔偿损失，必要时应采取相应的保全措施。企业自身违约的情形，应当由合同协议承办部门以书面形式报告企业有关负责人，经批准后履行相应赔偿责任。

议一议

当出现合同纠纷时，企业应如何应对？

八、合同结算的管理与控制

（1）财会部门应当在审核合同条款后办理结算业务，按照合同规定付款，及时催收到期欠款。

（2）未按合同条款履约或应签订书面合同而未签订的，财会部门有权拒绝付款，并及时向企业有关负责人报告。

九、合同登记的管理与控制

（1）合同管理部门加强合同登记管理，充分利用信息化手段，定期对合同进行统计、分类和归档，详细登记合同的订立、履行和变更、终结等情况，合同终结及时办理销号和归档手续。

（2）建立合同文本统一分类和连续编号制度，以防止或及早发现合同文本的遗失。

（3）加强合同信息安全保密工作。未经批准，任何人不得以任何形式泄露合同订立或履行过程中涉及的国家或商业秘密。

（4）规范合同管理人员职责，明确合同流转、借阅和归还的职责权限和审批程序等有关要求，实施合同管理的责任追究制度，对合同保管情况实施定期或不定期的检查。

十、合同后评估的管理与控制

合同管理的后评估内部控制要求企业应当至少于每年年末对合同履行的总体情况和重大合同履行的具体情况，进行分析评估，对分析评估中发现合同履行中存在的不足，应当及时采取有效措施加以改进。

岗课赛训融通训练

不定项选择题

仔细阅读本章章首案例——华强公司的启示，回答下列问题：

1. 你认为华强公司所出现的合同对方主体资格未达要求却签订合同的情况属于合同（　　）阶段面临的风险，将导致企业合法权益受到侵害。

A. 后评估　　B. 履行

C. 订立　　D. 纠纷

2. 结合华强公司情况，你认为合同订立阶段涉及的环节应依次是（　　）。

A. 合同调查、合同谈判、合同文本拟订、合同审核、合同签署

B. 合同调查、合同谈判、合同审核、合同文本拟订、合同签署

C. 合同谈判、合同调查、合同文本拟订、合同审核、合同签署

D. 合同调查、合同谈判、合同文本拟订、合同签署、合同审核

3. 下列有关企业合同调查风险的内容中，你认为华强公司出现的合同调查风险有（　　）。

A. 忽视被调查对象的主体资格审查，对方当事人不具有相应民事权利能力和民事行为能力，或不具备特定资质

B. 在合同签订前错误判断被调查对象的信用状况，或在合同履行过程中没有持续关注对方的

资信变化，致使企业蒙受损失

C. 对被调查对象的履约能力给出不当评价，将不具备履约能力的对象确定为准合同对象

D. 对被调查对象的履约能力给出不当评价，将具有履约能力的对象排除在准合同对象之外，最终导致合同无法执行

4. 你认为华强公司建立合同文本的订立制度需要规范合同订立的是（　　）。

A. 签约主体资格审查　　B. 合同订立流程

C. 合同文本形式　　D. 合同订立各环节内容

5. 你认为华强公司在对合同调查环节进行管理与控制时，可以采取的措施有（　　）。

A. 审查被调查对象的身份证件、法人登记证书、资质证明、授权委托书等证明原件，必要时，可以通过发证机关来查询证书的真实性和合法性

B. 获取调查对象经审计之后的财务报告、以往的交易记录等财务或者是非财务信息，分析其获利能力、偿债能力和营运能力，评估其财务风险和信用状况，并且在合同履行过程之中持续关注其资信变化，建立和及时更新合同对方的商业信用档案

C. 对被调查对象进行现场调查，实地去了解和全面评估其生产能力、技术水平、产品类别和质量等生产经营情况，分析其合同履约能力

D. 与被调查对象的主要供应商、客户、开户银行、主管税务机关和工商管理部门相沟通，了解其生产经营、商业信誉与履约能力等情况

教学讨论组织

一、案例资料

假设某学生有一套两居室住房，为节省开支，拟将一个房间租给同学，为避免日后纠纷，决定自己草拟一份租房合同，保障自己的权益。

二、要求

（1）课前完成合同草拟。可以分小组完成，每组6~8人，每组完成一份租赁合同。

（2）课堂讨论小组之间交换租赁合同。查看交换后的租赁合同（保证学生现在检查的是他人草拟的合同），讨论目前的合同有什么样的漏洞，对房东的权益会造成怎样的损害呢？并进行适当的修改。（可以启发学生合同中是否规定付款期限，以及是何种付款方式。承租人是否可以另外出租，水电费的分摊方式和出现家具毁损由谁负责等。）

将修改后的合同再还给原来的草拟方，再请大家查看自己的合同有什么地方进行了修改，讨论修改是否正确。请大家总结合同拟订的风险和控制措施。

三、讨论形式

每组进行讨论，每组出一人汇报讨论结果，教师进行点评。

第十六章
企业内部信息传递控制

素养目标

- 具有风险预警意识；
- 具有实事求是的道德品质；
- 具有诚信友善的合作精神；
- 具有做事有效率、不拖拉的工作作风；
- 增强建立规范内部信息传递流程的规则意识。

知识目标

- 了解我国《企业内部控制应用指引第 17 号——内部信息传递》的框架体系；
- 了解内部信息传递的概念及总体要求；
- 了解企业内部信息传递实施内部控制应关注的风险；
- 了解企业内部信息传递流程和内容；
- 了解企业内部信息传递内部报告形成、使用各阶段的管控内容。

技能目标

- 能够准确理解企业内部信息传递总体要求的内涵；
- 能够准确把握企业内部信息传递流程两个阶段、七个环节的内容及相互关系；
- 能够准确理解企业内部信息传递中的风险；
- 能够准确理解企业内部信息传递中内部报告形成、使用各阶段的管控方法；
- 能够根据企业具体情况识别风险并制定相应的内部信息传递制度。

学思践悟

德国大众汽车“尾气门事件”启示

全球最大的汽车生产商德国大众（简称“大众公司”）利用“作弊软件”通过美国尾气排放监测的事件成为该企业自成立以来的最大丑闻，被称为“尾气门事件”。随着该事件的持续发酵，多个国家相继对大众公司进行罚款，共近 140 亿欧元，与此同时大众公司股价的暴跌导致其市值缩水 300 亿欧元，加上大众汽车将在全球范围内召回和整改车辆的费用，以及消费者和投资者可能要求的索赔，该事件引发的损失总额据估计高达 650 亿欧元。

“尾气门事件”究竟是如何产生的？何以给大众汽车带来如此大的影响？欧美人对马

力大、外形酷的柴油汽车情有独钟，但柴油汽车尾气中含大量氮氧化物，为达到环保标准，需采用喷射尿素溶液方法，将有毒氮氧化物还原为无污染氮气和水蒸气，不过这种尿素溶液一旦用完，就要到修车厂填充，麻烦又费钱。喷射尿素处理尾气对汽车性能也有一定影响。为赢得客户芳心，大众汽车违规在其生产的柴油车上安装了特殊软件。大众汽车在正常行驶状态并不会开启尾气处理系统，但一旦该软件识别到车辆正在接受尾气检测，即可喷射尿素获得理想的检测效果。当尾气检测结束后，柴油车自动回归常态，有毒氮氧化物排放量最高可达美国排放标准的40倍，而车主无法打开或关闭这一软件。大众汽车就是利用这种方法在16年间在全球市场上销售了1 100万辆安装了排放测试作弊软件的柴油车。值得庆幸的是，由于中国政府不鼓励柴油车，大众公司全球最大的销售市场中国并未受此牵连。

导致德国大众汽车“尾气门事件”的原因主要有三点：

一是盲目的战略扩张导致攀升的成本压力。公开资料显示，大众汽车早在2007年就提出了到2018年销量达到1 000万辆的目标，此计划已提前完成。高歌猛进的扩张背后，是成本的持续上涨。而为了应对上涨的成本和维持高销售额，大众汽车选择铤而走险，为通过尾气排放检测而使用违法软件。事实表明，这种欺骗的手段虽然使大众公司在一段时间内获得了可观的利润，最终却为此付出了惨痛的代价，得不偿失。

二是监事会形同虚设以及内部信息沟通不畅。大众公司早就知道美国对测试数据起疑，因为当时已有研究表明其实验室数据同实际测试的数据存在差距。2014年5月，该事件已经有案可查，当年12月，在美国已有汽车为此而召回检修，但直到“尾气门事件”被曝光后，监事会成员还都声称无人对该事的细节知晓。法兰克福报这样形容前大众公司监事会主席皮埃希和董事会主席温特科恩，“在两位老主管对每个新车型进行试车前，连一贯自豪的开发工程师们都一个个哆嗦不止”。大众公司的监事会形同虚设，并未发挥其应有的作用。此外，发动机研发过程相当复杂，需要程序员、发动机和齿轮箱研发人员以及熟悉官方测试流程的人员相互协调沟通，造假事件在如此复杂的环节下得以发生，而高层管理人员竟然都声称毫不知情，如果属实，可以看出大众汽车的内部控制制度设计存在很多问题，其内部监督和信息沟通也存在严重缺陷。

三是高压下的企业社会责任的缺失。作为一个国际企业，必须注重企业形象，在创造利润的同时，也要为社会的发展做出贡献。大众汽车的尾气排放造假事件，与保护环境的大潮流背道而驰，没有履行企业应尽的社会责任与义务，极大地破坏了消费者对企业的信任，使企业的“信誉资本”急速缩水。“信誉资本”作为企业真正的无形资产，包含在企业的市值当中，是企业未来发展的支柱。越来越多的企业实践证明，积极履行社会责任，重视利益相关者的诉求，企业的“信誉资本”会更为深厚，发展会更加健康。

“尾气门事件”的启示：企业董事会负责内部控制的建立健全和有效实施，监事会应对董事会建立与实施的内部控制进行监督。大众公司应当认识到信息沟通在内部控制中扮演着关键作用，信息沟通是企业高效有序运行的前提，也是管理的基础，任何组织的任何管理工作都离不开信息沟通。“尾气门事件”后，大众公司委任首席财务官潘师出任监事会主席，力求通过财务管理来为目前的困境寻找突破口，并且推选出了值得信任的首席执行官，致力于公司治理结构的完善，重点加强内部沟通与监督，从而降低“尾气门事件”再度发生的风险。

企业内部控制应用指引第 17 号——内部信息传递

我国《企业内部控制基本规范》第三十八条规定，企业应当建立信息与沟通制度，明确内部控制相关信息的收集、处理和传递程序，确保信息及时沟通，促进内部控制有效运行。财政部等五部委在 2010 年发布的《企业内部控制应用指引第 17 号——内部信息传递》，旨在促进企业生产经营管理信息在内部各管理层级之间的有效沟通和充分利用，突出强调内部报告的形成、使用和评估，提出内部信息传递应当关注的主要风险以及相应的管控措施。

议一议

从上述案例中体会官僚主义的危害。

第一节　内部信息传递概述

一、内部信息传递的概念

我国《企业内部控制应用指引第 17 号——内部信息传递》中明确了内部信息传递的概念。内部信息传递是企业内部各管理层级之间通过内部报告形式传递生产经营管理信息的过程。企业的内部控制活动离不开信息的沟通和传递，内部信息的沟通和传递对落实企业发展战略、执行企业全面预算、识别企业内外部风险具有重要作用。

视频：内部信息传递概述

可以从三方面对这一概念进行理解：

（一）内部信息传递主体是指企业内部各管理层级

企业内部各管理层级包括企业内部各管理级次、责任单位、业务环节。企业内部各管理层级内部信息传递方式可以分为自上而下、自下而上和平行传递三种。内部信息自上而下传递能够使企业内部参与经营活动各个方面的全体人员了解企业实现经营目标方面的信息，明确各自职责，了解自身在内部控制体系中地位和作用。内部信息自下而上传递能够使员工及时将其在企业经营活动中所了解的重要信息向管理层及董事会等方面传递。内部信息的平行传递，可能使重要信息在管理层与企业董事会及其委员会之间进行沟通。

（二）内部信息传递形式是以内部报告形式

内部报告是企业在管理控制系统运行中为企业内部的各级管理层以定期或非定期形式记载企业内部信息的各种图表和文字资料。内部报告可以为管理层提供更多的企业信息，为管理层做出更加科学合理的决策奠定基础，也可以检查并反馈现行管理政策在执行过程中出现的问题，实现对管理政策和企业员工执行情况的有效监督。

（三）内部信息传递内容是指生产经营管理信息

生产经营管理信息既包括内部信息又包括外部信息。企业内部信息有来自业务第一线人员根据市场或业务工作整理的信息，也有来自管理人员根据相关内部信息对所负责部门形成的指示或情况通报，主要包括：企业经营目标、工作计划、人力资源政策、规章制度、生产信息、经营信息、财务信息、员工举报信息以及信息系统产生的信息等。企业外部信息是指由企业外部产生，对企业的生产经营管理具有一定影响作用的信息，主要包括：宏观经济形势、行业信息、技术进步趋势、竞争对手状况、法律法规信息以及来自政府监管部门的信息等。

此外还包括非正式信息。非正式信息是指通过非官方的、私下的沟通渠道来传递的信息，或通过与客户、供应商、监管部门的交谈等沟通方式获取的信息。

二、内部信息传递的总体要求

尽管有关信息的来源、内容、提供者、传递方式和渠道等各不相同，但收集和传递相关信息一般应遵循以下原则：

（一）真实准确性

虚假或不准确的信息将严重误导信息使用者，甚至导致决策失误，造成巨大的经济损失。内部报告的信息应当与所要表达的现象和状况保持一致，若不能真实反映所计量的经济事项，就不具有可靠性。

（二）及时有效性

如果信息未能及时提供，或者及时提供的信息不具有相关性，或者提供的相关信息未被有效利用，都可能导致企业决策延误，经营风险增加，甚至可能使企业较高层次的管理陷入困境，不利于对实际情况进行及时有效的控制和矫正，同时也将大大降低内部报告的决策相关性。只有那些切合具体任务和实际工作，并且能够符合信息使用单位需求的信息才是具有使用价值的。

（三）遵守保密原则

企业内部的运营情况、技术水平、财务状况以及有关重大事项等通常涉及商业秘密，内幕信息知情者（包括董事会成员、监事、高级管理人员及其他涉及信息披露有关部门的涉密人员）都负有保密义务。这些内部信息一旦泄露，极有可能导致企业的商业秘密被竞争对手获知，使企业处于被动境地，甚至造成重大损失。

三、内部信息传递的意义

（一）提高企业管理能力的重要手段

管理层要指挥、驾驭企业实现发展战略和经营目标，必须拥有和掌握丰富的信息资源。如果没有及时有效的信息传递，管理层无法获取有效信息以下达正确经济决策、指令，企业生产经营管理就具有盲目性和滞后性，管理者的管理能力会大打折扣，难以引领企业实现发展战略。

（二）提升企业市场竞争力的重要支撑

从一定程度上讲，信息就是竞争力，是一个企业赖以生存的重要因素之一。现代市场竞争异常激烈，外部环境瞬息万变，企业需要及时、准确地把握国际、国内市场环境的变化、宏观经济政策的导向和同行业竞争状况等，从而把握自己的市场定位，谋求更大的发展空间。

（三）有效实施内部控制的重要保证

信息与沟通贯穿于内部控制体系的内部环境、风险评估、控制活动、内部监督四个基本要素，同时又是四个基本要素的重要工具。内部信息传递作为信息与沟通的重要方式，在建立与实施内部控制中具有不可或缺的重要作用。快速、科学、上传下达的信息传递机制，为企业内部控制的有效运行提供信息保证，及时揭示内部控制缺陷，防范内部控制重大风险，从而有助于提高企业内部控制的效率和效果。

议一议

如何理解内部信息传递概念及总体要求？

第二节　内部信息传递中存在的风险

《企业内部控制应用指引第17号——内部信息传递》第三条中指出企业内部信息传递至少应关注下列风险：内部报告系统缺失、功能不健全、内容不完整，可能影响生产经营有序运行；内部信息传递不通畅、不及时，可能导致决策失误、相关政策措施难以落实；内部信息传递中泄露商业秘密，可能削弱企业核心竞争力。

一、内部报告形成的风险

企业在其经营管理过程中，需要不断辨识、取得各“信息用户”需要的信息，并进行传递和沟通，以使各部门人员能够履行其职责。内部报告形成的风险主要表现在以下几个方面：

（一）内部报告指标体系建立的风险

内部报告指标体系建立的风险主要表现为：

（1）指标体系的设计未能结合企业的发展战略；

（2）指标体系级次混乱，与全面预算管理要求相脱节；

（3）一旦设定后未能根据环境和业务变化有所调整。

（二）收集内外部信息的风险

收集内外部信息的风险主要表现为：

（1）收集的内外部信息过于散乱，不能突出重点；

（2）内容准确性差，据此信息进行的决策容易误导经营活动；

（3）获取内外部信息的成本过高，违反了成本效益原则。

（三）编制及审核内部报告的风险

编制及审核内部报告的风险主要表现为：

（1）内部报告未能根据各内部使用单位的需求进行编制；

（2）内容不完整，编制不及时；

（3）未经审核即向有关部门传递。

二、内部报告使用的风险

内部报告按既定的传递流程及时传递生产经营管理信息，能够确保企业各级管理人员充分利用内部报告服务于生产经营管理决策。内部报告使用风险主要表现在以下几个方面：

（一）内部报告流转程序及渠道的风险

内部报告流转程序及渠道的风险主要表现为：

（1）缺乏内部报告传递流程；

（2）内部报告未按传递流程进行传递流转；

（3）内部报告流转不及时。

（二）内部报告有效使用及保密的风险

内部报告有效使用及保密的风险主要表现为：

（1）企业管理层在决策时并没有使用内部报告提供的信息；

（2）内部报告未能用于风险识别和控制；

（3）商业秘密通过企业内部报告被泄露。

（三）内部报告保管的风险

内部报告保管的风险主要表现为：

（1）企业缺少内部报告的保管制度；

（2）内部报告的保管存放杂乱无序；

（3）对重要资料的保管期限过短；

（4）保密措施不严。

（四）内部报告评估的风险

内部报告评估的风险主要表现为：

（1）缺乏完善的内部报告评价体系；

（2）对各信息传递环节和传递方式控制不严；

（3）针对传递不及时、信息不准确的内部报告缺乏相应惩戒机制。

【案例 16-1】

请阅读第七章引导案例，从企业内部信息传递角色进行相应分析。

【分析】从内部控制角度来说，案例中的德国国家发展银行已意识到该业务风险，并且也有相应的控制措施，但最后悲剧却发生了，并给企业带来巨大损失。案例的发生，除操作人员责任心因素外，非常重要的原因就是企业内部信息沟通和传递环节存在问题，导致内控失效。企业的内部控制活动离不开信息的沟通和传递，信息在企业内部有目的地传递，对识别企业生产经营活动中的内外部风险、贯彻落实企业发展战略、执行控制活动等具有重要作用。

议一议

企业主要应当关注内部报告形成、使用的哪些风险？

第三节　内部信息传递的风险管理与控制

内部信息传递内部控制方法主要有：归口管理控制、不相容职务分离控制、授权控制、实物保管控制和内部监督。企业应当加强内部报告管理，全面落实内部信息传递过程中的薄弱环节，着手建立科学的内部信息传递机制，明确管理层的职责权限，明确内部信息传递的内容，明确保密要求及密级分类、传递方式、传递范围，促进内部报告有效利用，充分发挥内部报告作用。

实训流程：企业内部信息传递控制

一、内部报告形成阶段的管理与控制

（一）建立内部报告指标体系环节的管理与控制

建立内部报告指标体系环节主要应当管控：内部报告指标体系设计要结合企业的发展战略，指标体系级次层次分明，内部报告指标体系的审核、内部报告指标体系要求与全面预算管理紧密联系，能根据环境和业务变化有所调整等。

（1）认真研究企业的发展战略、风险控制要求和业绩考核标准，根据各管理层级对信息的需求和详略程度，建立一套级次分明的内部报告指标体系。企业明确的战略目标和具体的战略规划为内部报告控制目标的确定提供了依据。

（2）内部报告指标确定后，应进行细化，层层分解，使企业中各责任中心及其各相关职能部门都有自己明确的目标，以利于控制风险并进行业绩考核。企业的战略目标、战略规划、内部报告的控制目标、各责任中心以及各职能部门的控制目标，是一个通过内部信息传递相互联系、不断细化的体系。

（3）内部报告依据全面预算的标准进行信息反馈，将预算控制的过程和结果向企业内部管理层报告，以有效控制预算执行情况、明确相关责任、科学考核业绩，并根据新的环境和业务，调整决策部署，更好地规划和控制企业的资产和收益，实现资源的最有效配置和管理的协同效应。

（二）收集内外部信息环节的管理与控制

收集内外部信息环节主要应当管控：内外部信息的合理筛选、核对、整合，内外部信息的准确性，对所收集的内外部信息进行审核以及获取信息应当考虑成本效益原则等。

（1）根据特定服务对象的需求，选择信息收集过程中重点关注的信息类型和内容。为特定对象、特定目标服务的信息，具有更高的适用性，对于使用者具有更现实、重要的意义，因此需要根据信息需求者要求按照一定的标准对信息进行分类汇总。

（2）对信息审核和鉴别，对已经筛选的资料做进一步的检查，确定其真实性和合理性。企业应当检查信息在事实与时间上有无差错，是否合乎逻辑，其来源单位、资料份数、指标等是否完整。

（3）收集信息的过程中考虑获取信息的便利性及其获取成本高低，确保所获取信息符合成本效益原则。

（三）编制及审核内部报告环节的管理与控制

编制及审核内部报告环节主要应当管控：内部报告的有用性、及时性、全面性，以及审核形成的内部报告等。

（1）内部报告编制单位应紧紧围绕内部报告使用者的信息需求，以内部报告指标体系为基础，编制内容全面、简洁明了、通俗易懂的内部报告，便于企业各管理层级和全体员工掌握相关信息，正确履行职责。

（2）合理设计内部报告编制程序，提高编制效率，保证内部报告能在第一时间提供给相关管理部门。对于重大突发事件应以速度优先，尽可能快地编制出内部报告，向董事会报告。

（3）建立内部报告审核制度，设定审核权限，确保内部报告信息质量。企业必须对岗位与职责分工进行控制，内部报告的起草与审核岗位分离，内部报告在传递前必须经签发部门负责人审核。对内部报告的审核，应当设定审核权限，重点审核：关注内容适当性、信息及时性、信息准确性、信息获取性、信息当前性，以确保内部报告信息质量。

二、内部报告使用阶段的管理与控制

（一）构建内部报告流转程序及渠道环节的管理与控制

构建内部报告流转程序及渠道环节主要应当管控：规范内部报告的传递流程、

授权内部报告传递范围以及内部报告流转的及时性等。

（1）制定内部报告传递制度。企业可根据信息的重要性、内容等特征，确定不同的流转环节。

（2）严格按设定传递流程进行流转。企业各管理层对内部报告的流转应做好记录，对于未按照流转制度进行操作的事件，应当调查原因，并做相应处理。

（3）及时更新信息系统，确保内部报告有效安全地传递。企业在实际工作中应尝试精简信息系统的处理程序，使信息在企业内部更快地传递。对于重要且紧急的信息，可以越级向董事会、监事会或经理层直接报告，便于相关负责人迅速做出决策。

【案例 16-2】

沃尔玛公司在全球第一个实现集团内部 24 小时计算机物流网络化监控，使采购、库存、订货、配送和销售一体化，然后通过 POS 机打印发票，与此同时负责生产计划、采购计划的人员以及供应商的计算机上就会同时显示信息，各个环节就会通过这些信息及时完成本职工作，从而减少很多不必要的时间浪费，加快了物流循环。

【分析】高速的信息处理与沟通系统，为沃尔玛公司的经营活动带来了高效率和高利润。

（二）内部报告有效使用及保密环节的管理与控制

内部报告有效使用及保密环节主要应当管控：内部报告在企业管理决策、风险识别与控制中的使用，内部报告的保密性，明确保密内容、保密措施、传递范围、密集程度、保密责任等。

（1）企业在预算控制、生产经营管理决策和业绩考核时充分使用内部报告提供的信息。企业应当将预算控制和内部报告接轨，通过内部报告及时反映全面预算的执行情况；要求企业尽可能利用内部报告的信息对生产、购售、投资、筹资等业务进行因素分析、对比分析和趋势分析等，发现存在的问题，及时查明原因并加以改进；将绩效考评和责任追究制度与内部报告联系起来，依据及时、准确、按规范流程提供的信息进行透明、客观的定期业绩考核，并对相关责任人进行追究惩罚。

（2）企业管理层应通过内部报告提供的信息对企业生产经营管理中存在的风险进行评估，准确识别和系统分析内外部风险，涉及突出问题和重大风险的，启动应急预案。

（3）企业应从内部信息传递的时间、空间、节点等方面建立控制，通过职责分离、授权接触、监督检查等手段防止商业秘密泄露。

（三）内部报告保管环节的管理与控制

内部报告保管环节主要应当管控：专门的内部报告保管人，明确保管岗位职责、保管年限、保密要求、保管措施以及保管期满销毁制度等。

（1）建立内部报告保管制度，各部门指定专人按类别保管相应内部报告。

（2）对不同类别报告按其影响程度规定其保管年限，超过保管年限方可销毁。对影响重大的内部报告，应当永久保管，如公司章程及相应的修改、公司股东登记表等。有条件的企业应当建立电子内部报告保管库，分不同性质，按照类别、时间、保管年限、影响程序及保密要求等分门别类地储存电子内部报告。

（3）为便于内部报告的查阅、对比分析，改善内部报告的格式，提高有用性，应按类别保管内部报告，对影响较大的、金额较高的一般要严格保管，如企业重大重组方案、企业债券发行方案等。

（4）制定严格内部报告保密制度，明确保密内容、措施、密级程度和传递范围，防止商业秘密泄露。有关公司商业秘密的重要文件要由企业较高级别的管理人员负责，具体至少由两人共同管理，放置在专用保险箱内。查阅保密文件，必须经该高层管理人员同意，由两人分别开启相应的锁具方可打开。

（四）内部报告评估环节的管理与控制

内部报告评估环节主要应当管控：内部报告评价体系的建立，评估内部报告是否全面、完整，内部信息传递是否及时、有效，内部报告利用是否符合预期，内部信息传递是否安全等内容，以及建立奖惩机制。

（1）建立并完善企业对内部报告的评价制度，严格按评估制度对内部报告进行合理评估，考核内部报告在企业生产经营活动中所起真实作用。

（2）执行奖惩机制以保证信息传递的及时准确。对经常不能及时、准确传递信息的相关人员应批评教育，并与绩效考核体系挂钩。

三、建立完善的反舞弊机制

有效的反舞弊机制，是企业防范、发现和处理舞弊行为、优化内部环境的重要制度安排，有效的信息沟通是反舞弊程序和控制成功的关键。企业应当建立反舞弊机制，坚持惩防并举、重在预防原则，明确反舞弊工作的重点领域、关键环节，明确有关机构在反舞弊工作中的职责权限，规范舞弊案件的举报、调查、报告和补救程序。具体措施有：

（一）明确反舞弊工作的责任归属

企业所指定的具体组织并执行反舞弊工作的部门，可以是审计、内部控制部门等。反舞弊工作包括受理舞弊举报、组织舞弊调查、出具处理意见及向管理层和审计委员会或董事会授权机构作出报告等事项。

（二）明确反舞弊工作的重点领域

企业至少应当将下列情形作为反舞弊工作的重点：未经授权或者采取其他不法方式侵占、挪用企业资产，牟取不当利益；在财务报告和信息披露等方面存在的虚假记载、误导性陈述或者重大遗漏等；董事、监事、经理及其他高级管理人员滥用职权；相关机构或人员串通舞弊。

（三）重视和加强反舞弊机制建设

对员工进行道德准则培训，通过设立员工信箱、投诉热线等方式，鼓励员工及企业利益相关方举报和投诉企业内部的违法违规、舞弊和其他有损企业形象的行为。

（四）规范舞弊案件的举报、调查和报告程序

企业应当建立员工或社会各方反映、举报舞弊案件的渠道，书面记录舞弊案件举报的主要内容，以供管理层、董事会及其审计委员会检查。规范舞弊案件的调查程序，以便对舞弊案件及时进行处理和纠正。有关舞弊案件的调查结果和反舞弊常设机构的工作报告及时向管理层、董事会及其审计委员会报告。

（五）建立反舞弊情况通报制度

企业应定期召开反舞弊情况通报会，由审计部门通报反舞弊工作情况，分析反舞弊形势，评价现有的反舞弊控制措施和程序。

（六）建立举报人保护制度

设立举报责任主体、举报程序，明确举报投诉处理程序，并做好投诉记录的保存。切实落实举报人保护制度是举报投诉制度有效运行的关键。结合企业的实际情况，企业应明确举报人应向谁举报，以何种方式进行举报，举报内容的界定等；确定举报责任主体接到投诉报告后进行调查的程序、办理时限、办结要求及将调查结论提交董事会处理的程序等。

【案例 16-3】

湖北籍男子刘某自 20×2 年 9 月起进入天津市某自行车公司，任机模部协理，负责该部门接单出货、生产安排、人员管理等工作。两年内，刘某在与公司供应商业务往来期间，利用负责决定供货质量、工期及是否退货的职务便利，先后向两家供应商索要回扣共计人民币 13.9 万余元并据为己有。20×4 年 4 月 26 日，刘某经公安机关拘传到案。同年 9 月 27 日，天津某法院经审理，依法以非国家工作人员受贿罪判处其有期徒刑 8 个月，缓刑 1 年，刘某辩护人代为退缴赃款。

本案中，刘某为机模部协理，负责生产安排、人员管理工作，同时负责部门接单出货，因此刘某可以利用职务便利向供应商索要回扣并据为所有。机模部主要职责是关于机器模型相关事务，关于原件采购、与供货商沟通等职责均属于采购部门，本案中，机模部和采购部之间职能出现重叠，刘某利用内外部信息不对称的漏洞，实施损害组织经济利益的舞弊行为。

刘某在与供应商交流期间，利用自己决定供货质量、工期及是否退货的职权，收取回扣且在两年之内并没有被公司发现。虽然在此公司中由机模部门负责采购事务本身存在着风险，但究其根本是其采购制度设计不规范。首先公司没有设置专业采购部门对原料进行采购，其次在刘某选择供应商时，公司对刘某选择的各供应商提供的产品价格和产品质量没有记录和检验，而刘某收受回扣的行为本身可能使公司采购产品的质量不足以满足生产要求，而出现公司生产产品的质量危机。

此外，刘某的身份只是一个机模部协理，收受了 13.9 万余元回扣后，与其一起工作的员工并没有发现其实施舞弊后的异常举动，一方面可能是员工本身发现舞弊的能力较弱，另一方面反映出该公司员工反舞弊意识薄弱。

【分析】首先，此次舞弊事件揭示该自行车公司关于职能分配方面的控制较弱，公司应当根据实际需要设置专门的请购部门，对需求部门提出的采购需求进行审核，并进行归类汇总，统筹安排企业的采购计划。其次，公司应当规范采购管理，关注采购管理不规范可能带来的由于供应商选择不当、采购方式不合理、招投标或定价机制不科学、授权审批不规范，导致采购物资质次价高，出现舞弊或遭受欺诈的潜在风险。再者，公司应当加强关于舞弊的事前、事中、事后管理，员工在保证自身诚信，不实施损害公司利益的行为的同时，也应当学会发现身边舞弊迹象，建立起发现舞弊、举报舞弊的意识和维护公司利益的思想。公司应当建立举报机制，通过设立员工信箱、投诉热线等方式，鼓励员工及企业利益相关者举报和投诉企业内部的违法违规、舞弊和其他有损企业形象的行为，奖励经过证实的举报行为，使上下信息对称，避免出现小员工撬动大企业的后果。

议一议

通过对有效的反舞弊机制学习，应培养自身具有哪些与不法行为作斗争的道德品格？

岗课赛训融通训练

不定项选择题

仔细阅读本章章首案例——德国大众汽车“尾气门事件”启示，回答下列问题：

1. 本案例中，大众汽车的问题主要是（　　）。

A. 组织架构中监事会形同虚设　　B. 企业产品质量存在严重问题

C. 企业未履行保护环境的社会责任　　D. 企业内部相关人员串通舞弊

2. 本案例中，企业内部信息传递的作用是（　　）。

A. 及时发现企业内部存在的问题并上报给相关部门和领导

B. 相关信息部门对美国召回汽车的信息应及时告知监事会

C. 信息与沟通的作用包括上情下达和下情上达

D. 帮助企业预防风险，及时控制可能带来的损失

3. 关于内部信息传递，下列说法中正确的是（　　）。

A. 内部信息传递指的是下级向上级传递企业内部的相关信息

B. 内部信息传递的内容包括企业内部和外部的生产经营信息

C. 大众公司的柴油汽车尾气超标信息应及时向董事会和监事会报告

D. 大众公司监事会存在未能发现作弊软件信息的失职责任

4. 大众公司“尾气门事件”背后真正的根源是（　　）。

A. 盲目扩张的企业战略

B. 不断上涨的成本

C. 社会责任的缺失

D. 内部信息传递渠道不畅通

5. 本案例中，大众公司在企业社会责任方面存在的问题是（　　）。

A. 违反了安全生产要求

B. 未能提供优质、安全、健康的产品

C. 未履行保护环境的义务

D. 未能依法保护员工的合法权益

教学讨论组织

第一例：汾酒集团内部信息传递案例讨论

一、案例资料

学生通过手机登录汾酒集团官网，收集汾酒集团以下方面信息：单位性质、行业状况、企业战略及目标、经营理念、经营状况、内外风险、发展趋势、组织架构、业绩衡量及评价等。

二、要求

分组讨论，每组6~8人。在了解汾酒集团基本信息基础上，结合《企业内部控制应用指引第17号——内部信息传递》学习内容讨论：

讨论专题1：从内部报告形成、内部报告使用两个阶段，描述汾酒集团内部信息传递流程及各环节控制点设置现状。

讨论专题2：评价汾酒集团内部信息传递现状是否有利于提高企业管理能力？是否有利于提升企业市场竞争力？是否有效保证实施本集团内部控制？

三、讨论形式

各组进行讨论，每组出一人进行讨论汇报，教师进行点评。

第二例：中国交通建设股份有限公司内部信息传递案例讨论

一、案例资料

中国交通建设股份有限公司是全球领先的特大型基础设施综合服务商，主要从事交通基础设施的投资建设运营、装备制造、房地产及城市综合开发等，为客户提供投资融资、咨询规划、设计建造、管理运营一揽子解决方案和一体化服务。

中国交通建设股份有限公司有60多家全资、控股子公司，有作为中国诸多行业先行者的百年老店，有与共和国一同成长壮大的国企骨干，有在改革开放大潮中涌现的现代企业；有为推动公司结构调整而成立的后起之秀，也有并购而来的国内外先进企业。

二、要求

学生通过手机登录中国交通建设股份有限公司官网，收集中国交通建设股份有限公司以下方面信息：单位性质、行业状况、企业战略及目标、经营理念、经营状况、内外风险、发展趋势、组织架构、业绩衡量及评价等信息。

三、讨论形式

分组讨论，每组6~8人。在了解中国交通建设股份有限公司基本信息基础上，结合《企业内部控制应用指引第17号——内部信息传递》学习内容讨论：

讨论专题1：中国交通建设股份有限公司内部报告指标体系构成。

讨论专题2：中国交通建设股份有限公司收集内外部信息渠道及信息分类。

每组出一人，汇报讨论结果。教师对各组的汇报进行点评。

第十七章
企业信息系统控制

素养目标

- 具有用现代化管理手段控制流程、防范风险的意识；
- 养成保守秘密和尊重规则的品德；
- 具有积极求知、奋发进取的学习态度；
- 增强全局意识；
- 具有重视发挥信息技术在信息传递中作用的观念。

知识目标

- 了解我国《企业内部控制应用指引第 18 号——信息系统》的框架体系；
- 了解企业信息系统内部控制的概念及目标；
- 了解企业信息系统实施内部控制应关注的风险；
- 了解企业信息系统风险的管控内容。

技能目标

- 能够准确理解企业信息系统内部控制的内涵及目标；
- 能够准确理解企业信息系统一般控制和应用控制的管控方法；
- 能够根据企业具体情况识别风险并制定相应的信息系统内部控制制度。

学思践悟

东北高速公司案

20×5 年 1 月 4 日，东北高速公司在其开户银行某银行哈尔滨河松街支行（简称河松街支行）对账时，河松街支行出具的该公司截至 20×4 年 12 月 31 日计算机打印的银行对账单结果显示，公司两个账户应有的存款余额近 3 亿元只剩下 7 万多元，其余存款去向不明。此外，东北高速公司的子公司——黑龙江东高投资开发有限公司存于该行的 530 万元资金也去向不明。与此同时，河松街支行行长高某也神秘“失踪”。东北高速公司随即向警方报案。

警方后来调查发现，此案涉及多家单位近 10 亿元资金存款失踪。事后查明，河松街支行行长高某以跳票飞单的形式，利用高息获得巨额存款，在休眠期串通世纪绿洲投资公司的实际控制人李某通过地下钱庄将超过 10 亿元的资金汇往国外，并顺利出境。

这次巨额资金被河松街支行行长高某卷走主要利用了银行内部有一种叫“飞单”或“跳票”的融资手段。即用高息揽存的方法，把企业的大额资金套进指定银行，然后通过各种手段把固定期限的存款划转到另一家企业的账户上使用，到期限结算时再把本金连同利息“回笼”，从而完成一次交易。一般贷方只需将钱以“活期”形式存入指定银行，然后自己拿着高息承诺的存款凭据。贷方唯一的“代价”是要签一份书面文件，并加盖法人印鉴和本单位支票专用印鉴，承诺一年的“休眠期”之内不得支取这笔款项。

从本案例来看，河松街支行内部控制至少在以下几方面存在问题：① 忽略预警征兆，内部控制环境存在问题。② 行长权力过大，内外人员合谋舞弊。③ 违规业务存在，银行内部控制失效。④ 结算信息未入网，信息系统存在漏洞。

许多业内人士表示，河松街支行之所以能进行资金的来回调度，与其没有完善的计算机信息系统有关，据了解，河松街支行尽管具备同城结算资格，但始终没有进入同城结算系统。按照通常的惯例，如果有完整的结算系统，上一级分行可以适时查询下一级分行的资金调度情况。“而且每天还会轧平资金的头寸，一旦发现大额的可疑资金流动，就会进行风险预警。”“河松街支行并未首先发现问题，直到东北高速公司前来查账才意识到资金可能被抽走，这本身就不正常”。据道里支行一位人士称，河松街支行确实没有使用人民银行分配的同城交换号，其所有业务都是通过道里支行的同城结算交换号进行的。由于道里支行根本难以了解客户账户内容，河松街支行实际上规避了外部监管。这种从根本上避开银行信息系统的问题导致了许多监督等内部控制活动无法展开，为河松街支行行长高某从事违法活动提供了一条便利的通道。

《企业内部控制基本规范》第四十一条规定，企业应当利用信息技术促进信息的集成与共享，充分发挥信息技术在信息与沟通中的作用。中央五部委在 2010 年 4 月 26 日发布的《企业内部控制应用指引第 18 号——信息系统》旨在要求企业重视信息系统在内部控制中的作用，促进企业有效实施内部控制，提高企业现代化管理水平，减少人为操纵因素；同时，增强信息系统的安全性、可靠性和合理性以及相关信息的保密性、完整性和可用性，为建立有效的信息与沟通机制提供支持保障。

企业内部控制应用指引第 18 号——信息系统

议一议

从上述案例中领悟建设数字中国的重要性。

第一节　信息系统概述

视频：信息系统概述

一、信息系统内部控制的概念

《企业内部控制应用指引第 18 号——信息系统》中所指信息系统，是指企业利用计算机和通信技术，对内部控制进行集成、转化和提升所形成的信息化管理平台。信息系统是任何组织中都有的一个子系统，是为了生产和管理服务的，它渗透到组织中的每一个部门当中，与其他系统不同，信息系统不从事某一具体的实务性工作，但关系全局的协调一致，信息系统的运转状况与整个组织的效率密切相关。

对信息系统内部控制概念可从以下几方面理解：

（一）信息系统内部控制的主要对象是信息系统

信息系统是由计算机硬件、网络和通信设备、计算机软件、信息资源、信息用户和规章制度组成的以处理信息流为目的的人机一体化系统。简单而言，信息系统就是输入数据、信息，通过加工处理产生信息的系统，具有输入、输出、存储、处理和控制的功能。

（二）信息系统内部控制的责任人是企业负责人

企业负责人对信息系统建设工作负责，信息系统建设是“一把手”工程。只有企业负责人站在战略和全局的高度亲自组织领导信息系统建设工作，才能统一思想、提高认识、加强协调配合，从而推动信息系统建设在整合资源的前提下高效、协调推进。

（三）信息系统内部控制包括一般控制和应用控制

一般控制是指对企业信息系统开发、运行和维护的控制。信息系统一般控制是应用于一个单位信息系统全部或较大范围的内部控制具体措施的集合，其目标是保证数据安全，保护计算机的应用系统，防止系统被非法入侵，保证在意外中断情况下继续运行等。应用控制是指利用信息系统对业务处理实施的控制。

二、信息系统的开发方式

信息系统主要有自行开发、外购调试、业务外包三种开发方式。这些开发方式有各自的优缺点和适用条件，企业应根据自身实际情况合理选择。

（一）自行开发

自行开发是企业依托自身力量完成整个开发过程。其优点是开发人员熟悉企业情况，可以较好地满足本企业的需求，尤其是具有特殊性的业务需求。通过自行开发，还可以培养锻炼自己的开发队伍，便于后期的运行和维护。其缺点是开发周期较长、技术水平和规范程度较难保证，成功率相对较低。自行开发方式的适用条件通常是企业自身技术力量雄厚，而且市场上没有能够满足企业需求的成熟的商品化软件和解决方案。

（二）外购调试

外购调试的基本做法是企业购买成熟的商品化软件，通过参数配置和二次开发满足企业需求。其优点是开发建设周期短；成功率较高；成熟的商品化软件质量稳定，可靠性高；专业的软件提供商实施经验丰富。其缺点是难以满足企业的特殊需求；系统的后期升级进度受制于商品化软件供应商产品更新换代的速度，企业自主权不强，较为被动。外购调试方式的适用条件通常是企业的特殊需求较少，市场上已有成熟的商品化软件和系统实施方案。比如大部分企业的财务管理系统、ERP系统、人力资源管理系统等多采用外购调试方式。

（三）业务外包

业务外包是指委托其他单位开发信息系统，基本做法是企业将信息系统开发项目外包出去，由专业公司或科研机构负责开发、安装实施，由企业直接使用。其优点是企业可以充分利用专业公司的专业优势，量体裁衣，构建全面、高效满足企业需求的个性化系统；企业不必培养、维持庞大的开发队伍，相应节约了人力资源成本。其缺点是沟通成本高，系统开发方难以深刻理解企业需求，可能导致开发出的信息系统与企业的期望产生较大偏差；同时，由于外包信息系统与系统开发方的专业技能、职业道德和敬业精神存在密切关系，也要求企业必须加大对外包项目的监督力度。业务外包方式的适用条件通常是市场上没有能够满足企业需求的成熟的商品化软件和解决方案，企业自身技术力量薄弱或出于成本效益原则考虑不愿意维持庞大的开发队伍。

三、信息系统内部控制的目标

（一）促进企业有效实施内部控制，提高企业现代化管理水平，减少人为操纵因素

现代企业的运营越来越依赖信息系统，它正改变着企业经营管理的方式。信息系统帮助企业控制业务流程、跟踪和记录在实时基础上进行的交易，通常还包括整合性的、在复杂环境中的系列经营行为。信息系统不仅获取决策所需要的信息来影响控制，还能被用来执行企业的战略决策。企业在加强常规内部控制的同时，应十分关注信息系统内部控制的建设，利用信息系统来提升公司的经营管理水平。

（二）增强信息系统的安全性、可靠性和合理性以及相关信息的保密性、完整性和可用性

信息系统自身也是内部控制的组成部分，并且也要被控制，管理者需要利用信息系统来监督和控制组织行为，信息系统依赖于内部控制系统来确保其提供相关、可靠和及时的信息。

（三）为建立有效的信息与沟通机制提供支持保障

信息只有得以良好的传递和沟通才能真正发挥作用，企业应当借助信息技术促进信息的集成和共享，促使这些信息以恰当的方式在企业各个层级之间进行及时传递、有效沟通和正确使用，充分发挥信息技术在信息与沟通中的作用，为企业内部控制有效运行提供保证。

议一议

1. 如何理解信息系统内部控制？信息系统有几种开发方式？

2. 为什么说通过学习信息系统内部控制的建设，有利于激发学生积极进取的学习态度？

第二节 信息系统中存在的风险

《企业内部控制应用指引第 18 号——信息系统》第三条指出，企业利用信息系统实施内部控制至少关注下列风险：信息系统缺失或规划不合理，可能造成信息孤岛或重复建设，导致企业经营管理效率低下；系统开发不符合内部控制要求，授权管理不当，可能导致无法利用信息技术实施有效控制；系统运行维护和安全措施不到位，可能导致信息泄露或毁损，系统无法正常运行。

一、信息系统一般控制的风险

信息系统有效的一般控制是保证应用控制有效的一个重要因素，它提供应用系统运行和应用控制实施的环境。信息系统一般控制的风险主要表现在以下几个方面：

（一）战略规划风险

战略规划风险主要表现为：① 缺乏战略规划或规划不合理，可能造成信息孤岛或重复建设，导致企业经营管理效率低下；② 没有将信息化与企业业务需求结合，降低了信息系统的应用价值。

（二）开发建设风险

自行开发方式下的开发建设风险主要表现为：① 项目计划方面。信息系统建设缺乏项目计划或者计划不当，导致项目进度滞后、费用超支、质量低下。② 需求分析方面。需求本身不合理，对信息系统提出的功能、性能、安全性等方面要求不符合业务处理和控制需要；技术上不可行、经济上成本效益倒挂，或与国家有关法规制度冲突；需求文档表述不准确、不完整，未能真实全面地表达企业需求，存在表述缺失、表述不一致甚至表述错误等问题。③ 系统设计方面。设计方案不能完全满足用户需求，不能实现需求文档规定的目标；设计方案未能有效控制建设开发成本，不能保证建设质量和进度；设计方案不全面，导致后续变更频繁；设计方案没有考虑信息系统建成后对内部控制的影响，导致系统运行后衍生新的风险。④ 编程和测试方面。编程结果与设计不符；各程序员编程风格差异大，程序可读性差，导致后期维护困难，维护成本高；缺乏有效的程序版本控制，导致重复修改或修改不一致等问题；测试不充分等。⑤ 上线方面。缺乏完整可行的上线计划，导致系统上线混乱无序；人员培训不足，不能正确使用系统，导致业务处理错误，或者未能充分利用系统功能，导致开发成本浪费；初始数据准备设置不合格，导致新旧系统数据不一致、业务处理错误。

外购调试方式下的开发建设风险主要表现为：① 软件产品选型和供应商选择方面。软件产品选型不当，产品在功能、性能、易用性等方面无法满足企业需求。软件供应商选择不当，产品的支持服务能力不足，产品的后续升级缺乏保障。② 服务供应商选择方面。服务供应商选择不当，削弱了外购软件产品的功能发挥，无法有效满足用户需求。

业务外包方式下的开发建设风险主要表现为：① 选择外包服务商方面。企业与外包服务商之间本质上是一种“委托—代理”关系，合作双方信息不对称容易诱发道德风险，外包服务商可能会实施损害企业利益的自利行为。② 签订外包合同方面。合同条款不准确、不完善，导致企业正当权益无法得到有效保障。③ 持续跟踪评价外包服务商的服务过程方面。缺乏外包服务跟踪评价机制或跟踪评价不到位，可能导致外包服务质量水平不能满足企业信息系统开发需求。

（三）运行和维护风险

运行和维护风险主要有日常维护风险、系统变更风险和安全管理风险。

日常维护风险主要表现为：① 没有建立规范的信息系统日常运行管理规范，计算机软硬件的内在隐患易于爆发，可能导致企业信息系统出错。② 没有执行例行检查，导致一些人为恶意攻击会长期隐藏在系统中，可能造成严重损失。③ 未能定期备份信息系统数据，可能导致损坏后无法恢复，从而造成重大损失。

系统变更风险主要表现为：① 没有建立严格变更申请、审批、执行、测试流程，导致系统随意变更。② 系统变更后效果达不到预期目标。

安全管理风险主要表现为：① 硬件设备分布物理范围广，设备种类繁多，安全管理难度大，可能导致设备生命周期短。② 业务部门信息安全意识薄弱，对系统和信息安全缺乏有效的监管手段。③ 对系统程序缺陷或漏洞安全防护不够，导致黑客攻击，造成信息泄露。④ 对各种计算机病毒防范清理不力，导致系统运行不稳定甚至瘫痪。⑤ 缺乏对信息系统操作人员严密监控，可能导致舞弊和利用计算机犯罪。

（四）系统终结风险

系统终结风险主要表现为：① 因经营条件发生剧变，数据可能泄密。② 信息档案的保管期限不够长。

【案例 17-1】

某会计师事务所在对A公司进行信息系统审计时，发现该公司综合业务应用系统的48个账号中，有5个系统管理员权限用户，其中3个系统管理员权限用户均为应用系统开发商的系统维护人员。该系统管理员用户拥有登录业务管理、账务管理、统计报表等子系统的权限，并且有权开启后台操作通道，如果系统开发商的系统维护人员通过后台舞弊，会给A公司带来极大的损失。

【分析】由应用系统开发商建设的信息系统，系统投入实际运行后，系统开发商不应具有系统管理员的权限。对于系统管理员用户，必须对其操作进行严格监控，检查其是否经过授权，防止系统管理用户的非法操作。信息系统的后台操作通道，是为了便于维护系统而留的一条通道，必须对其严格管理，后台操作的开启应当进行审批，系统维护完成后及时关闭后门，后门开启过程中，必须严密监控。

二、信息系统应用控制的风险

（一）输入风险

输入风险主要表现为：进入系统的数据不准确、不完整、不及时，导致输出结果错误，造成财产损失。

（二）处理风险

处理风险主要表现为：① 未经授权非法处理业务。② 信息系统处理不正确、导致业务无法正常进行。③ 信息系统处理过程未留下详细轨迹，导致出现错误无法追踪。

（三）输出风险

输出风险主要表现为：① 敏感信息被非授权用户获取。② 输出信息在内容的正确性和完整性、形式的规范性等方面存在质量问题，无法满足用户需求。③ 输出的信息被篡改。

【案例 17-2】

某法院接到诉状，贷款人郑某状告某银行多计利息天数损害了自己的利益。郑某提出，贷款合同约定采取等额本息还款方式，首月和末月的贷款利息按实际贷款天数计算，其余各月按整月计算。但银行多算了首月的贷款天数，在首期扣款时多计利息，导致后期的贷款本金金额被多计，增加了贷款人的利息支出。郑某贷款金额为 20 万元，利息起算日为 20×× 年 1 月 28 日，首次还款日为 20×× 年 2 月 18 日。根据中国人民银行各类储蓄存贷计息规则，全年均按 360 天，每月均按 30 天计算。从 1 月 28 日到 2 月 18 日一共是 21 天。依照贷款合同，首月的贷款利息应按 21 天计算，但银行的还款明细表显示，银行实际上是按 32 天计算的首月贷款天数，即该银行在计算首次还款天数时，将 2 月份全部计算在内，多计利息天数 11 天。

【分析】由于利息计算程序的计算规则与合同约定不一致，导致程序在计算贷款的首期利息时多计了计息天数，这属于程序处理出错，银行应进行程序算法的复核，确保程序设置与贷款合同以及国家有关规定相符。

议一议

信息系统一般控制和应用控制应关注哪些控制风险？

第三节　信息系统风险的管理与控制

信息系统内部控制方法主要有：归口管理控制、不相容职务分离控制、授权控制、实物保管控制和内部监督。企业应当重视信息系统在内部控制中的作用，根据内部控制要求，结合组织架构、业务范围、地域分布、技术能力等因素，制定信息系统建设总体规划，加大投入力度，有序组织信息系统开发、运行与维护，优化管理流程，防范经营风险，全面提升企业现代化管理水平。

一、信息系统的一般控制

（一）系统规划阶段的管理与控制

系统规划阶段主要应当管控：确保战略规划的合理性，重视整体观念和意识，强调信息系统的协同效用，强调信息化与企业业务需求的结合，提高信息系统的应用价值。

（1）制定信息系统开发战略规划和中长期发展计划，每年制订经营计划同时制订年度信息系统建设计划，促进经营管理活动与信息系统的协调统一。

（2）充分调动信息系统归口管理部门与业务部门的积极性，提高战略规划的科学性、前瞻性和适应性。

（3）信息系统战略规划要与企业组织架构、业务范围、地域分布、技术能力等相匹配，避免相互脱节。

（二）系统开发阶段的管理与控制

系统开发阶段主要应当管控：企业信息系统开发建设要将企业的业务流程、内部控制措施、权限配置、预警指标、核算方法等固化到信息系统中，开发建设的好坏直接影响信息系统的成败。企业应当指定专门机构对信息系统进行归口管理。信息系统归口管理部门的职责主要有：加强信息系统开发全过程跟踪管理，增进开发单位与企业内部业务部门日常沟通和协调，组织独立于开发单位的专业机构对开发完成信息系统进行检查验收，并组织系统上线运行。

1. 信息系统自行开发方式的管理与控制

（1）项目计划环节。第一，企业应当根据信息系统建设整体规划提出分阶段项目的建设方案，明确建设目标、人员配备、职责分工、经费保障和进度安排等相关内容，按照规定的权限和程序审批后实施。第二，企业可以采用标准的项目管理软件（比如 Office Project）制订项目计划，并加以跟踪。在关键环节进行阶段性评审，以保证过程可控。第三，项目关键环节编制的文档应参照《GB/T 8567–2006 计算机软件文档编制规范》等相关国家标准和行业标准进行，以提高项目计划编制水平。

（2）需求分析环节。第一，信息系统归口管理部门应当组织企业内部各有关部门提出开发需求，加强系统分析人员和有关部门的管理人员、业务人员的交流，经综合分析提炼后形成合理的需求。第二，编制表述清晰、表达准确的需求文档。需求文档是业务人员和技术人员共同理解信息系统的桥梁，必须准确表述系统建设的目标、功能和要求。企业应当采用标准建模语言（例如 UML），综合运用多种建模工具和表现手段，参照《GB/T 8567–2006 计算机软件文档编制规范》等相关标准，提高系统需求说明书的编写质量。第三，企业应当建立健全需求评审和需求变更控制流程。依据需求文档进行设计（含需求变更设计）前，应当评审其可行性，由需求提出人和编制人签字确认，并经业务部门与信息系统归口管理部门负责人审批。

（3）系统设计环节。第一，系统设计负责部门应当就总体设计方案与业务部门进行沟通和讨论，说明方案对用户需求的覆盖情况；存在备选方案的，应当详细说明各方案在成本、建设时间和用户需求响应上的差异；信息系统归口管理部门和业务部门应当对选定的设计方案予以书面确认。第二，企业应参照《GB/T 8567-2006 计算机软件文档编制规范》等相关国家标准和行业标准，提高系统设计说明书的编写质量。第三，企业应建立设计评审制度和设计变更控制流程。第四，在系统设计时应当充分考虑信息系统建成后的控制环境，将生产经营管理业务流程、关键控制点和处理规程嵌入系统程序，实现手工环境下难以实现的控制功能，例如：对于某一财务软件，当输入支出凭证时，可以让计算机自动检查银行存款余额，防止透支。第五，应充分考虑信息系统环境下的新的控制风险，比如，要通过信息系统中的权限管理功能控制用户的操作权限，避免将不相容职务的处理权限授予同一用户。第六，应当针对不同的数据输入方式，强化对进入系统数据的检查和校验功能。比如，凭证的自动平衡校对。第七，系统设计时应当考虑在信息系统中设置操作日志功能，确保操作的可审计性。对异常的或者违背内部控制要求的交易和数据，应当设计系统自动报告并跟踪处理机制。第八，预留必要的后台操作通道，对于必需的后台操作，应当加强管理，建立规范的操作流程，确保足够的日志记录，保证对后台操作的可监控性。

（4）编程和测试环节。第一，项目组应建立并执行严格的代码复查评审制度。第二，项目组应建立并执行统一的编程规范，在标识符命名、程序注释等方面统一风格。第三，应使用版本控制软件系统（例如 CVS），保证所有开发人员基于相同的组件环境开展项目工作，协调开发人员对程序的修改。第四，应区分单元测试、组装测试（集成测试）、系统测试、验收测试等不同测试类型，建立严格的测试工作流程，提高最终用户在测试工作中的参与程度，改进测试用例的编写质量，加强测试分析，尽量采用自动测试工具提高测试工作的质量和效率。具备条件的企业，应当组织独立于开发建设项目组的专业机构对开发完成的信息系统进行验收测试，确保在功能、性能、控制要求和安全性等方面符合开发需求。

（5）上线环节。第一，企业应当制订信息系统上线计划，并经归口管理部门和用户部门审核批准。上线计划一般包括人员培训、数据准备、进度安排、应急预案等内容。第二，系统上线涉及新旧系统切换的，企业应当在上线计划中明确应急预案，保证新系统失效时能够顺利切换回旧系统。第三，系统上线涉及数据迁移的，企业应当制订详细的数据迁移计划，并对迁移结果进行测试。用户部门应当参与数据迁移过程，对迁移前后的数据予以书面确认。

2. 信息系统外购调试方式的管理与控制

（1）软件产品选型和供应商选择环节。第一，企业应明确自身需求，对比分析市场上的成熟软件产品，合理选择软件产品的模块组合和版本。第二，企业在进行软件产品选型时应广泛听取行业专家的意见。第三，企业在选择软件产品和服务供应商时，不仅要评价其现有产品的功能、性能，还要考察其服务支持能力和后续产品的升级能力。

（2）服务供应商选择环节。选择服务提供商时，不仅要考核其对软件产品的熟悉、理解程度，也要考核其是否深刻理解企业所处行业的特点、是否理解企业个性化需求、是否有过相同或相近的成功案例。

3. 信息系统业务外包方式的管理与控制

（1）选择外包服务商环节。第一，企业在选择外包服务商时要充分考虑服务商的市场信誉、资质条件、财务状况、服务能力、对本企业业务的熟悉程度、既往承包服务成功案例等因素，对外包服务商进行严格筛选。第二，企业可以借助外包业界基准来判断外包服务商的综合实力。第三，企业要严格外包服务审批及管控流程，对信息系统外包业务，原则上应采用公开招标等形式选择外包服务商，并实行集体决策审批。

（2）签订外包合同环节。第一，企业在与外包服务商签约之前，应针对外包可能出现的各种风险损失，恰当拟订合同条款，对涉及的工作目标、合作范畴、责任划分、所有权归属、付款方式、违约赔偿及合约期限等问题做出详细说明，并由法律部门或法律顾问审查把关。第二，开发过程中涉及商业秘密、敏感数据的，企业应当与外包服务商签订详细的“保密协定”，以保证数据安全。第三，在合同中约定付款事宜时，应当选择分期付款方式，尾款应当在系统运行一段时间并经评估验收后再支付。第四，应在合同条款中明确要求外包服务商保持专业技术服务团队的稳定性。

（3）持续跟踪评价外包服务环节。第一，企业应当规范外包服务评价工作流程，明确相关部门的职责权限，建立外包服务质量考核评价指标体系，定期对外包服务商进行考评，公布服务周期的评估结果，以及对外包服务水平的跟踪评价。第二，必要时，可以引入监理机制，降低外包服务风险。

（三）系统运行和维护阶段的管理与控制

系统运行和维护阶段主要应当管控：规范信息系统日常运行管理规范，对信息数据进行备份，对系统变更的流程控制，对信息系统硬件、软件和数据的安全控制等内容。

1. 日常维护环节

（1）企业应制定信息系统使用操作程序、信息管理制度以及各模块子系统的具体操作规范，及时跟踪、发现和解决系统运行中存在的问题，确保信息系统按照规定的程序、制度和操作规范持续稳定运行。

（2）切实做好系统运行记录，尤其是对于系统运行不正常或无法运行的情况，应对异常现象发生时间和可能的原因作出详细记录。

（3）企业要重视系统运行的日常维护，在硬件方面，日常维护主要包括各种设备的保养与安全管理、故障的诊断与排除、易耗品的更换与安装等，这些工作应由专人负责。

（4）配备专业人员负责处理信息系统运行中的突发事件，必要时应会同系统开发人员或软硬件供应商共同解决。

2. 系统变更环节

（1）企业应当建立标准流程来实施和记录系统变更，保证变更过程得到适当的授权与管理层的批准，并对变更进行测试。信息系统变更应当严格遵照管理流程进行操作。信息系统操作人员不得擅自进行软件的删除、修改等操作；不得擅自升级、改变软件版本；不得擅自改变软件系统的环境配置。

（2）系统变更程序（如软件升级）需要遵循与新系统开发项目同样的验证和测试程序，必要时还应当进行额外测试。

（3）企业应加强紧急变更的控制管理。

（4）企业应加强对将变更移植到生产环境中的控制管理，包括系统访问授权控制、数据转换控制、用户培训等。

3. 安全管理环节

（1）建立信息系统相关资产的管理制度，保证电子设备的安全。企业应在健全设备管理制度的基础上，建立专门的电子设备管控制度，对于关键信息设备（例如银行的核心数据库服务器），未经授权，不得接触。

（2）企业应成立专门的信息系统安全管理机构，由企业主要领导负总责，对企业的信息安全作出总体规划和全方位严格管理，具体实施工作可由企业的信息主管部门负责。企业应强化全体员工的安全保密意识，特别要对重要岗位员工进行信息系统安全保密培训，并签署安全保密协议。企业应当建立信息系统安全保密制度和泄密责任追究制度。

（3）企业应当按照国家相关法律法规以及信息安全技术标准，制定信息系统安全实施细则。根据业务性质、重要程度、涉密情况等确定信息系统的安全等级，建立不同等级信息的授权使用制度，采用相应技术手段保证信息系统运行安全有序。对于信息系统的使用者和不同安全等级信息之间的授权关系，应在系统开发建设阶段就形成方案并加以设计，在软件系统中预留这种对应关系的设置功能，以便根据使用者岗位职务的变迁进行调整。

（4）企业应当有效利用 IT 技术手段，对硬件配置调整、软件参数修改严加控制。例如，企业可利用操作系统、数据库系统、应用系统提供的安全机制，设置安全参数，保证系统访问安全；对于重要的计算机设备，企业应当利用技术手段防止员工擅自安装、卸载软件或者改变软件系统配置，并定期对上述情况进行检查。

（5）企业委托专业机构进行系统运行与维护管理的，应当严格审查其资质条件、市场声誉和信用状况等，并与其签订正式的服务合同和保密协议。

（6）企业应当采取安装安全软件等措施防范信息系统受到病毒等恶意软件的感染和破坏。企业应当特别注重加强对服务器等关键部位的防护；对于存在网络应用的企业，应当综合利用防火墙、路由器等网络设备，采用内容过滤、漏洞扫描、入侵检测等软件技术加强网络安全，严密防范来自互联网的黑客攻击和非法侵入。对于通过互联网传输的涉密或者关键业务数据，企业应当采取必要的技术手段确保信息传递的保密性、准确性、完整性。

（7）企业应当建立系统数据定期备份制度，明确备份范围、频度、方法、责任人、存放地点、有效性检查等内容。系统首次上线运行时应当完全备份，然后根据业务频率和数据重要性程度，定期做好增量备份。数据正本与备份应分别存放于不同地点，防止因火灾、水灾、地震等事故产生不利影响。企业可综合采用磁盘、磁带、光盘等备份存储介质。

（8）企业应当建立信息系统开发、运行与维护等环节的岗位责任制度和不相容职务分离制度，防范利用计算机舞弊和犯罪。开发人员在运行阶段不能操作使用信息系统，否则就可能掌握其中的涉密数据，进行非法利用；系统管理和维护人员承担密码保管、授权、系统变更等关键任务，如果允许其使用信息系统，就可能较为容易地篡改数据，从而达到侵吞财产或滥用计算机信息的目的。此外，信息系统使用人员也需要区分不同岗位，包括业务数据录入、数据检查、业务批准等，在他们之间也应有必要的相互牵制。企业应建立用户管理制度，加强对重要业务系统的访问权限管理，避免将不相容职责授予同一用户。企业应当采用密码控制等技术手段进行用户身份识别。对于重要的业务系统，应当采用数字证书、生物识别等可靠性强的技术手段识别用户身份。对于发生岗位变化或离岗的用户，用户部门应当及时通知系统管理人员调整其在系统中的访问权限或者关闭账号。企业应当定期对系统中的账号进行审阅，避免存在授权不当或非授权账号。对于超级用户，企业应当严格规定其使用条件和操作程序，并对其在系统中的操作全程进行监控或审计。

（9）企业应积极开展信息系统风险评估工作，定期对信息系统进行安全评估，及时发现系统安全问题并加以整改。

（四）系统终结阶段的管理与控制

系统终结阶段的管控重点在于防止数据泄密、信息档案的保管等内容。

主要措施有：① 做好善后工作，不管因何种情况导致系统停止运行，都应将废弃系统中有价值或者涉密的信息进行销毁、转移。② 严格按照国家有关法规制度和对电子档案的管理规定（比如审计准则对审计证据保管年限的要求），妥善保管相关信息档案。

议一议

为什么说进行信息系统运行与维护的人员，需要养成保密和守规则的品德？

【案例 17-3】

某外资银行业务员李某非法侵占银行资金一亿余元，她利用银行内部管理上的漏洞和自己的职务之便，3 年间不断做假账，但直到 3 年后银行金库出现巨大亏空才案发。

长期在汇款部工作的李某在这个岗位发现了这家外资银行在管理上的漏洞。这个单位管理的资金出入过程分为两个部分，一个是进账系统，一个是出账系统，这两个系统都存在录入人和审批人，但是录入人和审批人都是同一人。也就是说，作为被告人李某来说，既录入入账系统的数据，同时她又在出账系统做相应的录入，最后的审批都是她的直接主管。在这个过程当中，控制审核的只有密码，而这家外资银行的密码是一个统一的初始密码，虽然有要求定时更改，但是是不是及时地做了更改，以及更改了之后的密码是不是有严格的数字的长度，都没有很明确的额定规范。李某在特定的情况之下，知道了主管的密码，甚至利用还没有改密码的初始密码获得了审批权限。随后，李某开始瞒天过海，她多次虚构客户的交易指令，任何的进账和出账都要有一定的指令来完成。

此外，李某同时是会计和出纳，同时又担任着客服的角色，她对应的是特定的客户群体，她伪造的客户指令就是在她手上有定存的一些客户，也就是说这些客户在一定的期间内这一大笔资金是不需要使用的，所以对客户来说不大容易发现资金不见了。

李某在长达 3 年多的时间里，有很强的掩饰行为。作为一家银行来说，一般进账、出账和客户之间有对账过程。这家外资银行对账流程较为简单，银行定期给客户发季报、月报、周报，但不要求客户强制性回复，因为该银行的客户是比较小众的群体，对于回复的积极性也不强，加上被告人李某在维护客户关系方面有一些比较好的手法，所以客户对她的信任度很高，在没有客户审核资金状况的情况之下，较难发现资金出现了问题。

李某于是从中嗅出了巨大的“监管漏洞”。令人震惊的是，李某被发现利用这笔巨款在多个国家购置房产，还有京沪几处好地段的房产，而一些国家的房产购置同时还附带移民程序。

【分析】该外资银行存在巨大的管理漏洞，安全意识薄弱，不应当将不相容的操作权限授予同一员工，信息系统安全管理如同虚设，银行未做到对系统运行状态的监控，也缺乏对信息系统操作人员的严密监控，导致其利用计算机舞弊犯罪。

二、信息系统的应用控制

（一）输入控制环节的管理与控制

输入控制环节的管理与控制主要应当管控：输入数据的准确、完整、及时。主要措施有：

（1）针对手工录入、批量导入、接收其他系统数据等不同数据输入方式，考虑对进入系统数据的检查和校验功能，确保数据准确性、有效性和完整性。

（2）尽量避免通过后台操作修改和删除数据。对于必需的后台数据操作，企业应当建立规范的流程制度，并对操作情况进行监控或审计。

（3）对经常性的数据删除和修改，在系统功能中考虑，并通过审批、复核等程序加以控制。

（4）在重要信息系统中设置操作日志功能，详细记录系统每个账户的登录时间、重要的操作内容，确保操作的可审计性。

（5）系统中设计自动报告功能，监控异常或违背内部控制要求的数据。

（二）处理控制环节的管理与控制

处理控制环节的管理与控制主要应当管控用户授权、运行轨迹，主要措施有：

（1）建立健全用户管理制度，确保不同授权用户在授权范围内运用信息系统进行业务处理。

（2）系统自动记录各个用户操作日志，详细记录各用户操作，留下审计线索。

（3）对信息系统定期检测维护，及时发现错误并修正。

（三）输出控制环节的管理与控制

输出控制环节的管理与控制主要应当管控输出信息的安全性、正确性、完整性和输出资料的分发控制，主要措施有：

（1）使用数据勾稽关系校验、数据指纹，保证有关数据的正确性。

（2）综合采用功能权限和数据权限确保经授权用户才能得到相关输出信息。功能权限确定用户是否可以执行某项输出功能，通常表现为不同职责的用户所能使用的菜单项、按钮组合不同。数据权限决定用户可访问的数据范围。

（3）强化输出资料分发控制，确保资料只能分发给具有相应权限的用户。分发控制措施有：打印总数控制、信息接收人控制、设置输出报告发送登记簿。

议一议

信息系统一般控制、应用控制的主要内部控制措施有哪些？

岗课赛训融通训练

不定项选择题

仔细阅读本章章首案例——东北高速公司案，回答下列问题：

1. 本案例中，河松街支行信息系统存在的问题是（　　）。

A. 不具备同城结算资格

B. 具备同城结算资格，但未进入同城结算系统

C. 具备同城结算资格，进入同城结算系统

D. 不具备同城结算资格，但进入同城结算系统

2. 本案例中，河松街支行内部控制存在的问题主要有（　　）。

A. 忽略预警征兆，内控环境存在问题

B. 行长权力过大，内外人员合谋

C. 违规业务存在，银行内控失效

D. 信息未入网，信息系统存在漏洞

3. 本案例中，河松街支行信息系统内部控制没有实现的目标主要是（　　）。

A. 为有效的信息与沟通机制提供支持保障

B. 提高现代化管理水平

C. 减少人为操纵因素

D. 增强信息系统的安全性、保密性

4. 关于信息系统内部控制，下列说法中正确的是（　　）。

A. 信息系统内部控制的责任人是企业负责人

B. 信息系统内部控制的主要对象是信息系统

C. 信息系统内部控制只包括应用控制

D. 信息系统内部控制包括一般控制和应用控制

5. 根据《企业内部控制应用指引第 18 号——信息系统》规定，企业信息系统建设应结合（　　）等因素，制定信息系统建设整体规划，防范经营风险。

A. 组织架构　　　　B. 业务范围

C. 地域分布　　　　D. 技术能力

教学讨论组织

第一例：行政事业单位固定资产管理信息系统案例讨论

一、案例资料

组织学生了解本学校所使用的固定资产管理信息系统功能，了解本学校固定资产管理信息系统的流程控制、权限控制及决策控制。

二、要求

结合《企业内部控制应用指引第 18 号——信息系统》学习内容讨论：

讨论专题 1：本校固定资产管理信息系统运行和维护中的关键控制点、可能存在的风险、应采取的管控措施。

讨论专题 2：评价本校固定资产管理信息系统应用控制中的输入控制、处理控制、输出控制的管控措施。

三、讨论形式

分组讨论，每组 6~8 人。每组出一人，汇报讨论结果。教师对各组的汇报进行点评。

第二例：证券公司信息系统案例讨论

一、案例资料

组织学生分组共同学习中国证券业协会 2015 年 3 月颁布的《证券公司网上证券信息系统技术指引》，本指引共九章，包括：第一章总则，第二章基本要求，第三章网上证券客户端，第四章网上证券服务端，第五章开发和实施管理，第六章第三方服务管理，第七章安全和运维管理，第八章客户服务和保护，第九章附则。并可组织学生实地调研了解当地证券公司信息系统实际运用情况。

二、要求

结合《企业内部控制应用指引第18号——信息系统》学习内容讨论:《证券公司网上证券信息系统技术指引》对一般控制、应用控制的具体规定，能否做到有效的信息系统内部控制?

三、讨论形式

分组讨论，每组6~8人。每组出一人，汇报讨论结果。教师对各组的汇报进行点评。

第十八章
企业内部控制自我评价

素养目标

- 具有制定人生规划和人生目标的意识；
- 具有合作意识和团队精神；
- 具有科学思维和正确的工作方法；
- 具有客观公正和实事求是的品质；
- 具有有错必改和及时纠错的工作作风。

知识目标

- 掌握企业内部控制有效性的含义和内容；
- 掌握企业内部控制自我评价的内容；
- 了解企业内部控制自我评价的指标体系；
- 熟悉企业内部控制自我评价的程序和方法；
- 掌握企业内部控制的缺陷认定标准。

技能目标

- 能够正确理解并合理判断企业内部控制的设计有效性和运行有效性；
- 能够合理组织并完成企业内部控制自我评价；
- 能够合理运用企业内部控制评价的方法；
- 能够正确判断企业内部控制的缺陷；
- 能够规范编报企业内部控制评价报告。

学思践悟

H 公司上市案的启示

H 公司成立于 2007 年，注册资本 7 000 万元，于 2014 年 1 月在创业板上市，隶属于电器制造行业。

H 公司在申请上市的过程中，公司总会计师发现，公司应收账款余额过高，难以满足上市要求，在得到公司实际控制人同意后，H 公司采取了外部借款、银行汇票背书转让等手段进行应收账款冲减，对公司 2011 年度、2012 年度及 2013 年半年度的财务报表进行了粉饰。2012 年，H 公司递交上市申请，并获得通过，成功于 2014 年 1 月在创业板挂牌交易。2015 年 7 月 14 日，H 公司收到证监会发出的《调查通知书》，因涉嫌违反相关法律法规而被立案调查。H 公司财务舞弊事件就此开始发酵。

2016 年 7 月 8 日，H 公司欺诈上市和信息披露违规案件的调查正式结束，证监会向 H 公司发出了《行政处罚决定书》，并向相关责任人发出了《市场禁入决定书》。处罚决定书对 H 公司和参与违法行为的责任人提出了行政处罚的决定，其中包括该公司 17 位涉事董事、监事和高管。H 公司实际控制人、董事长温某及总会计师刘某被处以证券市场终身禁入的处罚。H 公司也成为中国证券市场欺诈发行强制退市第一股。

基于 H 公司 2015 年度内部控制自评报告，H 公司已根据相关法律法规的要求，建立了科学合理的组织架构，并规定了各部门的具体职能权限，确保部门与部门间有明确的分工，由此来使每种业务的审核、运作、记载和资产维护由不同岗位人员负责，并互相监督。另外，公司还确立了积极科学的公司文化，并在公司内部进行推广。H 公司设立有股东大会、董事会和监事会三大职能机构，公司管理层负责组织具体的生产经营管理，落实董事会决议，执行公司经营计划以及投资方案，并负责确定公司内部职能结构的规划及变更，制定公司章程等具体职责。

根据业务流程，H 公司建立了一系列涉及采购、生产、销售流程的内部控制。其中，H 公司在客户信用管理、应收款项回收、存货等方面均制定了相关的章程，用以指导销售部执行产品销售工作。

H 公司的客户信用管理体系分为总体管理和细分管理两方面，一方面由总经理办公室组成领导小组统一负责信用管理工作，另一方面在公司内部所有涉及合同业务的部门设置专门人员管理合同或客户信用。另外，公司还设置了信用管理部门，负责考核各部门的合同管理或信用管理，调查客户信用资质，建立并持续更新客户信用档案。同时，在签订任何合同时，均需对合同对方进行严密审查。

如此设计细分的信用管理，为什么会产生高额的应收账款余额，从而导致 H 公司以对外借款的方式伪造应收账款回收，达到减少应收账款余额的目的？根据 2015 年兴业证券发布的内部控制核查意见，该公司内部控制运行中存在重大缺陷。其中：① 销售环节内部控制存在重大缺陷，客户信用管理制度运行失效，未能及时发现两位客户注销，未能采取充分措施保障账款回收。② 资金管理内部控制存在重大缺陷，到 2014 年期末止，H 公司内部职员和外部人员在公司欠债 8 231.15 万元，这中间包含了董事长温某的个人借款 6 387.79 万元。截至 2015 年期末上述人员仍有欠款 4 179.94 万元，大量公司资产被大股东及销售人员乃至非公司人员占用，没能保证资产安全。

H 公司尽管已经根据有关法律法规的指导设计了较为完善的内部控制制度，然而企业内部对于内部控制的执行并不重视，使制度流于形式，从而导致严重的结果。

企业内部控制评价指引

2010年4月15日，财政部联合五部委发布了《企业内部控制评价指引》。其目的是促进企业全面评价内部控制的设计与运行情况，规范内部控制评价程序和评价报告，揭示和防范风险。

议一议

根据H公司上市案的启示案例思考应如何强化诚信社会建设和法治国家建设？

第一节　内部控制评价概述

一、内部控制评价的目标

视频：企业内部控制评价概述

企业内部控制评价，是指企业董事会或类似权力机构对内部控制有效性进行全面评价、形成评价结论、出具评价报告的过程。

单位制定的内部控制制度，只有经过认真贯彻执行才是有效的。再完善的内部控制制度，不落实到行为之中，则为一纸空文，毫无意义。因此，单位不仅要建立和完善内部控制制度，更重要的是要有效执行内部控制制度，用制度的实施去控制单位的各项经济活动，使管理控制更加到位。实际工作中，单位有章不循，各司其职，不重视内控制度的建立与健全，加之治理结构、组织结构和人员素质等方面的问题，使单位内部控制没起到应有的作用。因此，有必要对单位内部控制制度的有效性进行测试，即进行内部控制评价，提高内部控制制度执行的可靠性和有效性，完善内部控制制度，提高经营管理水平。

二、内部控制评价的作用

（一）有助于企业自我完善内部控制体系

内部控制评价是通过评价、反馈、再评价，报告企业在内部控制建立与实施中存在的问题，并持续地进行自我完善的过程。通过内部控制评价查找、分析内部控制缺陷并有针对性地督促落实整改，可以及时堵塞管理漏洞，防范偏离目标的各种风险，并举一反三，从设计和执行等全方位健全优化管控制度，从而促进企业内控体系的不断完善。

（二）有助于提升企业市场形象和公众认可度

企业开展内部控制评价，需形成评价结论，出具评价报告。通过自我评价报告，将企业的风险管理水平、内部控制状况以及与此相关的发展战略、竞争优势、可持续发展能力等公布于众，树立诚信、透明、负责任的企业形象，有利于增强投资者、债权人以及其他利益相关者的信任度和认可度，为自己创造更为有利的外部环境，促进企业的长远可持续发展。

（三）有助于实现与政府监管的协调互动

政府监管部门有权对企业内部控制建立与实施的有效性进行监督检查。事实上，在有关政府部门，比如审计机关开展的国有企业负责人离任经济责任审计中，已将企业内部控制的有效性，以及企业负责人组织领导内部控制体系建立与实施情况纳入审计范围，并日益成为十分重要的一部分。

议一议

正确评价企业内部控制的有效性如何助力企业实现发展战略？

三、内部控制评价的原则

（一）全面性原则

全面性原则强调的是内部控制评价的涵盖范围应当全面，具体来说，是指内部控制评价工作应当包括内部控制的设计与运行，涵盖企业及其所属单位的各种业务和事项。

（二）重要性原则

重要性原则强调内部控制评价应当在全面性的基础之上，着眼于风险，突出重点。具体来说，主要体现在制订和实施评价工作方案、分配评价资源的过程之中，它的核心要求主要包括两个方面：一是要坚持风险导向的思路，着重关注那些影响内部控制目标实现的高风险领域和风险点；二是要坚持重点突出的思路，着重关注那些重要的业务事项和关键的控制环节，以及重要业务单位。

（三）客观性原则

客观性原则强调内部控制评价工作应当准确地揭示经营管理的风险状况，如实反映内部控制设计和运行的有效性。只有在内部控制评价工作方案制订、实施的全过程中始终坚持客观性，才能保证评价结果的客观性。

影响客观性的因素主要有：经理层对内部控制评价认识不够，有意识或无意识地在评价方案、评价报告等方面回避存在的问题；内部控制评价与设计不独立；缺乏较为科学的手段，评价人员专业知识和业务能力不足，依靠印象等因素主管评价；评价人员独立性不强，下属单位管理层干涉评价过程或结果，甚至有意制造障碍；

专业部门、审计部门与内部控制部门缺乏良好的沟通机制，内部控制评价方案不能确定最佳的检查评价范围和重点，测试样本选择不合适，以偏概全等。

四、内部控制评价的对象

企业内部控制评价是对内部控制有效性发表意见。内部控制有效性，是指企业建立与实施内部控制对实施控制目标提供合理保证的程度，包括内部控制设计有效性和内部控制运行有效性。

（一）内部控制设计有效性

内部控制设计有效性，是指为实现控制目标所必需的内部控制要素都存在并且设计恰当。

1. 设计有效性的判断标准

设计有效的判断标准是设计的内部控制是否能为内部控制目标的实现提供合理保证。对于合规性目标而言，所设计的相关内部控制是否能够合理保证遵循适用的法律法规，是判断其设计是否有效的标准。对于资产管理目标而言，所设计的相关内部控制是否能够保证资产安全完整，防止资产流失，是判断其设计是否有效的标准。对于财务报告目标而言，所设计的相关内部控制是否能够防止或发现并纠正财务报告重大错报，是判断其设计是否有效的标准。对于战略经营目标而言，由于其实现还受到许多不可控的因素影响，因而判断内部控制设计是否有效的标准，是所设计的相关内部控制是否保证管理层了解目标的合理性和实现程度，从而调整目标和改进控制措施。

2. 设计有效性的表现是设计合理性和适当性

设计有效性的表现是设计合理性和适当性。

设计合理性，是指内部控制的设计在符合内部控制基本原理的同时，本着客观、公平、公正的原则制定，对董事会、监事会、经理层和企业员工具有执行的基础和约束力。

设计适当性，是指内部控制的设计是否结合企业自身的环境条件、业务范围、经营特点，进行风险识别和评估，确定主要及重大风险控制措施，从而有利于实现控制目标。现实中，有很多内部控制成功的案例可以借鉴，但是不能照搬。企业应根据环境条件、业务范围、经营特点等自身实际情况设计内部控制体系，制定适合自己的内部控制制度，实现内部控制目标。

（二）内部控制运行有效性

内部控制运行有效性，是指现有内部控制按照规定程序得到了正确执行。评价运行有效性，就是对于设计有效的内部控制，考察其是否按设计的那样一贯执行的过程。评价运行有效性的重点是，相关控制在评价期内是如何运行的，相关控制是否得到了持续一致的运行，实施控制人员是否具备必要的权限和能力。

注意

有效性评价结论：如果评价证据表明内部控制在设计上存在缺陷，即内部控制的设计不符合设计有效性标准，即使内部控制按照该设计得到了一贯执行，也不能认为其运行是有效的。如果评价证据表明内部控制设计是有效的，但是没有按照设计的那样得到一贯执行，就可以得出其不符合运行有效性的结论。

五、内部控制评价的组织形式和职责安排

《企业内部控制评价指引》第四条指出，企业应当根据本评价指引，结合内部控制设计与运行的实际情况，制定具体的内部控制评价办法，规定评价的原则、内容、程序、方法和报告形式等，明确相关机构或岗位的职责权限，落实责任制，按照规定的办法、程序和要求，有序开展内部控制评价工作。

（一）内部控制评价的组织形式

企业应当根据自身实际情况授权内部审计机构或专门机构开展内部控制评价活动，也可以委托会计师事务所等中介机构进行。

1. 授权内部审计机构

由于内部审计机构在企业内部处于相对独立的地位，其工作内容和业务专长与内部控制评价工作有着密切的关联，因而由内部审计机构来负责内部控制评价的具体组织实施工作是比较合理、可行的选择。

2. 设置专门机构

企业可根据自身特点，决定是否单独设置专门的内部控制评价机构。对于单独设有专门内部控制机构的企业，可以由内部控制机构来负责内部控制评价的具体组织实施工作。为了保证评价的独立性，负责内部控制设计和评价的部门应适当分离。

内部控制评价机构必须具备一定的设置条件：一是能够独立行使对内部控制系

统建立与运行过程及结果进行监督的权利；二是具备与监督和评价内部控制系统相适应的专业胜任能力和职业道德素养；三是与企业其他职能机构就监督与评价内部控制系统方面保持协调一致，在工作中相互配合、相互制约，在效率效果上满足企业对内部控制系统进行监督与评价所提出的有关要求；四是能够得到企业董事会和经理层的支持，有足够的权威性来保证内部控制评价工作的顺利开展。

3. 委托会计师事务所等中介机构

企业可以委托会计师事务所等中介机构实施内部控制评价。从业务性质上讲，中介机构受托为企业实施内部控制评价是一种非保证服务，内部控制评价报告的责任仍然应该由企业董事会承担。董事会（审计委员会）应加强对内部控制评价工作的监督与指导。另外，为保证审计的独立性，为企业提供内部控制审计的会计师事务所等中介机构，不得同时为同一家企业提供内部控制评价服务。

（二）内部控制评价中的职责安排

1. 董事会职责

董事会对内部控制评价承担最终的责任。《企业内部控制评价指引》第四条规定，企业董事会应当对内部控制评价报告的真实性负责。董事会可以通过审计委员会来承担对内部控制评价的组织、领导、监督职责。董事会或审计委员会应听取内部控制评价报告，审定内部控制重大缺陷、重要缺陷整改意见，对内部控制部门在督促整改中遇到的困难，积极协调，排除障碍。监事会应当审议内部控制评价报告，对董事会建立与实施内部控制进行监督。

2. 经理层职责

经理层负责组织实施内部控制评价工作，实际操作中，可以授权内部控制评价机构组织实施，并积极支持和配合内部控制评价的开展，创造良好的环境和条件。经理层应结合日常掌握的业务情况，为内部控制评价方案提出应重点关注的业务或事项，审定内部控制评价方案和听取内部控制评价报告，对于内部控制评价中发现的问题或报告的缺陷，要按照董事会或审计委员会的整改意见积极采取有效措施予以整改。

3. 内部控制评价机构职责

内部控制评价机构根据授权承担内部控制评价的具体组织实施任务，通过复核、汇总、分析内部监督资料，结合经理层要求，拟订合理评价工作方案并认真组织实施；对于评价过程中发现的重大问题，应及时与董事会、审计委员会或经理层沟通，并认定内部控制缺陷，拟订整改方案，编写内部控制评价报告，及时向董事会、审计委员会或经理层报告；与外部审计师沟通，督促各部门、所属企业对内、外部内部控制评价进行整改；根据评价和整改情况拟订内部控制考核方案。

4. 各专业部门职责

各专业部门应负责组织本部门的内部控制自查、测试和评价工作，对发现的设计缺陷和运行缺陷提出整改方案及具体整改计划，积极整改，并报送内部控制机构复核，配合内控机构（部门）及外部审计师开展企业层面的内控评价工作。

5. 企业所属单位职责

企业所属单位，也应逐级落实内部控制评价责任，建立日常监控机制，开展内部控制自查、测试和定期检查评价。若发现问题并认定内部控制有缺陷，需拟订整改方案和计划，报本级管理层审定后，督促整改，编制内部控制评价报告，对内部控制的执行和整改情况进行考核。

注意

有关方面在内部控制评价中的职责和任务无论采取何种组织形式，董事会、经理层和内部控制评价机构在内部控制评价中的职能作用不会发生本质的变化。

第二节　内部控制评价的内容和指标体系

企业内部控制评价应当围绕内部环境、风险评估、控制活动、信息与沟通、内部监督等要素，确定内部控制评价的具体内容，对内部控制设计与运行情况进行全面评价。还应当以内部控制五要素为基础，建立内部控制核心指标体系，在以上评价内容的基础上，层层分解、展开，进一步细化。

一、内部环境

企业组织开展内部环境评价，应当以组织架构、发展战略、人力资源、企业文化、社会责任等应用指引为依据，结合本企业的内部控制制度，对内部环境的设计及实际运行情况进行认定和评价。内部环境评价应当包括以下几个方面。

（1）组织架构。可以重点从机构设置的整体控制力、权责划分、相互牵制、信息流动路径等方面进行评价。

（2）发展战略。可以重点从发展战略的制定合理性、有效实施和适当调整三方面进行评价。

（3）人力资源。应当重点从企业人力资源引进结构合理性、开发机制、激励约束机制等方面进行评价。

（4）企业文化。应从建设和评估两方面进行，从而促进诚信、道德价值观的提升，为内部控制的完善夯实人文基础。

（5）社会责任。可以从安全生产、产品质量、环境保护与资源节约、促进就业、员工权益保护等方面进行评价。

在对内部环境进行评价时，需要注意的是，内部环境评价属于“软指标”，从企业层面评价内部环境具有一定的局限性，且大多数企业相关制度较为完善。但是，如果仅将内部环境限制于制度层面，而经营管理实际与之存在较大差异，甚至限制在经营管理层面，就只能将内部环境停留在“纸面”或“墙上”。另一方面，从业务层面，任何业务流程设计和执行都不能脱离内部环境，因此，业务流程评价可以在汇总的基础上，向前追溯分析内部环境的设计与运行，如果认定是内部环境存在问题，应考虑重新调整甚至改变内部环境从企业层面评价的结果，而不能仅仅孤立地从企业层面评价内部环境。在评价内部环境时，也要注意内部环境要素之间的影响。

内部环境评价核心指标和参考标准如表 18-1 所示。

表 18-1 内部环境评价核心指标和参考标准

核心指标	参考标准
	一、组织架构
董事会、监事会、经理层的互相制衡	董事会及各专门委员会、监事会和经理层的职责权限、任职资格和议事规则是否明确并严格履行
董事会、监事会、经理层致力于内部控制建设和执行	1. 是否科学界定了董事会、监事会、经理层在建立与实施内部控制中的职责分工
	2. 董事会是否采取必要的措施促进和推动内部控制工作，按照职责分工提出内部控制评价意见，定期听取内部控制报告，督促内部控制整改，修订内部控制要求
组织机构设置科学、精简、高效、透明，权责匹配、互相制衡	1. 组织机构设置是否与企业特点相一致，能够控制各项业务关键控制环节，各司其职，各尽其责，不存在多余部门和多余的控制
	2. 是否明确了权责分配、制定了权限指引并保持责权行使的透明度
组织架构适应性	是否定期梳理、评价企业治理结构和企业内部机构设置，发现问题及时采取措施加以优化调整，是否定期听取董事、监事、高级管理人员和其他员工的意见，按照规定的权限和程序进行决策审批

续表

核心指标	参考标准
组织架构对子公司的控制力	是否通过合法有效的形式履行出资人职责、维护出资人权益，特别关注异地和境外子公司的发展战略、年度财务预决算、重大投融资、重大担保、大额资金使用、主要资产处置、重要人事任免、内部控制体系建设等重要事项
二、发展战略	
发展战略科学合理，既不缺乏也不激进，且实施到位	1. 是否考虑宏观经济政策、国内外市场需求变化、技术发展趋势、行业及竞争对手状况、可利用资源水平和自身优势与劣势等影响因素制定发展战略
	2. 是否根据发展目标制定战略规划，确定不同发展阶段的具体目标、工作任务和实施路径
	3. 是否设立战略委员会或指定相关机构负责发展战略工作报告，是否明确战略委员会的职责和议事规则并按规定履行职责
	4. 是否对发展战略进行可行性研究和科学论证，并经董事会或股东（大）会审议批准
发展战略有效实施	1. 是否制订年度工作计划，编制全面预算，确保发展战略的有效实施
	2. 是否采取有效方式将发展战略及其分解落实情况传递到各管理层级和全体员工
发展战略科学调整	是否及时监控发展战略实施情况，并根据环境变化及风险评估等情况及时对发展战略作出调整
三、人力资源政策	
人力资源结构合理，能够满足企业需要	1. 人力资源结构是否有利于企业可持续发展和内部控制的有效执行
	2. 是否明确岗位职责权限、任职条件和工作要求，选拔是否公开、公正，是否应事设岗、以岗设人
人力资源开发机制健全有效	1. 是否制定并实施关于员工聘用、培训、辞退与辞职、薪酬、考核、健康与安全、晋升与奖励等方面的管理制度
	2. 是否建立员工培训长效机制，培训是否能够满足职工和业务岗位需要，是否存在员工知识老化
人力资源激励约束机制健全有效	1. 是否设置科学的业绩考核指标体系，并严格考核评价，以此作为确定员工薪酬、职级调整和解除劳动合同等的重要依据
	2. 是否存在人才流失现象
	3. 是否对关键岗位员工有强制休假制度或定期轮岗制度等方面的安排
	4. 是否对掌握国家机密或重要商业秘密的员工离岗有限定性条件
	5. 是否将有效执行内部控制纳入企业绩效考评体系

续表

核心指标	参考标准
四、社会责任	
安全生产体系、机制健全有效	1. 是否建立严格的安全管理体系、操作规范和应急预案，切实做到安全生产
安全生产体系、机制健全有效	2. 是否落实安全生产责任，对安全生产的投入，包括人力、物力等，是否能够及时发现、排除生产安全隐患
安全生产体系、机制健全有效	3. 发生生产安全事故是否妥善处理，排除故障，减轻损失，追究责任；是否有迟报、谎报、瞒报重大生产安全事故现象
产品质量体系健全有效	是否建立严格的产品质量控制和检验制度并严格执行，是否有良好的售后服务，能否妥善处理消费者提出的投诉和建议
切实履行环境保护和资源节约责任	1. 是否制定环境保护与资源节约制度，采取措施促进环境保护、生态建设和资源节约并实现节能减排目标
切实履行环境保护和资源节约责任	2. 是否实施清洁生产，合理开发利用不可再生资源
促进就业和保护员工权益	1. 是否依法保护员工合法权益，保持工作岗位相对稳定，积极促进充分就业
促进就业和保护员工权益	2. 是否实现按劳分配、同工同酬、建立科学的员工薪酬制度和激励机制，是否建立高级管理人员与员工薪酬正常增长机制
促进就业和保护员工权益	3. 是否及时办理和足额缴纳员工社会保险
促进就业和保护员工权益	4. 是否维护员工健康，落实休息休假制度
促进就业和保护员工权益	5. 是否积极开展员工职业教育培训，创造平等发展机会
五、企业文化	
企业文化具有凝聚力和竞争力，促进企业可持续发展	1. 是否采取切实有效措施积极培育具有自身特色的企业文化，打造以主业为核心的企业品牌，促进企业长远发展
企业文化具有凝聚力和竞争力，促进企业可持续发展	2. 企业董事、监事、经理及其他高级管理人员是否在文化建设和履行社会责任中起到表率作用，是否促进文化建设在内部各层级的有效沟通
企业文化具有凝聚力和竞争力，促进企业可持续发展	3. 是否做到文化建设与发展战略的有机结合，使员工自身价值在企业发展中得到充分体现
企业文化具有凝聚力和竞争力，促进企业可持续发展	4. 是否重视并购重组后的企业文化建设，平等对待被并购方的员工，促进并购双方的文化融合
企业文化评估具有客观性、实效性	1. 是否建设企业文化评估制度，重点对董事、监事、经理和其他高级管理人员在企业文化建设中的责任履行情况，全体员工对企业核心价值观的认同感、企业经营管理行为与企业文化的一致性、企业品牌的社会影响力、参与企业并购重组各方文化的融合度，以及员工对企业未来发展的信心作出评估
企业文化评估具有客观性、实效性	2. 针对评价结果是否巩固和发扬文化建设成果，研究影响企业文化建设的不利因素，分析深层次原因，及时采取措施加以改正

二、风险评估

企业组织开展风险评估机制评价，应当以《企业内部控制基本规范》有关风险评估的要求，以及各项应用指引中所列主要风险为依据，结合本企业的内部控制制度，对日常经营管理过程中的风险识别、风险分析、应对策略等进行认定和评价。

风险评估评价的重点是对日常经营管理过程中的目标设定、风险识别、风险分析、应对策略等进行认定和评价。

（1）目标设定。对于公司层面总体目标，重点关注目标设置的合理性、充分性、与公司愿景和期望的关联性；目标与战略计划的关联性。对于业务活动层面目标，重点关注与公司目标与战略计划的一致性、与其他活动的一致性、与业务流程的关联性、目标具体性、资源充足性、是否明确企业整体目标实现的关键成功因素是和管理层参与制定企业目标以及他们对目标的负责程度。

（2）风险识别。企业识别外部风险、内部风险的机制是否健全，是否为每一个重要目标实现识别相关重要风险是其评价重点。

（3）风险分析。重点看风险分析程序的全面性和相关性，包括估计风险因素的重要程度、评估风险发生的可能性以及决策应采取的措施。

（4）应对策略。重点对影响企业或业务活动目标实现的事件和活动，企业是否存在预见和识别机制，并及时作出识别的反应进行认定和评价。

风险评估评价核心指标和参考标准如表 18-2 所示。

表 18-2　风险评估评价核心指标和参考标准

核心指标	参考标准
目标设定	1. 企业层面：是否有明确的目标、目标是否具有广泛的认识基础、企业战略是否与企业目标相匹配
	2. 业务层面：各业务层面目标是否与企业目标一致、各业务层面目标是否衔接一致、各业务层面目标是否具有操作指导性
	3. 是否结合企业的风险偏好确定相应的风险承受度
风险识别	1. 目标是否层层分解并确立关键业务或事项
	2. 是否持续性地收集相关信息，内外部风险识别机制是否健全，是否识别影响公司目标实现的风险
	3. 是否根据关键业务或事项分析关键成功因素
	4. 是否识别影响公司目标实现的风险

续表

核心指标	参考标准
风险分析	1. 风险分析技术方法的适用性
	2. 结合风险发生可能性和影响程度标准划分风险等级的准确性
	3. 风险发生后负面影响判断的准确性
风险应对	1. 风险应对策略与公司战略、企业文化的一致性
	2. 风险承受度与风险应对策略的匹配程度

三、控制活动

企业组织开展控制活动评价，应当以《企业内部控制基本规范》和各项应用指引中的控制措施为依据，结合本企业的内部控制制度，对相关控制措施的设计和运行情况进行认定和评价。

控制活动评价应对企业各类业务的控制措施与流程的设计有效性和运行有效性进行认定和评价。即企业针对每一项业务活动是否都制定了恰当的控制政策和程序；已制定的控制政策和程序是否得到持续和恰当的执行。主要包括：资金筹集、投放和营运过程是否存在资金链断链；资产运行中是否存在效能低下或资产流失；采购与销售环节是否存在舞弊行为，研发项目是否经过科学论证；工程项目是否存在商业贿赂；业务外包是否经济、合理；担保业务是否存在风险，财务报告信息是否真实可靠等。

控制活动评价核心指标和参考标准如表 18-3 所示。

表 18-3　控制活动评价核心指标和参考标准

核心指标	参考标准
一、控制活动的设计	
控制措施足以覆盖企业重要风险，不存在控制缺失、控制过度	1. 是否针对企业内部环境设计了相应的控制措施
	2. 各项控制措施设计是否与风险应对策略相适应
	3. 各项主要业务控制措施是否完整、恰当
	4. 是否针对非常规性、非系统性业务制订相应的控制措施，并定期对其执行情况进行检查分析
	5. 是否建立重大风险预警机制和突发事件应急处理机制，相应应急预案的处置程序和处理结果是否有效
二、控制活动的运行	
控制活动运行符合控制措施规定	针对各类业务事项的主要风险和关键环节所制定的各类控制方法和控制措施是否得以有效实施

四、信息与沟通

企业组织开展信息与沟通评价，应当以内部信息传递、财务报告、信息系统等相关应用指引为依据，结合本企业的内部控制制度，对信息收集、处理和传递的及时性、反舞弊机制的健全性、财务报告的真实性、信息系统的安全性，以及利用信息系统实施内部控制的有效性等进行认定和评价。

信息与沟通评价重点关注信息收集、处理和传递的及时性，反舞弊机制的健全性，财务报告的真实性，信息系统的安全性和利用信息系统实施内部控制的有效性。

信息与沟通评价核心指标和参考标准如表 18-4 所示。

表 18-4　信息与沟通评价核心指标和参考标准

核心指标	参考标准
信息收集处理和传递及时、准确、适用	是否有透明高效的信息收集、处理、传递程序，合理筛选、核对、整合与经营管理和内部控制相关的信息
反舞弊机制健全	1. 是否建立健全并有效实施反舞弊机制
	2. 举报投诉制度和举报人保护制度是否及时、准确传达至企业全体员工
	3. 对舞弊事件和举报所涉及的问题是否及时、妥善地作出处理
沟通顺畅	1. 信息在企业内部各层级之间、企业与外部有关方面之间的沟通是否有效
	2. 董事会、监事会与经理层是否能够及时掌握经营管理和内部控制的重要信息并进行应对
	3. 员工诉求是否有畅通的反映渠道
信息化利用程度	1. 企业是否建立与经营管理相适应的信息系统，利用信息技术提高对业务事项的自动控制水平
	2. 在信息系统开发过程中，是否对信息技术风险进行识别、评估和防范
	3. 信息系统的一般控制是否涵盖信息系统开发与维护、访问与变更、数据输入与输出、文件储存与保管、网络安全、硬件设备、操作人员等方面，确保信息系统安全稳定运行
	4. 是否建立重大风险预警机制和突发事件应急处理机制，相应应急预案的处置程序和处理结果是否有效
	5. 信息系统是否建立并保持相关信息交流与沟通记录

五、内部监督

企业组织开展内部监督评价，应当以《企业内部控制基本规范》有关内部监督的要求，以及各项应用指引中有关日常管控的规定为依据，结合本企业的内部控制制度，应对内部监督机制的有效性进行认定和评价，重点关注监事会、审计委员会、内部审计机构等是否在内部控制设计和运行中有效发挥监督作用。

内部监督评价包括管理层对于内部监督的基调、管理层对于监督的有效性以及管理层对于内部控制缺陷的认定是否科学、客观、合理。

内部监督评价核心指标和参考标准如表 18-5 所示。

表 18-5　内部监督评价核心指标和参考标准

核心指标	参考标准
内部监督能够覆盖并监控企业日常业务活动	1. 管理层是否定期与内部控制机构沟通评价结果，并积极整改
	2. 是否落实职能部门和所属单位在日常监管中的责任，及时识别环境和业务变化
	3. 日常监管的内容是否为经过分析确认的关键控制并有效控制，是否按重要程度将发现问题如实反馈给内部控制机构，是否积极采取整改措施
	4. 日常监督用以证明内部控制有效的信息是否适当和充分，监督人员是否具有胜任能力和客观性
	5. 内部审计的独立性是否得以保障，审计委员会和内部审计机构是否独立、充分地履行监督职责，审计监督与内部控制沟通是否顺畅
	6. 是否开展了必要的专项监督
	7. 内部控制机构是否追踪重大风险和重要业务，是否制定内部控制自我评价办法和考核奖励办法，明确评价主体、职责权限、工作程序和有关要求，定期组织开展内部控制自我评价，报送自我评价报告，合理认定内部控制缺陷并分析原因，提出整改方案建议
内部控制缺陷认定科学、客观、合理，且报送机制健全	1. 内部控制机构是否制定科学的内部控制缺陷认定标准并予以一贯的执行
	2. 是否对控制缺陷进行全面深入的分析研究，提出并实施整改方案，采取适当的形式及时向董事会、监事会或经理层报告，监督业务部门整改，发现重大缺陷并按规定予以披露
	3. 对发现的内部控制重大缺陷，是否追究相关责任单位和责任人的责任
	4. 是否建立内部控制缺陷信息数据库，并对历年发现的内部控制缺陷及其整改情况进行跟踪检查

续表

核心指标	参考标准
内部控制建设与评价文档妥善保管	1. 是否采取书面或其他适当方式对内部控制的建立与实施情况进行记录
	2. 是否妥善保存内部控制相关记录和资料，确保内部控制建立与实施过程的可验证性
	3. 对暂未建立健全的有关内部控制文档或记录，是否有证据表明确已实施了有效的控制或者替代控制措施

注意

在对企业内部控制评价时，具体内容确定后，内部控制评价工作应形成工作底稿，详细记录企业执行评价工作的内容，包括评价要素、主要风险点、采取的控制措施、有关证据资料以及认定结果等。实际工作中，工作底稿一般是通过一系列表格来体现的，通过对每个要素核心指标的分别分解、评价，最终汇总出评价结果。

【案例 18-1】

××公司内部监督要素评价

一、关注要点

1. 管理层是否愿意并定期沟通内部监督情况，积极督促整改。

2. 是否建立了内部监督组织架构，并落实内部控制日常监督的职责。

3. 内部控制部门对高风险领域进行监控。

4. 内部审计在有关财务报告的控制、监督方面发挥关键的作用。

5. 内部审计部门与内部控制部门沟通顺畅，并在组织架构发生重大变化等情况下开展专项监督。

6. 内部审计部门独立。

7. 内部控制部门缺陷认定、评价报告报送机制和督促整改落实情况。

二、评价描述

1. 财务总监参与月度销售会议，销售总监每季度抽取 10 份合同，检查是否存在未经审批的修订情况。

2. 公司在《内部控制监督评价办法》中规定了各个部门日常监督的职责：横向上，职能部门在日常业务中理解并执行对其他部门的牵制；纵向上，对本部门负责确定重要风险点，采取信息化手段监控，按月测试异常，分析业务环境、业务性质等是否发生变化。例如，销售部门主管每月观察订单录入是否及时、准确，通过系统查看每人录入订单量的变化或系统生成的错误报告，新增销售渠道时，该主管会增加对这方面订单的监控，对问题积极整改，并将测试结果上报本企业内部控制部门。

3. 内部评价部门根据风险评估技术，结合职能日常监控情况，确定对高风险领域进行监控，帮助实现公司目标。内部控制部门还定期召集各个专业部门负责人和执行人开会，直接沟通流程存在的问题，确定哪些属于设计有效性，哪些属于执行有效性，哪些需要其他部门配合、如何配合等，就此达成一致改善流程意见，提高评价的效率和效果。

4. 内部审计章程描述的内部审计在控制监督中的作用，在有关财务报告控制的监督方面发挥关键作用。

5. 内部审计部门与内部控制部门定期沟通审计发现的内部控制缺陷，并在组织架构发生重大变化的情况下，共同开展内部控制专项监督。

6. 内部审计部门直接受审计委员会领导，不参加任何与其监督职责相冲突的管理职能或业务职责，不实施任何控制。从业务部门转入内部审计部门的员工不得负责审计其以前负责的工作。

7. 内部控制部门就内部控制情况每年四次直接向董事会（审计委员会）或管理层报告，包括内部控制开展情况、控制完善和执行情况，内部控制缺陷认定及分析，独立于其监管的部门。对内部控制缺陷按照规定权限审批后，按董事会（审计委员会）或管理层意见督促整改。内部控制部门通过建立日常监督控制，在发现重大缺陷时，及时向董事会等高层汇报。

【分析】该公司内部监督有效。

第三节　内部控制评价的程序

一、内部控制一般程序

《企业内部控制评价指引》第十二条指出，企业应当按照内部控制评价办法规定的程序，有序开展内部控制评价工作。内部控制评价程序一般包括：制定评价工作方案、组成评价工作组、实施现场测试、认定控制缺陷、汇总评价结果、编报评价报告等环节。概括而言，主要分为准备阶段、实施阶段、汇总评价结果和编制评价报告阶段、报告反馈和跟踪阶段。

（一）准备阶段

准备阶段的主要工作是制定评价工作方案和组成评价工作组。

1. 制定评价工作方案

本阶段的工作是制定科学合理的评价工作方案，报董事会或其授权机构批准后实施。评价工作方案由内部控制评价机构制定。内部控制评价机构应当根据企业内部监督情况和管理要求，分析企业经营管理过程中的高风险领域和重要业务事项，确定检查评价方法，制定科学合理的评价工作方案。评价工作方案应当明确评价主体范围、工作任务、人员组织、进度安排和费用预算等相关内容。其形式既可以全面评价为主，也可以根据需要采用重点评价的方式。

2. 组成评价工作组

评价工作组是在内部控制评价机构领导下，具体承担内部控制检查评价任务。内部控制评价机构根据经批准的评价方案，挑选具备独立性、业务胜任能力和职业道德素养的评价人员实施评价。评价工作组成员应当吸收企业内部相关机构熟悉情况、参与日常监管的负责人或业务骨干参加。评价工作组成员对本部门的内部控制评价工作应实行回避制度。关于工作机构组织形式，企业可以委托中介机构实施内部控制评价，设置有内部审计部门的企业，内部审计部门可以担当内部评价工作组的工作。外聘会计师事务所提供内部评价服务的，根据《企业内部控制基本规范》的要求，该事务所不应同时为企业提供内部控制的审计服务。

（二）实施阶段

实施阶段的工作主要包括了解单位基本情况、了解各业务层面的主要风险及流程、确定检查评价范围和重点以及开展现场检查测试四个方面。

1. 了解单位基本情况

充分与企业沟通了解其经营业务范围、企业文化和发展战略、组织机构设置及职责分工、领导层成员构成及分工、评价期间内生产经营计划和预算完成情况、财务管理核算体制、内部控制工作概况、最近一年包括内部控制评价在内的内部监督发现问题的整改情况等。

2. 了解各业务层面的主要风险及流程

企业可以建立文档记录，帮助评价工作组了解各个主要业务领域的流程、识别相关的风险关注点及可能存在的内部控制措施。包括风险控制矩阵文档、流程图文档、审批权限表文档等。

3. 确定检查评价范围和重点

评价工作组根据掌握的情况进一步确定评价范围、检查重点和抽样数量，并结合评价人员的专业背景进行合理分工。检查重点和分工情况可以根据需要进行实时调整。

4. 开展现场检查测试

评价工作组根据评价人员分工，综合运用各种评价方法对内部控制设计与运行的有效性进行现场检查测试，按要求填写工作底稿、记录相关测试结果，并对发现的内部控制缺陷进行初步认定。评价人员应遵循客观、公正、公平的原则，如实反映检查测试中发现的问题，并及时与被评价单位进行沟通。由于内部控制从纵向检查测试流程，因此工作中成员之间应注意相互沟通、协调，以获取更有价值的发现。

（三）汇总评价结果和编制评价报告阶段

（1）评价工作组汇总评价人员的工作底稿，初步认定内部控制缺陷，形成现场评价报告。评价工作底稿应进行交叉复核签字，并由评价工作组负责人审核后签字确认。评价工作组将评价结果及现场评价报告向被评价单位进行通报，由被评价单位相关责任人签字确认后，提交企业内部控制评价机构。

（2）内部控制评价机构汇总各评价工作组的评价结果，对工作组现场初步认定的内部控制缺陷进行全面复核、分类汇总；对缺陷的成因、表现形式及风险程度进行定量或定性的综合分析，按照对控制目标的影响程度判定缺陷等级。

（3）内部控制评价机构以汇总的评价结果和认定的内部控制缺陷为基础，综合内部控制工作整体情况，客观、公正、完整地编制内部控制评价报告，并报送企业经理层、董事会和监事会，由董事会最终审定后对外披露。

（四）报告反馈和跟踪阶段

对于认定的内部控制缺陷，内部控制评价机构应当结合董事会和审计委员会要求，提出整改建议，要求责任单位及时整改，并跟踪其整改落实情况；已经造成损失或负面影响的，企业应当追究相关人员的责任。

二、内部控制评价的方法

（一）个别访谈法

个别访谈法是调查员单独与被调查对象进行的访谈活动。该方法主要用于了解公司内部控制的现状，在企业层面评价及业务层面评价的了解阶段经常使用。访谈前应根据内部控制评价需求形成访谈提纲，撰写访谈纪要，记录访谈的内容。这种方法具有保密性强、访谈形式灵活、调查结果准确、访问表回收率高等优点。实际应用时，对于同一问题应注意不同人员的解释是否相同。如了解企业员工流失现象时，要分别访谈人力资源部和关键岗位员工，注意对这个问题的解释是否一致，从而作出正确判断。

（二）调查问卷法

调查问卷法是调查者运用统一设计的问卷向被选取的调查对象了解情况或征询意见的调查方法。该方法主要用于企业层面评价。调查问卷应尽量扩大对象范围，包括企业各个层级员工，应注意事先保密性，题目尽量简单易答，如答案只需为“是”“否”“有”“没有”等。如：你是否认同本企业文化；你在本企业工作是否有幸福感，是否有发展机会；你在工作中是否有压力，是否能完成公司下达的考核指标；等等。应慎用主观问答形式，会出现有些人不会回答，造成调查脱离实际，作出不真实或不正确的判断。

（三）专题讨论法

专题讨论法是集合有关专业人员某个问题或某些方面进行讨论分析的方法。在对企业内部评价时，主要就内部控制执行情况或控制问题进行分析。这种方法既可以是控制评价的手段，也可以是形成缺陷整改方案的途径。如对于同时涉及财务、业务、信息技术方面的控制缺陷，就需要由内部控制管理部门组织召开专题讨论会议，综合各部门的意见，确定整改方案。

（四）穿行测试法

穿行测试法是指在内部控制流程中任意选取一笔交易作为样本，追踪该交易从最初起源直到最终在财务报表或其他经营管理报告中反映出来的过程。即追踪该流程从起点到终点的全过程，以此了解控制措施设计的有效性，并识别出关键控制点。例如，在保险公司的内部控制评价中，选取一笔保险新单，追踪其从投保申请到财务入账的全过程，了解控制措施设计的有效性，并识别出关键控制点，从而制定控制措施。

（五）抽样法

抽样法是按照一定的原则从样本库中抽取一定数量的样本，并据以对全部调查研究对象作出估计和推断的一种调查方法。抽样调查虽然是非全面调查，但它的目的却在于取得反映总体情况的信息资料，也可起到全面调查的作用。抽样法分为随机抽样和其他抽样。随机抽样是指按随机原则从样本库中抽取一定数量的样本；其他抽样是指人工任意选取或按某一特定标准从样本库中抽取一定数量的样本。使用抽样法时要注意样本库的完整和选取样本的充分与适当。

（六）实地查验法

实地查验法是通过使用统一的测试工作表，与实际的业务、财务单证进行核对来进行控制测试的方法。主要针对业务层面控制，如实地盘点某种存货，判断是否账实相符。

（七）比较分析法

比较分析法是指通过数据分析，识别评价关注点的方法。数据分析可以是与历史数据、行业（公司）标准数据或行业最优数据等进行比较。例如，在销售业务的内部控制评价中，可以分析每月销售额和款项的收回数据的变动情况，识别未收款异常的情况，进而对此类情况进行检查。

此外，还可以使用观察、重新执行等方法，也可以利用信息系统开发检查方法，或利用实际工作经验和检查测试经验。

第四节 内部控制缺陷的认定

一、内部控制缺陷的分类

（一）按照内部控制缺陷的成因或来源分类

内部控制缺陷分为设计缺陷和运行缺陷。

设计缺陷是指企业缺少为实现控制目标所必需的控制，或现存控制设计不适当，即使正常运行也难以实现控制目标。存在设计缺陷，从源头上就对企业内部控制目标的实现埋下了隐患。

运行缺陷是指设计有效的内部控制由于运行不当而形成的内部控制缺陷。运行有效的前提是设计有效。设计有效的表现是合理性、适当性。

（二）按照影响企业内部控制目标实现的严重程度分类

内部控制缺陷分为重大缺陷、重要缺陷和一般缺陷。

重大缺陷，是指一个或多个控制缺陷的组合，可能导致企业严重偏离控制目标。

重要缺陷，是指一个或多个控制缺陷的组合，其严重程度低于重大缺陷，但仍有可能导致企业偏离控制目标。

一般缺陷，是指除重大缺陷、重要缺陷以外的其他控制缺陷。

（三）按照具体影响内部控制目标的具体表现形式分类

内部控制缺陷分为财务报告缺陷和非财务报告缺陷。

财务报告缺陷主要是指不能合理保证财务报告可靠性的内部控制设计和运行缺陷。换句话说，财务报告缺陷，是指不能及时防止或发现并纠正财务报告错报的内部控制缺陷。

非财务报告缺陷，是指不能合理保证经营效率效果、遵守法律法规、实现发展战略的内部控制设计缺陷和运行缺陷。

二、内部控制缺陷认定

（一）内部控制缺陷认定的流程

《企业内部控制评价指引》第十六条规定，企业对内部控制缺陷的认定，应当以日常监督和专项监督为基础，结合年度内部控制评价，由内部控制评价部门进行综合分析后提出认定意见，按照规定的权限和程序进行审核后予以最终认定。内部控制缺陷认定的流程为：分析—初步认定—审核—最终认定。

1. 分析

在充分利用日常监督与专项监督结果的基础上，至少每年由内部控制评价机构对内部控制的五要素相对独立地进行评价，全面地、综合地分析。一方面，因为内部控制评价从属于内部监督，是监督结果的总体体现。在企业正常的生产经营中，内部控制评价倚重内部监督，所以，分析时要充分利用日常监督与专项监督结果。另一方面，对五要素即内部环境、风险评估、控制活动、信息与沟通和内部监督进行全面分析。

2. 初步认定

结合现场测试获取的证据，对内部控制缺陷进行初步认定，按其影响程度分为重大缺陷、重要缺陷和一般缺陷。企业应当根据评价指引，结合自身情况和关注的重点，自行确定内部控制重大缺陷、重要缺陷和一般缺陷的具体认定标准。

3. 审核

按照规定的权限和程序进行审核。企业内部控制评价工作组应当建立评价质量交叉复核制度，评价工作组负责人应当对评价工作底稿进行严格审核，并对所认定的评价结果签字确认后，提交企业内部控制评价部门。

4. 最终认定

企业内部控制评价部门应当编制内部控制缺陷认定汇总表，结合日常监督和专项监督发现的内部控制缺陷及其持续改进情况，对内部控制缺陷及其成因、表现形式和影响程度进行综合分析和全面复核，提出认定意见，向董事会、监事会或者经理层报告。重大缺陷应当由董事会予以最终认定。

（二）内部控制缺陷的认定标准

企业对内部控制评价过程中发现的问题，应当从定量和定性等方面进行衡量，判断是否构成内部控制缺陷，根据内部控制缺陷影响整体控制目标实现的严重程度，将内部控制缺陷认定为重大缺陷、重要缺陷和一般缺陷。

1. 财务报告内部控制缺陷的认定标准

将财务报告内部控制的缺陷划分为重大缺陷、重要缺陷和一般缺陷，所采用的认定标准直接取决于由于该内部控制缺陷的存在可能导致的财务报告错报的重要程度。这种重要程度主要取决于两个因素：一是该缺陷是否具备合理可能性导致企业的内部控制不能及时防止或发现并纠正财务报告错报。合理可能性是指大于微小可能性（几乎不可能）的可能性，确定是否具备合理可能性涉及评价人员的职业判断。二是该缺陷单独或连同其他缺陷可能导致的潜在错报金额的大小。

（1）重大缺陷认定。一般而言，如果一项内部控制缺陷单独或连同其他缺陷具备合理可能性导致不能及时防止或发现并纠正财务报告中的重大错报，就应将该缺陷认定为重大缺陷。重大错报中的“重大”，涉及企业管理层确定的财务报告的重要性水平。一般企业可以采用绝对金额法或相对比例法来确定重要性水平。绝对金额法，即用绝对数来确定重要性水平。例如，规定金额超过 10 000 元的错报应当认定为重大错报。相对比例法，即用相对数来确定重要性水平。例如，规定超过资产总额 1% 的错报应当认定为重大错报。

下列迹象通常表明财务报告内部控制可能存在重大缺陷：董事、监事和高级管理人员舞弊；企业更正已公布的财务报告；注册会计师发现当期财务报告存在重大错报，而内部控制在运行过程中未能发现该错报；企业审计委员会和内部审计机构对内部控制的监督无效。

提示

如果企业的财务报告内部控制存在一项或多项重大缺陷，就不能得出该企业的财务报告内部控制有效的结论。

（2）重要缺陷认定。一项内部控制缺陷单独或连同其他缺陷具备合理可能性导致不能及时防止或发现并纠正财务报告中虽然未达到和超过重要性水平，但仍应引起董事会和管理层重视的错报，就应将该缺陷认定为重要缺陷。

（3）一般缺陷认定。不构成重大缺陷和重要缺陷的内部控制缺陷，应认定为一般缺陷。

注意

内部控制缺陷的严重程度并不取决于是否发生了错报，而是取决于是否存在不能及时防止或发现并纠正潜在错报的可能性。如果企业的财务报告存在错报，必然表明企业财务报告内部控制存在缺陷；但是，如果企业的财务报告不存在错报，不一定表明企业财务报告内部控制不存在缺陷。

【案例 18-2】

某集团财务报告内部控制缺陷的相关认定标准如下：

各单位应就内部控制评价中发现的内容不足，从定性和定量两个方面考虑，判断是否构成内部控制缺陷。股份公司及所属单位还应判断内部控制缺陷是否属于重大缺陷和重要缺陷。

内部控制缺陷是指内部控制设计或执行存在不足，使得管理层和公司员工在履行职责过程中，不能及时预防或发现财务报告错报。

以下任何一种情况出现，都意味着内部控制存在设计上的缺陷：① 针对某一控制目标，缺失必要的控制点；② 已有的内部控制设计不当，以致即使正确地按设计的要求执行了控制程序，也不能始终实现控制目标。

以下任何一种情况出现，都意味着内部控制存在执行上的缺陷：① 设计恰当的内部控制未按照设计的要求正确执行；② 控制执行人没有取得必要的授权或缺乏必要的胜任能力。

重大缺陷是指该控制缺陷或控制缺陷的集合会导致年报或中期报告中的重大错误无法被预防或发现的可能性十分微小。

重要缺陷是指该控制缺陷或控制缺陷的集合会导致年报或中期报告中存在的并非无关紧要的错报无法被预防或发现的可能性十分微小。

内部控制缺陷的认定标准包括定性标准和定量标准。

（1）定性标准。该集团规定，具有以下特征的缺陷，至少定位重大缺陷：发现公司管理层存在的任何程度的舞弊；已经发现并报告给管理层的重大内部控制缺陷在经过合理的时间后，并未加以更正；环境控制无效；影响收益趋势的缺陷；影响关联交易总额超过股东批准的关联交易额度的限额；外部审计发现的重大错报不是由公司首先发现的；其他可能影响报表使用者正确判断的缺陷。

（2）定量标准。该集团确定的省级公司财务报表错报（包括漏报）重要程度的定量标准如表 18–6。

表 18–6　内部控制缺陷认定标准

潜在错报	无关紧要	并非无关紧要	重大
利润总额潜在错报	错报＜利润总额的 3% 和 0.6 亿元	利润总额的 3% 或 0.6 亿元≤错报＜利润总额的 5% 和 1 亿元	错报≥利润总额的 5% 或 1 亿元
资产总额潜在错报	错报＜资产总额的 0.5% 和 2.5 亿元	资产总额的 0.5% 或 2.5 亿元≤错报＜资产总额的 1% 和 5 亿元	错报≥资产总额的 1% 或 5 亿元
经营收入潜在错报	错报＜经营收入总额的 0.5% 和 0.75 亿元	经营收入总额的 0.5% 或 0.75 亿元≤错报＜经营收入总额的 1% 和 1.5 亿元	错报≥经营收入总额的 1% 或 1.5 亿元
所有者权益潜在错报	错报＜所有者权益总额的 0.5% 和 1 亿元	所有者权益总额的 0.5% 或 1 亿元≤错报＜所有者权益总额的 1% 和 2 亿元	错报≥所有者权益总额的 1% 或 2 亿元

2. 非财务报告内部控制缺陷的认定标准

非财务报告内部控制缺陷认定具有涉及面广、认定难度大的特点。企业可以根据风险评估的各项工作，对内部环境、控制活动和控制手段中的风险，根据自身的实际情况、管理现状和发展要求，采用定性和定量方法，根据其对内部控制目标实现的影响程度认定为一般缺陷、重要缺陷和重大缺陷。其中：定量标准，即涉及金额大小，既可以根据造成的直接财产损失的绝对金额制定，也可以根据其直接损失占本企业资产、销售收入及利润等的比率确定；定性标准，即涉及业务性质的严重程度，可根据其直接或潜在负面影响的性质、影响的范围等因素确定。

以下迹象通常表明非财务报告内部控制可能存在重大缺陷：企业缺乏民主决策程序，如缺乏“三重一大”决策程序；企业决策程序不科学，如决策失误，导致并购不成功；违反国家法律、法规，如环境污染；管理人员或技术人员纷纷流失；媒体负面新闻频现；内部控制评价的结果特别是重大或重要缺陷未得到整改；重要业务缺乏制度控制或制度系统性失效。

为避免企业操纵内部控制评价报告，非财务报告内部控制缺陷认定标准一经确定，必须在不同评价期间保持一致，不得随意变更。

注意

将内部控制评价中发现的内部控制缺陷划分为重大缺陷、重要缺陷和一般缺陷，需要借助一套可系统遵循的认定标准，认定过程中还需要内部控制评价人员充分运用职业判断。

一般而言，如果一个企业存在的内部控制缺陷达到了重大缺陷的程度，我们就不能说该企业的内部控制是整体有效的。

三、内部控制缺陷报告和整改

（一）内部控制缺陷报告

企业内部控制评价部门应当编制内部控制缺陷认定汇总表，结合日常监督和专项监督发现的内部控制缺陷及其持续改进情况，对内部控制缺陷及其成因、表现形式和影响程度进行综合分析和全面复核，提出认定意见，并以适当的形式向董事会、监事会或者经理层报告。重大缺陷应当由董事会予以最终认定。

企业对于认定的重大缺陷，应当及时采取应对策略，切实将风险控制在可承受度之内，并追究有关部门或相关人员的责任。

内部控制缺陷报告应当采取书面形式，可以单独报告，也可以作为内部控制评价报告的一个重要组成部分。一般而言，内部控制的重要缺陷、一般缺陷应定期（至少每年）报告，重大缺陷应立即报告。对于重大缺陷和重要缺陷及整改方案，应向董事会（审计委员会）、监事会或经理层报告并审定。对于一般缺陷，可以向经理层报告，并视情况考虑是否需要向董事会（审计委员会）、监事会报告。

（二）内部控制缺陷整改

由于内部控制缺陷分为设计缺陷和运行缺陷，因此，应根据缺陷的不同类别制定不同的整改方案。

对于需要整改的内部设计缺陷，企业需在已有的内控管理制度体系中补充相关规定或修改原有规定，按照企业既定的管理制度报批程序对作出的补充或修改进行审批。对于需整改的内部运行缺陷，企业应加强内控的执行力度，要求控制执行人严格按照相关规定执行。获批后，应制订切实可行的整改方案，包括整改目标、内容、步骤、措施、方法和期限。整改期限超过一年的，整改目标应明确近期和远期目标以及相应的整改工作内容。

议一议

如何判断内部控制重大缺陷、重要缺陷和一般缺陷?

结合实际谈谈正确认识自己在工作中出现的问题，并及时改正对职业生涯的重要性。

第五节　内部控制评价报告

一、内部控制评价报告的内容

内部控制评价报告是企业董事会或类似权力机构对内部控制评价状况出具评价意见，并提供给相关信息使用者的一种书面文件。企业内部控制评价报告的使用者既有外部使用者，也有内部使用者。企业内部控制评价对外报告的使用者包括政府有关监管部门、投资者以及其他利益相关者、中介机构和研究机构等。对内报告的使用者主要是企业董事会（审计委员会）、各层级管理者以及有关监管部门。

内部控制评价报告按照编制主体、报送对象和时间，分为对外报告和对内报告。对外报告的内容、格式等强调符合披露要求，时间具有强制性；对内报告则主要以符合企业董事会（审计委员会）、经理层需要为主，编制主体层级更多、内容上更加详尽、格式更加多样，时间可以定期或不定期。内部控制评价报告的格式一般为从上到下的报告式格式。

内部控制评价报告应当分别内部环境、风险评估、控制活动、信息与沟通、内部监督等要素进行设计，对内部控制评价过程、内部控制缺陷认定及整改情况、内部控制有效性的结论等相关内容作出披露。

内部控制评价报告至少应当披露下列内容：

（一）董事会声明

声明董事会及全体董事对报告内容的真实性、准确性、完整性承担个别及连带责任，保证报告内容不存在任何虚假记载、误导性陈述或重大遗漏。

（二）内部控制评价工作的总体情况

明确企业内部控制评价工作的组织、领导体制、进度安排，是否聘请会计师事务所对内部控制有效性进行独立审计。

（三）内部控制评价的依据

说明企业开展内部控制评价工作所依据的法律法规和规章制度。一般包括《企业内部控制基本规范》《企业内部控制应用指引》《企业内部控制评价指引》以及企业制定的内部控制及相关制度、评价办法等。

（四）内部控制评价的范围

描述内部控制评价所涵盖的被评价单位，以及纳入评价范围的业务事项及重点关注的高风险领域。内部控制评价的范围如有所遗漏的，应说明原因及其对内部控制评价报告真实性、完整性产生的重大影响等。

（五）内部控制评价的程序和方法

描述内部控制评价工作遵循的基本流程，以及评价过程中采用的主要方法。

（六）内部控制缺陷及其认定

描述适用本企业的内部控制缺陷具体认定标准，并声明与以前年度保持一致或作出的调整及相应原因；根据内部控制缺陷认定标准，确定评价期末存在的重大缺陷、重要缺陷和一般缺陷。

（七）内部控制缺陷的整改情况

对于评价期间发现、期末已完成整改的重大缺陷，说明企业有足够的测试样本显示，与该重大缺陷相关的内部控制设计且运行有效。针对评价期末存在的内部控制缺陷，公司拟采取的整改措施及预期效果。

（八）内部控制有效性的结论

对不存在重大缺陷的情形，出具评价期末内部控制有效结论；对存在重大缺陷的情形，不得作出内部控制有效的结论，并需描述该重大缺陷的性质及其对实现相关控制目标的影响程度，可能给公司未来生产经营带来的相关风险。自内部控制评价报告基准日至内部控制评价报告发出日之间发生重大缺陷的，企业须责成内部控制评价机构予以核实，并根据核查结果对评价结论进行相应调整，说明董事会拟采取的措施。

二、内部控制评价报告的编报

（一）内部控制评价报告的编制

企业应当根据内部控制评价结果和整改情况，按照规定的程序和要求，及时编制内部控制评价报告。内部控制评价报告分为定期内部控制评价报告和非定期内部控制评价报告。企业至少应该每年进行一次内部控制评价并由董事会对外发布内部控制评价报告。年度内部控制评价报告应当以 12 月 31 日作为基准日。非定期内部控制评价报告可以是因特殊事项或原因而对外发布的内部控制评价报告，也可以是企业针对发现的重大缺陷专项内部控制评价等向董事会（审计委员会）或经理层报送的内部报告。

内部控制评价报告的编制主体包括单个企业和企业集团的母公司。单个企业内部控制评价报告指某一企业以自身经营业务和管理活动为辐射范围编制的内部控制评价报告，属于对内报告；企业集团母公司内部控制评价报告是企业集团的母公司在汇总、复核、评价、分析后，以母公司及下属（或控股子公司）的经营业务和管理活动为辐射范围编制的内部控制评价报告，是对企业集团内部控制设计有效性和运行有效性的总体评价，可以是对内或对外报告。

内部控制评价报告编制程序为：

（1）内部控制评价机构对工作底稿进行复核，根据认定并按照规定的权限和程序审批确定的内部控制缺陷，判断内部控制的有效性。

（2）内部控制评价机构收集整理编制内部控制评价报告所需的相关资料。

（3）内部控制评价机构根据有关资料撰写内部控制评价报告。

（4）内部控制评价报告上报经理层审核、董事会审批后确定，下属单位内部控制评价报告还需上报母公司。

（二）内部控制评价报告的披露和报送

内部控制评价报告应当报经董事会或类似权力机构批准后对外披露或报送相关部门。

内部控制评价报告应于基准日（12 月 31 日）后 4 个月内报出。对外报送和披露内部评价报告时，要注意以下几点：

（1）企业内部控制评价部门应当关注自内部控制评价报告基准日至内部控制评价报告发布日之间是否发生影响内部控制有效性的因素，并根据其性质和影响程度对评价结论进行相应调整。例如，内部控制评价报告基准日为 12 月 31 日，内部控制评价报告发布日为董事会审批的发布日，假定董事会审批的发布日为 3 月 2 日，则 12 月 31 日后即下年度 1 月 1 日至 3 月 2 日之间发生了影响内部控制有效性的因素，就要根据其性质和影响程度对评价结论进行相应调整，再经董事会审批后对外报送和披露。

（2）企业对外披露或报送内部控制评价报告时，应当将内部控制审计报告同时对外披露或报送。

（3）企业内部控制评价报告应按规定报送有关监管部门，例如国有控股企业应按要求报送国有资产监督管理部门和财政部门、金融企业应按规定报送银行保险监督管理部门、公开发行证券的企业应报送证券监督管理部门。

岗课赛训融通训练

不定项选择题

仔细阅读本章章首案例——H 公司上市案的启示，回答下列问题：

1. 根据引导案例，H 公司内部控制制度健全但依然没能保住资产安全，究其原因可能有（　　）。

A. 内部控制目标不明确　　B. 内部控制设计无效

C. 内部控制运行无效　　D. 内部控制组织无效

2. 下列各项中，关于内部控制评价表述正确的有（　　）。

A. 内部控制设计有效，其运行就有效

B. 内部控制设计无效，其运行就无效

C. 内部控制设计有效，其运行不一定有效

D. 内部控制设计无效，其运行不一定无效

3. 根据章首案例，下列表述中正确的有（　　）。

A. 其财务报告内部控制存在重大缺陷

B. 其董事、监事和高级管理人员舞弊

C. 其内部控制制度健全

D. 其财务报告内部控制整体有效

4. H 公司的资金管理内部控制存在重大缺陷，其内部控制缺陷报告正确的有（　　）。

A. 内部控制重大缺陷应当定期报告

B. 内部控制重大缺陷应立即报告

C. 内部控制重大缺陷由经理层最终认定

D. 内部控制重大缺陷由董事会最终认定

5. 根据章首案例，下列结论正确的有（　　）。

A. 内部控制设计有效

B. 内部控制运行无效

C. 财务报告内部控制存在重大缺陷

D. 财务报告内部控制存在重要缺陷

6. H 公司的重大缺陷整改方案，应向（　　）报告并审定。

A. 董事会

B. 监事会

C. 审计委员会

D. 经理层

教学讨论组织

中航油事件

一、案例资料

中国航油（新加坡）股份有限公司（以下简称中航油）成立于 1993 年，由中央直属大型国企中国航空油料控股公司控股，总部和注册地均位于新加坡。于 2001 年在新加坡证券交易所主板上市，2004 年 11 月，在石油期货投机上亏损 5.5 亿美元，不得不申请破产。这一事件被认为是著名的“巴林银行悲剧”的翻版。

二、要求

请学生利用网络信息、图书资料查询等手段，收集有关“中航油事件”的背景及发展过程等相关资料。分析中航油在内部控制设计和运行中存在哪些风险？针对风险提出相应的内部控制方法和措施。

三、讨论形式

分组讨论，每组 6~8 人，进行讨论。讨论后每组选出一人在课堂汇报讨论结果，最后教师进行点评。

参考文献

[1] 财政部会计司. 企业内部控制规范讲解[M]. 北京：经济科学出版社，2010.

[2] 企业内部控制编审委员会. 企业内部控制基本规范及配套指引案例讲解[M]. 上海：立信会计出版社，2023.

主编简介

高翠莲，国家首批“万人计划”教学名师，山西省财政税务专科学校会计学院院长、二级教授、太原理工大学硕士生导师，拥有会计师、注册会计师、注册税务师专业技术资格，从事会计教学、理论与实践研究近40年。享受国务院政府特殊津贴专家、全国先进会计工作者，山西省“三晋英才”高端领军人才；中央组织部、教育部和山西省委的高级专家，国家特色高水平高职学校重点专业群建设项目负责人，财税大数据应用专业国家级职业教育教师教学创新团队负责人，国家黄大年式教师团队负责人，国家优秀教学团队负责人，全国教育系统先进集体带头人，国家双师型教师培训基地负责人，国家高职专科大数据与会计专业、会计信息管理专业教学标准制订专家组组长。连续9年设计全国高职会计职业技能大赛并担任专家组组长。兼任中国会计学会内部控制专家委员会委员、中国商业会计学会会计职业教育分会副会长、山西省会计学会副会长。

曾获教育部“先进工作者”、山西省五一劳动奖章，并获山西省教学名师、山西省“双师型教学名师”“青年科技奖”“教育专家奖”“精神文明奖”“巾帼建功标兵”等荣誉称号。获国家教学成果一等奖一项、二等奖一项；山西省教学成果特等奖一项、一等奖三项，荣立山西省劳动竞赛委员会一等功一次、三等功一次。主持完成“企业经济业务核算”国家精品课程和国家精品资源共享课程；主持建设国家职业教育会计专业教学资源库课程“出纳业务操作”和山西省精品在线开放课程“企业内部控制”。出版专著1部，主编教材40余部，其中首届全国教材建设奖全国优秀教材1部，国家级规划教材9部；主持制定全国高职大数据与会计专业和会计信息管理专业教学标准；组织制定全国高职会计专业实训教学条件建设标准；主持完成教育部“会计专业中高职衔接教学标准”课题1项；主持或参与完成省级科研课题25项；公开发表学术论文50余篇。